BIBLIOTHÈQUE DES CAHIERS DE L'INSTITUT
DE LINGUISTIQUE DE LOUVAIN — 71

# CONVENTIES EN FUNCTIES

## ASPECTEN VAN BINOMINALE WOORDGROEPEN IN HET HEDENDAAGSE NEDERLANDS

door

Jan PEKELDER

PEETERS
LOUVAIN-LA-NEUVE
1993

D/1993/0602/50 ISSN 0779-1666 ISBN 90-6831-500-5



Printed in Belgium

# ALGEMENE INLEIDING

## 1. Doel en object van het onderzoek

Het onderzoek waarvan we hier verslag uitbrengen, heeft tot doel aan te tonen dat een strikt onderscheid tussen lexicale en lineaire **conventies** enerzijds en lexicale en lineaire **functies** anderzijds, tot meer inzicht leidt in de verschillende rollen die syntactische functies en niet-syntactische functies spelen bij de interpretatie van binominale NP's in het hedendaagse Nederlands. Onder binominale NP's (voortaan BNP's) verstaan we woordgroepen die zijn opgebouwd uit twee zelfstandige naamwoorden of uit een voornaamwoord en een zelfstandig naamwoord, die van elkaar gescheiden worden door een voorzetsel, zoals in (1) en (2):

(1) Ik heb [een paar van de leerlingen]$_{bnp}$ gezien
(2) Ik heb [een schat van een leerling]$_{bnp}$ gezien

Om redenen die verderop aan de orde zullen worden gesteld, beperken we ons tot de bestudering van BNP's met het voorzetsel *van*, zoals in (3):

(3) N1 - van - N2

Deze inleiding is als volgt gestructureerd. In de paragrafen 2 tot en met 5 definiëren we de hierboven geïntroduceerde terminologie. In paragraaf 6 beargumenteren we het onderscheid tussen de begrippen 'zin' en 'uiting' en verdedigen we de keus uitingen te bestuderen en geen zinnen. In paragraaf 7 volgt een verantwoording van onze data. Paragraaf 8, tenslotte, bevat een kort overzicht van de opzet van deze studie.

## 2. Syntactische functie

Onder de 'syntactische functie' van een woord verstaan we de rol die dat woord speelt in de totstandkoming van de syntactische structuur van de woordgroep waar dat woord deel van uitmaakt.[1] We lichten deze definitie toe aan de hand van (4):

(4) Ik zou [leerlingen van Jan]$_{bnp}$ willen fotograferen

De syntactische functie van *leerlingen* (voortaan N1) is te omschrijven als volgt. N1 legt zijn distributie op aan de BNP waar die deel van uitmaakt.[2] De implicatie voor de syntactische structuur van deze BNP is dat N1 onafhankelijk is van *Jan* (voortaan N2), dat wil zeggen: N1 is in staat de BNP in (4) te vervangen, zoals blijkt uit (5):[3]

(5) Ik zou [leerlingen]$_{n}$ willen fotograferen

De syntactische functie van N2 in (4) is te omschrijven als volgt. N2 legt zijn distributie niet op aan de BNP waar die deel van uitmaakt. De implicatie voor de syntactische structuur van deze BNP is dat N2 afhankelijk is van een andere N binnen dezelfde woordgroep (hier: N1), dat wil zeggen: N2 is niet in staat de BNP in (4) te vervangen. Dit wordt duidelijk uit (6), waarin de asterisk betekent: onder de interpretatie van (4) is (6) ongrammaticaal:[4]

* (6) Ik zou [Jan]$_n$ willen fotograferen

In navolging van onder meer Van der Lubbe (1978), gebruiken we de termen 'kern' en 'bepaling' ter aanduiding van de syntactische functies die respectievelijk N1 en N2 bekleden in de syntactische structuur van de BNP in (4). We kunnen de elementaire syntactische structuur van deze woordgroep nu weergeven als in schema 1.[5]

Schema 1: *Jan* is bepaling bij *leerlingen*

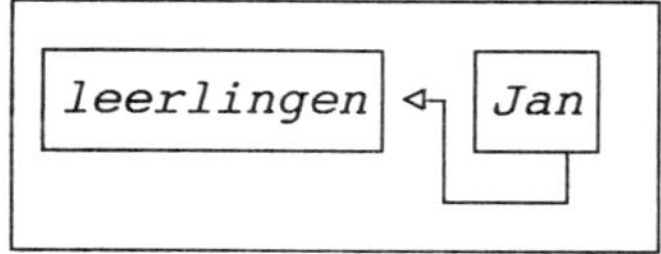


### 3. Niet-syntactische functies

We onderscheiden twee soorten niet-syntactische functies, namelijk semantische functies en pragmatische functies. Onder de term 'semantische functie' verstaan we de rol die een woord speelt in de totstandkoming van de betekenis van de woordgroep waar dat woord deel van uitmaakt. We lichten deze definitie toe aan de hand van (7):

(7) Ik zou [dat mooie huis aan de rivier]$_{bnp}$ wel willen kopen

De semantische functie van N1 is te omschrijven als het noemen van een 'bezetter' van de door *aan* gemarkeerde 'plaats'. De semantische functie van N2 is te omschrijven als het lokaliseren van het door N1 genoemde 'huis'. Ter onderscheiding van de pragmatische functies, dient erop gewezen te worden dat de semantische functie van een woord altijd is vast te stellen los van de context van de woordgroep waar die deel van uitmaakt en los van de situatie waarin die woordgroep wordt geuit.[6]

Onder de term 'pragmatische functie' verstaan we de rol die een woord speelt in de totstandkoming van de uiteindelijke interpretatie van de woordgroep waar dat woord deel van uitmaakt. We lichten deze definitie toe aan de hand van (8) en (9):

(8) Ik zou [de roman van Jan]$_{bnp}$ wel eens willen lezen
(9) Ik zou [de roman over Jan]$_{bnp}$ wel eens willen lezen

In tegenstelling tot de semantische functie, is de pragmatische functie van een woord slechts vast te stellen op grond van de context van de woordgroep waar die deel van uitmaakt en/of op grond van de situatie waarin die woordgroep wordt geuit. In een context en/of situatie waarin N2 in (8) de 'schrijver' noemt van de door N1 genoemde 'roman', zijn de pragmatische functies van N1 en N2 respectievelijk te omschrijven als 'product' en 'producent'. In een context en/of situatie waarin N2 in (8) de 'eigenaar' noemt van de door N1 genoemde 'roman', zijn de pragmatische functies van N1 en N2 respectievelijk te omschrijven als 'bezit' en 'bezitter'. Het is duidelijk dat de mogelijke pragmatische functies van N1 en N2 hiermee niet uitputtend zijn beschreven. Er zijn nog vele andere contexten en/of situaties denkbaar waarin N1 en N2 weer andere pragmatische functies bekleden. Het spreekt vanzelf dat N1 en N2, los van deze pragmatische functies, ook altijd de pragmatische functies 'focus' en 'topic' kunnen vervullen.[7] In een context en/of situatie waarin N1 de oude informatie noemt en N2 de nieuwe, is N1 topic en N2 focus. In een situatie waarin N2 de oude informatie noemt en N1 de nieuwe, zijn de rollen vanzelfsprekend omgekeerd. Het is tevens mogelijk dat de gehele BNP in (8) de pragmatische functie van topic of van focus vervult.

Kijken we vervolgens naar (9). Hoewel de bovenstaande opmerkingen over topic en focus tevens van toepassing zijn op de BNP in (9), is er een belangrijk verschil tussen de BNP's in (8) en (9). Dit verschil hangt samen met de taakverdeling tussen de semantische en de pragmatische functies. De semantische functies van N2 en N1 in (9) zijn respectievelijk te omschrijven als het 'thema' van de door N1 genoemde 'roman' en de 'vorm' waarin het door N2 genoemde 'thema' behandeld wordt. De semantische functies van N2 en N1 in (8) daarentegen zijn slechts in zeer vage bewoordingen te omschrijven. Respectievelijk: 'er is een mannelijke persoon die in een bepaalde relatie staat tot 'roman' ' en 'er is een in prozastijl geschreven, verdicht verhaal van betrekkelijk grote omvang, dat in een bepaalde relatie staat tot 'Jan' '. De aard van deze relaties is niet op eenduidige wijze vast te stellen, op grond van de betekenis van respectievelijk N2 en N1 in combinatie met de betekenis van de BNP in zijn geheel. We kunnen nu stellen dat de taak van de semantische functies in (8) voor een deel wordt overgenomen door pragmatische functies, omdat het uiteindelijk de context en/of situatie is die de aard van de relatie tussen N1 en N2 in (8) bepaalt.

## 4. Lexicale conventies versus lexicale functies

We beschouwen het woord A in de constructie in (10), waar (...) de directe omgeving aangeeft van A:

(10) (...)A(...)

We gaan ervan uit dat A een lexicale conventie vertegenwoordigt als de syntactische functie van A niet gemarkeerd wordt door de betekenis van A. We zien voorbeelden van dergelijke conventies in (11) en (12), waar de N *vriendin* respectievelijk de syntactische functie van kern en bepaling bekleedt en de N *bakker* de syntactische functie van bepaling en kern:

(11) Die vriendin van de bakker
(12) De bakker van die vriendin

Het feit dat *vriendin* en *bakker* meer dan één syntactische functie kunnen bekleden, vormt een duidelijk bewijs voor de stelling dat de syntactische functie van deze N's niet gemarkeerd wordt door hun eigen betekenis.

We beschouwen vervolgens de woorden B en A in (13):

(13) (...)BA(...)

We gaan ervan uit dat B een lexicale conventie vertegenwoordigt als de syntactische functie van A niet wordt gemarkeerd door B. Zie opnieuw (11) en (12). Het feit dat *vriendin* en *bakker* meer dan één syntactische functie kunnen bekleden, vormt een duidelijk bewijs voor de stelling dat de syntactische functie van deze N's niet gemarkeerd wordt door het aanwijzend voornaamwoord *die* of het lidwoord *de*, die zowel in (11) als (12) links van respectievelijk *vriendin* en *bakker* staan. We beschouwen vervolgens het woord C in (14):

(14) (...)C(...)

We gaan ervan uit dat C een lexicale functie vertegenwoordigt als de syntactische functie van C wordt gemarkeerd door de betekenis van C. Zie (15) en (16), waar *leuke* de syntactische functie van bepaling bekleedt:

(15) [Die leuke [vriendin]$_n$ van de bakker]$_{bnp}$
(16) [Die leuke [$\phi$]$_n$ van de bakker]$_{bnp}$

Dat de syntactische functie van *leuke* wordt gemarkeerd door de betekenis van *leuke* is als volgt te beredeneren. De betekenis van *leuke* is ruwweg te omschrijven als '(positieve) kwalificatie van X'. Deze omschrijving veronderstelt dus een X. In (15) heeft deze X de waarde van *vriendin*. Dat X tevens afleidbaar kan zijn uit de context en/of situatie, blijkt uit (16). In beide gevallen moet er een X zijn waar *leuke* op betrokken kan worden. De syntactische functie van *leuke* is bijgevolg bepaling.

We beschouwen tenslotte de woorden D en E in (17):

(17) (...)DE(...)

We gaan ervan uit dat D een lexicale functie vertegenwoordigt als de syntactische functie van E gemarkeerd wordt door D. We verwijzen opnieuw naar (15) en (16), waar de syntactische functie van *bakker* wordt gemarkeerd door het voorzetsel *van*. *Van* markeert dit woord als bepaling bij respectievelijk *vriendin* en $\phi$.

Schema 2: *die leuke vriendin van de bakker*

| | | MARKERING | |
|---|---|---|---|
| | | EIGEN BETEKENIS | ANDER WOORD |
| LEXICAAL | CONVENTIE | *die leuke vriendin van de bakker* | *die leuke vriendin van de bakker* |
| | FUNCTIE | *die leuke vriendin van de bakker* | *die leuke vriendin van de bakker* |

Onder 'lexicale conventies' verstaan we bijgevolg enerzijds woorden waarvan de syntactische functie niet afleidbaar is uit hun eigen betekenis en anderzijds woorden die niet in staat zijn de syntactische functie van andere woorden te markeren. Onder 'lexicale functies' verstaan we enerzijds woorden waarvan de syntactische functie afleidbaar is uit hun eigen betekenis en anderzijds woorden die in staat zijn de syntactische functie van andere woorden te markeren. Schema 2 vat het bovenstaande samen.

## 5. Lineaire conventies versus lineaire functies

We beschouwen de woorden A en B in de constructies in (18) en (19). Zoals hierboven, geeft (...) telkens de directe omgeving aan van A en B:

(18) (...)AB(...)
(19) (...)BA(...)

We gaan ervan uit dat de woordvolgordes in (18) en (19) lineaire conventies vertegenwoordigen als A en B in (18) en (19) dezelfde syntactische functies vervullen. Zie (20) en (21), waarin x en y syntactische functies vertegenwoordigen:

(20) (...)$A_x B_y$(...)
(21) (...)$B_y A_x$(...)

We illustreren dit aan de hand van (22)-(25):

(22) Gisteren heeft Jan Marie gekust
(23) Jan heeft gisteren Marie gekust
(24) Jan heeft Marie gisteren gekust
(25) Jan heeft Marie gekust gisteren

*Gisteren* en *gekust* vervullen steeds dezelfde syntactische functie, namelijk bepaling en kern, ongeacht de links-rechts-volgorde tussen deze woorden.

We beschouwen vervolgens de woorden C en D in (26) en (27):

(26) (...)CD(...)
(27) (...)DC(...)

We gaan ervan uit dat de woordvolgordes in (26) en (27) lineaire functies vertegenwoordigen als C en D in (26) dezelfde syntactische functies bekleden als respectievelijk D en C in (27). Zie (28) en (29), waarin p en q syntactische functies vertegenwoordigen:

(28) (...)$C_p D_q$(...)
(29) (...)$D_p C_q$(...)

Dit is te illustreren aan de hand van een vergelijking tussen (22)-(25) hierboven en (30)-(33):

(30) Gisteren heeft Marie Jan gekust
(31) Marie heeft gisteren Jan gekust
(32) Marie heeft Jan gisteren gekust
(33) Marie heeft Jan gekust gisteren

In (22)-(25) vervullen *Jan* en *Marie* dezelfde syntactische functie als respectievelijk *Marie* en *Jan* in (30)-(33), namelijk onderwerp en lijdend voorwerp.

Onder 'lineaire conventies' verstaan we bijgevolg woordvolgordes die geen syntactische functies markeren en onder 'lineaire functies' volgordes die wel syntactische functies markeren. Schema 3 vat het bovenstaande samen.[8]

Schema 3: *gisteren heeft Jan Marie gekust*

| | | MARKERING |
|---|---|---|
| | | VOLGORDE |
| LINEAIR | CONVENTIE | *gisteren heeft Jan Marie gekust* |
| | FUNCTIE | *gisteren heeft Jan Marie gekust* |

**6. Zin en uiting**

In deze studie houden we ons bezig met de bestudering van taaluitingen. Onder een 'taaluiting' (voortaan uiting of constructie) verstaan we de concrete realisatie van een zin in een bepaalde situatie (vgl. Booij 1980: 222). We geven een voorbeeld. De zin 'mag ik even passeren' kan op een oneindig aantal manieren (uit)gesproken of geschreven worden en correspondeert dus met een oneindig aantal uitingen. Deze uitingen van dezelfde zin kunnen onderling sterk verschillen. Vergelijk:

(34) Mag ik even passeren?
(35) Mag ik even?
(36) Mag ik?

Het verschil tussen (34)-(36) heeft te maken met het beroep dat gedaan moet worden op de context en/of situatie teneinde deze constructies te kunnen interpreteren als uitingen van de zin 'mag ik even passeren'. Voor de interpretatie van (35) dient er een groter beroep op de context en/of situatie gedaan te worden dan voor de interpretatie van (34), terwijl er voor de interpretatie van (36) weer een groter beroep op de context en/of situatie gedaan dient te worden dan voor de interpretatie van (35).

De keus om uitingen te bestuderen en geen zinnen volgt uit ons onderzoeksdoel. Teneinde inzicht te krijgen in de taakverdeling tussen syntactische en niet-syntactische functies bij de interpretatie van BNP's als (1) en (2), is een beroep op contexten en/of situaties noodzakelijk, omdat de niet-syntactische functies, naast de semantische, ook de pragmatische functies omvatten. Dat het nuttig is een strikt onderscheid te maken tussen zinnen en uitingen, is toe te lichten aan de hand van (37) en (38), die we ontlenen aan Sturm (1986: 102):

(37) De steen loopt
(38) Over Groningen loopt

Volgens Sturm zijn (37) en (38) om dezelfde reden eigenaardig. Deze reden is dat levenloze voorwerpen als *steen* en afstanden of reisroutes als *over Groningen* hier de handeling 'lopen' verrichten. Gezien het bovenstaande is het duidelijk dat wij er ten aanzien van (37) en (38) een andere mening op na houden.

Ervan uitgaande dat 'lopen' hier de betekenis heeft van 'zich in een bepaalde richting begeven', kunnen we constateren dat er voor (37) geen enkele context en/of situatie valt te reconstrueren waarin deze constructie als een zinnige uiting zou kunnen optreden.[9] Dit impliceert tevens dat niet alleen deze uiting, maar ook de zin die aan deze uiting ten grondslag ligt, namelijk 'de steen loopt', ongrammaticaal is. Dat (37) wel acceptabel zou kunnen zijn in een sprookjeswereld, is iets geheel anders. Er zijn naast onze 'uitverkoren wereld' nu eenmaal talloze andere werelden denkbaar waarin zinnen en uitingen onderhevig zijn aan semantische regels die afwijken van de ons bekende (vgl. Verkuyl 1974: 113-117).[10]

In tegenstelling tot (37), valt er voor (38) wel een context en/of een situatie te reconstrueren waarin deze uiting gebruikt zou kunnen worden. Op grond van de situatie die Sturm (1986: 102-103) schetst naar aanleiding van (38), zou de zin die aan deze uiting ten grondslag ligt, de volgende vorm kunnen hebben:

(39) De treindienstleider heeft zojuist meegedeeld dat op het traject over Groningen weer een trein loopt

Het verschil tussen (37) en (38) is nu als volgt te formuleren. De laatste constructie is slechts in zoverre eigenaardig dat een groot deel van de syntactische en semantische functies die werkzaam zijn in de zin waarop deze uiting is gebaseerd, door pragmatische functies zijn overgenomen. Er is met andere woorden een belangrijk beroep op de context en/of de situatie nodig teneinde tot een zinnige interpretatie van (38) te komen. De constructie in (37) daarentegen is niet alleen maar eigenaardig; ze is bovendien onwelgevormd omdat er een semantische regel wordt overtreden. De semantische functie 'agens' is in onze uitverkoren wereld niet compatibel met de betekenis van *steen*. De semantische functie 'agens' kan in een sprookjeswereld wel compatibel zijn met de betekenis van *steen*, omdat die in een dergelijke wereld het kenmerk 'bezield' kan bezitten.[11] We nemen desondanks aan dat (37) semantisch onwelgevormd is en niet pragmatisch, omdat we ervan uitgaan dat de theorie over mogelijke werelden niet tot het terrein van de semantiek dient te worden gerekend, maar tot dat van de pragmatiek. Gezien ons onderzoeksdoel, ligt deze stelling voor de hand. Als we bij de beschrijving van semantische functies namelijk rekening zouden houden met de theorie over mogelijke werelden, dan zou dit resulteren in het samenvloeien van semantiek en pragmatiek. Dit zou tot gevolg hebben dat er geen sprake meer kan zijn van een onderzoek naar de taakverdeling tussen semantiek en pragmatiek, maar slechts naar een taakverdeling tussen syntaxis en de rest. Dit neemt natuurlijk niet weg dat uit deze studie zal moeten blijken in hoeverre een strikt onderscheid tussen semantische en pragmatische functies bij de beschrijving van BNP's als in (1) en (2) gerechtvaardigd is. Gezien Sturms redenering naar aanleiding van (37) en (38), moge het duidelijk zijn dat hij geen strikt onderscheid maakt tussen deze twee soorten functies. Het verschijnsel dat de termen 'semantisch' en 'pragmatisch' in zijn dissertatie vaak in één adem genoemd worden ter ondersteuning van bepaalde analyses, is hier geheel mee in overeenstemming (o.a. 1986: 103, 153, 270, 363, 376).

## 7. De data

De data die aan de basis liggen van ons onderzoek, zijn van verschillende oorsprong. Een deel is tot stand gekomen door middel van introspectie, een ander deel ontlenen we aan een corpus. Ongeacht de oorsprong van de data, werden ze in tweede instantie voorgelegd aan een representatieve groep van moedertaalsprekers teneinde de betrouwbaarheid van de data te verhogen. De groep moedertaalsprekers bestond uit twaalf personen, waarvan er drie een taalkundige opleiding hadden genoten. Van de overige negen personen hadden er drie een universitaire opleiding, drie een HBO-opleiding en drie een middelbare of lagere opleiding doorlopen. Uitingen die in deze studie voorafgegaan worden door ?, werden door minimaal de helft van de proefpersonen als twijfelachtig aangemerkt, terwijl uitingen voorafgegaan door *, door minimaal de helft van de proefpersonen als twijfelachtig of ongrammaticaal werden aangemerkt. Zoals duidelijk moge zijn, werden de overige uitingen door minimaal zeven van de twaalf personen als grammaticaal aangemerkt. De moedertaalsprekers werd systematisch gevraagd een oordeel te geven onder een vooraf opgegeven interpretatie. Zie ter illustratie de BNP's in (40) en (41):

(40) Ik heb [er vier van de leerlingen]$_{bnp}$ gezien
(41) Ik heb [een schat van een leerling]$_{bnp}$ gezien

De vooraf opgegeven interpretaties luidden respectievelijk: '*er* wil zeggen: 'in Amsterdam" en '*schat* wil zeggen: 'schattig". Als een bepaalde uiting volgens een meerderheid van de proefpersonen grammaticaal is, dan gaan we ervan uit dat die uiting acceptabel is in de context en/of situatie, waar de vooraf opgegeven interpretatie mee spoort. Is een bepaalde uiting volgens een meerderheid van de proefpersonen ongrammaticaal, dan wil dat zeggen dat die uiting niet acceptabel is in de context en/of situatie waar de vooraf opgegeven interpretatie mee spoort. Het feit dat we de termen 'grammaticaal' en 'ongrammaticaal' hanteren, is in overeenstemming met de hierboven geschetste uitgangspunten. We gaan er namelijk van uit dat zowel de syntaxis als de semantiek en de pragmatiek een bijdrage leveren aan de interpretatie van taaluitingen en daarom alle drie tot de grammatica gerekend dienen te worden.

We zijn er ons van bewust dat het werken met een combinatie van introspectie, corpus en moedertaalsprekers geen volledige garantie biedt voor de betrouwbaarheid van de data. In de praktijk blijkt met name het vergaren van informantendata verstoord te worden door verschillende situationele en persoonsgebonden variabelen die nauwelijks onder controle zijn te houden. Het is, ons inziens, echter buiten kijf dat een dergelijke eclectische aanpak tot een hogere betrouwbaarheid leidt dan een aanpak die uitsluitend is gebaseerd op introspectie, corpus of moedertaalsprekers. Argumenten voor deze stelling, zijn te vinden bij Beheydt (1993).[12]

## 8. Opzet van het onderzoek

We komen nu terug op ons onderzoeksdoel en met name op de manier waarop we dit doel wensen te bereiken. In hoofdstuk 1 geven we een theoretische verantwoording van ons onderzoeksdoel. Zoals hierboven vermeldt, handelt deze studie over de vraag waarom een strikt onderscheid tussen lexicale en lineaire **conventies** enerzijds en lexicale en lineaire **functies** anderzijds, tot een dieper inzicht leidt in de taakverdeling tussen syntactische functies en niet-syntactische functies bij de interpretatie van binominale NP's. Met deze vraag sluiten we aan bij het onderzoek dat uitgevoerd wordt binnen het kader van het Martinetiaans functionalisme. Hoewel we een aantal theoretische verworvenheden van deze school overnemen voor ons onderzoek, slaan we gedeeltelijk een eigen weg in. In tegenstelling tot Martinet staat bij ons het onderscheid tussen syntactische, semantische en pragmatische functies centraal. Een ander punt waarop we een afwijkende mening naar voren zullen brengen, betreft de lineaire conventies. Zoals verderop zal blijken, markeren lineaire conventies soms niet-syntactische functies. Er zijn echter ook lineaire conventies die geen enkele functie lijken te markeren. Martinet doet deze laatste af als zijnde niet-functioneel en verwijst ze vervolgens door naar de morfologische component.[13] Wij zullen beargumenteren dat ook lineaire conventies die geen enkele functie lijken te markeren, naast de lineaire functies, tot inzicht kunnen leiden in het taal(gebruiks)systeem. We zetten onze bespreking van Martinet af tegen het Chomskyaans generativisme. Aan de hand van het werk van enkele Chomskyaans georiënteerde taalkundigen die zich hebben gebogen over BNP's als in (1) en (2), laten we zien dat het voorbijgaan aan het onderscheid tussen conventies en functies leidt tot het poneren van aanvechtbare syntactische structuren.

In hoofdstuk 2 volgt de rechtvaardiging van ons onderzoeksobject. We geven aan waarom we ons onderzoek vooral richten op de twee onder (1) en (2) genoemde types. Zoals in dit hoofdstuk duidelijk zal worden, heerst er onder taalkundigen grote verwarring ten aanzien van de syntactische structuur van deze BNP's. De meeste andere types BNP's zijn in die zin onproblematisch dat men het in het algemeen eens is over de aan deze constructies toe te kennen elementaire syntactische structuur.

In de hoofdstukken 3 tot en met 6 verdedigen we de stelling dat de lexicale en lineaire conventies die eigen zijn aan constructies als (1) en (2) geen syntactische maar niet-syntactische functies markeren. De hoofdstukken 3 en 4 bevatten respectievelijk de behandeling van de lexicale en lineaire conventies die eigen zijn aan (1), terwijl we in de hoofdstukken 5 en 6 respectievelijk ingaan op de lexicale en lineaire conventies die eigen zijn aan (2).

In hoofdstuk 7 bespreken we de interne syntactische structuur van de BNP in het algemeen, tegen de achtergrond van de X-bar-theorie van Sturm (1986). We sluiten onze studie af met enkele algemene conclusies en een samenvatting in het Frans.

### Noten bij de algemene inleiding

1. In deze studie staat de term 'woord' voor morfemen die als lexicaal item voorkomen. Voor het gebruik van de termen 'morfeem' en 'lexicaal item' conformeren we ons aan Booij e.a. (1980: 126, 140).

2. De term 'distributie' verwijst hier naar de som van de gebruiksmogelijkheden van een woord of een woordgroep (vgl. Booij 1980: 75).

3. Het is duidelijk dat we hier doelen op het endocentrisch principe. Van den Toorn (1970: 14) wijst erop dat dit principe altijd een nader bepaald woord als de kern van een woordgroep aanduidt. In (5) kan het nul-lidwoord van *leerlingen* als de nadere bepaling worden opgevat. Op het endocentrisch principe komen we terug in de hoofdstukken 4 en 7.

4. Op het gebruik van de termen 'grammaticaal' en 'ongrammaticaal' komen we verderop in deze inleiding terug.

5. Onder de elementaire syntactische structuur van een woordgroep verstaan we de verdeling van de woordgroep in een kern en een of meer bepalingen.

6. In deze studie maken we een onderscheid tussen 'context' en 'situatie'. De eerste term verwijst naar de uitingen die voorafgaan aan en volgen op de te bestuderen woordgroepen. De tweede term verwijst naar de niet-talige aspecten die deel uitmaken van het geheel van omstandigheden waarin de betreffende woordgroepen worden geuit.

7. Dik (1979) definieert de termen 'topic' en 'focus' als volgt: "The topic presents the entity 'about' which the predication predicates something in the given setting. The focus presents what is relatively the most important or salient information in the given setting." (1979: 19). We merken hier terzijde op dat Lyons (1968) met de termen 'topic' en 'comment' op hetzelfde onderscheid lijkt te doelen. Hij verstaat onder 'topic': de persoon of de zaak waarover men iets zegt, terwijl hij onder 'comment' verstaat: datgene wat men over die persoon of zaak zegt. Booij e.a. (1980: 87, 203-204) laten zien dat er onder linguïsten nogal eens een verschillende invulling wordt gegeven aan de onderhavige termen. Zo is het topic vanuit een pragmatisch-semantisch oogpunt de constituent die betrekking heeft op datgene waar het gesprek over gaat. Syntactisch is het topic de constituent die vooropstaat en fonologisch is het topic de constituent met nadruksaccent. Over het comment zijn ze kort: het comment is datgene wat over het topic wordt gezegd. Met andere woorden: het comment prediceert over het topic. Over de term 'focus' merken Booij e.a. op dat die binnen het Chomskyaans generativisme wordt opgevat als de informatie waarvan de spreker aanneemt dat de hoorder er niet over beschikt. Onder deze definitie is de focus dus het tegengestelde van de presuppositie, dat wil zeggen de informatie waarvan de spreker aanneemt dat hij en de hoorder er allebei over beschikken. Volgens Blom en Daalder (1977) tenslotte is de focus van een

zin dat gedeelte van de zin dat de constituent van het zinsaccent bevat. We zullen hier verder de terminologie van Dik volgen.

8. We laten de syntactische functionaliteit van de positie van het hulpwerkwoord buiten beschouwing. We komen hier kort op terug in hoofdstuk 1, § 2.9.

9. We laten het eventueel metaforische gebruik van *steen* hier buiten beschouwing.

10. Onder 'uitverkoren wereld' verstaan we de wereld van onze zintuiglijke waarneming (vgl. Verkuyl 1974: 113-117).

11. We gaan er met Booij (1980: 27) vanuit dat N's met het kenmerk 'bezield' verwijzen naar levende voorwerpen, uitgezonderd planten.

12. Zie Sturm (1992) voor een geheel andere visie.

13. Martinets morfologische component bevat al die verschijnselen die niet het gevolg zijn van een zogenaamde taalgebruikskeus en volgens hem slechts verklaarbaar zijn met een beroep op de diachronie. We komen hierop terug in hoofdstuk 1, § 1.

# I

# CONVENTIES EN FUNCTIES

## 1. Inleiding

Uit het succes dat het Chomskyaanse generativisme (voortaan CG), gezien de enorme wetenschappelijke produktie van zijn adepten, sinds ten minste twee decennia lijkt te hebben, mag niet zonder meer worden afgeleid dat de syntactische analyses die deze school presenteert in beschrijvende adequaatheid superieur zouden zijn aan de in het Nederlandse taalgebied veel minder bekende syntactische analyses uit de stal van het functionalisme à la Martinet (voortaan MF). Men kan pas een oordeel vellen over de beschrijvende adequaatheid van deze en trouwens ook andere theorieën nadat men op eenduidige wijze heeft vastgesteld wat het onderzoeksobject van die theorieën is. Blijken deze te verschillen, zoals hier het geval is, dan zijn uitspraken in de trant van: theorie x is qua beschrijvende adequaatheid superieur aan theorie y, weinig zinvol.

Dat het onderzoeksobject van MF wel moet verschillen van dat van CG, blijkt onmiddellijk als we kijken naar de verschillende appreciatie van het gegeven dat taal een middel tot communicatie is. We citeren achtereenvolgens de functionalist Martinet en de generativist Koster:

> "La fonction essentielle de cet **instrument** qu'est une langue est celle de **communication** (...). Nous verrons que, si toute langue se modifie au cours du temps, c'est essentiellement pour s'adapter de la façon la plus économique à la satisfation des besoins de communication de la communauté qui la parle." (1980: 9)

> "Volgens een zeer gangbare visie is 'taal' in de eerste plaats een middel tot sociale interactie en communicatie. Het onbetwistbare feit dat taal o.a. tot communicatief instrument kan dienen is echter geen goed uitgangspunt voor de studie van de structuur van de grammatica." (1983: 198)[1]

Deze citaten geven duidelijk aan dat het onderzoeksobject van MF de verbale interactie is tussen de leden van een taalgemeenschap (Martinet 1985: 16-17), terwijl het object van CG is te omschrijven als de structuur van de grammatica.[2] Binnen CG wordt de structuur van de grammatica opgevat als een kennisstructuur en komt grammaticaonderzoek, zoals Van Riemsdijk opmerkt, dus neer op "onderzoek naar de structuur van het brein" (1983: 193).

Het verschil tussen MF en CG in onderzoeksobject heeft natuurlijk gevolgen voor de invulling van het begrip 'syntaxis'. We citeren achtervolgens de functionalist Bentolila en de generativiste Nespor:

"Il convient d'orienter l'étude syntaxique d'une part vers la description des éléments qui d'une simple succession d'unités linguistiques font un ensemble hiérarchisé, où chaque unité de sens voit sa *fonction syntaxique* précisée; d'autre part et surtout vers l'analyse des facteurs qui, à partir de cet ensemble syntaxique hiérarchisé, conduisent à la reconstruction d'une réalité dans laquelle chaque *composante* joue *son rôle* à l'intérieur d'un même cadre spatial et temporel." (1977: 58)

"(...) Het centrale doel van de algemene theorie is het karakteriseren van de eigenschappen van de universele grammatica, of, met andere woorden, het definiëren van de formele eigenschappen van natuurlijke talen, geabstraheerd van hun realisatie in iedere specifieke taal. Dit is het onderzoeksdoel in alle componenten, of modulen, van de grammatica. De theorieën die ontwikkeld zijn binnen iedere component hebben niet alleen hetzelfde doel maar maken ook hetzelfde type abstracties." (1983: 261)

Uit het eerste citaat blijkt dat er binnen MF een onderscheid wordt gemaakt tussen factoren die structuurbepalend zijn ("qui (...) font un ensemble hiérarchisé") en factoren die dat niet zijn, maar die desondanks bijdragen aan de totstandkoming van de betekenis of de interpretatie ("la reconstruction d'une réalité"). De in de algemene inleiding gedefinieerde oppositie tussen lexicale en lineaire functies enerzijds en lexicale en lineaire conventies anderzijds, is op dit onderscheid gebaseerd. We wezen er daar reeds op dat lexicale en lineaire conventies soms wel functioneel zijn op het niveau van de niet-syntactische functies. We zullen ons hier beperken tot voorbeelden met lineaire conventies. Dat lexicale conventies functioneel kunnen zijn op het niveau van de niet-syntactische functies, spreekt namelijk vanzelf. Lexicale conventies zijn zelfs veel vaker functioneel op het niet-syntactische vlak dan lineaire conventies, omdat woorden nu eenmaal meestal gebruikt worden om een bepaalde betekenis of interpretatie op te bouwen.[3]

Het verschil tussen lineaire structuurbepalende factoren (functies) en lineaire factoren die niet structuurbepalend zijn (conventies), maar die wel een bijdrage leveren aan de totstandkoming van de betekenis of de interpretatie, is te illustreren aan de hand van de constructies (1)-(6):

(1) Gisteren heeft Jan Piet gefotografeerd
(2) Gisteren heeft Piet Jan gefotografeerd

(3) En er kwam een korte, ontzettende aardbeving
(4) En er kwam een aardbeving, kort, ontzettend

(5) Ik heb de foto van Jan gezien
(6) Van Jan heb ik de foto gezien

In (1) en (2) hebben we te maken met lineaire functies, omdat de keus door de taalgebruiker van een specifieke N-positie correspondeert met een specifieke syntactische functie, namelijk onderwerp of lijdend voorwerp. Er is met andere woorden sprake van een keus tussen twee mogelijke structuren en dus van een zogenaamde **syntactische taalgebruikskeus**. Dat er in (1) en (2) sprake is van een keus tussen twee structuren vereist wellicht enige toelichting. De vormvarianten onder (1) en (2) zijn structuurbepalend, omdat we ervan uit mogen gaan dat de syntactische relatie tussen het onderwerp en V een andere is dan die tussen het lijdend voorwerp en V. Ongeacht de context en/of situatie, gaat het werkwoord in het Nederlands verplicht vergezeld van één andere constituent. In (1) en (2) zijn dat respectievelijk de onderwerpen *Jan* en *Piet*.[4] De verplichte constituent bij een werkwoord betreft echter nooit een lijdend voorwerp, respectievelijk *Piet* en *Jan* in (1) en (2). De aanwezigheid van dergelijke constituenten wordt geconditioneerd door semantische en/of pragmatische factoren. Op grond van dit verschil tussen verplichte en niet verplichte constituenten bij het werkwoord, stelt Martinet dat het onderwerp in (1) en (2) in een relatie van interdependentie staat tot V (exocentrisch), terwijl het lijdend voorwerp in een bepalingsrelatie staat tot V (endocentrisch).[5] Verplaatsing van de N die de N1-positie bezet naar de N2-positie, of omgekeerd, gaat dus gepaard met een verandering in de hiërarchische verhouding tussen de betreffende N en V.

In (3) en (4) liggen de zaken anders. Hier hebben we te maken met lineaire conventies. Het is niet de positie van de bijvoeglijke naamwoorden die de structuur bepaalt van de onderhavige constructies. Ongeacht hun positie, staan *kort*(*e*) en *ontzettend*(*e*) immers in een endocentrische relatie tot de N *aardbeving*. De positie van de bijvoeglijke naamwoorden is echter wel functioneel op het semantische vlak. Ongeacht de context en/of situatie, zijn ze in (4) immers alleen maar te interpreteren als **uitbreidende** bepalingen bij N, terwijl dezelfde bijvoeglijke naamwoorden in (3), afhankelijk van de context en/of situatie, interpreteerbaar zijn als uitbreidende of als beperkende bepalingen bij N. De keus door de taalgebruiker van de positie van de bijvoeglijke naamwoorden gaat dus gepaard met een verandering in semantische functie, zonder dat er sprake is van een hiërarchische verandering. Anders gezegd, we hebben hier te maken met een **semantische taalgebruikskeus**.

Kijken we tenslotte naar de constructies in (5) en (6). Ook hier gaat het om lineaire conventies. In beide gevallen staat *Jan* in een bepalingsrelatie tot de N *foto*. In tegenstelling tot (3) en (4), markeert de verschillende positie van de bepaling *Jan* ook geen semantisch verschil. Met andere woorden: de semantische functie van *Jan* en *foto* in (5) is identiek aan de semantische functie van deze N's in (6). Het verschil in interpretatie tussen (5) en (6) is afhankelijk van pragmatische factoren. In (6) zal *Jan* eerder als focus worden geïnterpreteerd dan in (5). De door de taalgebruiker gekozen positie van *Jan* kan dus gepaard gaan met een verandering in pragmatische functie, zonder dat er sprake is van een hiërarchische en semantische verandering. We hebben hier te maken met een **pragmatische taalgebruikskeus**.

Met betrekking tot MF concluderen we dat al die lineaire factoren die een bijdrage leveren aan de interpretatie van taaluitingen tot de syntaxis worden gerekend. Dit neemt niet weg dat er, althans in theorie, een onderscheid wordt gemaakt tussen factoren die structuurbepalend zijn (syntactisch in engere zin) en factoren die niet structuurbepalend zijn (semantisch/pragmatisch). In de praktijk blijken de onderzoekers uit de school van Martinet dit strakke onderscheid echter op verschillende manieren te interpreteren. Martinet (1985: 183) zelf bij voorbeeld aarzelt niet om bij bepalingen van plaats en middel te spreken van verschillende syntactische functies, terwijl het hier naar onze mening toch duidelijk om verschillende semantische functies gaat. Deze verwarring hangt ongetwijfeld samen met het feit dat de semantische en pragmatische component binnen MF, in tegenstelling tot de syntactische component, nog in hun kinderschoenen staan. Hierdoor worden sommige puur semantische verschijnselen toch weer naar de syntactische component doorgeschoven. Er bestaat met andere woorden geen duidelijk beeld van hoe semantische en pragmatische functies worden gemarkeerd, terwijl er wel een theorie bestaat voor syntactische functiemarkering. Alvorens over te gaan tot de bespreking van de inhoud van deze syntactische component, gaan we nu eerst na hoe CG het begrip 'syntaxis' invult.

Zoals bovenstaand citaat aangeeft, gaat het binnen CG om de verantwoording van formele eigenschappen van talen. Er wordt daarbij geen strikt onderscheid gemaakt tussen lexicale en lineaire conventies enerzijds en lexicale en lineaire functies anderzijds. In de praktijk leidt dit er vaak toe dat lexicale en lineaire conventies die niet-syntactische functies markeren, op dezelfde manier worden verantwoord als lexicale en lineaire functies, namelijk door het poneren van een specifieke syntactische structuur. De generativisten Bennis en Hoekstra merken in dit verband op dat men binnen CG volstaat met de behandeling van "(...) strukturele aspecten van betekenis waarvan in de grammatica (...) een verantwoording kan worden afgelegd." (1989: 316). Het woord 'strukturele' dient hier goed te worden verstaan. Het verwijst hier niet naar de een of andere vorm van betekenisstructuur, maar naar de syntactisch vastgelegde, hiërarchische verhoudingen die men verantwoordelijk acht voor bepaalde semantische functies. We zullen verderop zien dat deze sterke aandacht voor structurele verschijnselen in de betekenisbeschrijving heeft geleid tot het poneren van hiërarchische oplossingen waarbij betekenisaspecten die op geen enkele manier structureel zijn te verantwoorden, als variabele optreden. Dat dit gevolgen heeft voor de adequaatheid van de betreffende beschrijving, is duidelijk.

Concluderend kunnen we stellen dat MF en CG in zekere zin complementair zijn. MF interesseert zich in eerste instantie voor het functioneren van het taal**gebruik**, terwijl CG zich met name richt op de formele beschrijving van het taal**systeem** (vgl. Jansen 1984: 223). In de paragrafen 2 en 3 gaan we verder in op deze twee scholen. In paragraaf 2 bepalen we onze positie ten aanzien van MF en in paragraaf 3 ten aanzien van CG.[6]

## 2. Taalgebruik

In deze paragraaf geven we in de eerste plaats een uiteenzetting over de binnen MF ontwikkelde theorie voor syntactische functiemarkering. Deze uiteenzetting kan als een extra onderbouwing worden gezien van ons onderscheid tussen lexicale en lineaire conventies enerzijds en lexicale en lineaire functies anderzijds.[7] De theorie voor syntactische functiemarkering zal ons verderop in staat stellen kritiek uit te oefenen op de adequaatheid van bepaalde beschrijvingen van CG. Naast deze theorie onderscheidt Martinet een aantal zogenaamde niet-functionele hulpmiddelen die een bijdrage leveren aan de herkenning van syntactische functies, zonder deze functies direct te markeren. Ook deze zullen we kort de revue laten passeren.

In de tweede plaats zullen we aandacht besteden aan de beschrijvende adequaatheid van MF. Gezien het feit dat de verbale interactie tussen de leden van een taalgemeenschap het onderzoeksobject vormt van MF, ligt het voor de hand dat Martinet c.s. zich beperken tot de bestudering van die verschijnselen die geconditioneerd worden door de taalgebruikssituatie, dus daar waar een bepaalde lexicale of lineaire vorm correspondeert met een bepaalde syntactische, semantische of pragmatische taalgebruikskeus. Dit impliceert dat Martinet c.s. die verschijnselen die niet geconditioneerd worden door de taalgebruikssituatie, dus daar waar een bepaalde lexicale of lineaire vorm niet correspondeert met een bepaalde syntactische, semantische of pragmatische taalgebruikskeus, buiten beschouwing laten. Deze worden doorgeschoven naar de morfologische component die, zoals we reeds opmerkten, kan worden gezien als een vergaarbak van verschijnselen die slechts verklaard kunnen worden met een beroep op de diachronie. We zullen trachten aannemelijk te maken dat met name de uitsluiting van de lineaire conventies die geen enkele functie lijken te markeren, ten koste gaat van de beschrijvende adequaatheid van MF.

### 2.1. Syntactische functiemarkering door woordvolgorde

Zoals we reeds zagen, kan een syntactische functie gemarkeerd worden door middel van een bepaalde positie. In de algemene inleiding hebben we dit een lineaire functie genoemd. We herhalen (1) en (2) hier als (7) en (8):

(7) Gisteren heeft Jan Piet gefotografeerd
(8) Gisteren heeft Piet Jan gefotografeerd

Aan datgene wat we reeds hebben opgemerkt, kunnen we nog het volgende toevoegen. Ten eerste wijzen we erop dat deze manier van syntactische functiemarkering blijkbaar zo sterk is dat informanten tegen alle logica in het woord *boom* in (9) als onderwerp interpreteren en dus eerder geneigd zijn een wereld te veronderstellen waarin bomen mensen kunnen zien dan te twijfelen aan de links-rechts-ordening van onderwerp en lijdend voorwerp:

(9) Gisteren heeft de boom de buurman gezien

In de tweede plaats is de kracht van het onderhavige syntactische procédé af te lezen aan constructies met een meewerkend of belanghebbend voorwerp, links van V. Er blijkt onder informanten een sterke voorkeur te bestaan deze voorwerpen als onderwerp te interpreteren. Ze verkiezen bijgevolg (11) en (13) boven (10) en (12):

(10) De heren wordt verzocht de zaal zo spoedig mogelijk te verlaten
(11) De heren worden verzocht de zaal zo spoedig mogelijk te verlaten

(12) De automobilisten wordt aangeraden de E5 zoveel mogelijk te vermijden
(13) De automobilisten worden aangeraden de E5 zoveel mogelijk te vermijden

In zinnen met het werkwoord *gehoorzamen* is er zelfs geen andere mogelijkheid dan het woord ter linkerzijde als onderwerp te interpreteren, getuige de ongrammaticaliteit van (14) tegenover (15):

* (14) De ouderen wordt tegenwoordig niet meer gehoorzaamd
(15) De ouderen worden tegenwoordig niet meer gehoorzaamd

In de laatste plaats vestigen we de aandacht op een punt, waar we verderop in dit hoofdstuk trouwens nog op terug zullen komen. Hoewel er in (7) en (8) ontegenzeggelijk sprake is van lineaire functies, vertegenwoordigt het verschijnsel dat het onderwerp steeds links staat en het lijdend voorwerp rechts **op zich** een lineaire conventie. Zie (16)-(19):

(16) (...), omdat Jan Piet slaat
(17) (...), omdat Piet Jan slaat

(18) Slaat Jan Piet?
(19) Slaat Piet Jan?

Op grond hiervan kunnen we stellen dat syntactische functiemarkering door middel van volgorde niets anders is dan het dienstbaar maken van bepaalde lineaire conventies aan de markering van bepaalde syntactische functies. Sterker nog: syntactische functies kunnen alleen maar door volgorde gemarkeerd worden als er sprake is van lineaire conventies. Gesteld dat de plaatsing van onderwerp en lijdend voorwerp lineair vrij zou zijn, dan zou functiemarkering door middel van specifieke posities uiteraard uitgesloten zijn. Voorbeelden van dergelijke vrije volgordes zien we in het Japans. De vraag rijst dan met behulp van welk syntactisch procédé het Japans de onderhavige functies markeert. Daarover gaat de volgende paragraaf.

## 2.2. Syntactische functiemarkering door gespecialiseerde functiemarkeerders

Als de woordvolgorde dermate vrij is dat die niet kan dienen om syntactische functies te markeren, dan kan deze markering geschieden door middel van zogenaamde gespecialiseerde functiemarkeerders. In de algemene inleiding hebben we dit lexicale functies genoemd. Zie de Japanse voorbeelden in (20)-(22), die we ontlenen aan Kuno (1978: 58):

(20) Taroo ga Hanako ni Yamada-san o syookaisita
'Taroo stelde meneer Yamada aan Hanako voor'

Het Japans heeft V in de laatste positie. De volgorde van de andere constituenten is syntactisch gezien betrekkelijk vrij. Zo kan (20) in principe in de zes mogelijke volgordes staan, al moet gezegd worden dat (21) en (22) als twijfelachtig worden beschouwd:

? (21) Hanako ni Yamada-san o Taroo ga syookaisita
? (22) Yamada-san o Hanako ni Taroo ga syookaisita

Het is in ieder geval duidelijk dat de syntactische functies onderwerp, lijdend voorwerp en meewerkend voorwerp niet gemarkeerd worden door woordvolgorde, maar respectievelijk door de functiemarkeerders *ga*, *o* en *ni*. Dit betekent dat (20)-(22) lineaire conventies vertegenwoordigen.[8] Zoals bekend, treffen we hetzelfde type syntactische functiemarkering veelvuldig aan in het Nederlands. Zie (23), waar *van* de bepalingsfunctie van *Jan* markeert:

(23) De foto van Jan

Soms kunnen syntactische functies gemarkeerd worden door verschillende syntactische procédés. Dit is het geval bij het meewerkend voorwerp in het Nederlands, zoals blijkt uit (24) en (25):

(24) Vorig jaar gaf Piet Marie een baby
(25) Vorig jaar gaf Piet een baby aan Marie

In (24) wordt de syntactische functie van *Marie* gemarkeerd door een lineaire functie, namelijk de positie rechts van het onderwerp en links van het lijdend voorwerp. In (25) wordt de syntactische functie van *Marie* gemarkeerd door een lexicale functie, namelijk de gespecialiseerde functiemarkeerder *aan*.

### 2.3. Syntactische functiemarkering door lexicale betekenis

Naast volgorde en markering door middel van een gespecialiseerde functiemarkeerder, onderscheidt Martinet nog een derde syntactisch procedé, namelijk markering door lexicale betekenis. Ook dit verschijnsel hebben we in de algemene inleiding een lexicale functie genoemd. Daar zagen we dat de syntactische functie van bijvoeglijke naamwoorden wordt gemarkeerd door de eigen lexicale betekenis. We zullen hier laten zien dat hetzelfde geldt voor de syntactische klasse van de bijwoorden. Zie ter illustratie *gisteren* in (26):

(26) Gisteren heeft Jan een schilderij gekocht

Volgens Martinet vloeit de syntactische functie van *gisteren* voort uit de betekenis van *gisteren*. *Gisteren* betekent niet alleen: 'de dag vòòr de dag waarop ik spreek', maar geeft eveneens de tijdspanne aan waarbinnen de door V aangeduide werking heeft plaatsgevonden. Dit laatste betekenisaspect wijst erop dat *gisteren* bepaling is bij V.[9] Kijken we vervolgens naar (27), waar *gisteren* vooraf wordt gegaan door de functiemarkeerder *sinds*:

(27) Sinds gisteren bezit Jan een schilderij

In deze constructie wordt de syntactische functie van *gisteren* niet gemarkeerd door de eigen betekenis. *Gisteren* heeft nog steeds de betekenis 'de dag vòòr de dag waarop ik spreek', maar is niet meer in staat de tijdspanne aan te geven waarbinnen de door V aangeduide werking heeft plaatsgevonden. De reden daarvoor is dat V geen afgesloten proces aanduidt maar een proces dat nog bezig is. De ongrammaticaliteit van (28) en de grammaticaliteit van (29), waar wel sprake is van een afgesloten proces, volgt hieruit:

* (28) Gisteren bezit Jan een schilderij
(29) Gisteren bezat Jan een schilderij

Door de syntactische functie van *gisteren* te markeren door middel van de gespecialiseerde functiemarkeerder *sinds*, zoals in (27), is de interpretatie weer mogelijk van een tijdspanne, namelijk die waarbinnen de door V aangeduide werking zich aan het afspelen is.

## 2.4. Syntactische autonomen en verplaatsbaarheid

Martinet noemt de constituenten waarvan de syntactische functie niet door een positie wordt gemarkeerd, maar door een gespecialiseerde functiemarkeerder of door de eigen betekenis, syntactische autonomen. De functionalist Mahmoudian (1974: 36) wijst erop dat syntactische autonomen, afhankelijk van het type constituent, formeel herkenbaar zijn:

1. ofwel door hun onverplaatsbaarheid, zoals *leuk* in:

(30) Dat is een leuk meisje
* (31) Leuk is dat een meisje
* (32) Dat is leuk een meisje
* (33) Dat is een meisje leuk

2. ofwel door het feit dat verplaatsing geen verandering van syntactische functie met zich meebrengt, zoals *gisteren* in:

(34) Gisteren heeft Jan een schilderij gekocht
(35) Jan heeft gisteren een schilderij gekocht
(36) Jan heeft een schilderij gekocht gisteren

Het is aantoonbaar dat deze criteria niet geheel onproblematisch zijn, omdat verplaatsing van syntactische autonomen in andere gevallen wel degelijk een verschil in syntactische functie tot gevolg heeft. Zie bij voorbeeld *toen* in (37)-(40):

(37) Toen was zijn antwoord duidelijk
(38) Zijn antwoord toen was duidelijk
(39) Zijn antwoord was toen duidelijk
(40) Zijn antwoord was duidelijk toen

In (37), (39) en (40) is *toen* zinsdeel, terwijl het in (38) beschouwd dient te worden als bepaling bij de N *antwoord*. Met andere woorden: een verandering van positie correspondeert hier met een verandering in syntactische functie. Martinet (1980: 111) redt zich doorgaans uit dergelijke situaties door te stellen dat de relatie tussen *toen* en de kern in beide gevallen dezelfde is, dat wil zeggen *toen* is en blijft bepaling, maar dat de 'point d'incidence', dat wil zeggen de plaats van aanhechting van de bepaling verschillend is. Mahmoudian gaat zelfs zover dat hij stelt:

> "Pour les autonomes, on peut donc dire: fonction = relation + point d'incidence, que l'autonomie soit inhérente au signifié ou obtenue par la présence d'un monème." (1973: 39)[10]

Ons inziens ondergraaft hij met deze opmerking het principe dat de positie bij syntactische autonomen niet relevant is ter bepaling van de syntactische functie, omdat hij de syntactische functie van autonomen hier definieert als de **som** van de relatie en de aanhechtingsplaats.

We dienen hieruit de conclusie te trekken dat de exacte syntactische functie, dat wil zeggen relatie plus aanhechtingsplaats, van syntactische autonomen soms volledig, maar soms slechts gedeeltelijk afleidbaar is uit de eigen betekenis (vgl. (34)-(36) met (37)-(40)). Dat dit tevens geldt voor syntactische autonomen met een gespecialiseerde functiemarkeerder, blijkt uit het contrast tussen (41)-(44) en (45)-(48). In (41)-(44) is het woord *buurman* syntactisch autonoom, omdat zijn syntactische functie wordt gemarkeerd door een gespecialiseerde functiemarkeerder. De positie van *buurman* is bijgevolg niet relevant ter bepaling van zijn syntactische functie. In de vier constructies kan *buurman* als bepaling bij de N *vriendin* worden geïnterpreteerd:[11]

(41) Ik heb een vriendin ontmoet **van een buurman**
(42) Ik heb een vriendin **van een buurman** ontmoet
(43) Ik heb **van een buurman** een vriendin ontmoet
(44) **Van een buurman** heb ik een vriendin ontmoet

Net zoals *buurman* in (41)-(44), is het woord *rivier* in (45)-(48) syntactisch autonoom, omdat zijn syntactische functie wordt gemarkeerd door een gespecialiseerde functiemarkeerder. Desondanks lijkt vooropplaatsing van *rivier* gepaard te gaan met een verschil in "point d'incidence". *Rivier* is in (47) namelijk twijfelachtig en in (48) moeilijk als bepaling bij *huis* te interpreteren:[12]

(45) Ik heb een huis gefotografeerd **aan een rivier**
(46) Ik heb een huis **aan een rivier** gefotografeerd
(47) Ik heb **aan een rivier** een huis gefotografeerd
(48) **Aan een rivier** heb ik een huis gefotografeerd

Zonder nu meteen een volledige verklaring te willen of kunnen geven voor het contrast tussen (41)-(44) en (45)-(48), wijzen we erop dat er ontegenzeggelijk niet-syntactische factoren een rol spelen bij de verplaatsbaarheid van syntactische autonomen. Alleen al op grond van het bovenstaande lijkt het nodig een onderscheid te maken tussen *van* als functiemarkeerder en *aan* als functiemarkeerder. We zullen deze zaak hier niet verder uitdiepen, omdat deze verderop aan de orde wordt gesteld. De conclusie lijkt gewettigd dat het onvoorzichtig is te stellen dat de positie van syntactische autonomen nooit of in geen enkel opzicht structuurbepalend zou zijn.

## 2.5. Lexicale en lineaire conventies als niet-functionele hulpmiddelen

Martinet (1985: 160) laat zien dat soms ook lexicale en lineaire conventies een bijdrage kunnen leveren aan de duiding van syntactische functies. Wat de lexicale conventies betreft, wijst Martinet erop dat de syntactische klasse waartoe een woord behoort, in zoverre informatie geeft over de mogelijke, te vervullen syntactische functie(s), dat bepaalde syntactische klasses eerder compatibel zijn met functie x dan met functie y. Het zelfstandig naamwoord bij voorbeeld is gespecialiseerd in de functies onderwerp, lijdend voorwerp en meewerkend voorwerp, als het niet voorafgegaan wordt door een functiemarkeerder. Het werkwoord is daarentegen gespecialiseerd in de functie van kern, terwijl het bijvoeglijk naamwoord en het bijwoord zijn gespecialiseerd in de functie van bepaling. Martinet onderkent dus het feit dat het lexicon niet neutraal is met betrekking tot de syntaxis en bijgevolg het feit dat er sprake is van een zekere syntactische voorprogrammering.[13]

Andere lexicale conventies die indirect informatie geven over syntactische functies zijn de zogenaamde modaliteiten. Binnen MF zijn modaliteiten die morfemen die syntactisch niet als kern kunnen optreden, maar slechts als bepaling. Hun functie bestaat uit het markeren van specifieke syntactische klassen. Het discontinue morfeem *hij___-t* bij voorbeeld markeert persoon en getal van V en identificeert V daarmee als kern, terwijl het lidwoord *de* de bepaaldheid van N markeert en N daarmee identificeert als mogelijk onderwerp, lijdend voorwerp of meewerkend voorwerp.

Zoals gezegd, geven volgens Martinet ook lineaire conventies aanvullende informatie over syntactische functies. Men denke bij voorbeeld aan de gewoonte bepalingen zo dicht mogelijk bij de kern te plaatsen waar ze syntactisch van afhangen.

## 2.6. Lineaire conventies

Er rijst nu een belangrijke vraag met betrekking tot de beschrijvende adequaatheid van MF. Namelijk: is het aantoonbaar dat het doorschuiven naar de morfologische component van die lineaire conventies die geen enkele functie lijken te markeren, een belemmering vormt om inzicht te krijgen in het taal(gebruiks)systeem? Het is duidelijk dat deze vraag bevestigend beantwoord dient te worden. In de taalkundige literatuur zijn daar immers verschillende argumenten voor te vinden. Is het vervolgens ook zo dat, gezien het feit dat MF zijn onderzoeksobject beperkt tot het taalgebruik, deze vraag en dit antwoord als niet relevant beschouwd moeten worden met betrekking tot de beschrijvende adequaatheid van MF? Hier dient het antwoord ons inziens ontkennend te luiden. We zagen immers dat lineaire functies, zoals in (7) en (8), juist gebruik maken van lineaire conventies. Met andere woorden: de mogelijke posities ter markering van syntactische functies worden beperkt door de limieten van het taal(gebruiks)systeem. Dit betekent dat de verbale interactie in een taalgemeenschap in laatste instantie geconditioneerd wordt door datgene wat er conventioneel mogelijk is. Aan de hand van een drietal argumenten uit de literatuur zullen we nu trachten deze stelling nader te illustreren.

## 2.7. Het taaltypologische argument

Greenberg (1978: 73-113) die een enorme hoeveelheid bewijsmateriaal tezamen heeft gebracht uit tientallen verschillende talen, toont aan dat er zowel binnen afzonderlijke talen als tussen talen tal van interessante parallellen in de woordvolgorde vallen te bespeuren. Hij laat zien dat volgordeverschijnselen die op het eerste gezicht niet lijken samen te hangen, wel degelijk met elkaar in verband blijken te staan bij systematische vergelijking. We citeren een van zijn vele voorbeelden:

> 'The position of demonstratives and numerals is related to that of descriptive adjectives in individual languages. However, these items show a marked tendency to precede even when the descriptive adjective follows. On the other hand, when the descriptive adjective precedes, then the demonstratives and numerals virtually always precede the noun likewise.' (1978, 86)

Dit citaat is zonder meer van toepassing op de Nederlandse constructies in (49), (51) en (53):

(49) Jan kent **die man**
* (50) Jan kent man die

(51) Jan heeft **drie huizen**
* (52) Jan heeft huizen drie

(53) Jan houdt van **grote huizen**
* (54) Jan houdt van huizen gro(o)t(e)

De drie opposities in (49)-(54) laten zien dat de ordening binnen de vetgedrukte gedeeltes in (49), (51) en (53) lineaire conventies vertegenwoordigen. We wijzen er terzijde op dat deze ordening ook niet functioneel is op het semantische en pragmatische vlak, omdat (50), (52) en (54) onder geen enkele voorwaarde als grammaticaal kunnen worden beschouwd.[14]

Het feit dat Greenberg bij zijn vergelijkingen geen onderscheid maakt tussen lineaire conventies en lineaire functies, doet niets af aan de waarde van zijn observaties. Zoals we zojuist al aanstipten, dienen ook de lineaire functies zich namelijk te schikken naar de ordeningsmogelijkheden en -onmogelijkheden van het taal(gebruiks)systeem. Als deze stelling juist is, dan heeft dat gevolgen voor de beschrijvende adequaatheid van MF. We lichten dit toe aan de hand van de links-rechts-ordening van het onderwerp en het lijdend voorwerp in het Frans.

Zoals we zagen, vertegenwoordigt het verschijnsel dat het onderwerp en het lijdend voorwerp door hun links-rechts-ordening syntactisch gemarkeerd worden ten opzichte van V dat als kern fungeert, een lineaire functie. De vraag **waarom** deze markering in een taal als het Frans alleen effectief is als het onderwerp links van V en het lijdend voorwerp rechts van V staat en bij voorbeeld niet in dezelfde links-rechts-ordening tezamen aan het eind van de constructie, wordt binnen MF doorverwezen naar de morfologische component. MF onderschat daarmee het feit dat lineaire functies niet alleen afhangen van syntactische taalgebruikskeuzes, maar tevens geconditioneerd worden door de beperkte syntactische speelruimte die het taal(gebruiks)systeem ter beschikking stelt. Het probleem is echter nog scherper te stellen. Het is juist te danken aan de beperkingen die het taalsysteem oplegt aan lineaire functies, dat deze in staat zijn optimaal te functioneren. Het is namelijk duidelijk dat er zonder deze beperkingen sprake zou zijn van een proliferatie aan equivalente lineaire functies, die ongetwijfeld ten koste zou gaan van de bruikbaarheid van het taal(gebruiks)systeem. Gesteld dat we alleen de functionele links-rechtsvolgorde van onderwerp en lijdend voorwerp zouden behouden en verder alle equivalente lineaire functies in vrijheid zouden laten gedijen, dan zou dat onder meer de constructies in (55)-(69) opleveren:

* (55) **Jean Pierre** chaque matin à dix heures bat avec un gros bâton
* (56) Chaque matin **Jean Pierre** à dix heures bat avec un gros bâton
* (57) Chaque matin à dix heures **Jean Pierre** bat avec un gros bâton
* (58) Chaque matin à dix heures bat **Jean Pierre** avec un gros bâton
* (59) Chaque matin à dix heures bat avec un gros bâton **Jean Pierre**

* (60) **Jean** chaque matin **Pierre** à dix heures bat avec un gros bâton
* (61) **Jean** chaque matin à dix heures **Pierre** bat avec un gros bâton
* (62) **Jean** chaque matin à dix heures bat **Pierre** avec un gros bâton
* (63) **Jean** chaque matin à dix heures bat avec un gros bâton **Pierre**

* (64) Chaque matin **Jean** à dix heures **Pierre** bat avec un gros bâton
* (65) Chaque matin **Jean** à dix heures bat **Pierre** avec un gros bâton
* (66) Chaque matin **Jean** à dix heures bat avec un gros bâton **Pierre**

(67) Chaque matin à dix heures **Jean** bat **Pierre** avec un gros bâton
* (68) Chaque matin à dix heures **Jean** bat avec un gros bâton **Pierre**[15]
* (69) Chaque matin à dix heures bat **Jean** avec un gros bâton **Pierre**

Afgezien van het feit dat MF's morfologische component wel erg vol komt te zitten bij opname van alle denkbare equivalente lineaire functies, is het duidelijk dat juist **doordat** het taal(gebruiks)systeem veertien van de vijftien onder (55)-(69) genoemde constructies uitsluit, X en Y in X-V-Y in het Frans respectievelijk herkenbaar zijn als onderwerp en lijdend voorwerp. Onder de benaming 'niet-functionele hulpmiddelen' weegt dit binnen MF echter slechts op bescheiden wijze mee voor de bepaling van deze syntactische functies.

Terugkomend op Greenberg kunnen we ons dan ook niet aan de indruk onttrekken dat MF een aantal interessante, voor elke taalwaarnemer observeerbare parallellen laat liggen door lineaire conventies die geen enkele functie lijken te markeren buiten het syntactisch onderzoek te houden. MF graaft niet dieper dan de lineaire functies en de lineaire conventies die niet-syntactische functies markeren. Zoals we zagen, dienen echter ook deze uiteindelijk te gehoorzamen aan de eisen van het taal(gebruiks)systeem.

We durven de stelling aan dat MF hier tekortschiet in beschrijvende adequaatheid om de eenvoudige reden dat het syntactische procedé van de woordvolgorde in laatste instantie slechts interpreteerbaar is bij inachtneming van een aantal conventies die geen enkele functie lijken te markeren. Dat aandacht voor dergelijke conventies niet functionalistisch zou zijn, wagen we trouwens te betwijfelen. Als bewezen kan worden dat verschillende constructies zoals in (49), (51) en (53) qua structuur eerder convergeren dan divergeren, dan wijst dat erop dat taal(gebruiks)systemen tot op zekere hoogte gehoorzamen aan de wetten van de taalkundige economie.[16] Het lijkt immers aannemelijk te stellen dat hoe minder divergerende structuren, des te makkelijker leert en gebruikt men een taal.

## 2.8. Het X-bar-theoretische argument

Binnen CG heeft Sturm (1986: 228-254) laten zien dat lineaire conventies als in (49), (51) en (53) te vatten zijn in een hypothese omtrent de syntactische structuur van het Nederlands. Deze hypothese houdt in dat (49), (51) en (53) de reguliere structuur van het Nederlands vertegenwoordigen. Dat wil zeggen: in het Nederlands staan bepalingen altijd links van de kern. Het is duidelijk dat verschillende uitzonderingen deze hypothese falsifiëren. Zie bij voorbeeld (70), waar *bakker* bepaling is bij *huis*:

(70) Het huis van de bakker

De kracht (of de zwakte) van een hypothese blijkt vaak uit datgene wat er met tegenvoorbeelden wordt gedaan. Zo ook hier. Sturms analyse van (70) komt erop neer dat afwijkende volgordes alleen getolereerd worden, mits het gebruik van een markeerder. In (70) vervult *van* de rol van markeerder.[17] Zonder dit element is de constructie ongrammaticaal. Zie (71):

* (71) Het huis de bakker

Het enige voorzetselloze alternatief is (72), waar de bepaling, net zoals in (49), (51) en (53), voorafgaat aan de kern en dus in overeenstemming is met Sturms hypothese:

(72) Het bakkershuis

We zien opnieuw dat lineaire conventies die geen enkele functie lijken te markeren vanuit een andere optiek wel degelijk functioneel kunnen zijn, namelijk op het niveau van de beschrijvende adequaatheid. Als bewezen kan worden dat alle structuren van het Nederlands de volgorde bepaling-kern hebben, of, als dat niet zo is, vergezeld gaan van een markeerder, dan is er weer een belangrijk stuk taal(gebruiks)systematiek blootgelegd, dat, net zoals in (49), (51) en (53), in de richting gaat van de taalkundige economie.

## 2.9. Het Nederlands als SOV-taal

Een enigszins andersoortig argument om lineaire conventies niet buiten het syntactisch onderzoeksobject te houden, vinden we bij Koster (1975). Hij laat zien dat de distributie van het scheidbare deel van scheidbaar samengestelde V's in het

Nederlands, in de hoofdzin gelijk is aan de distributie van V in de bijzin. Zie (73)-(76):

(73) Jan **belt** mij **op**
(74) Jan **maakt** het huis **schoon**

(75) (...), omdat Jan mij **opbelt**
(76) (...), omdat Jan het huis **schoonmaakt**

Hoewel Koster dit niet vermeldt, hebben we in deze reeks zowel te maken met lineaire conventies als met lineaire functies. We hebben te maken met lineaire conventies omdat de vetgedrukte gedeeltes in de betreffende constructies alleen maar op de aangegeven plaats kunnen staan. We hebben tevens te maken met lineaire functies omdat de positie van V in (73) en (74) gezien kan worden als de markering van het type syntactische constructie dat we doorgaans aanduiden met de term 'hoofdzin', terwijl de positie van V in (75) en (76) tezamen met de functiemarkeerder *omdat* (een lexicale functie) gezien kan worden als de markering van datgene wat we gewoonlijk een 'bijzin' noemen. Al met al is dit een mooie illustratie van de stelling hierboven dat lineaire functies zich dienen op te houden binnen de door het taal(gebruiks)systeem gestelde conventionele limieten en dat lineaire conventies juist daarom wel degelijk een bijdrage kunnen leveren aan inzicht in de taal(gebruiks)systematiek.

Ter afsluiting van deze paragrafen over MF concluderen we dat het als een verdienste van MF mag worden gezien dat er een onderscheid wordt gemaakt tussen lexicale en lineaire conventies enerzijds en lexicale en lineaire functies anderzijds. De lexicale en lineaire conventies die geen enkele semantische of pragmatische functie markeren, worden echter volledig doorgeschoven naar de morfologische component, en dus naar de diachronie. We hebben laten zien dat het terzijde schuiven van met name de lineaire conventies die geen enkele functie markeren, niet is te rechtvaardigen met een beroep op het functionalistische onderzoeksobject. Het is daarentegen verdedigbaar dat puur linguïstische automatismes tezamen met syntactische, semantische en pragmatische taalgebruikskeuzes bijdragen aan inzicht in de verbale interactie tussen de leden van een taalgemeenschap.

## 3. Taalsysteem

In deze paragraaf bepalen we onze positie ten aanzien van CG. We zullen trachten aan te tonen dat het negeren door deze school van het zojuist behandelde onderscheid tussen lexicale en lineaire conventies enerzijds en lexicale en lineaire functies anderzijds ten koste gaat van de adequaatheid van de voorgestelde beschrijvingen. We bestrijden met andere woorden de typische CG-tendens syntactische functionaliteit toe te kennen aan alle direct observeerbare lexicale en lineaire vormvarianten. Alvorens nader op deze zaken in te gaan, is een korte bezinning op het onderzoeksdoel van CG, alsmede op de verschillende adequaatsheidseisen die CG stelt aan grammatica's en tenslotte op de onderzoeksmethode van CG hier op haar plaats.

### 3.1. De 'faculté de langage'

Het uiteindelijke doel van CG is de constructie van een model van het per axioma aangenomen aangeboren taalvermogen of de 'faculté de langage' van de mens. Aanhangers van deze school gaan ervan uit dat dit model, dat ook wel Universele Grammatica wordt genoemd, een beperkt aantal algemene principes bevat die zo nauwkeurig mogelijk het begrip 'mogelijke menselijke taal' vastleggen. Dit model kan worden afgeleid uit zogenaamde competence-modellen van afzonderlijke talen. Dergelijke modellen, door generativisten ook wel grammatica's genoemd, zijn simulaties van de competence (of onbewuste taalkennis) die moedertaalsprekers tot hun beschikking hebben. Deze modellen worden geconstrueerd op basis van het taalgedrag van moedertaalsprekers. Met taalgedrag wordt hier bedoeld: het geven van intuïtieve grammaticaliteitsoordelen over constructies uit de moedertaal en niet de produktie van grammaticale constructies in de moedertaal.[18] Men is binnen CG namelijk van oordeel dat de laatste activiteit een minder zuiver beeld geeft van de taalkennis dan de eerste activiteit (Bennis en Hoekstra 1989: 4).[19] Omdat het geven van grammaticaliteitsoordelen een zeer complexe activiteit is, wordt in eerste instantie bij de observatie van dit taalgedrag geabstraheerd van een aantal niet-linguïstische variabelen zoals de aard van en beperkingen op de spraakproduktie, de sociale herkomst en status van de moedertaalspreker en de feitelijke kennis van en visie op de wereld waarin de moedertaalspreker leeft (Botha 1978: 53). Men gaat er verder van uit dat de competence van een moedertaalspreker bestaat uit een beperkte set van formaliseerbare regels en categorieën. Met behulp van die regels is de moedertaalspreker in staat de categorieën te combineren tot een oneindig aantal grammaticale constructies. Een adequaat model van deze competence zal dus een zeker generatief vermogen moeten hebben, wil dit resultaat geëvenaard kunnen worden. Een grammatica die hiertoe in staat is, is observationeel adequaat.

### 3.2. Eisen van adequaatheid

Chomsky (1957) verwoordt een belangrijk generatief principe, namelijk het 'all and only-principe' (Bennis en Hoekstra 1989: 5). Een observationeel adequate grammatica genereert **alleen** die structuren die door moedertaalsprekers als grammaticaal worden ervaren, maar dan wel **al** die structuren. Zoals we straks zullen aantonen, leidt dit er in de dagelijkse beschrijvingspraktijk vaak toe dat naast lineaire functies ook lineaire conventies die niet-syntactische functies markeren, worden verantwoord door middel van een specifieke syntactische structuur. Met andere woorden: zowel aan de lineaire functies als aan de lineaire conventies wordt functionaliteit toegekend met betrekking tot de te bepalen structuur. Verderop zullen zien dat dit voor de BNP betekent dat er naargelang van het semantische type, ten onrechte, minstens drie verschillende syntactische structuren worden onderscheiden. Naast de minimale eis van observationele adequaatheid stelt CG nog twee andere, hogere adequaatheidseisen aan grammatica's. Een grammatica moet ook beschrijvend adequaat zijn. Dat is het geval als die eenvoudig is, "(...) in die zin dat er geen herhalingen of redundanties in het regelsysteem voorkomen." (Bennis en Hoekstra 1989: 6), en naast een expliciete opsomming van alle grammaticale constructies van een bepaalde taal aan die constructies structuurbeschrijvingen toekent die enerzijds een optimale formulering van verwantschappen toelaten en anderzijds aanleiding geven tot een correcte interpretatie (Bennis en Hoekstra 1989: 6-7). We zullen in deze studie zien dat het poneren van minstens drie verschillende syntactische structuren voor verschillende semantische types BNP's, juist geen optimale formulering van verwantschappen toelaat tussen deze BNP's. Aan een competence-model wordt tevens de eis van verklarende adequaatheid gesteld. Deze hoogste eis van adequaatheid is bereikt als het competence-model in overeenstemming is met de principes van de Universele Grammatica (Bennis en Hoekstra 1989: 7).

Schema 1: Onderzoeksmodel CG

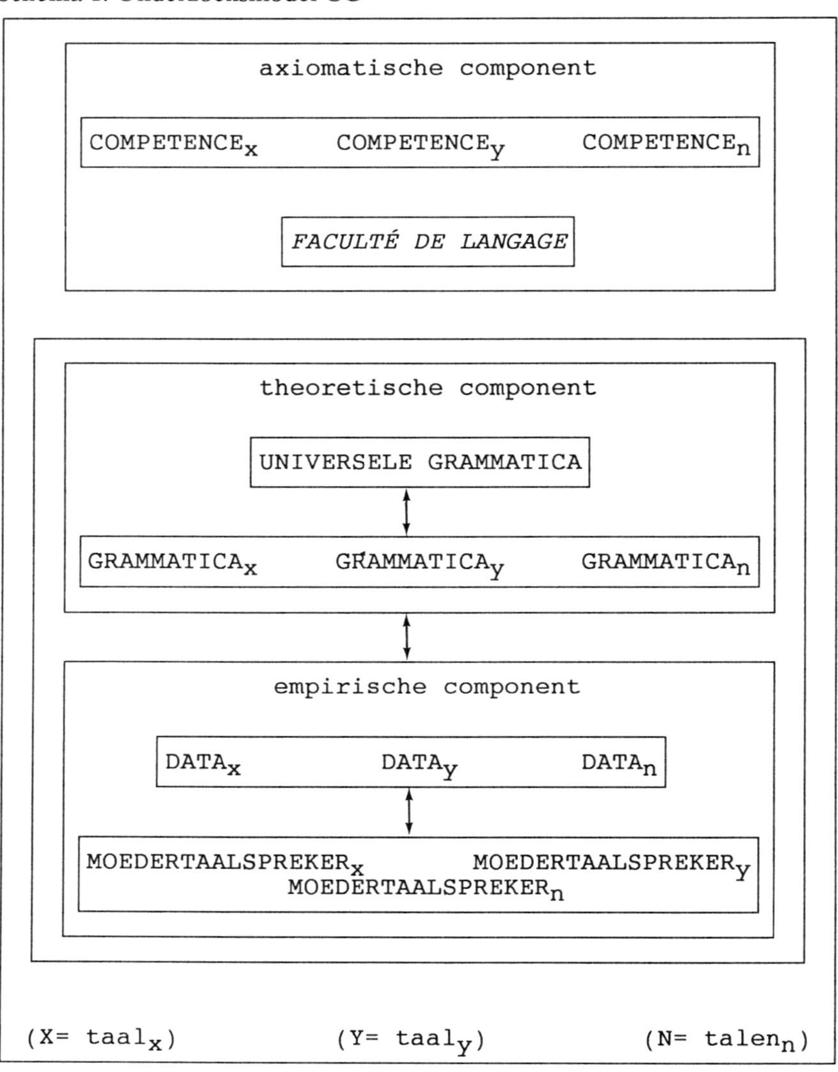

### 3.3. De generatieve onderzoeksmethode

Gegeven de zojuist geschetste uitgangspunten, zou er binnen CG idealiter sprake moeten zijn van tweerichtingsverkeer tussen data en theorie, zoals aangegeven in schema 1.

Afgezien van de reeds besproken axiomatische component, onderscheiden we in dit model twee componenten met elk twee subcomponenten. Zowel de componenten als de subcomponenten zijn onderling door middel van bidirectionele pijlen met elkaar verbonden. De pijlen die naar boven wijzen traceren het inductief-empirische pad, de pijlen die naar beneden wijzen het deductief-theoretische pad. Het inductief-empirische pad wordt als volgt afgelegd. De grammaticaliteitsoordelen van de moedertaalsprekers$_{x/y/n}$ met betrekking tot de data$_{x/y/n}$ vormen de invoer voor de grammatica's$_{x/y/n}$. Deze grammatica's vormen vervolgens de invoer voor de Universele Grammatica. De wandeling via het deductief-theoretische pad verloopt in de omgekeerde richting. De Universele Grammatica definieert het begrip 'mogelijke menselijke taal'. Deze definitie legt beperkingen op aan de grammatica's$_{x/y/n}$. De laatste worden vervolgens geprojecteerd op de data$_{x/y/n}$. Tenslotte worden de moedertaalsprekers$_{x/y/n}$ geraadpleegd ter bevestiging van de data$_{x/y/n}$.

In de volgende paragrafen zullen we op basis van enkele syntactische beschrijvingsvoorstellen uit de generatieve hoek laten zien dat het ideaal waarvan we aan het begin van deze paragraaf gewag hebben gemaakt, in veel gevallen niet bereikt of zelfs maar benaderd wordt. In plaats van tweerichtingsverkeer tussen de theoretische en de empirische component, is er sprake van eenrichtingsverkeer van de theoretische naar de empirische component.[20] Met andere woorden: de voornoemde beschrijvingsvoorstellen zijn het resultaat zijn van een **eenzijdige** projectie van grammatica op data. De vraag of die data lineaire functies dan wel lineaire conventies vertegenwoordigen, speelt dan ook geen rol. We zullen in de volgende paragrafen aantonen dat deze werkwijze ten koste gaat van de beschrijvende adequaatheid van CG, juist omdat er geen gebruik gemaakt wordt van de complementariteit die er bestaat tussen de deductief-theoretische en de inductief-empirische methode.[21]

### 3.4. De syntactische structuur van de PBNP en lineaire conventies

Een illustratief voorbeeld van voornoemde eenzijdige projectie van theorie op data is Klein (1981). In zijn poging de interne syntactische structuur van zogenaamde partitieve BNP's als in (77) (voortaan PBNP) te achterhalen, vergelijkt hij deze met BNP's als in (78) (voortaan reguliere BNP), waarvan de elementaire syntactische structuur bekend is. Men neemt doorgaans aan dat N1 de kern vormt van de reguliere BNP, met de PP als nabepaling:[22]

(77) Jan heeft een van de nichtjes van Eline gezien
(78) Mieke zei, dat er een kleuter van de school van Annemieke kon komen

Als we ervan uitgaan dat de PBNP dezelfde syntactische structuur heeft als de possessieve BNP, dan vormt de eerste een probleem voor de subjacentieconditie. Deze conditie stelt namelijk dat extrapositie niet van toepassing mag zijn op de knopen A en B als A superieur is aan B en B niet subjacent is aan A (zie Booij e.a. 1980: 192-193).[23] Toegepast op (77) en (78) betekent dit dat *van Eline* (B) en *van Annemieke* (B) niet extraponeerbaar zijn, omdat *een* (A) en *kleuter* (A) superieur zijn aan beide PP's, terwijl beide PP's niet subjacent zijn aan *een* en *kleuter*, maar aan *nichtjes* en *school*. De subjacentieconditie voorspelt verder dat *van de nichtjes van Eline* in (77) en *van de school van Annemieke* in (78) wel extraponeerbaar zijn, want *een* en *kleuter* zijn superieur aan beide PP's en beide PP's zijn tevens subjacent aan *een* en *kleuter*. Gezien de ongrammaticaliteit van (79) en de grammaticaliteit van (80) doet de subjacentieconditie voor (77) dus een onjuiste voorspelling, omdat *van de nichtjes van Eline* juist niet extraponeerbaar blijkt te zijn (zonder verschijning van het kwantitatieve *er*), terwijl *van Eline* juist wel extraponeerbaar is:

* (79) Jan heeft een gezien *van de nichtjes van Eline*
(80) Jan heeft een van de nichtjes gezien *van Eline*

Vergelijk (81) en (82) waar de subjacentieconditie wel de juiste voorspelling doet:[24]

(81) Mieke zei, dat er een kleuter kon komen *van de school van Annemieke*
* (82) Mieke zei, dat er een kleuter van de school kon komen *van Annemieke*

Voorzover wij kunnen zien, zijn er in principe drie uitwegen uit dit dilemma. Of de subjacentieconditie wordt zodanig bijgesteld dat (79) en (80) worden verantwoord, òf de PBNP heeft een andere syntactische structuur dan de possessieve BNP, die deze conditie niet falsifieert, òf er speelt een niet-syntactische variabele mee, die verklaart waarom (80) mogelijk is en (79) niet.

Typerend voor de eenzijdige deductief-theoretische werkwijze binnen CG is dat Klein zonder enige discussie de tweede optie kiest. Hij neemt namelijk aan dat niet *een*, maar *nichtjes* de kern is van de PBNP in (77). Dat de eerste optie niet als eerste ter discussie staat is nog te begrijpen. Het gaat hier immers om een centrale hypothese binnen CG die zijn verklarende en heuristische waarde al meer dan eens heeft bewezen (vgl. Koster 1981: 42-57). Een dergelijke hypothese laat men niet vallen op grond van enkele tegenvoorbeelden. De zaken liggen enigszins anders met de derde optie. Deze onderzoekt of noemt Klein zelfs niet. Het deductief-theoretisch onderzoekspad volgend, gaat hij er voetstoots vanuit dat het verschil in lineair gedrag tussen de PBNP en de reguliere BNP syntactisch functioneel is en dus een structuurbepalend verschijnsel vertegenwoordigt. Geheel in overeenstemming hiermee poneert hij voor de PBNP vervolgens een dusdanige syntactische structuur dat deze onmogelijk de subjacentieconditie kan falsifiëren.

We wijzen er voor alle duidelijkheid op dat we er niet op uit zijn de heuristische merites van een dergelijke werkwijze ter discussie te stellen. Het projecteren van theorie op data is methodologisch zonder meer te verdedigen (vgl. Botha 1978: 223-253). Wel zijn we gekant tegen de eenzijdigheid ervan. Klein verzuimt namelijk de weg terug af te leggen van de data naar de theorie, zoals we die geschetst hebben in schema 1. Aan zijn analyse ontbreekt met andere woorden een **feitelijke** rechtvaardiging van de gedane projectie op basis van een grondige observatie van de data. Dat dit ten koste gaat van de adequaatheid van zijn beschrijving, blijkt uit Van der Lubbe (1982). Hij onderzoekt de derde optie en laat zien dat het verschil tussen de PBNP en de reguliere BNP samenhangt met specifieke semantische eigenschappen van het zelfstandig gebruikte bepaalde hoofdtelwoord. Op de inhoudelijke kant van deze zaak komen we uitvoerig terug in de hoofdstukken 3 en 4. Ons interesseert hier de vraag of het aanhouden van een duidelijk onderscheid tussen lineaire conventies en lineaire functies, zoals dat binnen MF gebruikelijk is, tot dezelfde conclusie leidt, namelijk dat er in (79) en (80) een semantische variabele in het spel is.

De vraag die we in dit verband dienen te stellen is: hebben we voor wat de PBNP in (77), (79) en (80) betreft, te maken met lineaire conventies of met lineaire functies? Anders geformuleerd: zijn (77), (79) en (80) het resultaat van verschillende syntactische taalgebruikskeuzes? Laten we ter beantwoording van deze vraag eens nagaan op welke wijze in (77) de syntactische functies worden gemarkeerd. De syntactische functies van onderwerp en lijdend voorwerp worden positioneel gemarkeerd. We weten dat *Jan* in (77) de functie van onderwerp bekleedt en *een van de nichtjes van Eline* de functie van lijdend voorwerp omdat de eerste constituent links staat en de tweede rechts. Als we vervolgens de interne structuur van de laatste constituent bekijken, dan constateren we dat het eerste *van* de N *nichtjes* als bepaling markeert bij *een*, terwijl het tweede *van* de N *Eline* als bepaling markeert bij *een* of bij *nichtjes*. We kunnen hieruit de conclusie trekken dat hier geen sprake is van een lineaire functie, maar van een lexicale functie, namelijk *van*. Dat de positie hier niet structuurbepalend is, is duidelijk te maken als we nagaan wat er met de syntactische functie van *nichtjes* en *Eline* gebeurt na verplaatsing. We constateren dan dat in (79) een andere positie van de N *nichtjes* niet gepaard gaat met een andere syntactische functie om de eenvoudige reden dat er gegeven de ongrammaticaliteit van (79) geen sprake meer kan zijn van syntactische functies. Als we vervolgens nagaan wat er met de syntactische functie van *Eline* gebeurt door een verplaatsing als in (80), constateren we opnieuw dat deze niet varieert. *Eline* blijft interpreteerbaar als bepaling bij *een* of bij *nichtjes*. We kunnen dezelfde redenering volgen voor (78) en de verplaatsingen in (81) en (82). Ook daar gaat verandering van positie niet gepaard met verandering in syntactische functie.

De conclusie luidt dat er tussen (77) en (79), en tussen (77) en (80) geen sprake kan zijn van een functioneel-syntactische oppositie. Gegeven de ongrammaticaliteit van (79), lijkt de verplichte opeenvolging van *een* en *van de nichtjes* in (77) ook geen semantische functie te markeren. Vergelijken we (77) echter met (78) en (81), dan blijkt die verplichte opeenvolging semantisch wel functioneel te zijn. De semantische relatie tussen *een* en *nichtjes* is immers een geheel andere dan die tussen *kleuter* en *school* (ruwweg: partitiviteit versus 'afkomstigheid'). Verderop in deze studie zal echter blijken dat het niet de partitiviteit is die gemarkeerd wordt door de opeenvolging van *een* en *nichtjes*, maar, zoals Van der Lubbe (1982) reeds suggereerde, het typische semantische karakter van het zelfstandig gebruikte bepaald hoofdtelwoord. Als we (77) vervolgens vergelijken met (80), komen we tot nog een andere conclusie, gezien de grammaticaliteit van de laatste constructie. Hoewel hier geen sprake is van een semantische taalgebruikskeus (de betekenisrelatie tussen *Eline* en *nichtjes* is immers constant in (77) en (80)), is hier wel sprake van een pragmatische taalgebruikskeus. Door *Eline* in (80) door middel van V te scheiden van *nichtjes*, wordt extra de aandacht gevestigd op *Eline*.

Deze voorstelling van de stand van zaken heeft natuurlijk gevolgen voor de appreciatie van (77). Als we er immers van uitgaan dat volgordevarianten binnen de PBNP, inclusief de plaatsingsmogelijkheden van met PBNP's verbonden PP's, niet samengaan met verandering in syntactische functie, dan impliceert dit dat (79) en (80) syntactisch niet verantwoord kunnen worden door het poneren van een specifieke syntactische structuur voor (77). De enige mogelijkheid die dan nog open blijft, is te onderzoeken hoe de verplichte opeenvolging van *een* en *nichtjes* verklaarbaar is vanuit het typische semantische karakter van het zelfstandig gebruikte bepaald hoofdtelwoord. Verderop komen we uitgebreid op deze zaak terug.

### 3.5. Zusterschap binnen de PBNP en lineaire conventies

Dat deductief-theoretisch eenrichtingsverkeer binnen het generatieve model geen uitzondering is, moge blijken uit Bennis (1979: 209-228). Ook hij gaat uit van constructies als (79) en (80). Net zoals Klein, tracht hij uit de impasse met de subjacentieconditie te raken door de syntactische structuur van de PBNP zodanig aan te passen dat deze conditie niet meer gefalsifieerd wordt. Hij gaat ervan uit dat de PP's in (77) uitsluitend zusters zijn. Op de ons inziens gebrekkige bewijsvoering voor deze stelling komen we verderop terug. Hier gaat het ons om de consequentie van deze stelling. Deze luidt dat de tweede PP een niveau minder diep is ingebed en dus naar rechts verplaatst kan worden zonder dat de subjacentieconditie gefalsifieerd wordt. Het is duidelijk dat ook hier sprake is van eenzijdige projectie van theorie op data.

De vraag rijst opnieuw: welke bijdrage had het onderscheid tussen lineaire conventies en lineaire functies hier kunnen leveren? Op het eerste gezicht lijkt Bennis' analyse voor de hand te liggen. In principe is er niets op tegen om de tweede PP in navolging van de eerste als bepaling te interpreteren bij het zelfstandig gebruikte bepaald hoofdtelwoord. Het is immers een bekend verschijnsel dat PP's binnen een en dezelfde constructie vaak verschillende syntactische verbindingen aangaan. Zoals we zagen, schrijft Martinet dit toe aan het verschijnsel dat er bij syntactische autonomen soms sprake is van verschillende 'points d'incidences', of aanhechtingsplaatsen. Gegeven de zojuist met betrekking tot PBNP's geconstateerde conventionaliteit van het verschijnsel woordvolgorde, kan de syntactische functie 'bepaling bij *een*', echter niet gemarkeerd worden door woordvolgorde. Afwijkende maar grammaticale woordvolgordes, of ongrammaticale woordvolgordes zeggen niets over de interne syntactische structuur van de PBNP. De interne structuur van (77) is slechts af te leiden uit de aanwezigheid van de functiemarkeerders, namelijk de twee voorzetsels *van*. Als verplaatsing van een PP, zoals in (79), leidt tot ongrammaticaliteit, dan kan dit, zoals we reeds constateerden, alleen maar verwijzen naar een niet-syntactische variabele.

### 3.6. Semantische herinterpretatie binnen de PBNP en lineaire conventies

Als derde illustratie van de eenzijdige deductief-theoretische aanpak kijken we naar Wiers (1978). Zij lost het probleem met de subjacentietheorie in (79) en (80) anders op dan Klein en Bennis. Ze neemt namelijk aan dat er in (77) sprake is van semantische herinterpretatie in de zin van Grosu (1972: 131). Grosu neemt aan dat kern en bepaling in bepaalde gevallen opgevat kunnen worden als een eenheid, waardoor een bepaling bij die bepaling geïnterpreteerd kan worden als een bepaling bij die eenheid. In het onderhavige geval is het resultaat van een dergelijke operatie dat de eerste PP samen met de voorafgaande (lege) N als een nieuwe semantische eenheid wordt opgevat, zodat de tweede PP als bepaling bij die nieuwe eenheid kan worden opgevat (vgl. Klein 1981: 296).[25] Wiers stelt dus geen andere syntactische structuur voor, maar tast de coherentie van het CG-model aan door optie 1 te kiezen, en wel onder het motto: subjacentie is dood, leve de subjacentie! Deze conditie kan nu immers niet meer beschouwd worden als een puur syntactische conditie. Ze zal zodanig geherformuleerd moeten worden dat ze semantisch geherinterpreteerde structuren kan onderscheiden van structuren waarbij dit proces niet heeft plaatsgevonden. Wiers rept er echter met geen woord over hoe dit zou moeten gebeuren.

We constateren dat Wiers de enige generativist is die in dit specifieke geval een beroep doet op een niet-syntactische variabele. In tegenstelling tot Klein en Bennis, verleent ze dus geen syntactische functionaliteit aan (79) en (80) met betrekking tot de te bepalen syntactische structuur van (77).[26] We wijzen er echter op dat ze het deductief-theoretische onderzoekspad niet echt verlaat, want haar doel is en blijft de subjacentieconditie te redden. Het is duidelijk dat ze van twee walletjes eet: de subjacentieconditie wordt behouden (maar versemantiseerd), terwijl de semantische herinterpretatie als etiket dient voor de niet onderzochte niet-syntactische variabele. Het feit dat ze geen onafhankelijk bewijsmateriaal presenteert dat duidelijk zou kunnen maken waarom PBNP's semantisch geherinterpreteerd moeten worden en reguliere BNP's niet, wijst erop dat het haar uitsluitend is te doen om het veilig stellen van een theoretisch construct, i.c. de subjacentieconditie. We zijn het ten volle met Bennis eens als hij semantische herinterpretatie bestempelt als 'een ondoorzichtig semantisch principe' (1979: 211), althans op de manier waarop Wiers dat principe presenteert.

### 3.7. De MBNP en lineaire conventies

Klein (1977: 35-39) dient als vierde illustratie van de eenzijdige deductief-theoretische aanpak binnen CG. Hij kent aan de metaforische BNP (voortaan MBNP) in (83) een specifieke syntactische structuur toe, die afwijkt van de syntactische structuur van de reguliere BNP in (84). Hij doet dit op grond van een vergelijking tussen (85)-(86) en (87)-(88):

(83) Een schat van een kind
(84) Een hoed van een vriendin

* (85) We hebben een schat zien staan van een kind
* (86) Een schat van [een kind van Karel]

(87) We hebben een hoed zien liggen van een vriendin
(88) Een hoed van [een vriendin van Karel]

De MBNP in (85) is volgens Klein pertinent ongrammaticaal, terwijl (86) volgens hem ongrammaticaal is als *van Karel* als bepaling wordt geïnterpreteerd bij *kind.*[27] Klein neemt aan dat *van een kind* in (83), in tegenstelling tot *van een vriendin* in (84), geen PP is, maar een NP voorafgegaan door een 'los' voorzetsel. De NP *kind* komt daardoor op gelijke hoogte te staan met *schat.* Deze structurele ingreep heeft tot gevolg dat de transformatie 'extrapositie van PP' niet meer van toepassing kan zijn (er is immers geen PP). Klein geeft hiermee een verklaring van de veronderstelde ongrammaticaliteit van (85), waar deze regel wel is toegepast. Hij is gedwongen tot deze analyse, omdat onder een PP-analyse de onverplaatsbaarheid van *van een kind* niet te verklaren is met een beroep op de subjacentieconditie. Wat de vermeende ongrammaticaliteit van (86) betreft, neemt Klein aan dat *van Karel* bepaling is bij *schat* en niet bij *kind*, hetgeen volgens hem wel een grammaticale interpretatie oplevert. Vergelijk (89) en (90):[28]

(89) Een schat [van] [een kind][van Karel]
(90) Een hoed [van een vriendin [van Karel]]

Ter ondersteuning van de structuur in (89), vermeldt Klein dat *van Karel* extraponeerbaar is, hetgeen onverklaarbaar zou zijn onder een analyse waarin *van Karel* bepaling zou zijn bij *kind.* De subjacentieconditie zou immers worden geschaad. Zie (91):

(91) Geert zei, dat hij die schatten van kinderen gezien had van Karel

De door Klein gehanteerde methode is wederom typerend voor de werkwijze binnen CG. Omdat (85) ongrammaticaal is zonder tegelijkertijd de subjacentieconditie te schaden, wordt aan de variant zonder extrapositie een syntactische structuur toegekend die niet in staat is deze conditie te falsifiëren. De mogelijke aanwezigheid van een niet-syntactische variabele wordt, zoals te doen gebruikelijk binnen CG, zelfs niet geopperd. Het is duidelijk dat we hier opnieuw te maken hebben met een eenzijdige projectie van theorie op data. De verantwoording van (86) is minstens even typerend voor deze eenzijdigheid. Gezien het verschijnsel dat N's doorgaans minstens één PP als bepaling kunnen hebben en gegeven de observatie dat *kind* in (86) daartoe niet in staat lijkt te zijn, is de veronderstelling dat deze constructie wel een andere syntactische structuur **moet** hebben. Het is duidelijk dat deze analyse volledig voorbijgaat aan het onderscheid tussen lineaire conventies en lineaire functies en dus aan het verschijnsel dat bepaalde lineaire vormvarianten geen syntactische, maar slechts semantische of pragmatische functionaliteit bezitten. Deze stelling zal voor de MBNP verder uitgewerkt worden in de loop van deze studie.

Concluderend zij er hier nogmaals op gewezen dat de plaatsingsvarianten van tot BNP's behorende PP's geen lineaire functies vertegenwoordigen, maar slechts lineaire conventies. Deze plaatsingsvarianten leiden immers òf tot ongrammaticaliteit, òf tot grammaticale varianten met constant blijvende syntactische functies. Aan deze vormvarianten kunnen bijgevolg geen argumenten ontleend worden ter verdediging van een van de reguliere BNP afwijkende syntactische structuur.

### 3.8. De PBNP en lexicale conventies

Ook in de wat recentere generatieve literatuur komen we staaltjes tegen van eenzijdige bewandeling van het deductief-theoretische onderzoekspad. Coppen (1988: 133-161) vraagt zich af waarom (92) in tegenstelling tot (94) ongrammaticaal is:

* (92) Ik heb gisteren nog van **een van φ opera's** genoten
(93) Ik heb gisteren nog van een van de opera's genoten
(94) Ik heb gisteren nog **van φ opera's** genoten
(95) Ik heb gisteren nog van de opera's genoten

Hij wijst erop dat gangbare generatieve analyses (Wiers 1978, Bennis 1979) aan *van opera's* in (92) en (94) dezelfde syntactische structuur toekennen. Dit kan volgens Coppen niet juist zijn, omdat het dan onverklaarbaar blijft waarom er in (94) links van *opera's* wel een nul-lidwoord mogelijk is en in (92) niet. We constateren dat ook Coppen zonder meer uitgaat van het adagium: een vormvariant wijst noodzakelijkerwijs op een verschil in syntactische structuur, of de variant nu een lexicale functie, of een lexicale conventie vertegenwoordigt. Welnu, in (93) vertegenwoordigt het bepaald lidwoord duidelijk geen lexicale functie, omdat lidwoorden niet in staat zijn de syntactische functie te markeren van het woord waar ze links van staan. De aanwezigheid van het lidwoord vertegenwoordigt niets meer en niets minder dan een lexicale conventie. Hetzelfde geldt uiteraard voor het bepaald lidwoord in (95). Het feit dat dit lidwoord wel commuteert met het nul-lidwoord en het lidwoord in (93) niet, wijst er alleen maar op dat er in (93) andere niet-syntactische functies worden gemarkeerd dan in (95).

Coppen fundeert zijn analyse van (93) op de door Klein (1981) voorgestelde syntactische structuur die, zoals we zojuist zagen, het resultaat is van een eenzijdige projectie van de theorie op de data.[29] In deze structuur vormt *opera's* de kern van de PBNP, voorafgegaan door een 'los' voorzetsel (er is dus geen PP). Onder (96) en (97) geven we Kleins structuren voor de vetgedrukte delen in (92) en (94). De apostrofs geven het niveau van aanhechting van de voorbepalingen aan, conform de X-bar-theorie (Jackendoff 1977). QP staat voor telwoord, terwijl Det voor lidwoord staat:[30]

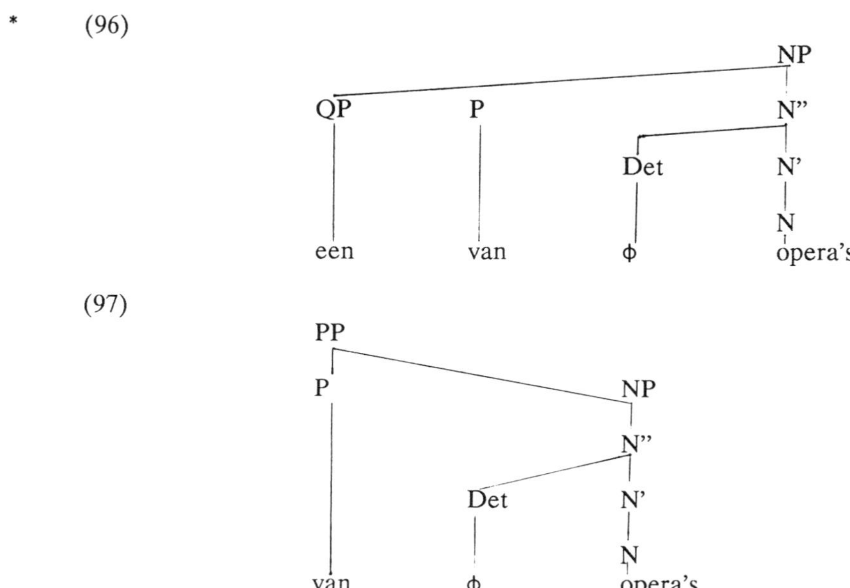


Teneinde de ongrammaticaliteit van (92) te kunnen verantwoorden, neemt Coppen niet alleen de aan de subjacentieconditie aanpaste structuur van Klein over, maar past tevens de binnen CG aangehangen naamvalstheorie aan. In het eerste geval bewandelt hij het deductief-theoretische pad, in het tweede geval zet hij een stapje op het inductief-empirische pad. Hij stelt immers de theorie bij op grond van een tegenvoorbeeld. Dit is op zich positief te waarderen, want het wijst op tweerichtingsverkeer en verraadt dus aandacht voor de data. Aan de andere kant is het ook zo dat de naamvalstheorie, in tegenstelling tot de al behandelde subjacentieconditie, een relatief nieuw verschijnsel is binnen het generatieve model en nog niet een met de subjacentieconditie vergelijkbare status heeft verworven. Enige discussie omtrent de exacte werking van deze theorie is vanuit een generatief standpunt dan ook niet zo verwonderlijk. Alvorens in te gaan op Coppens redenering naar aanleiding van (96) is een beknopte beschrijving van de naamvalstheorie hier op zijn plaats.

De naamvalstheorie houdt zich bezig met het toekennen van abstracte naamvallen. Deze theorie, die teruggaat op Rouveret en Vergnaud (1980), is gebaseerd op de veronderstelling dat naamvalstoekenning een universeel principe is en dus ook voorkomt in talen zonder morfologisch naamvalssysteem. De categorieën V en P worden doorgaans beschouwd als naamvalstoekenners. Een belangrijke voorwaarde voor naamvalstoekenning is dat de naamvalstoekenner de constituent die naamval krijgt regeert, dat wil zeggen beide dienen door dezelfde maximale projecties te worden gedomineerd (Bennis en Hoekstra 1989: 206). De naamvalstheorie is van belang voor de distributie van NP's en beregelt in feite de verschijnselen die in de begindagen van CG door herschrijfregels werden verantwoord.[31]

Tot wat voor theoretische ingrepen het niet onderkennen van het onderscheid tussen lexicale functies en lexicale conventies kan leiden, moge vervolgens blijken uit Coppens redenering naar aanleiding van (96). We geven deze slechts beknopt weer, omdat het ons hier gaat om zijn eenzijdige werkwijze en niet zozeer om de theorie die aan deze redenering ten grondslag ligt.[32] Volgens Coppen is (96) ongrammaticaal, omdat *van* Det regeert en daardoor in staat is naamval toe te kennen aan het nul-lidwoord, hetgeen niet mag omdat Coppen de naamvalstheorie ondertussen zodanig heeft aangepast dat nul-lidwoorden in tegenstelling tot bepaalde lidwoorden geen naamval mogen ontvangen (vergelijk (97) waar *van* het nul-lidwoord niet regeert en dus ook geen naamval kan toekennen aan het nul-lidwoord).

Het is duidelijk dat Coppen verplicht is een vrij zwaar theoretisch geschut in stelling te brengen, omdat hij koste wat het kost een syntactische verklaring probeert te geven voor een niet-syntactisch verschijnsel. We zullen verderop in deze studie zien dat er in (96) een niet-syntactische variabele meespeelt die, mits op een zuivere manier geïsoleerd, Coppens analyse overbodig maakt. Bovendien zijn er aanwijzingen dat deze analyse, zelfs als we die niet-syntactische variabele even buiten beschouwing laten, redelijk gemakkelijk is te falsifiëren aan de hand van verwante constructies. Dit betekent dat Coppens theorie in feite op twee manieren tekortschiet op het niveau van de beschrijvende adequaatheid.

In deze paragrafen over CG hebben we getracht aannemelijk te maken dat de eenzijdige bewandeling van het deductief-theoretische onderzoekspad aan de basis ligt van de binnen CG bestaande tendens lexicale en lineaire vormvarianten, of ze nu functioneel zijn of conventioneel, te verantwoorden door middel van een specifieke syntactische structuur. Het gevaar van een dergelijke beschrijvingspraktijk is dat bij de verantwoording van lexicale en lineaire conventies niet als zodanig herkende niet-syntactische factoren een rol gaan spelen in de te bepalen structuur. Dat dit ten koste gaat van de beschrijvende adequaatheid van CG is naar we hopen uit het bovenstaande genoegzaam gebleken.

## 4. Conclusies

Zoals we aan het begin van dit hoofdstuk al aangaven, vullen MF en CG elkaar in zekere zin aan. Daar waar CG onder de dekmantel van het 'all and only-principe' de neiging heeft alle vormvarianten voor functioneel te houden met betrekking tot de te bepalen syntactische structuren, maakt MF een onderscheid tussen lexicale en lineaire conventies enerzijds en lexicale en lineaire functies anderzijds. MF schuift die conventies die geen enkele functie lijken te markeren echter door naar de morfologische component, en dus naar de diachronie. We hebben gezien dat dit niet zonder meer is te rechtvaardigen met een beroep op het functionele karakter van de theorie. Bovendien hebben we geprobeerd aan te tonen dat dit doorschuiven ten koste gaat van de beschrijvende adequaatheid van MF. De bestudering van met name lineaire conventies is relevant, omdat die inzicht geeft in de mate waarin syntactische structuren geneigd zijn te convergeren, hetgeen zou kunnen duiden op taaleconomische functionaliteit. Verder is het zo dat het in laatste instantie de lineaire conventies zijn die bepalen wat lineair-functioneel mogelijk en onmogelijk is.

Voor wat CG betreft, hebben we gezien dat er door de uniforme behandeling van lexicale en lineaire conventies enerzijds en lexicale en lineaire functies anderzijds sprake is van een ongewenste vermenging van syntactische en niet-syntactische factoren in de syntactische beschrijvingen van de BNP. Door deze vermenging zijn de resulterende syntactische structuren soms niet veel meer dan onbetrouwbare projecties van interactionerende en ongelijkwaardige variabelen, en daarom inadequaat op het beschrijvende vlak. We hebben dit in het voorafgaande met name geïllustreerd aan de hand van de PBNP en de MBNP die zich problematisch bleken te gedragen met betrekking tot de subjacentieconditie. Wil men deze conditie als onafhankelijk gemotiveerde syntactische conditie serieus nemen, dan moet men accepteren dat ze niet aangetast wordt als bewezen kan worden dat er niet-syntactische variabelen in het spel zijn. Voor CG is dit echter een onmogelijke opgave, want deze eis heeft tot gevolg dat de toepassing van de subjacentieconditie in sommige gevallen aanleiding geeft tot ongrammaticaliteit, wat in tegenspraak is met het 'all and only-principe'.

Zoals we hebben opgemerkt, is er binnen MF nauwelijks sprake van een semantische en pragmatische component. Dit heeft niet alleen gevolgen voor de behandeling van de lexicale conventies die, zoals we reeds aanstipten, zeer vaak niet-syntactische functies markeren, maar tevens voor de appreciatie van bepaalde lineaire verschijnselen die verantwoord worden binnen de syntactische component, terwijl ze eigenlijk binnen de niet-syntactische componenten verantwoord zouden moeten worden. In de beschrijvingen in de hoofdstukken 3 tot en met 6 zullen we proberen zo strikt mogelijk vast te houden aan het onderscheid: lexicale en lineaire conventie versus lexicale en lineaire functie, voor de genoemde drie niveaus van analyse, dat wil zeggen syntaxis, semantiek en pragmatiek.

We gaan uit van de op MF gebaseerde analyse die we naar aanleiding van de PBNP en de MBNP gegeven hebben ter bepaling van de syntactische functies 'kern' en 'bepaling' en daarmee van het gegeven dat een lineaire vormvariant lang niet altijd een lineaire functie behoeft te vertegenwoordigen. We werken de naar aanleiding van Coppen (1988) gemaakte opmerkingen verder uit dat ook een lexicale vormvariant syntactisch lang niet altijd functioneel behoeft te zijn. We gaan daarbij na hoe de functionaliteit is te omschrijven van een aantal andere lexicale vormvarianten in PBNP's en MBNP's. Tenslotte proberen we de gevonden niet-syntactische variabelen nader te karakteriseren en eventueel 'afwijkend' lexicaal en lineair gedrag van de PBNP en de MBNP te verklaren vanuit die variabelen. Zie schema 2, waar M staat voor markering.

Schema 2: onderzoeksmodel conventies en functies

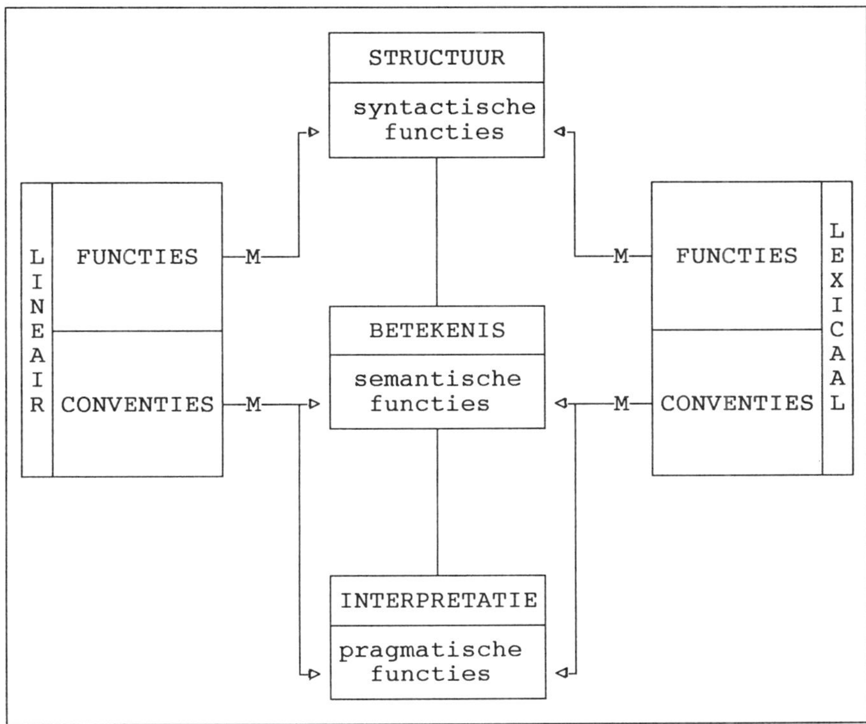


Alvorens tot de beschrijving van de PBNP en de MBNP over te gaan, is het echter nodig dat we een verantwoording geven van ons beschrijvingsobject. Wat rechtvaardigt immers de keus van de PBNP en de MBNP als uitgangspunt voor de in dit hoofdstuk uiteengezette onderzoeksmethode? In het volgende hoofdstuk zullen we trachten daar een bevredigend antwoord op te geven.

**Noten bij hoofdstuk 1**

1. Vergelijk de generativisten Bennis en Hoekstra (1989: 4) die het iets voorzichtiger formuleren: "(...) het onderzoeksobject [van CG, JP] heeft betrekking op de strukturele eigenschappen van taal. Hoewel taal altijd een bepaalde functie heeft (...), is het niet onmiddellijk duidelijk dat de vormelijke aspecten van taal (...) bepaald worden door functionele aspecten." en: "Het is niet duidelijk dat het feit dat taal gebruikt wordt voor communicatie invloed heeft op de struktuur van taal."

2. Een andere belangrijke functionalistische school waar het taalgebruik, althans in theorie, in het centrum van de aandacht staat, wordt vertegenwoordigd door Dik (1979, 1989). De gehanteerde 'functionele' principes ter verantwoording van woordvolgordeverschijnselen zijn echter geen van alle functioneel in de interpretatie die wij in de algemene inleiding aan het begrip 'functie' hebben gegeven.

Dik stelt dat: "(...) the abstract clause structures underlying linguistic expressions are regarded as unordered, at least in the sense that the order in which the various underlying constituents are given is not judged to be directly relevant for the linear order in which they finally appear in linguistic expressions." (1989: 333). Over de woordvolgorde binnen constituenten merkt hij op dat: "A term structure does have a certain ordering, but this ordering expresses semantic relations and does not necessarily correlate with surface linear order." (1989: 333). Dik (1979: 174) onderscheidt drie principes en Dik (1989: 340-355) maar liefst negen 'general principles' en twaalf 'specific principles' die tezamen als 'multifunctional theory' alle grammaticale woordvolgordes zouden moeten verantwoorden, zowel binnen als tussen constituenten. Zoals de citaten aangeven, maakt hij daarbij geen onderscheid tussen lineaire conventies en functies. Dik is niet erg expliciet over de vraag om wat voor soort functionaliteit het bij deze principes gaat. In veel gevallen lijkt het echter te gaan om taaleconomische en psycholinguïstische functionaliteit. Verder blijken Diks principes in veel gevallen met elkaar in tegenspraak zijn. Dit heeft tot gevolg dat woordvolgorde wordt gezien als het resultaat van een compromis tussen verschillende van deze principes. Het gevaar van een dergelijke plurifunctionele theorie is dat ze bijna niet is te falsifiëren. Uit Dik (1979) blijkt nergens dat dit gevaar wordt onderkend. In Dik (1989) echter wordt gesproken over een: "(...) inherent danger of "vacuity" or "explanation after the fact": the danger that we set up principle A and, when the facts do not conform to A, call in a principle in order to explain solely the violations of principle A." (1989: 375-376).

3. De niet-syntactische functionaliteit van lexicale conventies zal uitgebreid aan de orde worden gesteld in de hoofdstukken 3 en 5.

4. In andere gevallen kan de verplichte constituent bij het werkwoord bij voorbeeld een plaatsbepaling zijn. Vergelijk: *daar wordt gewerkt* met **wordt gewerkt*.

5. We gaan ervan uit dat twee woorden binnen een bepaalde constructie interdependent zijn als het ene woord niet kan optreden zonder het andere. Vergelijk Lavency (1985: 15, 23) die de exocentrische relatie tussen onderwerp en V een "rapport de solidarité" noemt.

6. Zie Martinet (1980, 1985) voor overzichten van MF. Zie Scholten e.a. (1981), Bennis en Hoekstra (1983) en Bennis en Hoekstra (1989) voor overzichten van CG. De Haan e.a. (1974) en Verkuyl (1974) kunnen als verouderd worden beschouwd.

7. Zie de algemene inleiding, § 4 en 5.

8. Terzijde wijzen we erop dat de positie van de onderhavige functiemarkeerders, meteen rechts van de woorden waar ze betrekking op hebben, ook een lineaire conventie vertegenwoordigt, die vergelijkbaar is met de positie van het voorzetsel in het Nederlands, links van de N waar dat voorzetsel betrekking op heeft.

9. Dit neemt echter niet weg dat *gisteren* onder bepaalde omstandigheden als adverbiale kern kan optreden. Bij voorbeeld in: *gisteren al*, als antwoord op de vraag: *wanneer ben je thuisgekomen?*

10. 'Monème' is bij Martinet de kleinste taaleenheid met een eigen vorm en betekenis.

11. We zijn ons ervan bewust dat deze observatie niet in overeenstemming is met Sturm (1986: 122-131) die voor (41)-(44) verschillende syntactische structuren poneert. We komen hierop terug in hoofdstuk 7.

12. Noch ten aanzien van (47), noch ten aanzien van (48) zijn onze informanten unaniem.

13. We wijzen er hier terzijde op dat dit ook onderkend wordt binnen CG. Het zogenaamde theta-rooster projecteert volgens het projectieprincipe de eigenschappen van lexicale items op de syntaxis van de zin (Bennis en Hoekstra 1989: 46).

14. Voor (54) wijzen we erop dat, zodra er sprake is van twee bijvoeglijke naamwoorden, deze in sommige gevallen zowel links als rechts van het zelfstandig naamwoord kunnen staan. Zoals we reeds opmerkten naar aanleiding van (3) en (4), hebben we dan te maken met een semantische oppositie.

15. Een kleine steekproef onder Franstalige informanten bracht geen volstrekte eenduidigheid met betrekking tot de ongrammaticaliteit van (68).

16. Binnen MF wordt het concept van de taalkundige economie wel erkend (vgl. Martinet 1980: 176-178). Voorzover wij kunnen zien wordt het echter niet gebruikt ter staving van de hypothese dat lineaire conventies een neiging vertonen tot convergentie.

17. Hier lijkt de geest van MF rond te waren. Dit is echter schijn. Bij Sturm (1986) markeert het voorzetsel een afwijkende volgorde, terwijl het voorzetsel binnen MF de N die er rechts van staat als bepaling markeert. In hoofdstuk 7 komen we terug op dit verschil.

18. De manier waarop CG de term 'taalgedrag' invult, is volgens Bennis en Hoekstra (1989: 4) een direct gevolg van de visie dat er in eerste instantie geabstraheerd dient te worden van die facetten van het taalgedrag waarvan binnen CG aangenomen wordt dat ze niet van belang zijn voor het taalsysteem. De veronderstelling is dat intuïtieve oordelen in mindere mate onderhevig zijn aan allerhande situationele factoren dan effectief taalgedrag, want: "Iedere spreker van een taal is na enige instructie in staat relevante en consistente oordelen te geven over de (on)welgevormdheid van taalbouwsels, zonder dat hij taalgebruiksfactoren, zoals "wanneer zou je zo'n zin gebruiken", in de beoordeling betrekt.". Het is volstrekt onduidelijk waar ze deze, ons inziens zeer aanvechtbare wijsheid vandaan halen (vgl. Al 1975: 8 en De Haan 1991: 194).

19. In de praktijk blijkt echter dat generatieve taalkundigen vooral met ruwe introspectieve data werken, dat wil zeggen data die niet onderworpen zijn geweest aan het oordeel van moedertaalsprekers. Het gaat dan dus om data die geproduceerd zijn door taalkundig geschoolde academici die zeker gezien het deductieve karakter van de door hen aangehangen theorie niet vrij zijn te pleiten van allerhande pre-theoretische observationele verwachtingspatronen. Het probleem is dat van dat soort pre-theoretische verwachtingspatronen nu juist geabstraheerd zou moeten worden volgens de theorie van de ideale moedertaalspreker (vgl. Botha 1978: 88). Gezien het feit dat in het geval van de generatieve taalkundige de producent en de beoordelaar van de constructies vaak in een en dezelfde persoon verenigd zijn, lijkt het afstand nemen van pre-theoretische observationele verwachtingspatronen een zeer moeilijke, zo niet onmogelijke opgave. Botha merkt niet voor niets op dat: "Het onderscheid tussen gegevens en feiten (...) (...) door veel generatieve taalonderzoekers niet (wordt) gemaakt. Zij gebruiken deze uitdrukkingen als synoniemen." (1977: 87). Dat dit alles van invloed is op de kwaliteit van de data zal niemand verbazen. Voorbeelden daarvan vinden we onder andere bij Klein (1981:298-299) die Bennis (1979: 212) aanspreekt op zijn data en bij Coppen (1988: 159-160) die heel andere intuïties blijkt te hebben dan Bennis (1986: 250)). Gezien de uitgangspunten van CG, is het toch op zijn minst vreemd te noemen dat generatieve taalkundigen onderling polemiseren over de (on)grammaticaliteit van allerlei constructies en onderwijl hun 'theoretische' informanten in de kou laten staan (vgl. Uhlenbeck 1977: 173, Van der Lubbe 1980: 236).

20. We gebruiken de term 'eenrichtingsverkeer' in een andere interpretatie dan Sturm. Bij hem duidt deze term op de eenzijdige afleiding van herschrijfregels, die tezamen met het lexicon de basiscomponent vormen, van de regels van de transformationele component (zie Sturm 1986: 13-16 voor discussie).

21. Hagège (1976: 52-56) wijt dit aan het te sterke accent dat door CG wordt gelegd op de tegenstelling deductief-theoretisch versus inductief-empirisch. Het is volgens hem slechts nuttig beide onderzoeksmethoden te onderscheiden teneinde hun onderlinge complementariteit aan te geven.

22. Zoals we reeds zagen, doelen we met de term 'elementaire syntactische structuur' op de verdeling van woordgroepen in een kern en een of meer bepalingen. Dat er ten aanzien van deze indeling geen meningsverschillen bestaan, blijkt duidelijk uit het werk van zo verschillende taalkundigen als Klein (1981: 295), Paardekooper (1986: 505-506) en Van der Lubbe (1978: 178-179). Er bestaan wel meningsverschillen ten aanzien van de aard van het syntactisch verband dat bestaat tussen de verschillende bepalingen en de kern (zie Sturm 1986: 179-215 voor discussie). Met de term 'elementaire syntactische structuur' doelen we zeker niet op dit laatste. We komen hier uitgebreid op terug in hoofdstuk 7.

23. Een knoop B is subjacent aan een knoop A als A superieur is aan B en er maximaal één cyclische knoop C (is niet gelijk aan A) is die B bevat, maar niet A. Men gaat er doorgaans vanuit dat S, NP en VP cyclische knopen zijn. In:

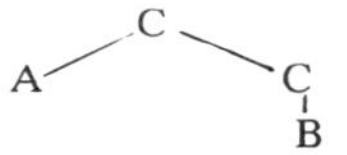

```
     C
   /   \
  A     C
        |
        B
```

is B subjacent aan A, maar A is niet subjacent aan B (zie Booij e.a. 1980: 192-193).

24. Het is trouwens de vraag of (82) wel ongrammaticaal is. Onze informanten zijn verre van unaniem.

25. Wiers neemt met Bennis (1979, 1980, 1986) en Blom (1977) aan dat er in PBNP's sprake is van een zogenaamde lege N, meteen rechts van het zelfstandig gebruikte hoofdtelwoord. We komen hierop terug in de hoofdstukken 3 en 4.

26. Wiers merkt zeer terecht en geheel in de lijn van ons betoog op dat "(...) het riskant kan zijn een strukturele konfiguratie alleen aan de hand van extrapositieverschijnselen te beargumenteren." (1978: 71)

27. We zijn er niet zo zeker van dat (85) ongrammaticaal is (vgl. Van den Toorn 1966:32). We komen hierop terug in hoofdstuk 6.

28. Op de relevantie van het door Klein aangenomen verschil in grammaticaliteit tussen (86) en (89) komen we terug in de hoofdstukken 5 en 6.

29. Dat Coppen desondanks deze structuur overneemt is tot daaraan toe, maar dat hij opmerkt dat de empirische feiten die Klein aandraagt nooit weerlegd zijn en daarmee Van der Lubbe (1982) over het hoofd ziet, wijst weer eens op het sektarische karakter van de generatieve taalkunde (vgl. voor dat laatste de polemiek die is ontstaan naar aanleiding van Sturm (1986): Bennis (1990) en Sturm (1990)).

30. Op de inhoudelijke kant van de X-bar-theorie komen we terug in hoofdstuk 7.

31. Op het waarom van deze veranderingen zullen we hier niet ingaan, omdat dat niet relevant is voor datgene wat we willen aantonen. Men raadplege daartoe Bennis en Hoekstra (1989: 84-98).

32. In hoofdstuk 3 stellen we deze theorie aan de orde (vgl. Coppen 1988: 148-157).

II

# DE BINOMINALE GRAMMATICA

## 1. Inleiding

In de algemene inleiding hebben we BPN's omschreven als woordgroepen die zijn opgebouwd uit twee zelfstandige naamwoorden of uit een voornaamwoord en een zelfstandig naamwoord, die van elkaar gescheiden worden door een voorzetsel, zoals in (1). Als P in (1) de waarde van *van* aanneemt, kan er op de N1-plaats een kwantificerend of kwalificerend zelfstandig naamwoord of voornaamwoord staan, waarbij N2 dan fungeert als het gekwantificeerde, c.q. gekwalificeerde. Zie (2)-(5):

(1) N1 - P - N2
(2) Een handvol van de leerlingen
(3) De eerste de beste van de leerlingen
(4) Een reus van een leerling
(5) Een idioot van een leerling

De BNP in (2) krijgt een kwantitatieve interpretatie, terwijl de BNP's in (3)-(5) eerder een kwalitatieve interpretatie krijgen. De termen 'kwantitatief' en 'kwalitatief' dienen met enige voorzichtigheid gehanteerd te worden. In (4) bij voorbeeld is er naast het kwalitatieve aspect 'ontzag' of 'bewondering' sprake van een kwantitatief aspect 'zeer groot' dat, naargelang van de context en/of situatie, meer of minder op de voorgrond treedt.[1]

Als er op de N1-plaats een kwantificerend of kwalificerend zelfstandig naamwoord of voornaamwoord staat als *handvol* en *eerste de beste* in (2) en (3), spreekt men wel van een partitieve constructie (Klein 1981), omdat N1 en N2 in een deel-geheel-relatie tot elkaar staan. In partitieve constructies kan de N1-plaats tevens worden ingenomen door woorden die traditioneel niet tot de syntactische klasse van de zelfstandige naamwoorden of voornaamwoorden worden gerekend. We denken hier met name aan het bepaald en onbepaald hoofdtelwoord, zoals in (6) en (7), het bepaald en onbepaald rangtelwoord, zoals in (8) en (9), en het bijvoeglijk naamwoord in de overtreffende trap (voortaan de overtreffende trap), zoals in (10):

(6) Vier van de leerlingen
(7) Veel van de leerlingen
(8) De vierde van de leerlingen
(9) De laatste van de leerlingen
(10) De leukste van de leerlingen

Zodra er sprake is van een rangtelwoord, een overtreffende trap of een onbepaald voornaamwoord als *eerste de beste*, kan N1 niet beschouwd worden als kwantitatief. *Eerste de beste*, *vierde*, *laatste* en *leukste* in (3) en (8)-(10) krijgen eerder een kwalitatieve interpretatie, omdat ze een rangorde of een unieke referent aanduiden.

Verder zij erop gewezen dat de bepaalde en onbepaalde rangtelwoorden, naast het noemen van een kwaliteit, tevens in staat zijn een plaats aan te duiden. Zie (11) (sprekend over een persoon op een foto):

(11) Hij is de vierde/laatste van rechts

Voorzover we kunnen zien is het onderscheid kwaliteit-plaats echter niet relevant met betrekking tot het lexicale en lineaire gedrag van de partitieve constructie, omdat N1 in dergelijke constructies moeilijk een plaats kan aanduiden (vgl. (8) en (9)). In deze studie zullen we N's als *vierde* en *laatste* dan ook kwalitatieve N1's blijven noemen. Ook wijzen we erop dat de constructies met een kwantitatieve N1, zoals *handvol*, *vier* en *veel*, los van de context en/of situatie als partitieve constructies zijn te interpreteren, terwijl de constructies met een kwalitatieve N1, zoals *eerste de beste*, *vierde*, *laatste* en *leukste*, afhankelijk van de context en/of situatie, zijn te interpreteren als partitieve of als niet-partitieve constructies. De laatste N1's kunnen zowel verwijzen naar een deel van de door N2 genoemde entiteiten, als naar entiteiten die bij voorbeeld het bezit zijn van de door N2 genoemde entiteiten.

Ondanks het feit dat de N1-plaats binnen de partitieve constructies bezet kan worden door leden van verschillende syntactische klassen, gaan we er vooralsnog van uit dat het hier gaat om virtuele nomina (N1). Dit is niet meer dan een werkhypothese die, zoals we zullen zien, lang niet iedereen aanvaardt. Het spreekt vanzelf dat in de loop van deze studie zal moeten blijken wat de merites van deze hypothese zijn. In overeenstemming met de in hoofdstuk 1 gebruikte terminologie, zullen we de partitieve constructies in (2), (3) en (6)-(10) partitieve BNP's noemen (PBNP's).

Als er op de N1-plaats een kwalitatief zelfstandig naamwoord staat, zoals *reus* en *idioot* in (4) en (5), kan men spreken van een metaforische constructie (vgl. De Vooijs: 1947: 291), omdat N1 als metafoor fungeert met betrekking tot N2. De N1-plaats kan hier tevens worden bezet door genominaliseerde bijvoeglijke naamwoorden als *pracht* en *puik*. Zie (12) en (13):

(12) Een pracht van een leerling
(13) Een puik van een doelpunt

In overeenstemming met de in hoofdstuk 1 gebruikte terminologie, zullen we de metaforische constructies in (4), (5), (12) en (13) metaforische BNP's noemen (MBNP's).

Het is duidelijk dat het bovenstaande niet meer is dan een eerste, globale karakterisering van het semantische of interpretatieve karakter van de PBNP en de MBNP. We komen hier uitgebreid op terug in de loop van deze studie. In dit hoofdstuk zullen we ons nu verder bezighouden met de vraag waarom we ons onderzoek in eerste instantie beperken tot de PBNP en de MBNP en de vele andere bekende types BNP's voorlopig buiten beschouwing laten.

## 2. Reguliere BNP's

Het is bekend dat (1) naast de PBNP en de MBNP uitdrukking kan geven aan vele andere types BNP's (Van der Lubbe 1978: 148-149). Men hoeft er de bekende gebruiksgrammatica's maar op na te slaan. De meeste onderscheiden naast de PBNP en de MBNP minimaal de zogenaamde possessieve BNP, de agens-BNP en de patiens-BNP. Zie respectievelijk (14)-(16):

(14) Het huis van de leerlingen
(15) De wandeling van de leerlingen
(16) De overhoring van de leerlingen

Overdiep (1949: 156-158) komt zelfs tot een opsomming van zestien verschillende types BNP's. Het typerende van deze opsommingen is dat ze, blijkens het vaak minimale begeleidende commentaar, louter tot stand zijn gekomen op grond van semantische en interpretatieve criteria. Eigenlijk hoeft dit geen verbazing te wekken. Over de in deze BNP's optredende lexicale en lineaire conventies valt weinig opzienbarends te melden. Afgezien van blokkeringen die afhankelijk van de betekenis en/of de vorm van het woord dat de N1 of de N2-plaats bezet kunnen voorkomen, is hier op lexicaal en lineair vlak zeer veel mogelijk. Met die blokkeringen doelen we onder meer op materiële BNP's als (17), waar de N2-plaats wordt bezet door een stof-N, en op patiens-BNP's als (18), waar de N1-plaats wordt bezet door een genominaliseerde N. In (17) is N2 verplicht onbepaald en enkelvoudig, terwijl N1 in (18) bij voorkeur bepaald en enkelvoudig is:

(17) Het huis van hout
(18) De vernietiging van de stad

Dat er in niet-partitieve en niet-metaforische BNP's op lexicaal gebied veel mogelijk is, is te illustreren aan de hand van het lidwoord. Zie (19)-(34):

(19) Het park van de gravin
(20) Het park van een gravin
(21) Het park van de gravinnen
(22) Het park van gravinnen
(23) De parken van de gravin
(24) De parken van een gravin
(25) De parken van de gravinnen
(26) De parken van gravinnen
(27) Een park van de gravin
(28) Een park van een gravin
(29) Een park van de gravinnen
(30) Een park van gravinnen
(31) Parken van de gravin
(32) Parken van een gravin
(33) Parken van de gravinnen
(34) Parken van gravinnen

Dat er ook op lineair gebied veel mogelijk is in deze BNP's, blijkt onder andere uit de verplaatsbaarheid en combineerbaarheid van de binnen deze BNP's optredende PP's. De plaatsingsmogelijkheden van deze PP's enerzijds en de combinatiemogelijkheden van deze PP's met andere PP's anderzijds leiden er niet toe dat men overgaat tot het toekennen van verschillende syntactische structuren volgens het semantische of interpretatieve type BNP, zoals bij de PBNP en de MBNP. Wat die combineerbaarheid betreft, constateerde Van der Lubbe (1978: 141-168) reeds dat de verschillende PP's vooralsnog tot één en dezelfde categorie gerekend moeten worden, omdat het zeer moeilijk blijkt te zijn een absolute rangorde te bepalen.[2] Uit Nieuwborg (1978: 563-564) blijkt dat ook de plaatsingsmogelijkheden van deze PP's moeilijk formeel te beregelen zijn. Kooij en Wiers (1978) trachten de verplaatsbaarheid van tot BNP's behorende PP's dan ook thematisch te verklaren. Ze merken daarover het volgende op:

> "Er blijven zonder twijfel genoeg vragen over, bijvoorbeeld hoe de thematische condities in de grammatica opgenomen zullen moeten worden, maar verder onderzoek in de richting die wij hier hebben aangegeven lijkt ons vruchtbaarder dan een nieuwe poging om vooropplaatsing van PP's, vanuit NP's, of meer in het algemeen verplaatsingen naar links van dergelijke PP's, alleen syntaktisch te beregelen." (1978: 140)

Naar aanleiding van een enquête onder onze informanten die tot doel had na te gaan hoe de verhouding ligt tussen de combineerbaarheid en verplaatsbaarheid van binnen BNP's optredende PP's enerzijds en de betekenis of interpretatie van die BNP's anderzijds, zij nog het volgende opgemerkt[3]. Afgezien van de PBNP, de MBNP en zogenaamde vaste BNP's als in (35) en (36), blijkt Van der Lubbes stelling bevestigd te worden:[4]

(35) Een meisje van de straat
(36) Het snoepje van de week

Er is geen sprake van een verplichte rangorde volgens het semantische of interpretatieve type PP. Verder blijken ook de plaatsingsmogelijkheden van tot BNP's behorende PP's niet op systematische wijze samen te hangen met het semantische of interpretatieve type PP. De resultaten van deze enquête wijzen eerder op **voorkeur**splaatsing, die vaak zelfs per informant blijkt te variëren (vgl. Geerts e.a. 1984: 713-714 en de Schutter en Van Hauwermeiren 1983: 259). Tenslotte wijzen we erop dat er binnen de theoretische taalkunde, zoals we reeds eerder aanstipten, een grote mate van overeenstemming heerst over de elementaire syntactische structuur van niet-partitieve en niet-metaforische BNP's. Ongeacht de school waartoe men zich rekent, gaat men er doorgaans van uit dat N1 de kern is van de BNP, met de PP als nabepaling.[5]

De conclusie van deze paragraaf luidt als volgt. De niet-partitieve en niet-metaforische BNP's vertonen een grote semantische en interpretatieve rijkdom zonder dat er sprake is van noemenswaardige lexicale of lineaire verschillen. Ten aanzien van de elementaire syntactische structuur van deze BNP's, bestaat een consensus. In overeenstemming met de in hoofdstuk 1 gebruikte terminologie, zullen we de niet-partitieve en niet-metaforische BNP's in (14)-(34) reguliere BNP's noemen. Nu hopelijk duidelijk is geworden waarom de reguliere BNP's niet direct in ons onderzoek zullen worden betrokken, is het zaak argumenten te presenteren die duidelijk maken waarom de PBNP en de MBNP wèl een diepgaand onderzoek verdienen.[6]

## 3. Wat leren ons de grammatica's?

Vormen de binnen reguliere BNP's optredende lexicale en lineaire conventies, alsmede de elementaire syntactische structuur van deze BNP's dus geen opvallend punt van discussie binnen de verschillende taalkundige scholen, ten aanzien van de lexicale en lineaire conventies, alsmede de elementaire syntactische structuur van de PBNP en de MBNP liggen de zaken totaal anders. Teneinde ons een duidelijker beeld te kunnen vormen van de problematiek van deze BNP's, is het instructief na te gaan wat een aantal bekende gebruiksgrammatica's ons leren over deze constructies. We mogen er immers van uitgaan dat gebruiksgrammatica's zich baseren op de door de theoretische taalkunde verworven inzichten. Een van de eerste zaken die opvalt bij het doornemen van dergelijke grammatica's is dat er allesbehalve sprake is van een consensus met betrekking tot de elementaire syntactische structuur van de PBNP en de MBNP. Ook weet men vaak niet goed raad met een aantal typerende lexicale en lineaire conventies. Een vergelijking van deze grammatica's in vogelvlucht moge dit verduidelijken.[7] We laten achtereenvolgens de opmerkingen over de binnen de PBNP en de MBNP optredende lexicale conventies en functies, lineaire conventies en niet-syntactische en syntactische functies de revue passeren.[8]

### 3.1. De partitieve binominale woordgroep

Wat de lexicale conventies binnen PBNP betreft, merkt Paardekooper (1986: 492-495) op dat N1 de tweede N beperkt tot meervoud.[9] Wat de lineaire conventies betreft, laat hij zien dat de PP onafsplitsbaar is. Hij merkt verder op dat de PP wel afsplitsbaar is zodra het kwantitatieve *er* wordt toegevoegd. Aan deze observatie verbindt hij echter geen conclusies met betrekking tot de interne structuur van de PBNP. Ten aanzien van de lexicale functies wijzen Geerts e.a. (1984: 743) op het vrijwel paradigmaloze karakter van *van*. Slechts in enkele gevallen blijkt ook *uit* mogelijk te zijn. Verder signaleren ze een probleem bij de in PBNP's optredende hoeveelheidswoorden als *een aantal* op de N1-plaats (1984: 833-834). De persoonsvorm kan in dat geval namelijk zowel congrueren met N1 als met N2. Ergens anders merken ze over deze problematiek het volgende op:

> 'Het vaststellen van de kern en de bepaling in een woordgroep lijkt vooral een theoretische kwestie te zijn. In een boek als dit [de ANS, JP] zou daar dan ook niet dieper op ingegaan hoeven te worden, ware het niet dat met de onzekerheid over de structuur van de groep in sommige gevallen twijfel bij de congruentie van de persoonsvorm en zo'n als onderwerp gebruikte substantiefgroep gepaard gaat.'(1984: 706)

Volgens Paardekooper (1986: 470-475), tenslotte, moet N1 met de persoonsvorm congrueren als de PBNP als onderwerp fungeert. Zie schema 1, waar pv staat voor persoonsvorm.

Schema 1: conventies en functies binnen de PBNP

| | CONVENTIES | | FUNCTIES |
| --- | --- | --- | --- |
| | LEXICAAL | LINEAIR | LEXICAAL |
| N1 | | | soms congruentie pv<br>congruentie pv indien PBNP onderwerp |
| P | | | paradigmaloos? |
| N2 | meervoud | | soms congruentie pv |
| PP | | verplaatsbaar indien kwantitatief *er* | |

Over de niet-syntactische functies binnen de PBNP merken Van Bart en Sturm (1987: 114-116) en Overdiep (1949: 156-158) op dat de PBNP semantisch gezien een verband uitdrukt tussen een 'deel' en een 'geheel'. Overdiep gaat ervan uit dat N1 naar het 'deel' verwijst en N2 naar het 'geheel', terwijl Van Bart en Sturm aannemen dat de N die verwijst naar het 'deel' een lege N is, die zich onmiddellijk rechts van N1 bevindt en waarbij N1 als voorbepaling optreedt.

De vaststelling van de syntactische functies inspireert de door ons geraadpleegde grammatici tot onderling vaak tegenstrijdige beschrijvingen. Zoals we reeds suggereerden aan het begin van dit hoofdstuk, heerst er grote onduidelijkheid ten aanzien van met name de volgende vraag: wat is syntactisch de kern van de PBNP als er op de N1-plaats iets anders staat dan een onvervalst zelfstandig naamwoord, en daarmee samenhangend de vraag of de PBNP in voorkomend geval een echte NP is of eerder een zogenaamde QP ('quantifier phrase'). Deze onduidelijkheid hangt ongetwijfeld samen met het door Heeroma (1967) gesignaleerde feit dat veel kwantificerende woorden, net zoals de telwoorden, zijn te beschouwen als een:

> "(...) semasiologische groep dwars door de woordsoorten heen, maar tòch een woordsoort genoemd kunnen worden, en wel omdat ze zich van de substantiva, adjectiva en pronomina onderscheiden doordat zij de mogelijkheid van substantivum, adjectivum en pronomen in zich dragen en beurtelings als zodanig gebruikt kunnen worden zonder zich ooit in een van deze drie richtingen te specialiseren." (1967: 84)

Van Bart en Sturm (1987: 115) stellen dat PBNP's met een zelfstandig gebruikt bepaald hoofdtelwoord op de N1-plaats geen QP's zijn, maar NP's. Zoals we zojuist aanstipten, is de kern van de constructie in hun visie immers een lege N, waarbij het zelfstandig gebruikte bepaald hoofdtelwoord (trouwens een vreemde term in dit verband) als voorbepaling fungeert. Geerts e.a. (1984: 740-743) en Van den Toorn

(1973: 245-246) zijn daarentegen van mening dat zelfstandig gebruikte bepaalde hoofdtelwoorden de kern vormen van QP's en in die hoedanigheid voorzetselconstituenten toelaten als nabepaling met bij voorkeur *van*. Pollmann en Sturm (1985: 31-32) geven een gelijksoortige analyse, alleen hun conclusie is anders. Hoewel ze opmerken dat het bij de zelfstandig gebruikte bepaalde hoofdtelwoorden niet altijd goed is uit te maken of ze kern of bepaling zijn in een NP waarin de kern ontbreekt (sic!), wijzen ze N1 aan als de kern van de PBNP. Hun conclusie is anders omdat ze de PBNP beschouwen als een NP en niet als een QP. Paardekooper behandelt de PBNP in het hoofdstuk over het zelfstandignaamwoord-patroon. We mogen hieruit afleiden dat hij deze constructie als een NP beschouwt. Op grond van de onafsplitsbaarheid van de PP komt hij tot de conclusie dat N1 eerder voorbepaling is, terwijl de PP volgens hem "kern-achtig" is. Hij noemt het een "schijnbare nabepaling" (1986: 494). Over de interne structuur van deze 'kern' doet hij geen verdere mededelingen. De Vooys (1947: 312-314) laat in het midden of N1 kern is van de PBNP als N1 iets anders is dan een echt zelfstandig naamwoord. Daar waar hij het in de inhoudsopgave van zijn boek onder het kopje "De groep van het substantief" heeft over "Het zelfstandig pronomen als kern van een groep", spreekt hij bij de telwoorden van "Groepsvorming bij telwoorden". Toch is uit de betreffende paragraaf af te leiden dat hij N1 waarschijnlijk als de kern ziet van de PBNP, namelijk als hij het heeft over de onbepaalde voornaamwoorden *elk* en *ieder*:

> '*Elk*, *ieder* worden nu vaak verbonden met een partitieve **bepaling** in genitiefvorm of ingeleid door *van*: elk van de (der) aanwezigen [vet, JP].' (1947: 314)

Ook Tinbergen (1967: 122) is niet erg duidelijk. Hij beschouwt het zelfstandig gebruikte bepaald hoofdtelwoord op de N1-plaats als een onbepaald voornaamwoord. Het is niet duidelijk of we daar dan uit mogen afleiden dat N1 volgens hem de kern is van de PBNP. Zie schema 2, waar ϕ staat voor de lege kern.

Schema 2: niet-syntactische en syntactische functies binnen de PBNP

| | NIET-SYNTACTISCH | SYNTACTISCH |
|---|---|---|
| N1 | deel | kern<br>(voor)bepaling |
| ϕ | deel | kern<br>geen ϕ |
| N2 | geheel | |
| PP | | bepaling<br>kern-achtig<br>schijnbare nabepaling |

### 3.2. De metaforische binominale woordgroep

Wat de lexicale conventies binnen de MBNP betreft, signaleren de geraadpleegde grammatici een aantal opvallende eigenaardigheden. Geerts e.a. (1984: 714-715) en Paardekooper (1986: 612-613) wijzen op het beperkte paradigma van N1 (in tegenstelling tot het vrijwel onbeperkte paradigma van N2) en het paradigmaloze lidwoord *een* links van N2, dat verplicht wordt vervangen door het nul-lidwoord als N1 meervoudig is. De Schutter en Van Hauwermeiren (1983: 255) wijzen in dit verband op de verplichte getalscongruentie tussen N1 en N2. Tevens merken ze op dat er een sterke tendens naar genuscongruentie blijkt te bestaan tussen N1 en N2, als *die* of *dat* als voorbepaling wordt gebruikt bij N1, c.q. de gehele MBNP. Paardekooper merkt op dat er beperkingen zijn voor wat de Det1-plaats betreft. Volgens hem heeft het emotioneel kleurbare *die* bij voorbeeld aanzienlijk meer kansen om als voorbepaling op te treden bij N1 dan het meer objectieve *deze*. De constatering van Geerts e.a. dat N1, afgezien van *een*, voorafgegaan kan worden door *die*, *dat*, *zulke*, *zo'n* en *wat een*, wijst in dezelfde richting. Verder zijn volgens Paardekooper stofnamen van de N2-plaats uitgesloten en eigennamen zeldzaam.[10] Met betrekking tot de lineaire conventies, laat Paardekooper zien dat de PP onverplaatsbaar is. Wat de lexicale functies betreft, wijzen Geerts e.a. en Paardekooper op de paradigmaloosheid van P, dat alleen maar *van* kan zijn. Zie schema 3, waar Det verwijst naar lidwoorden, eventueel aanwijzende voornaamwoorden.

Schema 3: conventies en functies binnen de MBNP

| | CONVENTIES | | FUNCTIES |
|---|---|---|---|
| | LEXICAAL | LINEAIR | LEXICAAL |
| Det1 | beperkt paradigma | | |
| N1 | beperkt paradigma | | |
| P | | | paradigmaloos |
| Det2 | paradigmaloos | | |
| N2 | onbeperkt paradigma?<br>onbepaald<br>geen stof-N<br>eigennaam? | | |
| N1-N2 | getalscongruentie<br>genuscongruentie? | | |
| PP | | onverplaatsbaar | |

Met betrekking tot de niet-syntactische functies binnen de MBNP, wijzen Geerts e.a. op de geringe semantische produktiviteit van dit type constructies. Overdiep (1949: 156-158) spreekt in dit verband van een grote semantische eenheid. De geringe semantische produktiviteit is af te lezen aan het verplicht subjectieve karakter van

N1 en van het eventueel voorafgaande bijvoeglijk naamwoord, en het verplicht objectieve karakter van N2 en van het eventueel voorafgaande bijvoeglijk naamwoord. Het afwijkende karakter van de MBNP blijkt verder uit de ambiguïteit van sommige van deze constructies die in bepaalde gevallen als possessieve BNP's geïnterpreteerd blijken te kunnen worden (Geerts e.a. en Van den Toorn 1973: 261). Volgens verschillende auteurs hangt het afwijkende karakter van de MBNP samen met het feit dat het tussen N1 en N2 gaat om een vergelijking (Overdiep, Geerts e.a., Paardekooper en De Vooijs 1947: 291). N1 fungeert daarbij als beeld (Paardekooper), c.q. specificatie (De Schutter en Van Hauwermeiren), c.q. metafoor (De Vooijs), terwijl N2 volgt als verduidelijking (De Vooijs).

Wat de syntactische functies betreft, blijkt het afwijkende karakter van de MBNP uit de wel zeer geringe syntactische produktiviteit (Geerts e.a.). Overdiep gewaagt in dit verband van een grote syntactische eenheid. Een belangrijke vraag is tot welke interne syntactische structuur de genoemde auteurs komen ten aanzien van de MBNP. De voorgestelde oplossingen zijn nogal uiteenlopend. Dit hangt ongetwijfeld samen met het desoriënterend karakter van de MBNP. Verschillende taalkundigen hebben erop gewezen dat de semantische configuratie van deze constructie in zekere zin tegengesteld is aan de syntactische structuur die men verwacht naar analogie met de reguliere BNP's (De Groot 1949: 91, Den Hertog 1973: 235 en Tinbergen 1967: 51). Rijpma en Schuringa (1969: 196-197) merken in dit verband op dat de MBNP niet beschreven kan worden als "substantief + voorzetselconstructie als nabepaling", omdat de taalgebruiker het eerste deel als bepaling zou voelen bij het tweede. Hun conclusie is dat de grens tussen deze delen niet is te bepalen. Niet iedereen echter is deze mening toegedaan. Op grond van hun observaties beschouwen Geerts e.a. en Paardekooper N2 als de kern van de MBNP. In tegenstelling tot Geerts e.a. die zich niet uitlaten over de aard van de voorbepaling, voegt Paardekooper daar nog aan toe dat Det1-N1-P-Det2 lijkt op een voorbepaling. De Schutter en Van Hauwermeiren en Van den Toorn, tenslotte, nemen aan dat N1 optreedt als kern van de MBNP, met de rest als nabepaling. Zie schema 4, waar A verwijst naar de bijvoeglijke naamwoorden, links van N1 en N2.

## 4. Conclusies

De schema's 1 tot en met 4 illustreren genoegzaam dat de PBNP en de MBNP, in tegenstelling tot de reguliere BNP's, zowel op het gebied van de lexicale conventies, lineaire conventies en lexicale functies, als op het gebied van de niet-syntactische en syntactische functies verre van onproblematisch zijn. Op grond van deze conclusie lijkt een diepgaand onderzoek van de PBNP en de MBNP zonder meer gerechtvaardigd. De onderzoeksvragen dringen zich vanzelf op, namelijk:

1. vertonen de PBNP en de MBNP een van de reguliere BNP afwijkende elementaire syntactische structuur?
2. zo ja, wat is dan kern en wat bepaling?
3. zo niet, hoe is dan het afwijkende lexicale en lineaire gedrag van deze constructies te verklaren?

Schema 4: niet-syntactische en syntactische functies binnen de MBNP

| | NIET-SYNTACTISCH | SYNTACTISCH |
|---|---|---|
| MBNP | geringe semantische produktiviteit<br>semantische eenheid<br>soms ambigu | geringe syntactische produktiviteit<br>syntactische eenheid |
| A1 | subjectief | |
| N1 | beeld<br>metafoor<br>specificatie<br>subjectief | kern<br>bepaling? |
| A2 | objectief | |
| N2 | objectief<br>verduidelijking | kern |
| N1-N2 | vergelijking | |
| Det1-N1-P-Det2 | | voorbepaling? |
| PP | | nabepaling |

Gezien de theoretische stellingname die we in hoofdstuk 1 hebben verdedigd, is het antwoord op de eerste en de tweede vraag al gegeven. De PBNP en de MBNP hebben dezelfde elementaire syntactische structuur als de andere BNP's. Vooralsnog is de aard van het syntactisch verband tussen de bepaling(en) en de kern echter onduidelijk. Dit geldt zowel voor de PBNP, de MBNP als de reguliere BNP. Vormt het voorzetsel *van* tezamen met N2 een bepaling bij N1, of is het eerder zo dat *van*, gezien de syntactische klasse waartoe deze markeerder behoort, niet meedoet aan de kern-bepaling-dichotomie? En verder: als er rechts van N2 sprake is van een tweede voorzetsel dat een N3 ten opzichte van N1 als bepaling markeert, kunnen of moeten N2 en N3 dan als zusters worden beschouwd (vgl. Bennis 1979)? Zo niet, hoeveel verschillende syntactische aanhechtingsniveaus moeten er dan worden voorzien voor de kern en wat is de precieze status van deze niveaus? Deze vragen zullen uitgebreid aan de orde worden gesteld in hoofdstuk 7. De hoofdstukken 3 tot en met 6 zullen daarentegen worden gewijd aan de beantwoording van vraag drie hierboven. De stelling dat het bij de PBNP en de MBNP niet gaat om een van de reguliere BNP's afwijkende elementaire syntactische structuur, impliceert dat het afwijkende lexicale en lineaire gedrag van de PBNP en de MBNP alleen maar verklaard kan worden vanuit de in deze constructies optredende niet-syntactische functies. Uit deze hoofdstukken zal moeten blijken in hoeverre deze niet-syntactische functies verklarende waarde hebben met betrekking tot de lexicale en lineaire conventies die eigen zijn aan de PBNP en MBNP.

**Noten bij hoofdstuk 2**

1. Buitenrust-Hettema (1899) wees hier bijna een eeuw geleden al op. Ze had het over de "(...) **qualitatieve** en **quantitatieve** bijstelling, door een voorzetsel, meestal *van*, verbonden (...) aan het bepaalde [vet, JP]." (1899: 313).

2. Bij Van der Lubbe is dat de categorie 'overige nabepalingen'.

3. Deze enquête bestond uit in grotere syntactische gehelen opgenomen possessieve BNP's, agens-BNP's en patiens-BNP's, die telkens in verschillende lexicale en lineaire varianten werden aangeboden. Ook werd er voor gezorgd dat de BNP's zowel in subjects- als in objectsfunctie voorkwamen. Verder was er telkens sprake van een variant met een naamwoordelijk en een werkwoordelijk gezegde.

4. De zogenaamde vaste BNP's zullen we in deze studie buiten beschouwing laten. Zie hoofdstuk 5, noot 4 en hoofdstuk 6, noot 4.

5. Zie hoofdstuk 1, noot 21.

6. Dit neemt niet weg dat we de reguliere BNP's indien nodig 'contrastief' zullen gebruiken, dat wil zeggen ter vergelijking met de PBNP en de MBNP. In hoofdstuk 7 komen we bovendien uitgebreid terug op de interne syntactische structuur van de BNP in het algemeen.

7. Zoals uit deze paragraaf zal blijken, is een 'vogelvlucht' voldoende om te laten zien dat er in de gebruiksgrammatrica's een flinke mate van verwarring bestaat met betrekking tot de lexicale en lineaire eigenschappen van de PBNP en de MBNP, alsmede met betrekking tot de in deze constructies werkzame syntactische en niet-syntactische functies. De geraadpleegde gebruiksgrammatica's zijn zelf geen object van onderzoek.

8. Zoals reeds duidelijk bleek uit hoofdstuk 1, is er in de PBNP en de MBNP geen sprake van lineaire functies.

9. Het is duidelijk dat dit niet geldt voor constructies met een stofnaam op de N2-plaats zoals: *een handvol van dat zout*.

10. Stofnamen zijn wel mogelijk als ze als voorwerpsnaam kunnen worden gebruikt (vgl. Geerts 1984: 35). Vergelijk **een droom van een zand* met *een droom van een bier*.

# III

# DE PARTITIEVE BINOMINALE WOORDGROEP: LEXICALE CONVENTIES

## 1. Inleiding

In dit hoofdstuk verdedigen we de stelling dat de lexicale conventies binnen de PBNP niet-syntactische functies markeren die eigen zijn aan de PBNP, voorzover deze conventies afwijken van die in de reguliere BNP. Dit hoofdstuk is als volgt gestructureerd. In de paragrafen 2 en 3 geven we een beschrijving van het typische karakter van de PBNP. Als uitgangspunt zal daarbij dienen de opmerking van Van der Lubbe dat PBNP's zijn te karakteriseren als constructies waarin N1 partieel coreferent is met N2 en zelf de bedoelde entiteiten niet noemt (1982: 372-373, 376). In paragraaf 4 geven we een overzicht van die lexicale conventies binnen de PBNP die afwijken van de lexicale conventies binnen de reguliere BNP. Alvorens over te gaan tot de bespreking van deze conventies, gaan we in paragraaf 5 in op de lexicale functie *van*. In de paragrafen 6 tot en met 8, tenslotte, wordt de link gelegd tussen de lexicale conventies die eigen zijn aan de PBNP en de door die conventies gemarkeerde niet-syntactische functies.

## 2. N1 is partieel coreferent met N2

Partiële coreferentie in PBNP's is te karakteriseren als een relatie tussen twee verzamelingen, E1 en E2.[1] E1 staat voor de verzameling van entiteiten waar N1 naar verwijst en E2 voor de verzameling van entiteiten waar N2 naar verwijst.[2] Het typische karakter van de PBNP kan nu als volgt worden beschreven. De extensie van E1 vormt een deelverzameling van de extensie van E2. Met andere woorden: E2 includeert E1. Zie (1) en (2), waar < als het symbool van de inclusie fungeert:[3]

(1) E1 < E2
(2) Vier van de leerlingen

Als we (2) toetsen aan (1), constateren we dat er in deze PBNP sprake is van partiële coreferentie tussen N1 en N2, omdat de entiteiten waar *vier* naar verwijst, namelijk 'leerlingen' (E1), een deelverzameling vormen van de entiteiten waar *leerlingen* naar verwijst, namelijk 'leerlingen' (E2). Het is belangrijk in te zien dat (1) niet geldt voor (3) en (4):

(3) Een vier van de leerlingen
(4) De vier van de leerlingen

Als we (3) en (4) toetsen aan (1), constateren we dat hier geen sprake is van partiële coreferentie tussen N1 en N2, omdat de entiteit waar *vier* naar verwijst, namelijk een cijfer of een getal, niet beschouwd kan worden als een deelverzameling van de entiteiten waar *leerlingen* naar verwijst.

Met (1) hebben we een eerste aspect beschreven van het typische karakter van de PBNP. We wijzen er echter op dat deze beschrijving niet verklaart waarom (5) onder een partitieve lezing ongrammaticaal is, ondanks het feit dat E1 tot dezelfde categorie behoort als E2, namelijk 'leerling'. Het is met andere woorden onduidelijk waarom de entiteiten waar N1 naar verwijst hier niet beschouwd kunnen worden als een deelverzameling van de entiteiten waar N2 naar verwijst:

* (5) Vier leerlingen van de leerlingen

Hierop zullen we in de volgende paragraaf ingaan.

## 3. N1 noemt de bedoelde entiteiten niet zelf

Voorzover wij kunnen zien, hebben al de auteurs die zich hebben beziggehouden met de PBNP, zich beperkt tot de behandeling van PBNP's met een bepaald hoofdtelwoord op de N1-plaats. Zoals we reeds zagen in hoofdstuk 2, betekent dit geenszins dat de syntactische klasse van de hoofdtelwoorden de enige klasse zou zijn waarvan de leden in staat zijn deze plaats binnen de PBNP te bezetten. Om tot een betrouwbare beschrijving te komen van het typische karakter van de PBNP, is het wenselijk zoveel mogelijk types BNP's waar (1) werkzaam is in ons onderzoek te betrekken.[4] In hoofdstuk 2 hebben we de volgende syntactische klassen genoemd:[5]

1. zelfstandige naamwoorden die een hoeveelheid aanduiden, zoals in (6):

(6) Een handvol van de leerlingen

2. bepaalde en onbepaalde hoofdtelwoorden, zoals respectievelijk in (7) en (8):

(7) Vier van de leerlingen
(8) Veel van de leerlingen

3. bepaalde en onbepaalde rangtelwoorden, zoals respectievelijk in (9) en (10):

(9) De vierde van de leerlingen
(10) De laatste van de leerlingen

4. bijvoeglijke naamwoorden in de overtreffende trap, zoals in (11):[6]

(11) De leukste van de leerlingen

5. verschillende types niet-collectiverende onbepaalde voornaamwoorden, zoals in (12)-(15):[7]

(12) Enkele van de leerlingen
(13) Een paar van de leerlingen
(14) Sommige van de leerlingen
(15) De eerste de beste van de leerlingen

Hoewel we hier ontegenzeggelijk met verschillende types PBNP's te maken hebben, vertonen deze constructies op één punt een duidelijke overeenkomst. N1 noemt zelf in geen van de gevallen de bedoelde entiteiten (Van der Lubbe 1982: 376).[8] Dat wil zeggen: op grond van N1 alleen is geen uitsluitsel te krijgen met betrekking tot de entiteiten waarop de kwantiteit of kwaliteit die door deze N wordt genoemd, van toepassing is. Deze informatie is afkomstig van N2. We weten bij voorbeeld dat in (15) *eerste de beste* naar de entiteit 'leerling' verwijst, omdat N2 naar de entiteiten 'leerlingen' verwijst. We kunnen dit verschijnsel in eerste instantie beschrijven door te stellen dat N1 zijn referentie ontleent aan N2.[9]

We keren nu terug naar (5), hier herhaald als (16):

* (16) Vier leerlingen van de leerlingen

Op grond van het bovenstaande kunnen we met betrekking tot deze BNP stellen dat E1 niet als een deelverzameling van E2 kan worden opgevat, omdat N1 de bedoelde entiteiten hier zelf noemt. Dat wil zeggen: N1 is voor zijn referentie niet afhankelijk van N2. We kunnen hieruit besluiten dat het niet noemen van de bedoelde entiteiten door N1 een noodzakelijke voorwaarde is voor partiële coreferentie. Dat het hier slechts om een noodzakelijke en niet om een voldoende voorwaarde gaat, bewijst (18) waar *die* de plaats inneemt van *de boeken* uit (17):

(17) Die boeken van de leerlingen
(18) Die van de leerlingen

In (18) noemt N1 de bedoelde entiteiten, namelijk 'boeken', niet zelf. Desondanks is er in deze BNP geen sprake van partiële coreferentie, omdat de entiteiten waar *die* naar verwijst niet beschouwd kunnen worden als een deelverzameling van de entiteiten waar *leerlingen* naar verwijst. *Die* ontleent zijn referentie dus niet aan *leerlingen*. De referentie van *die* komt tot stand op grond van de context en/of situatie.

De conclusie van deze paragraaf is dat in PBNP's optredende N1's de bedoelde entiteiten niet zelf noemen. Ze ontlenen hun referentie aan N2, zoals in (6)-(15). Voor N1's die in reguliere BNP's optreden zijn er twee mogelijkheden. Of N1 noemt de bedoelde entiteiten zelf, zoals in (17), òf N1 noemt ze niet zelf, zoals in (18). In het laatste geval is een beroep op de context en/of situatie noodzakelijk. Zie schema 1, waarin [±REF] betekent: de bedoelde entiteiten worden wel of niet genoemd, en waar C/S staat voor de context en/of situatie.

Schema 1: de referentie van N1 in de PBNP en de BNP (eerste versie)

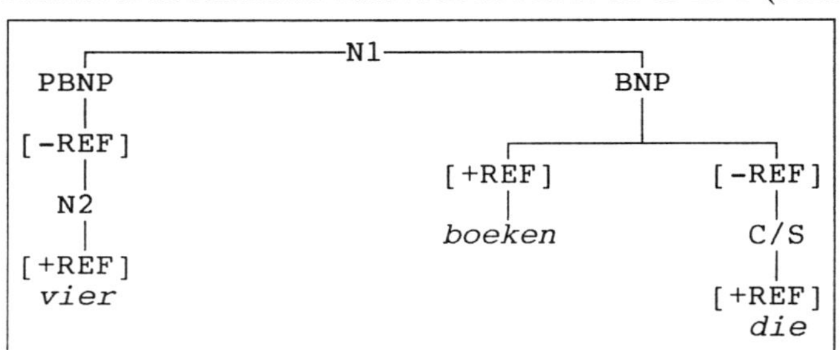


## 4. Lexicale conventies in de PBNP

Op grond van de voorafgaande hoofdstukken valt het niet te ontkennen dat de PBNP zich lexicaal anders gedraagt dan de reguliere BNP. Desondanks is er noch binnen de theoretische taalkunde, noch in de gebruiksgrammatica's sprake van veel aandacht voor de lexicale conventies die eigen zijn aan de PBNP. Meestal komt men niet veel verder dan enkele eenvoudige constateringen, zoals bij voorbeeld: N2 is binnen de PBNP verplicht meervoudig (Paardekooper 1986: 492-495). Een uitzondering vormt Coppen (1988). Zoals we hebben gezien, wijdt hij een diepgaand onderzoek aan de verplichte vulling van de Det-plaats meteen links van N2, zij het dat hij zich daarbij beperkt tot PBNP's met een bepaald hoofdtelwoord op de N1-plaats. In het voorafgaande hebben we geprobeerd aannemelijk te maken dat er aan zijn analyse een belangrijk bezwaar kleeft. Hij probeert een syntactische verklaring te geven voor een niet-syntactisch verschijnsel. In de volgende paragrafen zullen we zien dat er empirisch bewijsmateriaal voorhanden is dat pleit tegen een dergelijke aanpak. Tevens zullen we zien dat zijn analyse ook nog op een andere manier problematisch is. Hij behandelt de verplichte vulling van de voornoemde Det-plaats als een geïsoleerd verschijnsel. Dit is problematisch omdat het aantoonbaar is dat dit verschijnsel tezamen met twee andere lexicale conventies binnen de PBNP, namelijk de verplichte meervoudigheid van N2 en de verplichte onbepaaldheid van kwantitatief N1, is terug te voeren op de partiële coreferentie tussen N1 en N2. Verder zullen we zien dat deze drie verschijnselen zich voordoen in verschillende types PBNP's en dus niet beperkt zijn tot de PBNP met een bepaald hoofdtelwoord op de N1-plaats.

Uit Geerts e.a. (1984: 743) is af te leiden dat *van* binnen de PBNP waarschijnlijk paradigmaloos is. *Van* is echter geen lexicale conventie, maar een lexicale functie. Het markeert immers de syntactische functie van N2. Hieronder onderzoeken we de vraag in hoeverre *van* nog andere, dat wil zeggen niet-syntactische functies markeert. In de volgende paragrafen besteden we achtereenvolgens aandacht aan P, N1 en N2.

## 5. P

Als we ervan uitgaan dat *van* binnen de PBNP paradigmaloos is, rijst de vraag hoe het paradigmaloze karakter van dit voorzetsel is te verklaren. In principe zijn er vier mogelijkheden. Of het paradigmaloze karakter van *van* hangt samen met de PBNP, òf met sommige types BNP's, òf met de BNP in het algemeen, òf met het afwijkende karakter van het voorzetsel zelf. In het eerste geval zou men verwachten dat *van* binnen de niet-partitieve BNP's niet paradigmaloos is, terwijl men in het tweede geval zou verwachten dat *van* alleen paradigmaloos is in sommige types BNP's. In het derde geval zou men verwachten dat *van* alleen paradigmaloos is zodra het de syntactische functie markeert van een N2 ten opzichte van een N1, terwijl men in het vierde geval zou verwachten dat *van* in elke denkbare context paradigmaloos is.

Teneinde de vraag naar het paradigmaloze karakter van *van* te beantwoorden, is het belangrijk na te gaan welke rol *van* speelt in de totstandkoming van de betekenis van de woordgroep waar dit voorzetsel deel van uitmaakt. Met andere woorden: is *van* in staat de niet-syntactische functie te markeren van N2? Ter beantwoording van deze vraag gaan we in eerste instantie uit van Weijnen (1964[a], 1964[b], 1965). Weijnen maakt een onderscheid tussen het temporele (1964[b]: 149), lokale (1964[a]: 131) en verschillende soorten niet-dimensioneel (1965: 128) gebruik van *van*. Zie respectievelijk:

(19) De trein van drie uur
(20) De molen van Kinderdijk
(21) Het huis van mijn oom
(22) De arrestatie van de agent
(23) De laatste van de leerlingen
(24) Een reus van een leerling
(25) De samenstelling van het boeket
(26) Het verhaal van deze vissen
(27) Vier van de leerlingen

Markeert *van* in (19)-(27) de semantische functie van N2, dat wil zeggen: is het dank zij *van* dat we weten dat N2 een temporele, lokale dan wel de een of andere niet-dimensionele semantische functie vervult? Voor wat het zogenaamde temporele en lokale gebruik van *van* betreft, dient deze vraag alvast ontkennend te worden beantwoord. We kijken eerst naar (19). Blijkens (28)-(30) is het zogenaamde temporele *van* in (19) niet vervangbaar door een ander voorzetsel, of dit voorzetsel nu temporeel, lokaal of niet dimensioneel is:

(28) De trein *om/*voor/*tegen drie uur
(29) De trein *op/*onder/*boven drie uur
(30) De trein *met/*wegens/*zonder drie uur

Het ziet ernaar uit dat *van* in (19) paradigmaloos en dus waarschijnlijk betekenisloos is. Als dit juist is, dan ligt het voor de hand dat de semantische functie van N2 hier niet gemarkeerd wordt door *van*, omdat voorzetsels slechts semantische functies markeren als ze zelf een betekenis hebben. Mogen we hier vervolgens uit concluderen dat N2 in (19) geen duidelijke semantische functie heeft en dat de interpretatie van N2 bijgevolg volledig afleidbaar is uit de context en/of situatie? Ons inziens dient deze vraag ontkennend beantwoord te worden, omdat het los van elke context en/of situatie duidelijk is dat de semantische functie van *drie uur* in (19) is te omschrijven als 'de tijd van aankomst van de door N1 genoemde entiteit'.

Kijken we vervolgens naar het zogenaamde lokale *van* in (20). Blijkens (31) is dit *van* vervangbaar door onvervalste lokale voorzetsels als *te*, *in* en *bij*:

(31) De molen te/in/bij Kinderdijk

In tegenstelling tot het voorzetsel in (19), is *van* in (20) dus niet paradigmaloos. Betekent dit nu dat de semantische functie van N2 hier gemarkeerd wordt door *van*? We hebben niet de indruk, omdat het los van de context en/of situatie niet is uit te maken wat de niet-syntactische functie is van N2. Anders gezegd: los van de context en/of situatie is het niet duidelijk of *Kinderdijk* een plaats, een bezitter, een herkomst, enz. aanduidt. Het voorbeeld in (32) moge dit verduidelijken:

(32) [De molen van Kinderdijk]$_{bnp}$ staat te/in/bij Rotterdam

In (32) geeft de directe context van de BNP aan dat *Kinderdijk* geen plaats aanduidt. De verdere context en/of situatie zal moeten uitmaken of *Kinderdijk* hier een bezitter, een herkomst of eventueel nog iets anders aanduidt. We concluderen dat de niet-syntactische functie van de N2 in (20) slechts afleidbaar is uit de context en/of situatie, en dat *van* dus alweer geen semantische functie markeert.

We kijken vervolgens naar de BNP's met het zogenaamde niet-dimensionele *van* in (21)-(27), hier herhaald als (33)-(39). Deze laten zich in twee groepen indelen op grond van het criterium of de niet-syntactische functie van N2 los van de context en/of de situatie al dan niet vastligt. Zie respectievelijk (33)-(36), waar de niet-syntactische functie van N2 niet vastligt en waar N2 dus steeds meerdere interpretaties kan krijgen, en (37)-(39), waar de niet-syntactische functie van N2 wel vastligt en waar dus steeds slechts één interpretatie mogelijk is:

(33) Het huis van mijn oom
(34) De arrestatie van de agent
(35) De laatste van de leerlingen
(36) Een reus van een leerling

(37) De samenstelling van het boeket
(38) Het verhaal van deze vissen
(39) Vier van de leerlingen

Afhankelijk van de context en/of situatie kan *oom* in (33) onder andere een bezitter, een huurder en een producent aanduiden, terwijl *agent* in (34) zowel agens, als patiens kan zijn. In (35) kan *leerlingen* zowel het 'geheel' aanduiden als een bezitter en in (36) kan *leerling* zowel de door N1 gekwalificeerde entiteit aanduiden als een bezitter. De conclusie lijkt dus gerechtvaardigd dat *van* ook hier geen semantische functies markeert. In (37)-(39) daarentegen ligt de semantische functie van N2 vast, ongeacht de context en/of situatie. *Boeket* in (37) is patiens, *vissen* in (38) noemt het thema van het door N1 aangeduide 'verhaal' en *leerlingen* in (39) duidt het 'geheel' aan waarvan de door N1 gekwantificeerde entiteiten een deel vormen. Worden deze drie semantische functies nu gemarkeerd door *van*? In genen dele. De semantische functie van *boeket* is afleidbaar uit de betekenissen van N1 en N2. *Samenstellen* is een overgankelijk werkwoord, hetgeen voor de N2-plaats een agens of een patiens mogelijk maakt. Aangezien echter de door N2 aangeduide entiteit niet in staat is de handeling 'samenstellen' te verrichten, blijft de patiens-functie over als enige mogelijkheid. Net zoals de semantische functie van *boeket*, is de semantische functie van *vissen* afleidbaar uit de betekenissen van N1 en N2. Daar 'vissen' nog als bezitters, noch als producenten van een 'verhaal' kunnen worden beschouwd, is de enige, overblijvende mogelijkheid dat ze het thema zijn van dat 'verhaal'. Ook de semantische functie van *leerlingen* is afleidbaar uit de betekenissen van N1 en N2. Het kwantitatieve karakter van N1 beperkt N2 tot de semantische functie 'geheel'. We kunnen de conclusie trekken dat de semantische functie van N2 in geen van de BNP's in (37)-(39) wordt gemarkeerd door het voorzetsel *van*. Dit betekent echter niet dat *van* in (33)-(39) telkens paradigmaloos is. Zie (40)-(46), waar ϕ aangeeft dat het paradigma van *van* leeg is:

(40) Het huis van/naast mijn oom
(41) De arrestatie van/door de agent
(42) De laatste van/over de leerlingen
(43) Een reus van/met een leerling

(44) De samenstelling van/ϕ het boeket
(45) Het verhaal van/over deze vissen
(46) Vier van/ϕ de leerlingen

Op grond van het bovenstaande komen we ten aanzien van de vervangbaarheid van *van* tot de volgende vier mogelijkheden:

1. *van* is vervangbaar door een voorzetsel dat dezelfde semantische functie markeert als de semantische functie van N2 met *van*, zoals in (45);

2. *van* is vervangbaar door een voorzetsel dat een semantische functie markeert die correspondeert met één van de mogelijke interpretaties van de N2 met *van*, zoals in (20) en (41);

3. *van* is vervangbaar door een voorzetsel dat een semantische functie markeert die niet correspondeert met één van de mogelijke interpretaties van de N2 met *van*, zoals in (40), (42) en (43);

4. *van* is niet vervangbaar, zoals in (19), (44) en (46).

Ervan uitgaande dat deze analyse juist is, kunnen we de volgende conclusies trekken. *Van* is slechts paradigmaloos in bepaalde BNP's, met name in de temporele BNP in (19), de patiens-BNP in (44) en de kwantitatieve PBNP in (46). In de BNP's in (20), (40)-(43) en (45) is dit voorzetsel niet paradigmaloos. Er zijn geen aanwijzingen dat de paradigmaloosheid van *van* in de genoemde BNP's teruggevoerd dient te worden op het betekenisloze karakter van dit voorzetsel. Het ziet er namelijk naar uit dat *van* binnen de BNP altijd betekenisloos is, omdat het daar geen enkele keer de semantische functie van N2 blijkt te markeren. Zoals we reeds zagen, markeert *van* wel altijd de syntactische functie van N2. Dit leidt tot de conclusie dat er vooralsnog geen reden is om dit voorzetsel binnen de kwantitatieve PBNP anders te behandelen dan binnen de andere BNP's. Dit betekent tevens dat er aan de paradigmaloosheid van *van* in de kwantitatieve PBNP geen consequenties mogen worden verbonden voor de syntactische structuur van deze constructie.[10]

## 6. N1

Zoals we hierboven reeds aanstipten, is kwantitatief N1 binnen de PBNP verplicht onbepaaldheid. Teneinde enig inzicht te krijgen in deze lexicale conventie, gaan we in deze paragraaf na welke rol bepaaldheid en onbepaaldheid enerzijds, en kwantiteit en kwaliteit anderzijds spelen in de PBNP. Zoals we in deze paragraaf zullen zien, zijn de N1's in de onder (6)-(15) opgenomen PBNP's in twee groepen in te delen, afhankelijk van het feit of ze bepaald of onbepaald zijn en een kwantiteit dan wel een kwaliteit noemen. Deze indeling loopt tot op zekere hoogte dwars door de indeling in syntactische klassen heen, zoals die traditioneel wordt gegeven (vgl. Geerts e.a. 1984). Dit behoeft geen verbazing te wekken, omdat, zoals bekend, bij dergelijke indelingen een vaak hybride, en daardoor moeilijk te analyseren, mengsel van pragmatische, semantische, morfologische en syntactische criteria gehanteerd wordt met nu eens de pragmatische of semantische, dan de morfologische en een derde keer de syntactische criteria als belangrijkste ingrediënt. Als we dergelijke indelingen loslaten op onze PBNP's, kunnen we alleen maar constateren dat het verplicht onbepaalde karakter van kwantitatief N1 niet duidelijker wordt. We hopen dat onze indeling in twee groepen daarentegen deze lexicale conventie op een aannemelijke manier verklaart.

### 6.1. Bepaald versus onbepaald

Alvorens na te gaan hoe de in de PBNP optredende N1's op basis van 'bepaaldheid' en 'onbepaaldheid' van elkaar zijn te onderscheiden, zijn enkele korte opmerkingen over onze interpretatie van deze begrippen hier op hun plaats. We gaan ervan uit dat N1 bepaald is als de bedoelde entiteit voor de hoorder van de uiting waar N1 deel van uitmaakt, identificeerbaar is op grond van de context en/of situatie. In (47) en (48) markeren *de* en *zijn* onder meer het feit dat de hoorder weet om welke 'zoon' het gaat. De hoorder kan deze 'zoon' dus identificeren. Vergelijk (49) waarvoor dit niet geldt (vgl. Geerts e.a. 1984:114):

(47) Ik heb de zoon gezien
(48) Ik heb zijn zoon gezien
(49) Ik heb een zoon gezien

Het is duidelijk dat de bepaaldheid van de bedoelde entiteit strikt onderscheiden dient te worden van de bepaaldheid van de aan die entiteit eventueel toe te kennen kwantiteit. In (50) is *zonen* onbepaald en dus voor de hoorder niet identificeerbaar op grond van de context en/of situatie, ondanks het feit dat de kwantiteit die het telwoord noemt, bepaald is:

(50) Ik heb drie zonen gezien

Zoals bekend, zijn er naast lidwoorden en bezittelijke voornaamwoorden nog andere syntactische klassen die in staat zijn de identificeerbaarheid van entiteiten te markeren (vgl. Nieuwborg 1971: 31). Teneinde na te gaan welke van de onderhavige N1's daartoe in staat zijn en welke niet, gebruiken we twee verschillende tests. De eerste test is die met het zogenaamde plaatsonderwerp *er*. Dit *er* kan alleen zinnen inleiden met een onbepaald onderwerp (Nieuwborg: 1971: 12-13). Zie bij voorbeeld (51) en (52):[11]

* (51) Er loopt de kat in de tuin
* (52) Er loopt zijn kat in de tuin

Toegepast op de N1's in (6)-(15), leidt deze test tot de volgende resultaten:

(53) Er ligt een handvol leerlingen in het ziekenhuis

(54) Er liggen vier leerlingen in het ziekenhuis
(55) Er liggen veel leerlingen in het ziekenhuis

* (56) Er ligt de vierde leerling in het ziekenhuis
* (57) Er ligt de laatste leerling in het ziekenhuis

* (58) Er ligt de leukste leerling in het ziekenhuis
(59) Er liggen enkele leerlingen in het ziekenhuis
(60) Er liggen een paar leerlingen in het ziekenhuis
(61) Er liggen sommige leerlingen in het ziekenhuis
* (62) Er ligt de eerste de beste leerling in het ziekenhuis

Dat de N1's die voorafgegaan worden door de markeerders *de* of *een* respectievelijk naar een identificeerbare en niet-identificeerbare entiteit verwijzen, ligt voor de hand. Hoe liggen echter de zaken bij de N1's *vier*, *veel*, *enkele* en *sommige* die vormelijk niet meteen herkenbaar zijn als markeerders van onbepaaldheid, maar die volgens de *er*-test verwijzen naar niet-identificeerbare entiteiten? We nemen aan dat deze N1's, die alle een meervoud markeren, worden voorafgegaan door een nul-lidwoord, naar analogie met de meervoudige, onbepaalde zelfstandige naamwoorden.[12] Vergelijk (63) met (64)-(67), waarin $\phi$ staat voor het nul-lidwoord:

(63) $\phi$ katten

(64) $\phi$ vier leerlingen
(65) $\phi$ veel leerlingen
(66) $\phi$ enkele leerlingen
(67) $\phi$ sommige leerlingen

Teneinde uit te maken of dit nul-lidwoord gerechtvaardigd is, gebruiken we de tweede test, die gebaseerd is op het principe dat een N niet twee maal kan worden bepaald. Zie ter illustratie *de* en *zijn* in (68) die op grond van (51) en (52) als markeerders van bepaaldheid opgevat dienen te worden:

* (68) De zijn kat loopt in de tuin

Toegepast op (64)-(67) leidt deze test tot de resultaten in (69)-(72):

(69) Ik heb de vier leerlingen die demonsteren, gefotografeerd
(70) Ik heb de vele leerlingen die demonsteren, gefotografeerd
(71) Ik heb de enkele leerlingen die demonsteren, gefotografeerd
* (72) Ik heb de sommige leerlingen die demonstreren, gefotografeerd

De constructies in (69)-(71) bevestigen de aanwezigheid van het nul-lidwoord in (64)-(67), omdat dit lidwoord commuteerbaar is met het lidwoord van bepaaldheid. De constructie met *sommige* is echter in strijd met (67). De constructie in (72) wijst erop dat *sommige* zelf in staat is de identificeerbaarheid van de door *leerlingen* genoemde entiteiten te markeren. Op grond van (61) en (72) moeten we concluderen dat *sommige* hybride is ten aanzien van het onderscheid onbepaald-bepaald. We komen nu tot een indeling in twee groepen, zoals in schema 2. [±DEF] staat hier voor al dan niet bepaald.

Schema 2: N1 in de PBNP (eerste versie)

| | | | |
|---|---|---|---|
| [-REF] | [-DEF] | *een handvol*<br>ϕ *vier*<br>ϕ *veel*<br>ϕ *enkele*<br>*een paar*<br>*sommige* (?) | GROEP 1 |
| | [+DEF] | *de vierde*<br>*de laatste*<br>*de leukste*<br>*de eerste de beste*<br>*sommige* (?) | GROEP 2 |

Alvorens het probleem aan te snijden waar het in deze paragraaf om te doen is, namelijk waarom kwantitatief N1, afgezien van *sommige*, binnen de PBNP verplicht wordt voorafgegaan door een nul-lidwoord en dus onbepaald is, gaan we nu eerst na welke N1's kwantitatief zijn en welke kwalitatief.

**6.2. Kwantitatief versus kwalitatief**

Zoals reeds eerder vermeld, verstaan we onder kwantitatieve N1's, woorden die de hoeveelheid noemen van de bedoelde entiteiten, en onder kwalitatieve N1's woorden die de bedoelde entiteiten op de een of andere manier kwalificeren. Teneinde uit te maken of de onder (6)-(15) opgenomen N1's kwantitatief dan wel kwalitatief zijn, gebruiken we de zogenaamde *hoeveel*-test, die, zoals duidelijk zal zijn, naar een kwantiteit vraagt. Op de vraag in (73) kan alleen geantwoord worden met een N1 uit groep 1 (zie schema 2). Hierbij dient echter wel aangetekend te worden dat een antwoord door middel van *sommige* volgens onze informanten twijfelachtig is:[13]

(73) Hoeveel leerlingen heb je gefotografeerd?

(74) Een handvol
(75) Vier
(76) Veel
* (77) De vierde
* (78) De laatste
* (79) De leukste
(80) Enkele
(81) Een paar
? (82) Sommige
* (83) De eerste de beste

Afgezien van *sommige*, zien we precies het tegenovergestelde als we de zogenaamde *welke*-test op de onderhavige N1's loslaten, die naar een kwaliteit vraagt. Op de vraag in (84) kan alleen geantwoord worden met een N1 uit groep 2 (zie schema 2). Een antwoord door middel van *sommige* leidt volgens onze informanten tot een zeer twijfelachtig resultaat:[14]

(84) Welke leerling(en) heb je gefotografeerd?

* (85) Een handvol
* (86) Vier
* (87) Veel
(88) De vierde
(89) De laatste
(90) De leukste
* (91) Enkele
* (92) Een paar
? (93) Sommige
(94) De eerste de beste

Op grond van deze twee tests komen we tot schema 3 (vgl. schema 2), waar [KWAN] staat voor kwantitatief en [KWAL] voor kwalitatief.

Schema 3: N1 in de PBNP (tweede versie)

<table>
<tr><td rowspan="4">[-REF]</td><td rowspan="2">[-DEF]</td><td>[KWAN]</td><td>een handvol<br>ϕ vier<br>ϕ veel<br>ϕ enkele<br>een paar<br>sommige (?)</td><td rowspan="2">GROEP 1</td></tr>
<tr><td>[KWAL]</td><td>sommige (?)</td></tr>
<tr><td rowspan="2">[+DEF]</td><td>[KWAN]</td><td>sommige (?)</td><td rowspan="2">GROEP 2</td></tr>
<tr><td>[KWAL]</td><td>de vierde<br>de laatste<br>de leukste<br>de eerste de beste<br>sommige (?)</td></tr>
</table>

Hoewel we de vermelde twee groepen in de volgende twee paragrafen afzonderlijk zullen bespreken, is een kort commentaar bij de indeling van *sommige* hier op zijn plaats. Het feit dat *sommige* noch bij de *hoeveel*-test, noch bij de *welke*-test als een volledig acceptabel antwoord kan gelden, wijst erop dat deze N1 hybride is ten aanzien van het onderscheid kwantitatief-kwalitatief. Om met Geerts e.a. (1984) te spreken, *sommige* heeft enerzijds een kwantitatief betekenisaspect, dat te omschrijven is als "(...) 'een onbepaald maar niet al te groot aantal'", terwijl *sommige* anderzijds een kwalitatief betekenisaspect heeft dat te omschrijven is als "(...) 'bepaalde', 'zekere', 'van zekere soort'." (1984: 277-278). Nu bleek *sommige* ook al hybride te zijn ten aanzien van het onderscheid bepaald-onbepaald. De vraag of we hier de conclusie uit kunnen trekken dat het onbepaalde gebruik van *sommige* op systematische wijze gepaard gaat met een kwantitatieve interpretatie en het bepaalde gebruik van *sommige* met een kwalitatieve interpretatie, moet waarschijnlijk ontkennend worden beantwoord. Onze informantendata wijzen er eerder op dat *sommige* afhankelijk van de context en/of situatie soms een meer kwantitatieve en soms een meer kwalitatieve interpretatie krijgt, los van het feit of *sommige* bepaald of onbepaald wordt gebruikt.

Wat de andere N1's betreft, roept schema 3 twee vragen op, namelijk: zijn in PBNP's optredende kwantitatieve N1's, afgezien van *sommige*, altijd onbepaald, en: zijn in PBNP's optredende, kwalitatieve N1's altijd bepaald? In de volgende paragrafen zullen we laten zien dat het antwoord op de eerste vraag bevestigend dient te zijn en op de tweede vraag ontkennend.

### 6.3. De verplichte onbepaaldheid van kwantitatief N1

Het lijdt geen twijfel dat het onbepaalde lidwoord en het nul-lidwoord, die voorafgaan aan de leden van groep 1, binnen de PBNP niet commuteerbaar zijn met het lidwoord van bepaaldheid (we laten *sommige* voorlopig buiten beschouwing). Zie (95)-(99):

* (95) Ik heb de handvol van de leerlingen gefotografeerd
* (96) Ik heb de vier van de leerlingen gefotografeerd
* (97) Ik heb de vele(n) van de leerlingen gefotografeerd
* (98) Ik heb de enkele(n) van de leerlingen gefotografeerd
* (99) Ik heb de paar van de leerlingen gefotografeerd

Op grond van de NP's in (100)-(104) hieronder zou men tot de conclusie kunnen komen dat de ongrammaticaliteit van (95)-(99) weinig of niets heeft te maken met de PBNP. Net zoals in (95)-(99), leidt de commutatie van het onbepaald lidwoord en het nul-lidwoord met het lidwoord van bepaaldheid in (100)-(104) immers in bijna alle gevallen tot een onbevredigend resultaat:[15]

* (100) Ik heb de handvol gefotografeerd
(101) Ik heb de vier gefotografeerd
? (102) Ik heb de vele(n) gefotografeerd
* (103) Ik heb de enkele(n) gefotografeerd
* (104) Ik heb de paar gefotografeerd

We wijzen er echter op dat deze constructies, met uitzondering van (103), acceptabeler zijn zodra de entiteit waarnaar *een handvol* enz. verwijst, wordt genoemd.[16] Zie (105)-(109):

? (105) Ik heb de handvol leerlingen gefotografeerd
(106) Ik heb de vier leerlingen gefotografeerd
(107) Ik heb de vele leerlingen gefotografeerd
* (108) Ik heb de enkele leerlingen gefotografeerd
? (109) Ik heb de paar leerlingen gefotografeerd

Als we daarenboven een beperkende betrekkelijke bijzin toevoegen, zijn de constructies alle grammaticaal.[17] Zie (110)-(114):

(110) Ik heb de handvol leerlingen die demonsteert, gefotografeerd
(111) Ik heb de vier leerlingen die demonsteren, gefotografeerd
(112) Ik heb de vele leerlingen die demonsteren, gefotografeerd
(113) Ik heb de enkele leerlingen die demonsteren, gefotografeerd
(114) Ik heb de paar leerlingen die demonsteren, gefotografeerd

Een opmerkelijk verschil met de PBNP's in (95)-(99) is nu dat de toevoeging van een beperkende betrekkelijke bijzin niets verandert aan hun ongrammaticaliteit. Zie (115)-(119):

* (115) Ik heb de handvol van de leerlingen die demonstreert, gefotografeerd
* (116) Ik heb de vier van de leerlingen die demonstreren, gefotografeerd
* (117) Ik heb de vele(n) van de leerlingen die demonstreren, gefotografeerd
* (118) Ik heb de enkele(n) van de leerlingen die demonstreren, gefotografeerd
* (119) Ik heb de paar van de leerlingen die demonstreren, gefotografeerd

De conclusie kan niet anders luiden dan dat de leden van groep 1, dat wil zeggen de kwantitatieve N1's, met uitzondering van *sommige*, verplicht voorafgegaan worden door een nul-lidwoord en dus onbepaald zijn, als ze optreden in een PBNP. We zullen nu proberen aan te tonen dat deze lexicale conventie rechtstreeks voortvloeit uit een samenspel van de niet-syntactische variabele in (1), hier herhaald als (120), en het kwantitatieve karakter van de onderhavige N1's:

(120) E1 < E2

Dank zij (120) is het duidelijk op welke entiteiten de door N1 genoemde kwantiteit betrekking heeft. Ter verklaring van de observatie dat (120) slechts van toepassing is als kwantitatief N1 onbepaald is, is een kort uitstapje naar het zogenaamde kwantitatieve *er* noodzakelijk. De constructies in (121)-(125) illustreren het bekende verschijnsel dat het kwantitatieve *er* verplicht verschijnt zodra N2 ontbreekt:

(121) Ik heb er een handvol gefotografeerd
(122) Ik heb er vier gefotografeerd
(123) Ik heb er veel gefotografeerd
(124) Ik heb er enkele gefotografeerd
(125) Ik heb er een paar gefotografeerd

Vergelijk (126)-(130) die onder een partitieve lezing ongrammaticaal zijn, omdat zowel N2 als het kwantitatieve *er* ontbreekt, en (131)-(135) die onder een partitieve lezing ongrammaticaal zijn, omdat N2 en het kwantitatieve *er* tegelijkertijd verschijnen:

* (126) Ik heb een handvol gefotografeerd
* (127) Ik heb vier gefotografeerd
* (128) Ik heb veel gefotografeerd
* (129) Ik heb enkele gefotografeerd
* (130) Ik heb een paar gefotografeerd

* (131) Ik heb er een handvol van de leerlingen gefotografeerd
* (132) Ik heb er vier van de leerlingen gefotografeerd
* (133) Ik heb er veel van de leerlingen gefotografeerd
* (134) Ik heb er enkele van de leerlingen gefotografeerd
* (135) Ik heb er een paar van de leerlingen gefotografeerd

Op grond van (121)-(135) zouden we de conclusie kunnen trekken dat het kwantitatieve *er* en de partitieve PP complementair zijn. We wijzen er echter op dat het voorzetsel *van*, in tegenstelling tot N2, niet hoeft weg te vallen als *er* verschijnt. Dit betekent dat niet *er* en de partitieve PP, maar *er* en N2 complementair zijn. Zie (136)-(140):

(136) Ik heb er een handvol van gefotografeerd
(137) Ik heb er vier van gefotografeerd
(138) Ik heb er veel van gefotografeerd
(139) Ik heb er enkele van gefotografeerd
(140) Ik heb er een paar van gefotografeerd

We dienen hier echter wel bij aan te tekenen dat (136)-(140) niet voor al onze informanten acceptabel zijn als de bedoelde entiteiten personen betreffen, zoals hier het geval is. Geerts e.a. (1984: 386) merken in dit verband op dat voornaamwoordelijke bijwoorden als *ervan* doorgaans verwijzen naar zaken en niet-menselijke levende wezens. Dit pleit ons inziens echter niet tegen de stelling dat N2 en *er* complementair zijn, in plaats van de PP en *er*. We moeten er alleen rekening mee houden dat er een niet-syntactische variabele meespeelt die in sommige gevallen verhindert dat *van* voorkomt naast het kwantitatieve *er*.

De stelling dat N2 en *er* complementair zijn, heeft een belangrijke implicatie. Het betekent namelijk dat N1 zijn referentie nooit op zelfstandige wijze kan ontlenen aan de context en/of situatie. N1 heeft, met andere woorden, of N2, of het kwantitatieve *er* nodig om naar entiteiten te kunnen verwijzen. We wijzen erop dat dit niet betekent dat N2 en *er* dezelfde semantische functie vervullen. De semantische functie van N2 is: het noemen van het 'geheel' waarvan de door N1 gekwantificeerde entiteiten een 'deel' vormen. De functie van *er*, dat zelf geen drager is van lexicale informatie, is te omschrijven als: het markeren van het feit dat de door N1 gekwantificeerde entiteiten afleidbaar zijn uit de context en/of situatie.[18] Deze analyse maakt duidelijk waarom (115)-(119) en (131)-(135) ongrammaticaal zijn en beantwoordt daarmee de vraag waaraan deze paragraaf is gewijd, namelijk waarom in PBNP's optredende kwantitatieve N1's verplicht onbepaald zijn. Als N1 bepaald zou zijn, zouden de door N1 gekwantificeerde entiteiten identificeerbaar zijn op grond van de context en/of situatie en zou N1 dus daaraan zijn referentie ontlenen. Aangezien N1 voor zijn referentie echter afhankelijk is van N2 of, bij ontstentenis van deze N, van het kwantitatieve *er*, leidt een gezamenlijk optreden van een bepaalde N1 en van N2 tot een situatie waarin N1 zowel zijn referentie ontleent aan de context en/of situatie als aan N2. Hetzelfde geldt voor een gezamenlijk optreden van het kwantitatieve *er* en N2. Onze stelling is dat het deze dubbele markeringen zijn die verantwoordelijk gesteld moeten worden voor de ongrammaticaliteit van respectievelijk (115)-(119) en (131)-(135) onder een partitieve lezing (vgl. (68)).

Kijken we tenslotte naar *sommige*. Het hybride karakter van deze N1 komt duidelijk tot uiting wanneer N2 wegvalt. Hoewel *sommige* zijn referentie kan ontlenen aan N2, is het kwantitatieve *er* niet verplicht als N2 ontbreekt. Zelfs als N2 aanwezig is, ontleent *sommige* zijn referentie niet verplicht aan N2. In dat geval is dit woord onderdeel van een reguliere BNP. BNP's met *sommige* op de N1-plaats zijn dan ook ambigu. Vergelijk (141)-(143):

(141) Sommige van de leerlingen
(142) Ik heb er sommige gefotografeerd
(143) Ik heb sommige gefotografeerd

De constructie in (142) wijst erop dat *sommige* zijn referentie ontleent aan de context en/of situatie door middel van *er*.[19] De constructie in (143) geeft aan dat *sommige* zijn referentie ontleent aan de context en/of situatie zonder de hulp van *er*. In het eerste geval is *sommige* dus onbepaald en in het tweede geval bepaald.

We kunnen uit deze paragraaf de conclusie trekken dat het typische semantische karakter van de kwantitatieve N1's, dat wil zeggen ze zijn niet in staat op zelfstandige wijze hun referentie te ontlenen aan de context en/of situatie, in combinatie met het typische karakter van de PBNP, dat wil zeggen N1 en N2 zijn partieel coreferent, een verklaring biedt voor het verplicht onbepaalde karakter van de leden van groep 1. Dat partiële coreferentie hier een belangrijke rol speelt, blijkt uit de reguliere BNP's in (144) en (145), waar N1 wel tegelijkertijd gevolgd kan worden door N2, en voorafgegaan door een bepaald lidwoord, of kwantitatief *er*:

(144) Ik heb de twee van Wolkers gelezen
(145) Ik heb er twee van Wolkers gelezen

Deze constructies zijn grammaticaal, omdat hier geen sprake is van dubbele markering, zoals hierboven in (115)-(119) en (131)-(135). De referentie van N1 is hier slechts afleidbaar uit de context en/of situatie, dank zij de bepaaldheid van *twee* in (144) en de aanwezigheid van *er* in (145). *Twee* kan zijn referentie niet ontlenen aan de N2 *Wolkers*, omdat de semantische functie van N2 hier niet is: het noemen van het 'geheel' waarvan de door N1 gekwantificeerde entiteiten een 'deel' vormen. Er is dus geen sprake van partiële coreferentie tussen N1 en N2.

Op grond van het bovenstaande kunnen we schema 1 nu aanvullen. Zie schema 4 (vgl. schema 1).

Schema 4: de referentie van N1 in de PBNP en de BNP (tweede versie)

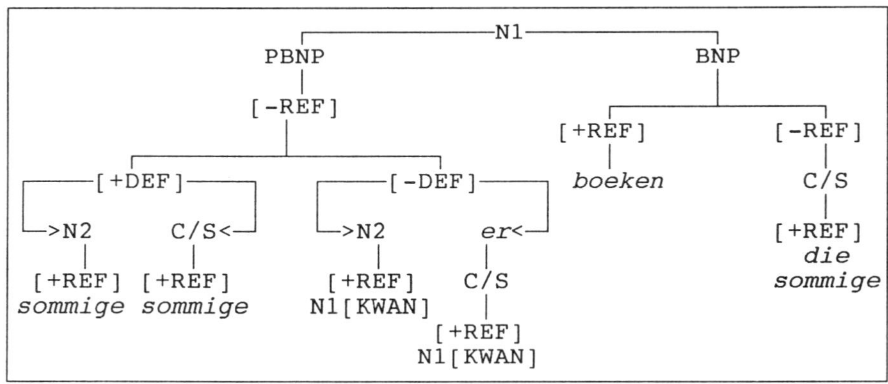


De PBNP's vallen uiteen in bepaalde en onbepaalde N1's. De onbepaalde N1's (inclusief *sommige*) ontlenen hun referentie aan N2 en bij onstentenis van N2 aan *er*. *Sommige* is de enige kwantitatieve N1 die tevens bepaald kan zijn. Als deze N bepaald is, ontleent die zijn referentie aan N2 en bij onstentenis van N2 aan de context en/of situatie. *Sommige* kan tevens N1 zijn in een reguliere BNP. Ook dan ontleent het zijn referentie aan de context en/of situatie.

**6.4. De gewenste bepaaldheid van kwalitatief N1**

De vraag rijst nu of de analyse die we in de vorige paragraaf hebben gegeven verdedigbaar is als we kijken naar de leden van groep 2 in schema 3. Deze worden immers voorafgegaan door een bepaald lidwoord en ontlenen tegelijkertijd hun referentie aan N2. Doordat ze bepaald zijn, zijn de bedoelde entiteiten los van N2 identificeerbaar op grond van de context en/of situatie. Kwantitatief *er* is niet alleen overbodig, het leidt tot ongrammaticaliteit (ook hier laten we *sommige* voorlopig buiten beschouwing). Zie (146)-(153):

(146) Ik heb de vierde gefotografeerd
(147) Ik heb de laatste gefotografeerd
(148) Ik heb de leukste gefotografeerd
(149) Ik heb de eerste de beste gefotografeerd

* (150) Ik heb er de vierde gefotografeerd
* (151) Ik heb er de laatste gefotografeerd
* (152) Ik heb er de leukste gefotografeerd
* (153) Ik heb er de eerste de beste gefotografeerd

De vraag is nu of er in de kwalitatieve PBNP sprake is van een ongeoorloofde dubbele markering, zoals we die constateerden voor de kwantitatieve PBNP in (115)-(119). Ter beantwoording van deze vraag is het belangrijk in te zien dat één van de door N2 aangeduide entiteiten, namelijk de entiteit die gekwalificeerd wordt door N1, een kwaliteit bezit die de andere entiteiten niet hebben. Ten aanzien van deze kwaliteit vormt de door N1 gekwalificeerde entiteit geen deelverzameling van de door N2 aangeduide entiteiten en is er dus geen sprake van partiële coreferentie. In (146) bij voorbeeld is er maar één entiteit die de kwaliteit 'vierde' heeft. N1 is bijgevolg in staat op zelfstandige basis naar deze entiteit te verwijzen. Er is natuurlijk wel sprake van partiële coreferentie in die zin dat de door N1 gekwalificeerde entiteit een deel vormt van de door N2 genoemde entiteiten. Hierdoor kan N1 zijn referentie tegelijkertijd ontlenen aan N2. In PBNP's met een kwantitatieve N1 liggen de zaken geheel anders. De door N1 gekwantificeerde entiteiten vormen in alle opzichten een deelverzameling van de door N2 aangeduide entiteiten. De laatste bevatten geen enkele entiteit die een kwaliteit zou hebben die de andere niet bezitten. N1 ontleent zijn referentie dan ook maar op één enkele manier.

Vervolgens rijst de vraag of de N1's van groep 2 verplicht bepaald zijn. Met andere woorden: is hier sprake van een lexicale blokkering zoals bij de N1's van groep 1, die verplicht onbepaald zijn? Laten we daartoe eens kijken naar de PBNP's in (154)-(157) en de NP's in (158)-(161):

(154) Om tot een betrouwbaar cijfer te komen bestudeerde de leraar een vierde van de tekeningen
(155) Om tot een betrouwbaar cijfer te komen bestudeerde de leraar een laatste van de tekeningen

* (156) Om tot een betrouwbaar cijfer te komen bestudeerde de leraar een leukste van de tekeningen

* (157) Om tot een betrouwbaar cijfer te komen bestudeerde de leraar een eerste de beste van de tekeningen

(158) Om tot een betrouwbaar cijfer te komen bestudeerde de leraar een vierde tekening

(159) Om tot een betrouwbaar cijfer te komen bestudeerde de leraar een laatste tekening

* (160) Om tot een betrouwbaar cijfer te komen bestudeerde de leraar een leukste tekening

* (161) Om tot een betrouwbaar cijfer te komen bestudeerde de leraar een eerste de beste tekening

Deze data wijzen erop dat de mogelijkheid of moeilijkheid N1 te laten voorafgaan door een onbepaald lidwoord niet samenhangt met het typische karakter van de PBNP. Zowel in de PBNP als de NP leidt een onbepaalde N in precies dezelfde gevallen tot grammaticaliteit of tot ongrammaticaliteit. Dit neemt echter niet weg dat onze informanten in alle acht de gevallen de voorkeur geven aan bepaalde N's. Dit hoeft geen verbazing te wekken, omdat de onderhavige N's bij voorkeur verwijzen naar een unieke en dus identificeerbare entiteit. We concluderen dat de gewenste bepaaldheid van N1 niet samenhangt met partiële coreferentie, maar met het semantische karakter van N1.[20]

Kijken we tenslotte naar *sommige*. Dit woord wijkt zowel af van de kwantitatieve als van de kwalitatieve N1's, omdat het kwantitatieve *er*, zoals we reeds zagen, facultatief is bij ontstentenis van N2. *Sommige* bergt met andere woorden al de mogelijkheden van de kwantitatieve en kwalitatieve N1's in zich. Met betrekking tot het onderscheid onbepaald-bepaald, merken we nog op dat de absolute ongrammaticaliteit van (162) doet vermoeden dat dit woord misschien toch eerder bepaald is dan onbepaald. Zie ook Nieuwborg (1971: 31), die *sommige* indeelt bij de markeerders van bepaaldheid, al is het dan met een vraagteken:

* (162) De sommige leerlingen

Met betrekking tot het onderscheid kwantitatief-kwalitatief tenslotte, wijst het feit dat onze informanten ten aanzien van *sommige* bij de *welke*-test grotere twijfels hebben dan bij de *hoeveel*-test op een sterker kwalitatief betekenisaspect van deze N1 (zie (82) en (93)). We concluderen dat het vooralsnog beter lijkt *sommige* vier maal te blijven vermelden, zoals in schema 5 (vgl. schema 3).

Als onderdeel van het lexicaal afwijkende gedrag van de PBNP is hiermee de verplichte onbepaaldheid van kwantitatief N1 en de gewenste bepaaldheid van kwalitatief N1 verantwoord. Op een aantal vragen zijn we hier niet of nauwelijks ingegaan. We denken met name aan de volgende twee: waarom worden sommige kwalitatieve N1's makkelijker voorafgegaan door een onbepaald lidwoord dan andere (*de vierde* en *de laatste* versus *de leukste* en *de eerste de beste*), en hoe ligt voor *sommige* de precieze 'krachtsverhouding' tussen onbepaald en bepaald, en tussen kwantitatief en kwalitatief? We laten deze vragen buiten beschouwing, omdat de beantwoording ervan ons inziens niet samenhangt met het typische karakter van de PBNP.

Schema 5: N1 in de PBNP (laatste versie)

| | | | |
|---|---|---|---|
| [-REF] | [+DEF] | [KWAN] | **de handvol*<br>**de vier*<br>**de vele(n)*<br>**de enkele(n)*<br>**de paar*<br>*sommige* (?) |
| | | [KWAL] | *de vierde*<br>*de laatste*<br>*de leukste*<br>*de eerste de beste*<br>*sommige* (?) |
| | [-DEF] | [KWAN] | *een handvol*<br>ϕ *vier*<br>ϕ *veel*<br>ϕ *enkele*<br>*een paar*<br>*sommige* (?) |
| | | [KWAL] | *een vierde*<br>*een laatste*<br>**een leukste*<br>**een eerste de beste*<br>*sommige* (?) |

Schema 6: de referentie van N1 in de PBNP en de BNP (laatste versie)

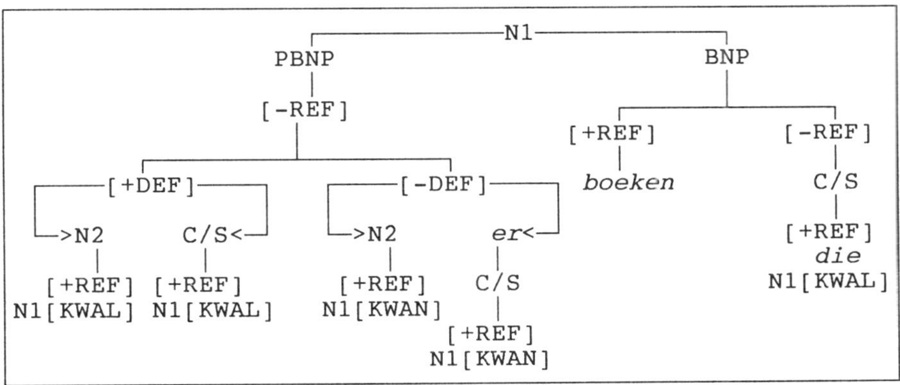

In het volgende hoofdstuk zullen we bij de behandeling van de lineaire conventies zien dat het onderscheid dat we in deze paragraaf hebben gemaakt tussen onbepaalde en bepaalde, en tussen kwantitatieve en kwalitatieve N1's relevant is met betrekking tot het lineaire gedrag van de onderhavige PBNP's. Zie ter afsluiting van deze paragraaf schema 6 (vgl. schema 4), dat op een andere manier de conclusies van de paragrafen over N1 weergeeft. Ten opzichte van schema 4 is er nog het volgende aangevuld. Kwalitatief N1 kan zijn referentie ontlenen aan N2 en aan de context en/of situatie. Door die laatste mogelijkheid zijn BNP's met een dergelijke N1 altijd ambigu. Het kan zowel gaan om een PBNP als om een reguliere BNP (vergelijk onze bespreking van *sommige* hierboven).

**7. De verplichte meervoudigheid van N2**

Na de verplichte onbepaaldheid van kwantitatief N1 en de gewenste bepaaldheid van kwalitatief N1, gaan we nu over tot de behandeling van een derde lexicale conventie, namelijk de verplichte meervoudigheid van N2. Zie (163)-(172):

* (163) Een handvol van de leerling
* (164) Vier van de leerling
* (165) Veel van de leerling
* (166) De vierde van de leerling
* (167) De laatste van de leerling
* (168) De leukste van de leerling
* (169) Enkele van de leerling
* (170) Een paar van de leerling
* (171) Sommige van de leerling
* (172) De eerste de beste van de leerling

Vergelijk de reguliere BNP's in (173)-(182), waar N2 wel enkelvoudig kan zijn:

(173) Een handvol tekeningen van de leerling
(174) Vier tekeningen van de leerling
(175) Veel tekeningen van de leerling
(176) De vierde tekening van de leerling
(177) De laatste tekening(en) van de leerling
(178) De leukste tekening(en) van de leerling
(179) Enkele tekeningen van de leerling
(180) Een paar tekeningen van de leerling
(181) Sommige tekeningen van de leerling
(182) De eerste de beste tekening van de leerling

Met een beroep op (120) kunnen we de ongrammaticaliteit van (163)-(172) verantwoorden door te stellen dat E1 slechts een deelverzameling kan zijn van E2 als E2 minstens 1 element meer bevat dan E2. Deze beschrijving heeft verklarende kracht met betrekking tot de ongrammaticaliteit van (163)-(172), omdat de verplichte meervoudigheid van N2 een directe consequentie is van het partitieve karakter van de PBNP. Als het 'geheel' immers eenzelfde aantal elementen zou betreffen als het 'deel', zou er geen sprake meer zijn van **partiële** coreferentie, en dus geen sprake van partitiviteit.

### 8. De verplichte specificiteit van N2

De laatste lexicale conventie die we hier zullen bespreken, betreft de verplichte vulling van de Det-plaats in de PBNP, meteen links van N2. Vergelijk de PBNP's in (183)-(192) met de reguliere BNP's in (193)-(202) waar geen sprake is van een dergelijke verplichte vulling:

* (183) Een handvol van $[\phi]_{det}$ leerlingen
* (184) Vier van $[\phi]_{det}$ leerlingen
* (185) Veel van $[\phi]_{det}$ leerlingen
* (186) De vierde van $[\phi]_{det}$ leerlingen
* (187) De laatste van $[\phi]_{det}$ leerlingen
* (188) De leukste van $[\phi]_{det}$ leerlingen
* (189) Enkele van $[\phi]_{det}$ leerlingen
* (190) Een paar van $[\phi]_{det}$ leerlingen
* (191) Sommige van $[\phi]_{det}$ leerlingen
* (192) De eerste de beste van $[\phi]_{det}$ leerlingen

(193) Een handvol tekeningen van $[\phi]_{det}$ leerlingen
(194) Vier tekeningen van $[\phi]_{det}$ leerlingen
(195) Veel tekeningen van $[\phi]_{det}$ leerlingen
(196) De vierde tekening van $[\phi]_{det}$ leerlingen
(197) De laatste tekening van $[\phi]_{det}$ leerlingen
(198) De leukste tekening van $[\phi]_{det}$ leerlingen
(199) Enkele tekeningen van $[\phi]_{det}$ leerlingen
(200) Een paar tekeningen van $[\phi]_{det}$ leerlingen
(201) Sommige tekeningen van $[\phi]_{det}$ leerlingen
(202) De eerste de beste tekening van $[\phi]_{det}$ leerlingen

De reguliere BNP's zijn alle ongetwijfeld grammaticaal, hoewel er bij sommige misschien enige moeite gedaan zal moeten worden om een context en/of situatie te bedenken waarin ze in zinnige uitingen resulteren. We wijzen erop dat er voor (183)-(192) geen enkele context en/of situatie is te bedenken waarin deze uitingen grammaticaal zouden zijn. We zullen nu aannemelijk proberen te maken dat de verplichte vulling van de Det-plaats in deze constructies samenhangt met (120).

We hebben gezien dat N1, of die nu kwantitatief is of kwalitatief, binnen de PBNP zijn referentie ontleent aan N2. Het feit dat de verplichte vulling van de Det-plaats zowel geldt voor PBNP's met een kwantitatieve N1 als voor PBNP's met een kwalitatieve N1 zou er op kunnen wijzen dat er een samenhang bestaat tussen deze vulling en de rol van N2 als toekenner van een referentie aan N1. De vraag is waarom N2's die voorafgegaan worden door een nul-lidwoord deze rol niet kunnen vervullen. Laten we ter beantwoording van deze vraag eens kijken naar de constructies in (203)-(212):[21]

(203) Ik heb een handvol van zulke leerlingen gefotografeerd
(204) Ik heb vier van zulke leerlingen gefotografeerd
(205) Ik heb veel van zulke leerlingen gefotografeerd
? (206) Ik heb de vierde van zulke leerlingen gefotografeerd
? (207) Ik heb de laatste van zulke leerlingen gefotografeerd
? (208) Ik heb de leukste van zulke leerlingen gefotografeerd
? (209) Ik heb de eerste de beste van zulke leerlingen gefotografeerd
(210) Ik heb enkele van zulke leerlingen gefotografeerd
(211) Ik heb een paar van zulke leerlingen gefotografeerd
(212) Ik heb sommige van zulke leerlingen gefotografeerd

Wat kunnen we hier nu uit afleiden ten aanzien van de verplichte vulling van de Det-plaats? Het is duidelijk dat de stelling dat Det bepaald moet zijn niet voor alle PBNP's houdbaar is (vgl. Verkuyl (1972: 14)). Zodra er immers sprake is van een kwantitatieve N, mag N2 voorafgegaan worden door een markeerder van onbepaaldheid als *zulke*. Voor alle PBNP's blijkt echter te gelden dat N2 voorafgegaan dient te worden door een markeerder van specificiteit (voortaan [+SPE]). Onze stelling luidt bijgevolg dat N1 slechts zijn referentie kan ontlenen aan N2 als de laatste is gemarkeerd voor [+SPE]. Gezien de verplichte meervoudigheid van N2 is de enige manier om als zodanig gemarkeerd te worden, markering door middel van *de* of door een woord als *zulke*, dat vanwege zijn deictische karakter als [+SPE]-markeerder fungeert.[22] Het wordt nu duidelijker waarom N2 niet voorafgegaan kan worden door het nul-lidwoord. Een dergelijke markering brengt immers een niet-specifieke interpretatie van N2 met zich mee (voortaan [-SPE]). Aanwijzingen dat het inderdaad de [±SPE]-markering is, en niet de [±DEF]-markering, die N1 al dan niet in staat stelt zijn referentie te ontlenen aan N2, zijn af te leiden uit (213)-(216):

(213) Stuur mij maar vier van zulke leerlingen
[+SPE]
[-DEF]

(214) Stuur mij maar vier van die leerlingen
[+SPE]
[+DEF]

* (215) Stuur mij maar vier van enkele leerlingen
[-SPE]
[-DEF]

* (216) Stuur mij maar vier van alle leerlingen
[-SPE]
[+DEF]

De vraag rijst nu waarom N2 niet in staat is een referentie toe te kennen aan N1 als het zelf niet voor [+SPE] is gemarkeerd. Bij wijze van hypothese zouden we kunnen stellen dat N2 een 'sterke' verwijzer moet zijn om een referentie te kunnen toekennen aan N1. Deze hypothese wordt bevestigd door het feit dat onbepaalde, niet-specifiek verwijzende, meervoudige N's over het algemeen beschouwd worden als 'zwakke' verwijzers. Volgens De Jong e.a. (1988: 110-111) zijn ze eerder kwantificerend dan verwijzend en staan ze daarom nagenoeg onderaan in de verwijzingshiërarchie.[23] Carlson (1978) meent zelfs dat 'kale' meervouden niet kunnen worden gezien als NP's die naar een verzameling objecten verwijzen. Volgens hem kan men beter aannemen dat ze verwijzen naar een soort. Als Carlson gelijk heeft, hebben we een extra argument voor de zojuist genoemde hypothese. N's die naar 'soorten' verwijzen zijn te beschouwen als zwakke verwijzers, omdat 'soorten' abstracte entiteiten zijn. Al met al lijkt de conclusie gewettigd dat de zwakke verwijzingskracht van N2 verantwoordelijk is voor de ongrammaticaliteit van (183)-(192).

## 8.1. Hoge en lage telwoorden

We zijn nu zover dat we terug kunnen komen op Coppen (1988). Zoals we reeds aanstipten in het eerste hoofdstuk, is er empirisch bewijsmateriaal voorhanden ter weerlegging van zijn theorie. Voor alle duidelijkheid zullen we eerst zijn redenering naar aanleiding van de verplichte vulling van de Det-plaats van N2 in de kwantitatieve PBNP nog eens geven. Zie daarvoor (217):

* (217) Vier van $[\phi]_{det}$ leerlingen

Volgens Coppen is (217) ongrammaticaal, omdat *van* Det regeert en daardoor in staat is naamval toe te kennen aan het nul-lidwoord, hetgeen niet mag omdat Coppen de naamvalstheorie zodanig heeft aangepast dat nul-lidwoorden, in tegenstelling tot bepaalde lidwoorden, geen naamval mogen ontvangen.[24] In het eerste hoofdstuk zijn we niet ingegaan op de theorie die ten grondslag ligt aan deze redenering, omdat dat daar niet relevant was. In deze paragraaf is het echter nodig een korte schets te geven van die theorie. We doelen hier op zijn theorie over hoge en lage telwoorden.

Coppen (1988: 135-136) neemt aan dat als er naast een telwoord een markeerder voor bepaaldheid optreedt, deze links van het telwoord staat (laag telwoord), behalve in partitieve constructies, waar deze markering rechts staat (hoog telwoord). Coppens stelling luidt dat het gebruik van een telwoord dat niet achter een markeerder voor bepaaldheid staat, altijd een partitieve betekenis oplevert, mits het om een onbepaald telwoord gaat. De op Klein (1981: 296) geïnspireerde boomstructuren voor (218) en (219) in (220) en (221), dienen ter illustratie. De apostrofs geven opnieuw het niveau van aanhechting van de voor- en nabepalingen aan, conform de X-bar-theorie (Jackendoff 1977). QP1 en QP2 staan respectievelijk voor hoog en laag telwoord, terwijl Det de markeerder van bepaaldheid aangeeft:[25]

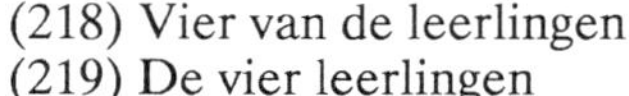
(218) Vier van de leerlingen
(219) De vier leerlingen

(220)

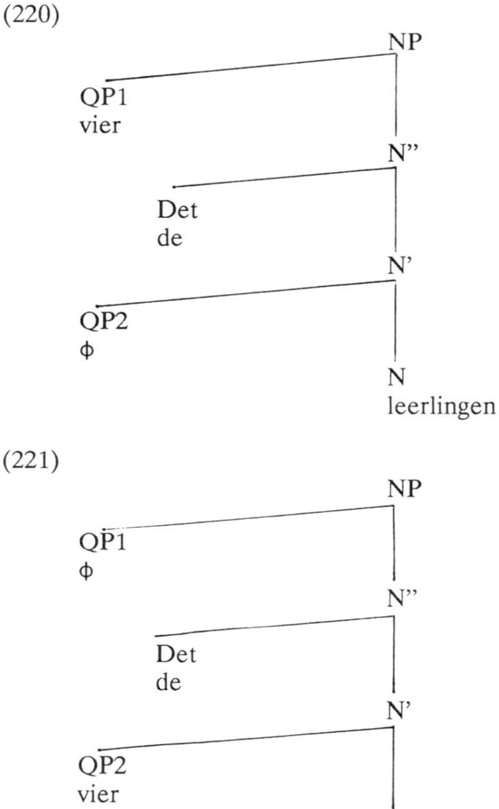


(221)



In (218) wordt het telwoord gevolgd door het bepaald lidwoord, terwijl het telwoord in (219) wordt voorafgegaan door het bepaald lidwoord. Zoals Coppens theorie voorspelt, heeft (218) partitieve betekenis en (219) niet. In de volgende paragrafen zullen we laten zien dat Coppens theorie over hoge en lage telwoorden een viertal ongewenste gevolgen heeft voor de analyse van de PBNP.

### 8.2. De kwantitatieve PBNP is onbepaald

Het eerste ongewenste gevolg van Coppens theorie is de implicatie dat kwantitatieve PBNP's beschouwd dienen te worden als constructies die voor bepaaldheid zijn gemarkeerd. Op de Det-plaats staat immers een bepaald lidwoord. Het hoeft geen betoog dat dit in strijd is met de feiten. Kwantitatieve PBNP's zijn ontegenzeggelijk constructies die voor onbepaaldheid zijn gemarkeerd. Zie (222):

(222) Er liggen vier van de leerlingen in het ziekenhuis

Vergelijk (223):

* (223) Er liggen de leerlingen in het ziekenhuis

Het contrast tussen (222) en (223) wijst er overigens op dat de zogenaamde, nader bepaalde kern *leerlingen* een andere distributie heeft dan de PBNP waarvan die deel uitmaakt.[26] Dit is duidelijk in strijd met het principe der endocentrie, dat inhoudt dat de nader bepaalde kern van een woordgroep juist wel dezelfde distributie heeft als de woordgroep waarvan die deel uitmaakt (Van den Toorn 1970: 14).[27]

### 8.3. Partitiviteit

Het tweede ongewenste gevolg van Coppens theorie over hoge en lage telwoorden is dat de NP in (224) dezelfde semantische karakterisering krijgt als de PBNP in (225). Coppen stelt immers dat het gebruik van een onbepaald telwoord dat niet achter een markering voor bepaaldheid staat, altijd tot een partitieve betekenis leidt (1988: 136):

(224) Er lagen [vier leerlingen]$_{np}$ in het ziekenhuis
(225) Er lagen [vier van de leerlingen]$_{pbnp}$ in het ziekenhuis

Op zich lijkt een partitieve betekenis voor de NP in (224) best te verdedigen, maar we moeten daar dan wel bij bedenken dat het om een ander soort partitiviteit gaat dan bij de PBNP in (225). In tegenstelling tot wat we in de laatste constructie zien, heeft de partitieve betekenis in (224) niets te maken met de aanwezigheid van het telwoord. Deze betekenis is daarentegen het directe gevolg van het feit dat *leerlingen* gemarkeerd is voor onbepaaldheid. Onder een dergelijke, uitermate rekkelijke interpretatie van het begrip 'partitiviteit' hebben alle onbepaalde constructies partitieve betekenis. Zie ter illustratie de eerste N in (226):

(226) Er lagen [leerlingen]$_{n}$ in het ziekenhuis

De onbepaaldheid van *leerlingen* in (224) en (226) impliceert dat de entiteiten waar *leerlingen* naar verwijst niet-identificeerbaar zijn op grond van de context en/of situatie. *Leerlingen* verwijst in deze constructies respectievelijk naar een bepaald en onbepaald aantal, niet nader gespecificeerde leden van de categorie 'leerling'. Het is slechts in deze zin dat de entiteiten waar *leerlingen* naar verwijst een **deel**verzameling vormen van de verzameling van alle vertegenwoordigers van de categorie 'leerling'. In (225) liggen de zaken anders. Daar verwijst *leerlingen* naar een onbepaald aantal, nader gespecificeerde leden van de categorie 'leerling'. Omdat deze leden de door *vier* gekwantificeerde leden omvatten, heeft deze constructie partitieve betekenis.

We concluderen dat het niet wenselijk is dezelfde semantische karakterisering te geven voor (224) en (225), omdat *leerlingen* in (224) niet dezelfde semantische functie bekleedt als *leerlingen* in (225). Zoals we dat vanaf het begin van deze studie hebben gedaan, reserveren we de term 'partititief' voor constructies waarin zowel de deelverzameling als de verzameling van entiteiten die het 'geheel' aanduiden gegeven zijn en waarbij de laatste gemarkeerd is voor [+SPE] (vgl. (213)-(216)).

**8.4. De kwalitatieve PBNP**

Coppen is van mening dat zijn theorie verklarende waarde heeft:

> "(...) in die zin, dat ze verklaart waarom de partitieve constructie een prepositie *van* heeft." (1988: 158)

Hij baseert deze uitspraak op (227):

* (227) Vier $[\phi]_p$ de leerlingen

Deze constructie is volgens Coppen ongrammaticaal, omdat hoge telwoorden volgens de aangepaste naamvalstheorie niet in staat zijn naamval toe te kennen aan bepaalde lidwoorden. Zodra er sprake is van constructies als (227), wordt verplicht de naamvalsmarkeerder *van* geïnserteerd, die wel in staat is naamval toe te kennen aan het bepaald lidwoord. Coppens theorie lijkt dus niet alleen de verplichte vulling van de Det van N2 in de kwantitatieve PBNP te verklaren (zie (217)), maar tevens de ongrammaticaliteit van (227).[28]

Zoals bekend, beperkt Coppen zich tot de kwantitatieve PBNP. Zodra we Coppens theorie toepassen op de kwalitatieve PBNP, rijzen er problemen, ondanks het feit dat ook in dit type sprake is van het verschijnsel waar het in zijn analyse allemaal om is te doen, namelijk de verplichte vulling van de Det van N2. Zie (228):

* (228) De vierde van $[\phi]_{det}$ leerlingen

Zijn verklaring voor de ongrammaticaliteit van kwantitatieve PBNP's met een lege Det, die we hierboven herhaalden, is niet toepasbaar op de kwalitatieve PBNP, omdat er bij ons weten binnen CG nooit voorstellen zijn gedaan om aan de kwalitatieve PBNP een andere syntactische structuur toe te kennen dan aan de reguliere BNP. De reden daarvoor ligt voor de hand. De kwalitatieve PBNP vertoont qua lineair gedrag meer overeenkomsten met de reguliere BNP dan met de kwantitatieve PBNP.[29] We mogen dus aannemen dat men er binnen CG vooralsnog van uitgaat dat *van* in de kwalitatieve PBNP niet de Det van N2 regeert, zoals in (229), maar, naar analogie met de reguliere BNP, de kern is van de PP en dus de NP regeert, zoals in (230):

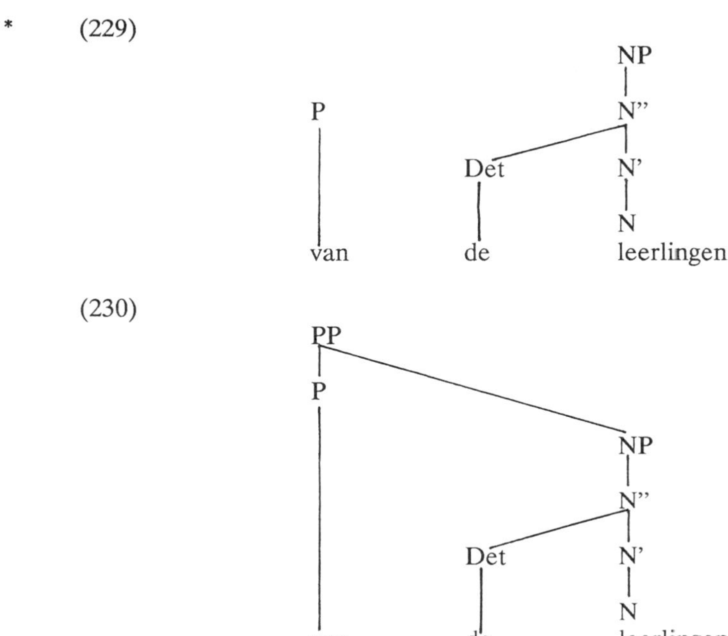


Dat dit problematisch is voor Coppens analyse, is duidelijk. Het maakt nu immers niets meer uit of de Det gevuld is of leeg, omdat *van* in (230) Det niet regeert en dus geen naamval kan toekennen aan Det. De enige mogelijkheid die dan nog overblijft is dat N2 naamval krijgt via de NP, namelijk door middel van percolatie langs de maximale projectielijn, dat wil zeggen NP-N"-N'-N.

Verder wijzen we erop dat zelfs als Coppen zou aannemen dat de kwalitatieve PBNP dezelfde syntactische structuur zou hebben als de kwantitatieve PBNP, er nog problemen zouden rijzen. Als bepaling bij *leerlingen* zou *vierde* de Det van N2 regeren. Omdat Coppen ervan uitgaat dat telwoorden die worden voorafgegaan door een markeerder van bepaaldheid, in tegenstelling tot telwoorden waarvoor dat niet geldt, in staat zijn naamval toe te kennen, zou het onder een dergelijke structuur een raadsel zijn waarom de naamvalsmarkeerder *van* verplicht verschijnt in de kwalitatieve PBNP. Zie (231):

* (231) De vierde $[\phi]_p$ de leerlingen

Het is duidelijk dat Coppens theorie over hoge en lage telwoorden niet toepasbaar is op de kwalitatieve PBNP. Zoals we aannemelijk hebben gemaakt, wordt kwantitatief N1 nooit voorafgegaan door een markeerder van bepaaldheid, terwijl kwalitatief N1 bij voorkeur wel wordt voorafgegaan door een dergelijke markeerder. Volgens zijn theorie betekent dit dat kwalitatief N1, in tegenstelling tot kwantitatief N1, niet als een hoog telwoord beschouwd kan worden. De stelling dat alleen de zogenaamde hoge telwoorden partitieve betekenis hebben, wordt dus gelogenstraft.

Zoals we in het voorafgaande hebben gezien, is de verplichte vulling van de Det van N2 en de verplichte aanwezigheid van een voorzetsel zowel voor de kwantitatieve als voor de kwalitatieve PBNP op een andere manier te verantwoorden. De constructie in (228) is ongrammaticaal om niet-syntactische redenen. N2 dient voorafgegaan te worden door een [+SPE]-markeerder, omdat N2 partieel coreferent is met N1 en dus een referentie toekent aan N1. De ongrammaticaliteit van (231) is te wijten aan syntactische factoren. Het is onmogelijk een syntactische structuur toe te kennen aan deze constructie om de eenvoudige reden dat de syntactische functie van N2 niet is gemarkeerd door de lexicale functie *van*.[30]

### 8.5. Kwantitatief *er* als [-DEF]-markeerder

Het laatste ongewenste gevolg van Coppens theorie over hoge en lage telwoorden is duidelijk te maken aan de hand van (232):

(232) Ik heb er vier gefotografeerd van de leerlingen

Gezien Coppens stelling dat partitieve constructies slechts hoge telwoorden bevatten, rijst voor hem de vraag hoe het mogelijk is dat *vier* hier voorafgegaan wordt door *er* dat hij beschouwt als een markeerder van onbepaaldheid (1985: 155).[31] In de boomstructuur in (220) is geen plaats voor een dergelijke markering zolang *vier* wordt beschouwd als een hoog telwoord. Verder wijzen we erop dat er ook problemen zouden rijzen als *vier* beschouwd zou worden als een laag telwoord. Coppen stelt immers dat lage telwoorden incompatibel zijn met markeerders voor onbepaaldheid (1988: 137).

### 8.6. Balans Coppen

Op grond van het bovenstaande concluderen we dat Coppen er uiteindelijk niet in slaagt een overtuigende syntactische verklaring te geven voor de onderhavige lexicale conventie, dat wil zeggen de verplichte vulling van de Det van N2. Gezien ons strikt onderscheid tussen lexicale conventies en functies is dit niet verwonderlijk. In tegenstelling tot lexicale functies, kunnen lexicale conventies namelijk nooit beschouwd worden als markeerders van syntactische functies. Zoals we reeds opmerkten, gaat Coppen niet in op de twee andere lexicale conventies die eigen zijn aan de PBNP, namelijk het verplicht meervoudige karakter van N2 en de verplichte onbepaaldheid van kwantitatief N1. Het is duidelijk dat een syntactische verantwoording van deze verschijnselen in de zin van Coppen opnieuw zal leiden tot een aanpassing van de naamvalstheorie en dus tot een onnodige verzwaring van de theorie.

## 9. Conclusies

De stelling dat het afwijkende lexicale gedrag van de PBNP is terug te voeren op de aanwezigheid van niet-syntactische functies die eigen zijn aan de PBNP, en dus niet op een van de reguliere BNP afwijkende syntactische structuur, lijkt bevestigd. Twee aspecten van dat lexicale gedrag blijken niet voort te vloeien uit het typische karakter van deze constructie, namelijk de paradigmaloosheid van *van* en de gewenste bepaaldheid van kwalitatief N1.

Wat de paradigmaloosheid van *van* betreft, hebben we getracht aannemelijk te maken dat er vooralsnog geen reden is om dit voorzetsel binnen de kwantitatieve PBNP anders te behandelen dan binnen de andere BNP's. Aan de paradigmaloosheid van *van* in de kwantitatieve PBNP mogen dan ook geen consequenties worden verbonden voor de syntactische structuur van deze constructie. Met betrekking tot de gewenste bepaaldheid van kwalitatief N1 hebben we geconcludeerd dat deze samenhangt met het semantische karakter van deze N. Kwalitatieve N1's verwijzen bij voorkeur naar een unieke en dus indentificeerbare entiteit.

Aansluitend op de ideeën die we in het eerste hoofdstuk hebben gepresenteerd, leveren de lexicale conventies die eigen zijn aan de PBNP een duidelijk bewijs voor de stelling dat het aanbeveling verdient in de taalkundige beschrijving uit te gaan van een strikt onderscheid tussen lexicale conventies en functies. Met als uitgangspunt de door Van der Lubbe geconstateerde partieel coreferente relatie tussen N1 en N2, heeft het onderzoek van de PBNP geleid tot de beschrijving van een drietal lexicale conventies, namelijk de verplichte onbepaaldheid van N1, de verplichte meervoudigheid van N2 en de verplichte [+SPE]-markering van N2.

Kwantitatief N1 is binnen de PBNP verplicht onbepaaldheid, omdat die zijn referentie ontleent aan N2 door het verschijnsel van de partiële coreferentie. Als N1 bepaald zou zijn, zouden de door N1 gekwantificeerde entiteiten identificeerbaar zijn op grond van de context en/of situatie en zou de referentie van N1 bijgevolg dubbel worden gemarkeerd. Onze stelling is dat deze dubbele markering verantwoordelijk gesteld moet worden voor de ongrammaticaliteit van PBNP's met een bepaalde kwantitatieve N1. In tegenstelling tot kwantitatief N1, kan kwalitatief N1 wel tegelijkertijd zijn referentie ontlenen aan de context en/of situatie en aan N2. De reden is dat dergelijke N1's ten aanzien van de genoemde kwaliteit geen deelverzameling vormen van N2, terwijl ze ten aanzien van de bedoelde entiteit wel een deelverzameling vormen van deze N.

Met betrekking tot de verplichte meervoudigheid van N2 hebben we geconstateerd dat deze een directe consequentie is van het partitieve karakter van de PBNP. Als het 'geheel' eenzelfde aantal elementen zou betreffen als het 'deel', zou er immers geen sprake meer zijn van partitiviteit.

Wat de verplichte [+SPE]-markering van N2 betreft, hebben we gesteld dat N2 een 'sterke' verwijzer moet zijn om een referentie te kunnen toekennen aan N1. Deze stelling wordt bevestigd door het feit dat onbepaalde, niet-specifiek verwijzende, meervoudige N's over het algemeen beschouwd worden als 'zwakke' verwijzers. We hebben gezien dat de syntactische verklaring van Coppen voor dit niet-syntactische verschijnsel niet alleen tekortschiet in beschrijvende adequaatheid, maar tevens aanleiding geeft tot een onnodige verzwaring van de theorie.

De slotconclusie van dit hoofdstuk luidt dat een strikt onderscheid tussen lexicale conventies en functies tot inzicht leidt in de taakverdeling tussen syntactische en niet-syntactische functies bij de interpretatie van PBNP's. De lexicale conventies die eigen zijn aan de PBNP hangen alle direct samen met het typische niet-syntactische karakter van deze constructie.

**Noten bij hoofdstuk 3**

1. Voor de verzamelingenleer, toegepast op taalkundig onderzoek, verwijzen we naar Goujon (1975: 15-89).

2. We gebruiken de term 'entiteit' in de betekenis van 'mens' of 'ding' waarnaar door een N verwezen wordt (vgl. Booij e.a. 1980: 81).

3. 'Extensie' wil hier zeggen: het totaal van entiteiten waarnaar met behulp van een woord, verwezen kan worden (vgl. Nuchelmans 1974: 22).

4. We laten BNP's met een persoonlijk, aanwijzend, vragend of collectiverend onbepaald voornaamwoord buiten beschouwing, omdat het in deze gevallen twijfelachtig is of we kunnen spreken van partiële coreferentie tussen N1 en N2. Wat de persoonlijke voornaamwoorden betreft, rijst zelfs de vraag of deze op de N1-plaats kunnen staan als de N2-plaats wordt bezet door een meervoudige N: ?*wij van de leerlingen*. Volgens onze informanten is *wij van de medische stand* echter grammaticaal (ontleend aan Geerts e.a. 1984: 735). De vraag blijft of we hier wel met PBNP's hebben te maken. Onze informanten vertonen namelijk een sterke neiging dergelijke constructies te interpreteren als identiteitsrelaties, dus N1 = N2. Wat BNP's met een aanwijzend voornaamwoord op de N1-plaats betreft als *die van de leerlingen*, merken we op dat onze informanten deze eerder interpreteren als relaties die een 'herkomst' of een 'bezit' markeren, dan als relaties waarin in sprake is van partiële coreferentie tussen N1 en N2 (op dergelijke BNP's komen we aan het eind van deze paragraaf kort terug ). Ook voor BNP's met een vragend voornaamwoord op de N1-plaats als *wie van de leerlingen?* is het twijfelachtig of we daadwerkelijk kunnen spreken van partiële coreferentie tussen N1 en N2. Het lijkt wat ver gezocht om aan te nemen dat E1 hier verwijst naar een deel van E2. Het zou dan namelijk gaan om een lege deelverzameling. Wat BNP's met een collectiverend onbepaald voornaamwoord op de N1-plaats betreft als *ieder van de leerlingen* lijkt het ons uitgesloten dat we te maken hebben met partiële coreferentie tussen N1 en N2. E1 verwijst hier zeker niet naar een deel van E2, maar naar E2 in zijn geheel, zij het op distributieve wijze. Tenslotte laten we buiten beschouwing BNP's met een stof-N, collectiverende N of pronominale N op de N2-plaats, respectievelijk *melk*, *familie* en *ons*. Dergelijke constructies gedragen zich anders dan de PBNP. Het kwantitatieve *er* blijkt altijd verplicht aanwezig te zijn: *ik heb er vier van die melk*, *ik ken er vier van die familie*, *hij kent er vier van ons*. Ze lijken in dit opzicht op reguliere, possessief interpreteerbare BNP's als: *ik heb er vier van de leerlingen gezien*, waar geen sprake is van partiële coreferentie tussen N1 en N2.

5. We baseren ons op de indeling in syntactische klassen zoals Geerts e.a. (1984) die geven.

6. We laten BNP's met een bijvoeglijk naamwoord in de vergrotende trap op de N1-plaats buiten beschouwing, omdat dergelijke BNP's volgens onze informanten twijfelachtig zijn: ?*de leukere van de leerlingen*.

7. Het verschil tussen deze types zal verderop besproken worden. BNP's met *iemand*, *iets*, *niemand* en *niets* op de N1-plaats worden buiten beschouwing gelaten. Voor *iemand* en *iets* volgen we dezelfde redenering als voor *die*. Voor *niemand* en *niets* volgen we dezelfde redenering als voor *wie* (zie noot 4).

8. Vergelijk Sturm (1986: 25), die opmerkt dat hoofdtelwoorden niet bruikbaar zijn om in hun eentje naar entiteiten te verwijzen.

9. We werken deze stelling verder uit in § 6.

10. Op de interne syntactische structuur van de PBNP komen we uitgebreid terug in de hoofdstukken 4 en 7.

11. Nieuwborg (1971: 3) wijst erop dat het plaatsonderwerp *er* in twee gevallen wel gevolgd kan worden door een bepaald onderwerp, namelijk in een opsomming: *er is de God van de joden, de God van de christenen, de God van de Islam...*, en in een aanvulling bij een opsomming: *dan is er nog de kat*.

12. Dit geldt uiteraard niet voor het telwoord *één* dat een enkelvoud markeert. We nemen aan dat *één* inherent onbepaald is en dus niet combineerbaar is met *een*: *één huis* en **een één huis*. Vergelijk: **hij heeft een één, twee huizen* en *hij heeft een twee, drie huizen* (vgl. Nieuwborg (1971: 27).

13. Het antwoord in (76) en, in mindere mate, de antwoorden in (80) en (81) zijn pragmatisch gemarkeerd, zonder daardoor ongrammaticaal te zijn. De reden is dat de *hoeveel*-test bij voorkeur naar een bepaalde kwantiteit vraagt (vergelijk de andere grammaticale antwoorden).

14. Het antwoord in (94) lijkt pragmatisch licht gemarkeerd te zijn. De reden is waarschijnlijk dat *de eerste de beste* als antwoord op de *welke*-test niet specifiek genoeg is (vergelijk de andere grammaticale antwoorden).

15. Hoewel de meerderheid van onze informanten (101) accepteert, vindt iedereen *ik heb die vier gefotografeerd* beter.

16. Als *de* in (105) en (109) wordt vervangen door *die* vinden de meeste van onze informanten de constructies grammaticaal (vgl. de vorige noot).

17. In tegenstelling tot *enkele* in de PBNP, heeft *enkele* in (113) naast het betekenisaspect 'een onbepaald, beperkt aantal' de interpretatie 'zeldzame'.

18. Vergelijk Van der Lubbe (1982: 377) die het heeft over de concretiserende functie van het kwantitatieve *er*.

19. Geerts e.a. (1984: 277) zijn een andere mening toegedaan. Zij achten constructies als *ik weet niet precies hoeveel exemplaren ik heb, maar ik heb er wel sommige* uitgesloten.

20. De keuze van het lexicale type werkwoord speelt hier waarschijnlijk een rol: *ik zoek een vierde/laatste/?leukste/?eerste de beste* deelnemer.

21. De constructies met een kwalitatieve N1 lijken niet veel beter als ze voorafgegaan worden door *een*: *?ik heb een vierde/laatste/leukste/eerste de beste van zulke leerlingen gefotografeerd*. Desondanks hebben we de indruk dat de twijfelachtigheid van (206)-(209) niets heeft te maken met de PBNP. Ook in de BNP zijn combinaties van *de laatste* enz. met *zulke* twijfelachtig: *?om tot een betrouwbaar cijfer te komen bestudeerde de leraar de vierde/laatste/leukste/eerste de beste tekening van zulke leerlingen*. Zowel bij de PBNP als de BNP lijkt de directe context van beslissende invloed te zijn op de grammaticaliteit van dergelijke combinaties. Vergelijk: *ik vind zelfs de leukste van zulke leerlingen niet leuk* en *ik vind zelfs de leukste tekening van zulke leerlingen niet leuk*, die grammaticaler lijken dan (206)-(209).

22. Een andere mogelijkheid is *dergelijke*.

23. Volgens De Jong e.a. (1988: 104-110) loopt deze verwijzingshiërarchie van eigennamen en deictische termen als bij voorbeeld *Erica*, *jij* en *deze*, die een sterke verwijzende kracht hebben, via definiete en indefiniete descripties als respectievelijk *de boerin* en *een paard*, die sterker kwantificerend zijn, tot generieke N's als *Friezen* in *Friezen houden van kaas*.

24. Zie voor de naamvalstheorie hoofdstuk 1, § 3.8.

25. In de boomstructuur in (220) is de naamvalsmarkeerder *van* nog niet geïnserteerd. We wijzen er tevens op dat deze structuur in strijd is met het CG-idee dat de NP links wordt afgesloten door Det (Bennis en Hoekstra 1989: 53).

26. Zie voor de term 'distributie' de algemene inleiding, noot 2.

27. We volgen hier de endocentriciteitsdefinitie van Van den Toorn (1970: 14). Op het endocentrisch principe komen we terug in de hoofdstukken 4 en 7.

28. We kunnen ons trouwens niet aan de indruk onttrekken dat Coppens redenering neigt naar circulariteit. Het voorzetsel is nodig als naamvalsmarkeerder voor het bepaald lidwoord en het bepaald lidwoord is nodig omdat het voorzetsel geen naamval kan toekennen aan lege Det's.

29. In het volgende hoofdstuk komen we uitgebreid terug op het verschillende lineaire gedrag van de kwantitatieve en kwalitatieve PBNP.

30. Zie hoofdstuk 1, § 2 voor de theorie over syntactische functiemarkering.

31. Op de exacte status van *er*, alsmede op de syntactische aspecten samenhangend met (232) komen we terug in hoofdstuk 4.

# IV

# DE PARTITIEVE BINOMINALE WOORDGROEP: LINEAIRE CONVENTIES

## 1. Inleiding

In dit hoofdstuk onderzoeken we het lineaire gedrag van de PBNP. De voorstellen van Bennis (1979), Klein (1981) en Blom (1977) met betrekking tot de syntactische structuur van de kwantitatieve PBNP zullen als uitgangspunt dienen. Deze voorstellen hebben we reeds kort de revue laten passeren in het eerste hoofdstuk. We zagen daar dat het negeren van het onderscheid tussen lineaire conventies en lineaire functies leidt tot de stelling dat de kwantitatieve PBNP een syntactische structuur heeft die op belangrijke punten afwijkt van de structuur die doorgaans wordt aangenomen voor de reguliere BNP. In dit hoofdstuk zullen we laten zien dat een strikt onderscheid tussen lineaire conventies en functies tot een andere visie leidt op het lineaire gedrag van de kwantitatieve PBNP. Kort samengevat komt deze afwijkende visie erop neer dat al die lineaire verschijnselen die niet rechtstreeks afleidbaar zijn uit de syntactische functies van de samenstellende delen van deze PBNP, teruggevoerd dienen te worden op niet-syntactische functies die eigen zijn aan deze constructie. Met deze stelling sluiten we aan bij Van der Lubbe (1982). Verder zullen we laten zien dat de kwalitatieve PBNP, die door geen van de genoemde auteurs wordt besproken, in lineair gedrag zowel overeenkomsten vertoont met de reguliere BNP als met de kwantitatieve PBNP. Ook hier zullen de lineaire verschijnselen die afwijken van die in de reguliere BNP teruggevoerd worden op niet-syntactische functies.

Voorzover wij kunnen zien, is Van der Lubbe (1982) de enige auteur die aandacht heeft besteed aan niet-syntactische factoren, ter verklaring van het afwijkende lineaire gedrag van de kwantitatieve PBNP.[1] Dit afwijkende gedrag zou volgens hem zijn terug te voeren op het typische semantische karakter van deze constructie, met name op de tussen N1 en N2 optredende partiële coreferentie en op het typische semantische karakter van het telwoord. Binnen het beperkte kader van zijn artikel komt hij echter niet veel verder dan enkele schetsmatige opmerkingen. Het wordt met andere woorden niet duidelijk **hoe** het 'afwijkende' lineaire gedrag van de kwantitatieve PBNP zich precies laat verklaren vanuit het verschijnsel van de partiële coreferentie. Verder gaat hij niet in op de vraag of er een verband is tussen partiële coreferentie enerzijds en de aanwezigheid van een telwoord op de N1-plaats anderzijds. Tenslotte wordt er niet of nauwelijks ingegaan op de overeenkomsten en verschillen tussen de kwantitatieve en de kwalitatieve PBNP. In het vorige hoofdstuk hebben we geprobeerd het typische karakter van de kwantitatieve en de kwalitatieve PBNP te beschrijven. We constateerden dat N1 en N2 bepaalde niet-syntactische functies vervullen die N1 en N2 niet vervullen in de reguliere BNP. Een aantal lexicale conventies die alleen optreden in de PBNP hebben we geïnterpreteerd als markeringen van deze niet-syntactische functies. In dit hoofdstuk zullen we aannemelijk proberen te maken dat ook de lineaire conventies die alleen optreden in de PBNP, beschouwd kunnen worden als markeringen van de niet-syntactische functies van N1 en N2.

De opzet van dit hoofdstuk is als volgt. In de paragrafen 2 tot en met 5 komen we achtervolgens terug op de voorstellen van Bennis (1979), Klein (1981) en Blom (1977). Het doel van deze paragrafen is de link te leggen tussen voornoemde niet-syntactische functies en het van de reguliere BNP afwijkende lineaire gedrag van de PBNP. In paragraaf 6 gaan we in op een vraag die door geen van voornoemde auteurs aan de orde is gesteld, namelijk waarom noch het kwantitatieve *er*, noch de partitieve PP als kern van de kwantitatieve PBNP kan worden beschouwd. Paragraaf 7 geeft enkele onafhankelijke argumenten voor het kernschap van N1.[2] In paragraaf 8, tenslotte, geven we onze visie op de categoriale status van de woorden die binnen de PBNP de N1-plaats kunnen bezetten.

## 2. Bennis en de ongelukkige zuster van de partitieve PP

Er doet zich zowel in de kwantitatieve als de kwalitatieve PBNP een opmerkelijk lineair verschijnsel voor dat, bij ons weten, niet wordt vermeld in de literatuur. We doelen op het verschijnsel dat de partitieve PP **binnen** de NP waarvan die deel uitmaakt, niet verplaatsbaar is naar rechts, over een andere PP. Zie de even constructies in (1)-(20), waar de N2 *romans* door een reguliere PP van N1 wordt gescheiden en daardoor niet meer interpreteerbaar is als partitieve bepaling bij N1:

(1) Ik heb een handvol van de romans van die Vlaamse schrijver gelezen
* (2) Ik heb een handvol van die Vlaamse schrijver van de romans gelezen

(3) Ik heb vier van de romans van die Vlaamse schrijver gelezen
* (4) Ik heb vier van die Vlaamse schrijver van de romans gelezen

(5) Ik heb veel van de romans van die Vlaamse schrijver gelezen
* (6) Ik heb veel van die Vlaamse schrijver van de romans gelezen

(7) Ik heb de vierde van de romans van die Vlaamse schrijver gelezen
* (8) Ik heb de vierde van die Vlaamse schrijver van de romans gelezen

(9) Ik heb de laatste van de romans van die Vlaamse schrijver gelezen
* (10) Ik heb de laatste van die Vlaamse schrijver van de romans gelezen

(11) Ik heb de leukste van de romans van die Vlaamse schrijver gelezen
* (12) Ik heb de leukste van die Vlaamse schrijver van de romans gelezen

(13) Ik heb enkele van de romans van die Vlaamse schrijver gelezen
* (14) Ik heb enkele van die Vlaamse schrijver van de romans gelezen

(15) Ik heb een paar van de romans van die Vlaamse schrijver gelezen
* (16) Ik heb een paar van die Vlaamse schrijver van de romans gelezen

(17) Ik heb sommige van de romans van die Vlaamse schrijver gelezen
* (18) Ik heb sommige van die Vlaamse schrijver van de romans gelezen

(19) Ik heb de eerste de beste van de romans van die Vlaamse schrijver gelezen
* (20) Ik heb de eerste de beste van die Vlaamse schrijver van de romans gelezen

Vergelijk de reguliere BNP's in (21)-(40), waar een dergelijke lineaire blokkering niet blijkt op te treden:

(21) Ik heb een handvol romans van die Vlaamse schrijver van de buurman gelezen
(22) Ik heb een handvol romans van de buurman van die Vlaamse schrijver gelezen

(23) Ik heb vier romans van die Vlaamse schrijver van de buurman gelezen
(24) Ik heb vier romans van de buurman van die Vlaamse schrijver gelezen

(25) Ik heb veel romans van die Vlaamse schrijver van de buurman gelezen
(26) Ik heb veel romans van de buurman van die Vlaamse schrijver gelezen

(27) Ik heb de vierde roman van die Vlaamse schrijver van de buurman gelezen
(28) Ik heb de vierde roman van de buurman van die Vlaamse schrijver gelezen

(29) Ik heb de laatste roman van die Vlaamse schrijver van de buurman gelezen
(30) Ik heb de laatste roman van de buurman van die Vlaamse schrijver gelezen

(31) Ik heb de leukste roman van die Vlaamse schrijver van de buurman gelezen
(32) Ik heb de leukste roman van de buurman van die Vlaamse schrijver gelezen

(33) Ik heb enkele romans van die Vlaamse schrijver van de buurman gelezen
(34) Ik heb enkele romans van de buurman van die Vlaamse schrijver gelezen

(35) Ik heb een paar romans van die Vlaamse schrijver van de buurman gelezen
(36) Ik heb een paar romans van de buurman van die Vlaamse schrijver gelezen

(37) Ik heb sommige romans van die Vlaamse schrijver van de buurman gelezen
(38) Ik heb sommige romans van de buurman van die Vlaamse schrijver gelezen

(39) Ik heb de eerste de beste roman van die Vlaamse schrijver van de buurman gelezen
(40) Ik heb de eerste de beste roman van de buurman van die Vlaamse schrijver gelezen

De omwisselbaarheid van de PP's in (21)-(40) wijst erop dat deze niet zijn gebonden aan een vaste positie. Verder zijn ze afzonderlijk van elkaar weglaatbaar. In PBNP's, waar getuige (1)-(20) de partitieve PP wel is gebonden aan een vaste positie, is alleen de reguliere PP weglaatbaar. Als de partitieve PP wordt weggelaten, kan er geen sprake meer zijn van een partitieve lezing. Zie (41)-(50):

* (41) Ik heb een handvol van die Vlaamse schrijver gelezen
* (42) Ik heb vier van die Vlaamse schrijver gelezen
* (43) Ik heb veel van die Vlaamse schrijver gelezen
* (44) Ik heb de vierde van die Vlaamse schrijver gelezen
* (45) Ik heb de laatste van die Vlaamse schrijver gelezen
* (46) Ik heb de leukste van die Vlaamse schrijver gelezen
* (47) Ik heb enkele van die Vlaamse schrijver gelezen
* (48) Ik heb een paar van die Vlaamse schrijver gelezen
* (49) Ik heb sommige van die Vlaamse schrijver gelezen
* (50) Ik heb de eerste de beste van die Vlaamse schrijver gelezen

We zouden de verschijnselen in (1)-(20) in eerste instantie op intuïtieve wijze kunnen beschrijven door te stellen dat de semantische cohesie tussen N1 en N2 binnen de PBNP dusdanig sterk is dat er zich tussen deze twee elementen, afgezien van *van* en de voorbepaling(en) van N2, geen enkel ander woord mag ophouden. Deze stelling is echter gemakkelijk te weerleggen, omdat de partitieve PP van de kwalitatieve PBNP extraponeerbaar is. Zie daarvoor (51)-(55). Vergelijk de kwantitatieve PBNP's in (56)-(60), waar extrapositie van de partitieve PP tot ongrammaticaliteit leidt:

(51) Ik heb de vierde **gezien** van de leerlingen
(52) Ik heb de laatste **gezien** van de leerlingen
(53) Ik heb de leukste **gezien** van de leerlingen
(54) Ik heb sommige **gezien** van de leerlingen
(55) Ik heb de eerste de beste **gezien** van de leerlingen

* (56) Ik heb een handvol **gezien** van de leerlingen
* (57) Ik heb vier **gezien** van de leerlingen
* (58) Ik heb veel **gezien** van de leerlingen
* (59) Ik heb enkele **gezien** van de leerlingen
* (60) Ik heb een paar **gezien** van de leerlingen

De analyse uit het vorige hoofdstuk stelt ons in staat inzicht te krijgen in de ongrammaticaliteit van de van N1 gescheiden partitieve PP's in (1)-(20). We zagen dat de PBNP is te beschouwen als een relatie tussen twee verzamelingen, waarbij de ene verzameling (het 'geheel') de andere verzameling includeert (het 'deel'). De onverplaatsbaarheid van de partitieve PP kan nu worden gezien als de markering van de semantische of pragmatische functie van N2. Met andere woorden: de semantische of pragmatische functie van N2 die te omschrijven is als 'het geheel', wordt gemarkeerd door een vaste positie, namelijk de eerste N-plaats rechts van N1. We maken hier een onderscheid tussen semantische en pragmatische functie, omdat, zoals we al eerder opmerkten, de kwantitatieve PBNP **on**afhankelijk van de context en/of situatie als zodanig is te interpreteren, terwijl de kwalitatieve PBNP slechts **af**hankelijk van de context en/of situatie als zodanig is te interpreteren. Als de eerste N rechts van N1 niet in staat is een inclusie-relatie aan te gaan met N1, omdat deze N een andere semantische of pragmatische functie heeft, dan leidt een partitieve lezing tot ongrammaticaliteit, zoals in de even nummers onder (1)-(20).

Dit brengt ons terug naar Bennis (1979). Hij neemt aan dat de partitieve PP en de reguliere PP in (61) zusters zijn en als bepaling zijn verbonden met een lege N (hier aangeduid als ϕ). Zoals we constateerden in het eerste hoofdstuk, wordt Bennis tot deze stelling gedwongen door zijn theorie. Onder een analyse waarin de reguliere PP bepaling zou zijn bij N2 (hier: *boten*), zou de extraponeerbaarheid van deze PP immers indruisen tegen de subjacentieconditie: *van St. Nicolaas* zou twee cyclische knopen moeten overschrijden, namelijk: *de boten* en *één ϕ van de boten*. Zie (61) en (62):[3]

(61) Ik heb één ϕ van de boten van St. Nicolaas gezien
(62) Ik heb één ϕ van de boten **gezien** van St. Nicolaas

De redenering die uiteindelijk tot Bennis' stelling leidt, is enigszins verwonderlijk. Ten eerste omdat Bennis (1988: 212-213) zijn argumentatie vrijwel uitsluitend baseert op een analyse van betrekkelijke bijzinnen zonder de consequenties van deze analyse nauwkeurig te toetsen aan (61), en ten tweede omdat de grammaticaliteitsoordelen van Bennis nogal discutabel blijken te zijn (Klein 1981: 298-299).[4] Zie (63)-(66):

(63) Ik heb één ϕ van de voetballers, die bij Ajax speelt, gisteren ontmoet
(64) Ik heb één ϕ van de voetballers gisteren ontmoet, die bij Ajax speelt
(65) Ik heb één ϕ van de voetballers, die bij Ajax spelen, gisteren ontmoet
* (66) Ik heb één ϕ van de voetballers gisteren ontmoet, die bij Ajax spelen

Volgens Bennis zijn de PP en de bijzin in (63) zusters, omdat beide interpreteerbaar zijn als bepaling bij ϕ. Extrapositie van de bijzin in (64) schaadt de subjacentieconditie dus niet. In (65) zijn de PP en de bijzin geen zusters. De bijzin is ingebed in de PBNP. De subjacentieconditie voorspelt volgens Bennis terecht dat extrapositie van deze bijzin, zoals in (66), tot ongrammaticaliteit leidt. Als we deze analyse vervolgens toepassen op de PBNP in (61), krijgen we (67)-(70):

? (67) Ik heb één ϕ van de boten, van St. Nicolaas, gezien
? (68) Ik heb één ϕ van de boten gezien, van St. Nicolaas

(69) Ik heb één ϕ van de boten van St. Nicolaas gezien
(70) Ik heb één ϕ van de boten gezien van St. Nicolaas

Naar analogie met (63) zijn de PP's in (67) zusters en dus beide bepaling bij ϕ. Extrapositie van de tweede PP, zoals in (68), zou de subjacentieconditie dus niet mogen schaden. Naar analogie met (65) is de tweede PP in (69) ingebed in de PBNP. Extrapositie van deze PP, zoals in (70), is in principe in strijd met de subjacentieconditie en zou dus tot ongrammaticaliteit moeten leiden. We wezen zojuist op de aanvechtbaarheid van Bennis' grammaticaliteitsoordelen met betrekking tot (63)-(66). Het resultaat van de projectie van zijn analyse op de PBNP in (61) bevestigt de onbetrouwbaarheid van zijn data. Onze informanten blijken (70) namelijk zonder meer als grammaticaal aan te merken, terwijl ze (67) en, in nog sterkere mate, (68) twijfelachtig vinden. Dit betekent dat moedertaalsprekers aan het twijfelen slaan als men ze vraagt *van St. Nicolaas* op ϕ of op N1 te betrekken. De grammaticaliteit van de laatste twee constructies is dus onzeker en mag bijgevolg niet als uitgangspunt dienen voor een analyse à la Bennis.

Als we vervolgens terugkeren naar onze eigen analyse hierboven en naar de conclusies van het vorige hoofdstuk, dan is het gedrag van onze informanten ten aanzien van (67)-(70) op vrij eenvoudige wijze te verantwoorden. Gegeven het feit dat de semantische of pragmatische functie 'geheel' binnen de PBNP wordt gemarkeerd door een vaste N-positie, namelijk de eerste N-plaats rechts van N1, weten we dat *St. Nicolaas* niet beschouwd kan worden als het 'geheel'. Afgezien van de positie van *St. Nicolaas*, is ook uit de vorm van deze N af te leiden dat die niet de functie van 'geheel' kan bekleden. In het vorige hoofdstuk constateerden we immers dat de verzameling waar N2 naar verwijst minstens 1 element meer moet bevatten dan de verzameling waar N1 naar verwijst. Gezien de enkelvoudigheid van *St. Nicolaas*, is dit onmogelijk. Zie (71):

* (71) Ik heb één ϕ van St. Nicolaas gezien

De vaststelling dat *St. Nicolaas* onmogelijk de functie van 'geheel' kan vervullen, heeft uiteraard gevolgen voor de interpretatie van (61). Kwantitatieve N1's accepteren alleen N2's die een partieel coreferente relatie met ze aangaan, omdat ze alleen via een partieel coreferente N2 aan een referentie kunnen komen. De observatie dat de PP *van St. Nicolaas* bij voorkeur niet op de lege N of N1 wordt betrokken, heeft dus geen syntactische, maar een semantische reden. Vanuit een syntactisch oogpunt is deze PP bijgevolg te karakteriseren als de ongelukkige zuster van de partitieve PP. Zodra er op de N1-plaats echter een kwalitatieve N1 staat, kan *van St. Nicolaas* wel zonder problemen worden betrokken op N1, omdat kwalitatieve N1's hun referentie ook op zelfstandige wijze kunnen ontlenen aan de context en/of situatie. Verder spreekt het vanzelf dat deze PP zowel in de kwantitatieve als in de kwalitatieve PBNP bepaling kan zijn bij N2. De PP *van St. Nicolaas* is dus slechts een ongelukkige zuster als het tezamen met een partitieve PP als bepaling wordt geïnterpreteerd bij een kwantitatieve N1.

Met betrekking tot deze paragraaf concluderen we dat een strikt onderscheid tussen lineaire conventies en lineaire functies tot inzicht leidt in de taakverdeling tussen de syntactische en niet-syntactische functies die werkzaam zijn binnen de PBNP. De syntactische functies van N2 en N3 worden gemarkeerd door lexicale functies, namelijk de onmiddellijk voorafgaande voorzetsels en niet door de positie van deze N's. Dit betekent niet alleen dat de verplichte positie van *boten* op de eerste N-plaats rechts van N1, een lineaire conventie vertegenwoordigt, maar tevens dat *St. Nicolaas* puur syntactisch geredeneerd zowel bepaling bij de lege N of N1 kan zijn als bij N2. In deze paragraaf hebben we laten zien dat de positie van N1 wel functioneel is op het niet-syntactische vlak. Ze markeert de semantische of pragmatische functie van N2, namelijk het 'geheel'.

### 3. De 'syntactische' bewijzen van Klein

De boom in (72) geeft de structuur weer van de kwantitatieve PBNP onder de analyse van Klein (1981). Deze structuur verantwoordt volgens Klein het afwijkende lineaire gedrag van deze PBNP, zonder dat de subjacentieconditie daarbij wordt geschaad. Vergelijk de boomstructuur in (73) die Klein geeft voor de reguliere BNP. De interne structuur van de PP wordt afgekort door middel van een driehoek, omdat die hier niet terzake doet:

(72)

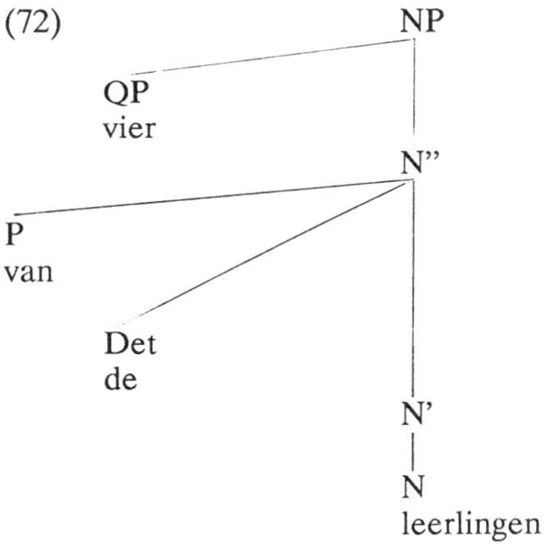


(73)

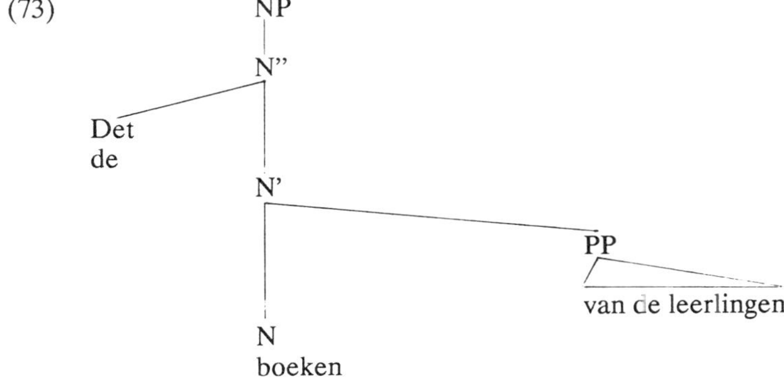

Volgens Klein verantwoordt (72) een viertal syntactische verschijnselen die niet optreden in reguliere BNP's, en die onverklaarbaar zouden blijven onder een structuur zoals in (73). Het gaat om:

1. extrapositie
2. samentrekking
3. pronominale coreferentie
4. predikaatsnomencoreferentie

We gaan nu na of Van der Lubbes uitspraak door de feiten gestaafd wordt dat de zogenaamde syntactische bewijzen van Klein voor (72) teruggevoerd kunnen worden op de in kwantitatieve PBNP's optredende partiële coreferentie, dan wel op de aanwezigheid van een hoofdtelwoord.

### 3.1. Extrapositie

Klein (1981) wijst erop dat het extrapositie-gedrag van de kwantitatieve PBNP perfect spoort met dat van de reguliere BNP als men aanneemt dat de kern van de eerste constructie N2 is. Onder deze analyse vormt de kwantitatieve PBNP geen probleem meer voor de subjacentieconditie. Vergelijk (74) en (75) met (76) en (77):

(74) Ik heb [een van de [**leerlingen**]] ontmoet **van de school van Annemieke**
(75) Ik heb [de [**leerling**]] ontmoet **van de school van Annemieke**

* (76) Ik heb [een van de [**leerlingen**] **van de school**] ontmoet **van Annemieke**
* (77) Ik heb [de [**leerling**] **van de school**] ontmoet **van Annemieke**

Extrapositie van de partitieve PP is onder deze analyse onmogelijk om de eenvoudige reden dat er geen partitieve PP meer is. Zoals (74) en (76) aangeven is er slechts sprake van een N met drie voorbepalingen, waaronder een 'los' voorzetsel.[5] Zie ter illustratie de PBNP's in (78)-(82):

* (78) Ik heb een handvol ontmoet van de leerlingen
* (79) Ik heb vier ontmoet van de leerlingen
* (80) Ik heb veel ontmoet van de leerlingen
* (81) Ik heb enkele ontmoet van de leerlingen
* (82) Ik heb een paar ontmoet van de leerlingen

Volgens Van der Lubbe (1982) is het overbodig om voor de kwantitatieve PBNP een afwijkende syntactische structuur aan te nemen. Hij stelt dat de ongrammaticaliteit van (78)-(82) wel eens samen zou kunnen hangen met het typische semantische karakter van het woord dat de N1-plaats bezet. We vinden ondersteuning voor deze stelling in het contrast tussen (78)-(82) hierboven en de kwalitatieve PBNP's in (83)-(87):

(83) Ik heb de vierde ontmoet van de leerlingen
(84) Ik heb de laatste ontmoet van de leerlingen
(85) Ik heb de leukste ontmoet van de leerlingen
(86) Ik heb sommige ontmoet van de leerlingen
(87) Ik heb de eerste de beste ontmoet van de leerlingen

Als er op de N1-plaats een kwantitatieve N staat, is extrapositie van de partitieve PP uitgesloten. Wordt de N1-plaats daarentegen bezet door een kwalitatieve N, dan kan de partitieve PP zonder meer geëxtraponeerd worden. Gezien hetgeen we hebben opgemerkt over de syntactische en niet-syntactische functie van N2, zijn (83)-(87) makkelijk te verantwoorden. De syntactische functie van *leerlingen* wordt gemarkeerd door een lexicale functie, namelijk het voorzetsel *van*. Dit betekent dat de positie die *leerlingen* inneemt niet relevant is ter bepaling van de syntactische functie van deze N. De niet-syntactische, i.c. pragmatische functie van *leerlingen* (dat wil zeggen het 'geheel') wordt daarentegen gemarkeerd door een vaste positie, namelijk de eerste N-plaats rechts van N1. De positie die *leerlingen* inneemt is dus wel relevant op het pragmatische vlak.

In de kwantitatieve PBNP's in (78)-(82) worden de syntactische en niet-syntactische, i.c. semantische functie van *leerlingen* op dezelfde manier gemarkeerd. In deze constructies wordt *leerlingen* syntactisch als bepaling gemarkeerd door *van*, en semantisch als het 'geheel' doordat het de eerste N-positie rechts van N1 bezet. De vraag blijft waarom de kwantitatieve PBNP niet uiteenplaatsbaar is en de kwalitatieve PBNP wel. In het vorige hoofdstuk zagen we dat kwantitatieve N1's, in tegenstelling tot kwalitatieve N1's, hun referentie niet op zelfstandige wijze kunnen ontlenen aan de context en/of situatie. Ze ontlenen hun referentie òf aan N2, òf via het kwantitatieve *er* aan de context en/of situatie. De semantische functie van N2 in de kwantitatieve PBNP hebben we omschreven als: het noemen van het geheel waarvan de door N1 **gekwantificeerde** entiteiten een deel vormen. We kunnen nu stellen dat de onextraponeerbaarheid van N2 in de kwantitatieve PBNP is te beschrijven als de markering van deze semantische functie. Zodra het kwantitatieve *er* verschijnt, kan N1 zijn referentie ontlenen aan de context en/of situatie, met als direct gevolg dat N2 verplaatsbaar en zelfs weglaatbaar wordt. Zie (88)-(92):

(88) Ik heb er een handvol gezien (van de leerlingen)
(89) Ik heb er vier gezien (van de leerlingen)
(90) Ik heb er veel gezien (van de leerlingen)
(91) Ik heb er enkele gezien (van de leerlingen)
(92) Ik heb er een paar gezien (van de leerlingen)

De pragmatische functie van N2 in de kwalitatieve PBNP is te omschrijven als: het noemen van het geheel waarvan de door N1 **gekwalificeerde** entiteiten een deel vormen. Het gaat hier dus duidelijk om een functie die afwijkt van die van N2 binnen de kwantitatieve PBNP. Dat deze anders gemarkeerd wordt, hoeft dan ook geen verbazing te wekken. Deze N2 is verplaatsbaar naar rechts, maar blijft de eerste N-plaats rechts van N1 bezetten.

Ter afsluiting van deze paragraaf stellen we opnieuw vast dat een strikt onderscheid tussen lineaire conventies en lineaire functies tot inzicht leidt in het afwijkende lineaire gedrag van de PBNP. De ongrammaticaliteit van (78)-(82) is niet te wijten aan een verkeerde syntactische functiemarkering, maar aan een verkeerde semantische functiemarking. De positie van N2 is slechts relevant vanuit een semantisch oogpunt, omdat deze een semantische functie markeert. Binnen de kwalitatieve PBNP liggen de zaken anders. De positie van N2 onmiddellijk rechts van N1 markeert daar geen semantische maar een pragmatische functie, hetgeen tot gevolg heeft dat deze N2 zonder meer extraponeerbaar is. We concluderen dat de boomstructuur die Klein in (72) voorstelt teneinde het lineaire gedrag van de kwantitatieve PBNP onder extrapositie te verantwoorden, niet veel meer is dan een ongelukkige structurele verantwoording van het typische semantische karakter van kwantitatief N1. Van der Lubbes suggestie dat de extraponeerbaarheid van de partitieve PP geconditioneerd wordt door het afwijkende karakter van deze N blijkt dus gegrond te zijn.

### 3.2. Samentrekking

Het verschil tussen (93) en (94) wijst er volgens Klein op dat de PBNP een syntactische structuur heeft zoals weergegeven in (72). Uit deze constructies blijkt namelijk dat de tweede partitieve PP niet samengetrokken kan worden met de PBNP, terwijl de tweede reguliere PP wel samengetrokken kan worden met de reguliere BNP:[6]

* (93) We hebben vier van de leerlingen ontmoet en **van de studenten**
(94) We hebben de leerlingen van Piet ontmoet en **van Jan**

Klein beroept zich op Hankamer (1973) die stelt dat de constituent die overblijft na samentrekking altijd een hoofdcategorie is. Binnen CG neemt men doorgaans aan dat de vier hoofdcategorieën zijn: NP, VP, AP of PP (vgl. Booij e.a. 1980: 108). Aangezien de PP dus tot de hoofdcategorieën wordt gerekend, kan er volgens Klein in de kwantitatieve PBNP geen sprake zijn van een PP, omdat *van de studenten* in (93) als overblijfsel van samentrekking tot ongrammaticaliteit leidt.

Van der Lubbe (1982) merkt op dat de ongrammaticaliteit van (93) ook hier is terug te voeren op het typische semantische karakter van het hoofdtelwoord. Hij geeft ter ondersteuning van deze visie reguliere BNP's met een hoofdtelwoord, zoals (95):

* (95) We hebben vier leerlingen van mij ontmoet en studenten van mij

Deze constructie is volgens Van der Lubbe net zo goed ongrammaticaal als (93), hetgeen zou wijzen op de verantwoordelijkheid van het hoofdtelwoord. Hoewel we het met Van der Lubbe eens zijn over de ongrammaticaliteit van (95), berust de vergelijking met (93), ons inziens, op een misverstand. Het geval wil namelijk dat bij vervanging van *vier*, dat in (95) adjectivisch is, door een onverdacht bijvoeglijk naamwoord als *leuk*, zich gelijksoortige problemen voordoen. Zie (96) en (97):

* (96) We hebben leuke leerlingen van mij ontmoet en studenten van mij
* (97) We hebben de leukste leerlingen van mij ontmoet en studenten van mij

Ook in deze constructies kan de tweede BNP niet samengetrokken worden met de eerste, onder weglating van het bijvoeglijk naamwoord. De ongrammaticaliteit van (95) hangt dus niet direct samen met het typische semantische karakter van het hoofdtelwoord, maar eerder met een verschijnsel dat zowel aan de basis ligt van (95) als van (96) en (97). Omdat het in deze constructies niet om PBNP's gaat, valt de bestudering ervan buiten het kader van ons onderzoek.[7] We zullen deze zaak hier dan ook verder laten rusten en ons beperken tot de bespreking van (93).

Dat de ongrammaticaliteit van deze constructie wel direct samenhangt met het typische semantische karakter van het hoofdtelwoord, wordt bevestigd door de grammaticaliteit van de kwalitatieve PBNP's in (98)-(102):

(98) We hebben de vierde van de leerlingen ontmoet en van de studenten
(99) We hebben de laatste van de leerlingen ontmoet en van de studenten
(100) We hebben de leukste van de leerlingen ontmoet en van de studenten
(101) We hebben sommige van de leerlingen ontmoet en van de studenten
(102) We hebben de eerste de beste van de leerlingen ontmoet en van de studenten

Ter verklaring van de ongrammaticaliteit van (93) gaan we uit van de werkhypothese dat er bij samentrekking in BNP's, of ze nu partitief zijn of niet, altijd sprake is van een zogenaamde nul-N1.[8] Zie (103):

* (103) We hebben vier van de leerlingen ontmoet en $[\phi]_{n1}$ **van de studenten**

De hierboven omschreven lineaire conventie die de semantische functie van N2 markeert, dient nu als volgt geherformuleerd te worden. De N2 van de kwantitatieve PBNP moet onmiddellijk rechts staan van een lexicale N1. De lineaire conventie die de pragmatische functie van de N2 van de kwalitatieve PBNP markeert, luidt dan als volgt. N2 moet de eerste N-plaats rechts van N1 bezetten, of N1 nu lexicaal is of leeg. De onweglaatbaarheid van kwantitatief N1 is te verklaren, als we aannemen dat N1's die niet in staat zijn op zelfstandige wijze een referentie te ontlenen aan de context en/of situatie, zelf niet afleidbaar zijn uit de context en/of situatie, in tegenstelling tot kwalitatieve N1's die, los van N2, op zelfstandige wijze een referentie kunnen ontlenen aan de context en/of situatie.

### 3.3. De bindtheorie

Aangezien het derde en het vierde argument van Klein ter ondersteuning van de structuur in (72) te maken hebben met coreferentieverschijnselen (pronominale coreferentie en predikaatsnomencoreferentie), is een beknopt overzicht van de relevante principes van de binnen CG aangehangen bindtheorie hier op zijn plaats. Een belangrijke taak van de bindtheorie is een verantwoording te geven voor de afhankelijkheidsrelaties tussen anaforen (*zichzelf*, *elkaar* enz.), pronomina (*hij*, *zij* enz.) en namen (*leerling*, *Jan* enz.). De bindtheorie bevat de volgende drie principes (Bennis en Hoekstra 1989: 230):

1. een anafoor is gebonden in zijn bindende categorie;
2. een pronomen is vrij in zijn bindende categorie;
3. een naam is vrij.

We zullen nu eerst de tot hiertoe gebruikte termen definiëren en toelichten aan de hand van een voorbeeld. 'Binden': α bindt β als α en β dezelfde index dragen en α de knoop β c-commandeert. Onder 'c-commanderen' wordt verstaan: een knoop α c-commandeert een knoop β als: α domineert β niet zelf en de eerste knoop die α domineert, domineert ook β (1989: 218). Zie schema 1 waar B, D en E worden ge-c-commandeerd door A, maar niet door C (C domineert B, D en E immers zelf), en waar A niet wordt ge-c-commandeerd door B en E (de eerste knoop die B en E domineert (hier: D) domineert immers niet A):

Schema 1: C-commanderen

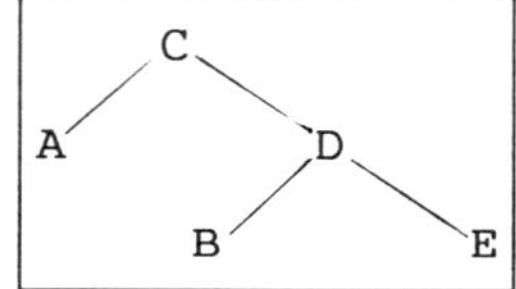


Bij toepassing van de termen 'binden' en 'c-commanderen' op (104), constateren we dat het pronomen *hij* wordt gebonden door *Jan* omdat *hij* en *Jan* dezelfde index dragen (namelijk i) en *hij* wordt ge-c-commandeerd door *Jan* (*Jan* domineert *hij* niet zelf, maar de eerste knoop die *Jan* domineert, domineert wel *hij*):

(104) $\text{Jan}_i$ zei dat $\text{hij}_i$ ziek was

Onder 'bindende categorie' wordt het volgende verstaan: XP (een maximale projectie) is een bindende categorie voor een pronomen α als XP de minimale XP is waarvoor geldt dat XP het pronomen α bevat, en tevens dat XP een opaciteitsfactor bevat, waarbij een subject of [+finiet] als opaciteitsfactoren gelden (1989: 225). Opaciteitsfactoren maken het domein van de bindende categorie opaak (d.w.z. niet toegankelijk) voor binding buiten de bindende categorie. Zie ter illustratie (105) en (106) met het subject *Piets* als opaciteitsfactor. BC staat hier voor bindende categorie:

(105) Jan bekeek [$\text{Piets}_i$ tekening van $\text{zichzelf}_i]_{bc}$
* (106) $\text{Jan}_i$ bekeek [Piets tekening van $\text{zichzelf}_i]_{bc}$

In (105) is de BNP de bindende categorie voor de anafoor *zichzelf*, omdat deze BNP *zichzelf* bevat, alsmede het zogenaamde subject *Piets* als opaciteitsfactor. Zoals (106) aangeeft, is binding van *zichzelf* buiten de BNP uitgesloten. *Zichzelf* is dus gebonden in zijn bindende categorie, zoals principe 1 van de bindtheorie voorspelt.

'Vrij' betekent: niet gebonden. Daaraan is voldaan als één van de twee condities waaronder een NP gebonden is, dat wil zeggen coïndexatie en c-commanderen, niet van toepassing is (1989: 230). Zie (107) waar het pronomen *hij* vrij is, omdat het niet dezelfde index draagt als *Jan*:

(107) $\text{Jan}_i$ zei dat $\text{hij}_j$ ziek was

Zoals principe 2 van de bindtheorie voorspelt, zijn pronomina vrij in hun bindende categorie. In (108) vormt de zin de bindende categorie voor het pronomen *hem*. *Hem* kan dan ook niet gecoïndexeerd worden met het c-commanderende *Jan*:

* (108) $[\text{Jan}_i$ zag $\text{hem}_i$ in de $\text{spiegel}]_{bc}$

Principe 3 van de bindtheorie, tenslotte, voorspelt dat namen altijd vrij zijn, zowel binnen als buiten hun bindende categorie. Als ze dezelfde index dragen, zoals in (109), mogen ze dus niet in een c-commandeerrelatie tot elkaar staan. Als ze wel in een c-commandeerrelatie tot elkaar staan, zoals in (110), mogen ze niet dezelfde index dragen:

(109) [De broer van $\text{Jan}_i$ plaagt $\text{Jan}_i$ heel $\text{vaak}]_{bc}$
(110) $\text{Jan}_i$ zegt [dat $\text{Jan}_j$ ziek $\text{is}]_{bc}$

We keren nu terug naar Klein. Zoals gezegd, speelt de bindtheorie een centrale rol in het derde en vierde argument dat hij presenteert ter ondersteuning van de structuur in (72).

### 3.4. Pronominale coreferentie

Kleins derde argument om aan de kwantitatieve PBNP een andere syntactische structuur toe te kennen dan aan de reguliere BNP, heeft te maken met pronominale coreferentie. Klein laat zien dat de N2 van de reguliere BNP, in tegenstelling tot de N2 van de kwantitatieve PBNP, coreferent kan zijn met een andere N in dezelfde zin. Zie de PBNP in (111) en de reguliere BNP in (112). XP' en XP staan respectievelijk voor hoofd- en bijzin:

* (111) [Twee van $\text{hen}_i$ zeiden, [dat mijn $\text{broers}_i$ niet van Gounod $\text{hielden}]_{xp}]_{xp'}$
(112) [Vrienden van $\text{hen}_i$ zeiden, [dat mijn $\text{broers}_i$ niet van Gounod $\text{hielden}]_{xp}]_{xp'}$

Klein geeft de volgende verklaring. In (111) kan het voornaamwoord *hen* niet coreferent zijn met *mijn broers*, omdat dat voornaamwoord, als kern van de kwantitatieve PBNP, zijn antecedent c-commandeert (1981: 302). In (112) kan *hen* wel coreferent zijn met *mijn broers*, omdat *hen* hier als bepaling fungeert en zijn antecedent dus niet c-commandeert.

Van der Lubbe is het niet eens met deze analyse. Volgens hem is de non-coreferentie in (111) niet te wijten aan een van de BNP afwijkende syntactische structuur, maar aan de in PBNP's optredende partiële coreferentie. Hij merkt op dat de ongrammaticaliteit van (111), onder de aangegeven coïndexatie, voortvloeit uit het feit dat *hen* al ten dele corefereert met *twee*. In (112) is dit niet het geval. *Hen* kan coreferent zijn met *mijn broers*, omdat *hen* onmogelijk (partieel) coreferent kan zijn met *vrienden*. Hoewel deze observatie ons inziens juist is, is Kleins analyse van (111) daarmee echter niet voldoende weerlegd. We geven nu twee extra argumenten die pleiten tegen zijn analyse.

Het eerste argument is afleidbaar uit de volgende data:

* (113) [Een paar$_i$ van hen zeiden, [dat mijn broers$_i$ niet van Gounod hielden]$_{xp}$]$_{xp'}$

(114) [Zijn$_i$ vader zei [dat Jan$_i$ niet van Gounod hield]$_{xp}$]$_{xp'}$

* (115) [Hij$_i$ zei [dat Jan$_i$ niet van Gounod hield]$_{xp}$]$_{xp'}$

Als we met Klein zouden aannemen dat N2 de kern is van de kwantitatieve PBNP, dan betekent dat meteen ook dat N1 als bepaling fungeert binnen de PBNP. Dit is problematisch voor de bindtheorie, omdat er dan geen enkele structurele reden meer is waarom het voornaamwoord *een paar* en *mijn broers* in (113) niet (partieel) coreferent zouden kunnen zijn. Als *een paar* bepaling is, c-commandeert het immers niet *mijn broers*. Vergelijk (114) waar *zijn* coreferent kan zijn met *Jan*, omdat *zijn* als bepaling fungeert binnen de BNP en *Jan* dus niet c-commandeert. Zie ook (115) waar we het tegenovergestelde zien. *Hij* kan niet coreferent zijn met *Jan* omdat *Jan* ge-c-commandeerd wordt door *hij*.

Het tweede argument dat pleit tegen Kleins analyse heeft te maken met de kwalitatieve PBNP. De non-coreferentie die Klein naar aanleiding van (111) constateert, blijkt zich namelijk ook voor te doen in de kwalitatieve PBNP. Zie (116):

* (116) [De leukste van hen$_i$ zei, [dat mijn broers$_i$ niet van Gounod hielden]$_{xp}$]$_{xp'}$

Naar analogie met de kwantitatieve PBNP in (111) zal voor de kwalitatieve PBNP in (116) aangenomen moeten worden dat N2 de kern is, anders is deze constructie niet te verklaren met een beroep op de bindtheorie. We zagen echter dat de kwalitatieve PBNP zich ten aanzien van extrapositie en samentrekking op precies dezelfde manier gedraagt als de reguliere BNP. Als men nu zou aannemen dat N2 de kern is van de kwalitatieve PBNP, dan is het binnen Kleins model niet meer te verklaren waarom deze kern, nota bene tezamen met het voorzetsel dat volgens Klein hier als 'los' voorzetsel optreedt, verplaatsbaar is naar rechts en samentrekbaar is.

We constateren dat (113) en (116) Kleins analyse voor een dilemma plaatsen. Als men aanneemt dat N2 de kern is van de PBNP, wordt de non-coreferentie tussen N2 en het onderwerp van de XP verklaard, maar niet de (partiële) non-coreferentie tussen dat onderwerp en N1. Bovendien is dan niet te verklaren waarom de partitieve PP van de kwalitatieve PBNP extraponeerbaar en samentrekbaar is. Als men daarentegen aanneemt dat N1 de kern is van de PBNP, wordt de (partiële) non-coreferentie tussen N1 en het onderwerp van de XP verklaard, maar niet de non-coreferentie tussen dat onderwerp en N2. We kunnen hieruit de conclusie trekken dat N1 en N2 zich ten aanzien van pronominale coreferentie op dezelfde manier gedragen. Zie ter ondersteuning van deze conclusie de kwantitatieve en kwalitatieve PBNP's in (117)-(119), waar N1 en N2 non-coreferent zijn met het onderwerp van de XP, of ze nu tezamen of afzonderlijk optreden:

* (117) [Ik heb **twee$_i$/de leukste$_i$** van **hen$_i$** horen zeggen, [dat mijn broers$_i$ niet van Gounod hielden]$_{xp}$]$_{xp'}$

* (118) [Ik heb er **twee$_i$/de leukste$_i$** horen zeggen, [dat mijn broers$_i$ niet van Gounod hielden]$_{xp}$]$_{xp'}$

* (119) [Ik heb **hen$_i$** horen zeggen, [dat mijn broers$_i$ niet van Gounod hielden]$_{xp}$]$_{xp'}$

Het identieke gedrag van N1 en N2 binnen de PBNP ten aanzien van pronominale coreferentie wijst erop dat het voor de verklaring van de in (111) optredende non-coreferentie niets uitmaakt of N1 de kern is van de PBNP of N2. Gezien echter de problemen die zouden rijzen met betrekking tot de kwalitatieve PBNP als men aanneemt dat N2 de kern vormt, lijkt het beter deze optie als eerste te laten vallen.[9]

Uit het bovenstaande blijkt duidelijk dat het identieke gedrag van N1 en N2 binnen de PBNP ten aanzien van pronominale coreferentie slechts is te verklaren met een beroep op de partieel coreferente relatie tussen N1 en N2 en dus met een beroep op de semantische of pragmatische functies van deze N's. De bindtheorie die slechts niet-syntactische verschijnselen beregelt voorzover ze zijn terug te voeren op structurele noties, is hier dus niet toepasbaar. Deze theorie is wel toepasbaar op (112), omdat N1 en N2 binnen de reguliere BNP nooit partieel coreferent zijn en dus andere niet-syntactische functies bekleden dan in de PBNP. We concluderen dat de coreferentieverschijnselen in de PBNP zijn terug te voeren op het typische karakter van deze constructie, dat wil zeggen de tussen N1 en N2 bestaande partiële coreferentie. De observatie van Van der Lubbe die we aan het begin van deze paragraaf aanhaalden, blijkt dus te kloppen.

### 3.5. Predikaatsnomencoreferentie

Het vierde en laatste argument dat Klein aanvoert ter verdediging van een van de reguliere BNP afwijkende syntactische structuur voor de kwantitatieve PBNP, hangt samen met predikaatsnomencoreferentie. Vergelijk de reguliere BNP's in (120) en (121) met de kwantitatieve PBNP's in (122) en (123):

(120) [Jan$_i$ is [de grootste bewonderaar van hem$_i$*/zichzelf$_i$]$_{np}$]$_{xp}$

(121) [Jan$_i$ is [de vriend van [de grootste bewonderaar van hem$_i$/zichzelf$_i$*]$_{n'}$]$_{np}$]$_{xp}$

(122) [Jan$_i$ is [een van de grootste bewonderaars van hem$_i$*/zichzelf$_i$]$_{np}$]$_{xp}$

(123) [Jan$_i$ is [een van de vrienden van [de grootste bewonderaar van hem$_i$/zichzelf$_i$*]$_{n'}$]$_{np}$]$_{xp}$

De anaforische relaties verlopen in (120) op dezelfde manier als in (122). Hetzelfde geldt voor het paar (121) en (123). Klein wijst erop dat zowel in de reguliere BNP's in (120) en (121) als in de kwantitatieve PBNP's in (122) en (123) diepere inbedding van de PP met de anafoor leidt tot andere anaforische relaties. Zijn conclusie is dat de anaforen in (120) en (122), en in (121) en (123) op dezelfde diepte zijn ingebed, gezien de parallelle coreferentieverschijnselen. Een belangrijk gevolg van deze analyse is dat partitieve PP's beschouwd moeten worden als NP's met het hoofdtelwoord als voorbepaling en *van* als 'los' voorzetsel, zoals in de boomstructuur in (72).

Als we (122) en (120) toetsen aan de bindtheorie, dan blijkt dat (122) daarmee volledig in overeenstemming is. De XP is hier de bindende categorie voor *zichzelf* en *hem* en niet de NP, omdat er binnen deze NP geen sprake is van een subject dat ongelijk is aan *zichzelf* en *hem*, en evenmin van een [+finiet]. Volgens principe één van de bindtheorie moet *zichzelf* gebonden zijn binnen zijn bindende categorie en *hem* juist niet, wat gezien de ongrammaticaliteit met *hem* en de grammaticaliteit met *zichzelf* inderdaad zo blijkt te zijn. Voor (120) is dezelfde redenering te volgen, omdat ook daar XP de bindende categorie is. Als we vervolgens kijken naar (123), dan blijkt dat *hem* wel gebonden is in zijn bindende categorie en *zichzelf* niet, wat in strijd is met de bindtheorie. Hetzelfde geldt voor (121).

Er doet zich in de kwantitatieve PBNP's in (120) en (122) het opmerkelijke verschijnsel voor dat Kleins inbeddingscriterium wordt geneutraliseerd door de bindtheorie. Het maakt voor deze theorie namelijk niet uit of de kern van de PBNP wordt gevormd door N1 of door N2, en dus of N1 dan wel N2 de anafoor c-commandeert. De reden daarvoor is dat de NP hier geen bindende categorie kan zijn. De bindende categorie is XP en het als antecedent fungerende onderwerp van deze XP c-commandeert geheel volgens de theorie de gecoïndexeerde anafoor.

In (121) en (123) zien we, in zekere zin, het tegenovergestelde. Het inbeddingscriterium wordt hier niet geneutraliseerd door de bindtheorie, om de eenvoudige reden dat de bindtheorie hier tekort lijkt te schieten. Volgens principe twee van deze theorie zijn pronomina namelijk vrij binnen hun bindende categorie. Aangezien de bindende categorie echter XP is, is *hem* helemaal niet vrij: het is gecoïndexeerd met een c-commanderend antecedent, namelijk *Jan*. De anafoor daarentegen die volgens principe één gebonden moet zijn binnen zijn bindende categorie is niet gebonden, omdat die, hoewel ge-c-commandeert door *Jan*, niet met dat element is gecoïndexeerd. Dit neemt echter niet weg dat het inbeddingscriterium niets kan veranderen aan deze tekortkoming van de bindtheorie: ook hier maakt het niet uit wat de structurele verhoudingen zijn tussen de N1 en N2 van de kwantitatieve PBNP, omdat noch N', noch de NP een bindende categorie vormen.[10]

Van der Lubbe (1982: 374) geeft een semantische verklaring voor het contrast tussen (120) en (122) enerzijds en (121) en (123) anderzijds. Hij merkt op dat zowel in (120) als in (122) de referentie loopt via de kern van het predikaatsnomen, terwijl dat niet het geval is in (121) en (123). Vergelijk respectievelijk (124) en (125), en (126) en (127):

(124) **Jan**$_i$ is de grootste **bewonderaar**$_i$ van **zichzelf**$_i$/hem$_j$
(125) **Jan**$_i$ is **een**$_i$ van de grootste **bewonderaars**$_i$ van **zichzelf**$_i$/hem$_j$

(126) **Jan**$_i$ is de **vriend**$_i$ van de grootste bewonderaar$_j$ van zichzelf$_j$/**hem**$_i$
(127) **Jan**$_i$ is **een**$_i$ van de **vrienden**$_i$ van de grootste bewonderaar$_j$ van zichzelf$_j$/**hem**$_i$

Volgens Van der Lubbe vindt de anafoor in het eerste paar zijn antecedent terug (d.w.z. *Jan*), dank zij het feit dat dat antecedent coreferent is met de kern van het predikaatsnomen, respectievelijk *bewonderaar* en *een* in (124) en (125). De grammaticaliteit van de laatste constructie is verder te danken aan het feit dat *een* tevens (partieel) coreferent is met *bewonderaars*. In het tweede paar vindt de anafoor zijn antecedent niet terug, omdat de 'coreferentieketen' doorbroken wordt vanwege de non-coreferentie tussen *vriend(en)* en *bewonderaar* in (126) en (127). Hier is alleen een objectsvorm als *hem* mogelijk.

Volgens Van der Lubbe hangen de referentiemogelijkheden binnen de kwantitatieve PBNP dus ook hier samen met de partiële coreferentie tussen N1 en N2. Er zijn echter aanwijzingen dat deze analyse niet volledig is. Laten we daartoe eens kijken naar de kwalitatieve PBNP in (128):

(128) **Jan**$_i$ is de **leukste**$_i$ van de grootste **bewonderaars**$_i$ van **zichzelf**$_i$/**hem**$_i$

Het lijkt erop dat hier, naast de anafoor, ook het pronomen coreferent kan zijn met *Jan*, zonder dat de coreferentieketen wordt doorbroken. Het doorbreken van de 'coreferentieketen', zoals in (126) en (127), blijkt dus slechts een voldoende en geen noodzakelijke voorwaarde te zijn voor de coreferentie van *Jan* en *hem*. De vraag rijst nu hoe de noodzakelijke voorwaarde is te omschrijven. Een eerste aanknopingspunt ter beantwoording van deze vraag vormt de observatie dat *een* deel uitmaakt van een kwantitatieve PBNP, terwijl *de leukste* onderdeel is van een kwalitatieve PBNP. Zoals we zagen in het vorige hoofdstuk, vormt E1 een deelverzameling van de verzameling E2. We zagen tevens dat dit niet uitsluit dat een of meer elementen van E2 een kwaliteit hebben die de andere elementen van E2 niet bezitten. Het bleek dat kwantitatieve PBNP's zijn te beschouwen als constructies waarbinnen E2 dergelijke 'afwijkende' elementen niet heeft. Kwantitatieve N1's duiden immers geen kwaliteiten aan van een deel van E2. Verder bleek dat kwalitatieve PBNP's beschouwd kunnen worden als constructies waarbinnen E2 dergelijke 'afwijkende' elementen wel heeft. Kwalitatieve N1's duiden immers ieder op hun eigen manier een kwaliteit aan van een deel van de elementen van E2. Voor de kwalitatieve PBNP betekent dit dat een of meer elementen van $[E2]_{pbnpkwal}$, namelijk de door E1 aangeduide, zich voor één 'eigenschap' (d.w.z. de aangeduide kwaliteit) onderscheiden van een of meer andere elementen van $[E2]_{pbnpkwal}$. Voor de kwantitatieve PBNP betekent dit dat de elementen van $[E2]_{pbnpkwan}$ zich voor geen enkele 'eigenschap' onderscheiden van de andere elementen van $[E2]_{pbnpkwan}$. Deze vaststelling heeft tot gevolg dat de N1 en N2 van de kwantitatieve PBNP altijd **op dezelfde manier** verwijzen: in (125) bewonderen alle *bewonderaars*, inclusief *Jan*, zichzelf. Zie schema 2:

Schema 2: de kwantitatieve PBNP en *zichzelf*$_i$ in (125)

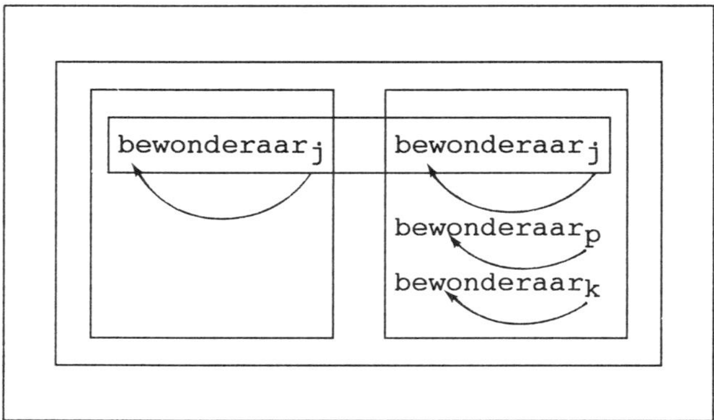


Ter ondersteuning van de stelling dat N1 en N2 in (125) altijd op dezelfde manier verwijzen, wijzen we erop dat al de *bewonderaar*, inclusief *Jan*, onder de aangegeven coïndexatie ook een derde, namelijk *hem*, kunnen bewonderen. Zie schema 3:

Schema 3: de kwantitatieve PBNP en *hem*$_j$ in (125)

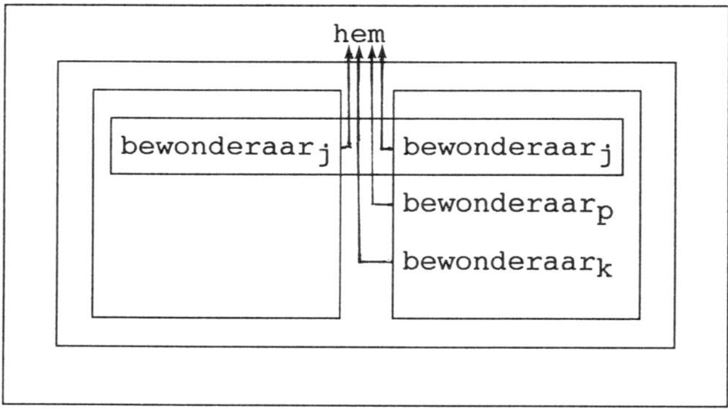


Met betrekking tot de kwantitatieve PBNP luidt de conclusie dat $[E1]_{pbnpkwan}$ in alle opzichten een deelverzameling is van $[E2]_{pbnpkwan}$.

Gezien het feit dat één of meer elementen van $[E1]_{pbnpkwal}$ zich voor één 'eigenschap' onderscheiden van een of meer andere elementen van $[E2]_{pbnpkwal}$, kunnen we vervolgens stellen dat N1 en N2 binnen de kwalitatieve PBNP zowel **op dezelfde manier** kunnen verwijzen als **op twee verschillende manieren.** In het eerste geval kunnen in (128) alle *bewonderaars*, inclusief *Jan*, zichzelf bewonderen. Zie schema 4:

Schema 4: de kwalitatieve PBNP en *zichzelf*$_i$ in (128)

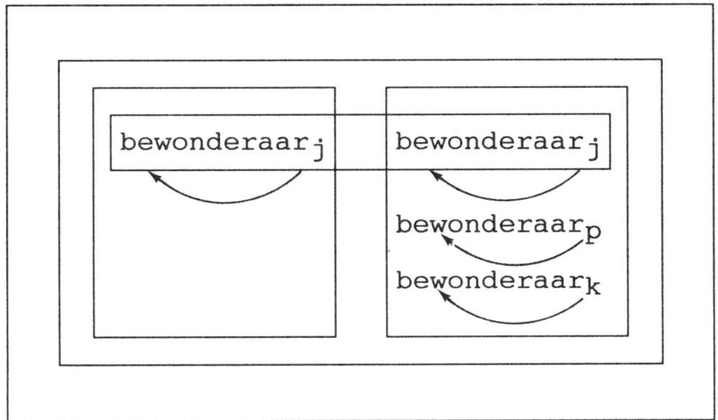


Het spreekt vanzelf dat in (128) alle *bewonderaars*, inclusief *Jan* ook een derde, namelijk *hem*, kunnen bewonderen. We komen dan terecht in de situatie van schema 3. In het tweede geval kan het deel van de elementen van $[E2]_{pbnpkwal}$ dat niet coreferent is met $[E1]_{pbnpkwal}$ tevens het deel van de elementen van $[E2]_{pbnpkwal}$ dat wel coreferent is met $[E1]_{pbnpkwal}$ bewonderen, terwijl de elementen van $[E1]_{pbnpkwal}$ (in dit geval alleen 'Jan') zichzelf bewonderen. Zie schema 5:

Schema 5: de kwalitatieve PBNP en *hem*$_i$ in (128)

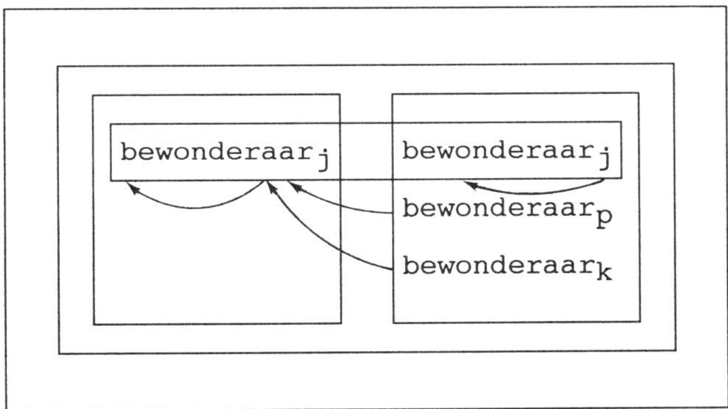


Met betrekking tot de kwalitatieve PBNP luidt de conclusie dat $[E1]_{pbnpkwal}$ voor maximaal één 'eigenschap' geen echte deelverzameling is van $[E2]_{pbnpkwal}$. We kunnen voornoemde noodzakelijke voorwaarde voor coreferentie van *Jan* en *hem* nu als volgt omschrijven. Zonder dat de coreferentieketen wordt doorbroken, kan er sprake zijn van coreferentie tussen *Jan* en *hem*, als het predikaatsnomen, dat wil zeggen de N1 van de PBNP, een kwalitatieve N betreft. We sluiten deze paragraaf af met de conclusie dat het afwijkende gedrag van de PBNP met betrekking tot predikaatsnomencoreferentie niet alleen is terug te voeren op het verschijnsel van de partiële coreferentie, zoals Van der Lubbe (1982) suggereerde, maar tevens op het typische niet-syntactische karakter van N1.

## 4. Blom en de hypothese van de lege kern

In het vorige hoofdstuk hebben we laten zien dat de verschijning van het kwantitatieve *er* het gevolg is van het feit dat kwantitatieve N1's hun referentie niet op zelfstandige wijze kunnen ontlenen aan de context en/of situatie. We stelden vast dat het kwantitatieve *er* verschijnt als N2 ontbreekt of niet onmiddellijk rechts van N1 staat om de referentie van kwantitatief N1 te markeren. Deze analyse maakt de stipulatie van een lege kern overbodig, omdat deze kern door Blom (1977: 393) juist in het leven werd geroepen ter verklaring van de verschijning van het kwantitatieve *er*. Volgens haar zou de lege N in de kwantitatieve PBNP een anafoor zijn met de partitieve PP als bindend antecedent. Als de partitieve PP ontbreekt of is geëxtraponeerd, zou het kwantitatieve *er* verschijnen teneinde de lege N te binden. Nu wil het geval dat deze analyse ook CG-matig niet klopt. Sturm (1986: 23-24) heeft erop gewezen dat de analyse van Blom in strijd is met verschillende CG-principes, als de X-bar-theorie, de bindtheorie en het zogenaamde lege-categorie-beginsel.[11] Er zijn echter nog andere argumenten die pleiten tegen de aanname van een lege kern voor de kwantitatieve PBNP. Alvorens deze argumenten te presenteren, is het nodig in te gaan op Sturm (1986: 19-28). Op grond van een semantische verklaring voor het optreden van het kwantitatieve *er*, komt namelijk ook hij tot de conclusie dat er geen sprake is van een lege N.

### 4.1. Kwantitatieve N1's als *er*-makers

Sturm (1986: 19-28) laat zien dat kwantitatieve N1's in twee gevallen niet vergezeld gaan van het kwantitatieve *er*. Het eerste geval zien we in de antwoorden op de vraag in (129), waar N1 voorkomt zonder werkwoord:

(129) A. Hoeveel leerlingen hebben jullie uitgenodigd?
B. Tien
C. Jan tien en ik vijf

Sturm verantwoordt de afwezigheid van kwantitatief *er* in de antwoorden van B en C door te stellen dat het kenmerkende van dergelijke constructies is dat:

> "(...) datgene wat doorgaans aangeduid wordt als 'gegeven informatie' achterwege *moet* blijven. Derhalve zijn woorden die uitsluitend dergelijke gegeven informatie aan kunnen duiden, en dat zijn onbeklemtoonde pronomina, in dergelijke constructies onmogelijk." (1986:27-28)[12]

Zijn conclusie ten aanzien van (129) is dat de telwoorden daar uitsluitend naar een kwantiteit verwijzen. De entiteiten waarover de constructies een uitspraak doen worden verondersteld door de context en/of situatie (1986: 28).

Het tweede geval waarin kwantitatieve N1's niet vergezeld gaan van het kwantitatieve *er* zien we in (130), waar N1 is ingebed in een constructie met een predikaat dat een hoeveelheid uitdrukt (hier: *veel*):

(130) Tien is volgens mij echt te veel

Sturm verantwoordt de afwezigheid van kwantitatief *er* in (130) door te stellen dat het hoofdtelwoord hier uitsluitend naar een kwantiteit verwijst en dat er dus geen entiteiten aangeduid behoeven te worden. Hoewel hij dat niet met zoveel woorden zegt, nemen we aan dat de entiteiten waarover de constructie een uitspraak doet ook hier verondersteld worden door de context en/of situatie. Volgens Sturm is het verschil tussen (130) en constructies met hoofdtelwoorden die vergezeld gaan van het kwantitatieve *er*, dat in de laatste zowel een kwantiteit als entiteiten worden aangeduid. Zie (131):

(131) Ik heb er tien gezien

Sturm neemt aan dat de twee verwijzingstypes in (130) en (131) en daarmee de verschijning van het kwantitatieve *er*, geconditioneerd worden door de semantische inhoud van het predikaat. In (130) staat het predikaat *veel*, dat ontegenzeggelijk kwantitatief van aard is, terwijl er in (131) sprake is van het predikaat *gezien*, dat niet kwantitatief is, maar iets uitzegt over entiteiten.

Hoewel Sturms redenering naar aanleiding van (129)-(131) de betreffende data op een aannemelijke manier lijkt te verantwoorden, is zij ons inziens niet geheel onproblematisch. Zijn onderscheid tussen kwantitatieve N1's die alleen naar een kwantiteit verwijzen en kwantitatieve N1's die zowel naar een kwantiteit als naar entiteiten verwijzen, geeft ons inziens geen helder beeld van de onderhavige problematiek. We kunnen ons niet veel voorstellen bij kwantitatieve N1's die niet op de een of andere manier naar entiteiten verwijzen. We zien bij voorbeeld niet in waarom *tien* in (130) niet naar 'leerlingen' zou kunnen verwijzen. Als antwoord op de vraag in (132), lijkt (130) ons zonder meer acceptabel:

(132) Mama, mag ik voor mijn verjaardag tien leerlingen uitnodigen?

Met andere woorden: naast het noemen van een kwantiteit, namelijk 'tien', is *tien* in (130) in staat te verwijzen naar entiteiten, namelijk 'leerlingen'. Zoals we reeds constateerden, wordt de kwantitatieve N1 gekenmerkt door het niet noemen van de bedoelde entiteiten. Dit heeft tot gevolg dat de referentie van dergelijke N1's gemarkeerd moet worden door iets anders dan de eigen betekenis. Als deze redenering juist is, dan betekent dit dat het verschil tussen (129), (130) en (131) te beschrijven is als een verschil in markering van de referentie van N1, en dus niet als een verschil in de referentie zelf, zoals Sturm lijkt te suggereren. De vraag rijst dan natuurlijk hoe dit verschil in markering is te karakteriseren.

Voor (129) kunnen we de verklaring van Sturm voor een groot deel overnemen. De antwoorden op de daar vermelde vraag vormen ontegenzeggelijk de nieuwe informatie. We kunnen er dus van uitgaan dat deze woorden de pragmatische functie van focus vervullen. Zoals Sturm terecht suggereert (zie bovenstaand citaat), wordt deze functie gemarkeerd door de afwezigheid van alle oude informatie. We hebben hier dus te maken met een soort van 'negatieve' lexicale conventie. De afwezigheid van kwantitatief *er* is daarmee verklaard. Dit betekent echter niet dat de telwoorden in (129) niet naar entiteiten zouden verwijzen. Het enige dat we met zekerheid kunnen zeggen is dat de betreffende entiteiten niet genoemd worden.

Voor wat (130) betreft, is het aantoonbaar dat de referentie van N1 gemarkeerd wordt door het predikaat. Het predikaat is hiertoe in staat, **omdat** het kwantitatief van aard is. Het is duidelijk dat deze stelling ingaat tegen Sturm, die juist stelt dat het kwantitatieve karakter van het predikaat erop wijst dat N1 uitsluitend naar een kwantiteit verwijst. Desondanks lijkt het ons verdedigbaar dat het predikaat in (130) juist vanwege zijn kwantitatieve karakter in staat is de functie van kwantitatief *er* over te nemen, namelijk het markeren van het feit dat de entiteiten waar N1 naar verwijst afleidbaar zijn uit de context en/of situatie. Laten we ter ondersteuning van deze stelling eens kijken naar (133) en (134):

(133) Twee waren volgens mij echt te laat
(134) Twee worden volgens mij echt uitgenodigd

Volgens een meerderheid van onze informanten zijn deze constructies grammaticaal. Dit wijst erop dat kwantitatief *er* ook niet altijd verplicht is in uitingen zonder een kwantitatief predikaat (vgl. Sturm 1986: 23, die het tegendeel beweert). De vraag is nu hoe de referentie van N1 hier wordt gemarkeerd. Dat dit alvast niet gebeurt door middel van de predikaten *laat* en *uitgenodigd*, blijkt uit (135) en (136), waar vooropplaatsing van deze predikaten tot ongrammaticaliteit leidt:

* (135) Echt te laat waren volgens mij twee
* (136) Echt uitgenodigd worden volgens mij twee

Vergelijk (137), waar vooropplaatsing van het predikaat niet tot ongrammaticaliteit leidt:

(137) Echt te veel is volgens mij tien

Het is belangrijk in te zien dat (135) en (136) grammaticaal zijn te maken door de invoeging van kwantitatief *er*, terwijl (137) juist ongrammaticaal wordt onder invoeging van *er*. Zie (138)-(140):

(138) Echt te laat waren er volgens mij twee
(139) Echt uitgenodigd worden er volgens mij twee
* (140) Echt te veel is er volgens mij tien

Dit contrast geeft aan dat de referentie van N1 in (130) op een andere manier wordt gemarkeerd dan in (133) en (134). De observatie dat kwantitatief *er* en het predikaat *veel* in (140) complementair zijn, wijst erop dat de referentie van N1, in tegenstelling tot wat Sturm beweert, wel degelijk wordt gemarkeerd door dat predikaat. Uit onze analyse van de functie van *er* in kwantitatieve PBNP's, die we hebben gepresenteerd in hoofdstuk 3, bleek immers dat deze functie is te omschrijven als het markeren van het feit dat de door N1 gekwantificeerde entiteiten afleidbaar zijn uit de context en/of situatie. De redenering van Sturm naar aanleiding van (130) blijkt ook niet op te gaan voor (133) en (134), die het derde geval vertegenwoordigen waarin de kwantitatieve N1 niet vergezeld gaat van kwantitatief *er*. De kwantitatieve N1 is daar namelijk niet ingebed in een constructie met een predikaat dat een hoeveelheid uitdrukt. Ook de grammaticaliteit van deze constructies is te verantwoorden met een beroep op onze analyse van de functie van *er*. Als we aannemen dat het de positie van *twee* vooraan in (133) en (134) is die deze functie overneemt, dan is daarmee de grammaticaliteit van deze constructies verklaard. Een aanwijzing dat deze hypothese kans van slagen heeft, vinden we in de ongrammaticaliteit van (135) en (136), waar *twee* een andere positie inneemt. De functie die door de vooropplaatsing van *te laat* en *uitgenodigd* niet meer gemarkeerd kan worden door de positie van *twee*, moet nu gemarkeerd worden door *er*, zoals in (138) en (139).

Uit het bovenstaande volgt dat we de conclusie van Sturm slechts ten dele kunnen onderschrijven wanneer hij stelt dat de verklaring voor het optreden van kwantitatief *er* **niet** gezocht moet worden:

> "(...) in de aanwezigheid van een telwoord en een daarbij veronderstelde lege N1, maar in de noodzaak entiteiten waarover middels een werkwoord iets wordt uitgezegd en/of waarover middels een telwoord wordt gekwantificeerd, direct of indirect aan te duiden." (1986: 26)[13]

Zoals al bleek en zoals ook uit de rest van deze paragraaf zal blijken, zijn we het met Sturm eens dat er geen reden is een lege N te stipuleren om de verschijning van het kwantitatieve *er* te verklaren. We zijn het echter oneens met de stelling dat de verklaring voor het optreden van dit *er* **niet** gezocht moet worden in de aanwezigheid van een kwantitatieve N1. Zoals we reeds eerder zagen, kunnen kwantitatieve N1's beschouwd worden als *er*-makers, als ze zelfstandig, dat wil zeggen niet-bijvoeglijk, gebruikt worden (vgl. Paardekooper 1986: 496). Zie ter illustratie het hoofdtelwoord *vier* en het niet-collectiverende onbepaalde voornaamwoord *een paar* in (141)-(152):

(141) Ik heb vier boeken van die schrijver gelezen
(142) Ik heb een paar boeken van die schrijver gelezen
* (143) Ik heb er vier boeken van die schrijver gelezen
* (144) Ik heb er een paar boeken van die schrijver gelezen

* (145) Ik heb vier van die schrijver gelezen
* (146) Ik heb een paar van die schrijver gelezen
(147) Ik heb er vier van die schrijver gelezen
(148) Ik heb er een paar van die schrijver gelezen

* (149) Ik heb vier ontmoet van de leerlingen
* (150) Ik heb een paar ontmoet van de leerlingen
(151) Ik heb er vier ontmoet van de leerlingen
(152) Ik heb er een paar ontmoet van de leerlingen

Onder een kwantitatieve interpretatie van *er* zijn (143) en (144) ongrammaticaal, terwijl (147), (148), (151) en (152) onder een dergelijke interpretatie grammaticaal zijn. De constructies (145), (146), (149) en (150) bevestigen dat het kwantitatieve *er* ingevoegd **moet** worden zodra het hoofdtelwoord, of het onbepaalde voornaamwoord zelfstandig worden gebruikt. Vergelijk (141) en (142) zonder *er*, waar het hoofdtelwoord en het onbepaald voornaamwoord bijvoeglijk worden gebruikt. Deze data laten duidelijk zien dat de verklaring voor het optreden van kwantitatief *er* wel degelijk in de eerste plaats gezocht moet worden in de aanwezigheid van een kwantitatieve N1. Deze data laten echter ook zien dat de verklaring voor het optreden van dit *er* **niet** gezocht moet worden in het verschijnsel van de partiële coreferentie. Zoals we reeds zagen, kan kwantitatief *er* immers alleen verschijnen als kwantitatieve N1's verwijzen naar entiteiten zonder dat deze entiteiten genoemd worden door een onmiddellijk rechts van het voorzetsel staande N2. De ongesplitste kwantitatieve PBNP vertegenwoordigt dus het vierde geval waarin de kwantitatieve N1 niet vergezeld gaan van het kwantitatieve *er* (vgl. het eerste geval in (129), het tweede geval in (130) en het derde geval in (133) en (134)). Zie (153) en (154):

(153) Ik heb vier van de leerlingen gezien
* (154) Ik heb er vier van de leerlingen gezien

Nu zou Sturm (153) kunnen verantwoorden door te stellen dat *er* niet verschijnt omdat de entiteiten waarover het werkwoord iets uitzegt worden genoemd door N2. Zijn analyse dreigt echter spaak te lopen bij extrapositie van de partitieve PP, om de eenvoudige reden dat *er* dan wel verschijnt, ondanks het feit dat de entiteiten waarover het werkwoord iets uitzegt genoemd worden door N2. Zie (155) en (156):

* (155) Ik heb vier gezien van de leerlingen
(156) Ik heb er vier gezien van de leerlingen

Ten aanzien van de analyse van Sturm concluderen we dat de rol die het predikaat of het werkwoord spelen in het optreden van het kwantitatieve *er* genuanceerd dient te worden. Het optreden van dit *er* heeft alles te maken met het kwantitatieve karakter van N1. Kwantitatieve N1's verwijzen naar entiteiten zonder deze te noemen. Wil N1 desondanks een referentie hebben, dan dient deze referentie op de een of andere manier gemarkeerd te worden. Uit het bovenstaande is gebleken dat dit op de volgende manieren kan gebeuren:[14]

1. door al de oude informatie weg te laten en alleen kwantitatief N1 te uiten, zoals in (129);
2. door de aanwezigheid van een predikaat dat een hoeveelheid uitdrukt, zoals in (130);
3. door de positie van N1, vooraan in de zin zoals in (133) en (134);
4. door de aanwezigheid van een N2 die partieel coreferent is met N1, onmiddellijk rechts van het voorzetsel, zoals in (153);
5. door de aanwezigheid van het kwantitatieve *er*, zoals in (156).

### 4.2. De partitieve PP als binder

We zijn nu zover dat we kunnen terugkomen op Blom (1977). Het is duidelijk dat onze analyse van de kwantitatieve PBNP de hypothese van de lege kern danig aan het wankelen brengt. *Er* verschijnt immers lang niet altijd ter binding van de zogenaamde lege N. Het is volstrekt onduidelijk door welk antecedent deze lege N gebonden wordt als N1 alleen optreedt, zoals in (129), of als er sprake is van een predikaat dat een hoeveelheid uitdrukt, zoals in (130), of als N1 vooraan staat, zoals in (133) en (134). Blom heeft wel een antwoord op de vraag door welke binder de lege N wordt gebonden als de PBNP ongesplitst is, zoals in (153). Ze gaat ervan uit dat daar de partitieve PP als bindend antecedent optreedt (1977: 393). Deze stelling is echter aanvechtbaar. In reguliere BNP's met een kwantitatieve N op de N1-plaats is het kwantitatieve *er* verplicht, hetgeen erop wijst dat de reguliere PP hier niet als binder van de lege N optreedt. Zie bij voorbeeld (145), hier herhaald als (157):

* (157) Ik heb vier van die schrijver gelezen

Dit is problematisch voor Bloms analyse, omdat de implicatie hiervan is dat de keus van de binder van de lege N geconditioneerd wordt door het semantische karakter van de constructie waarin die lege N zich bevindt, i.c. de semantische functie van N2. Het is duidelijk dat dit indruist tegen de bindtheorie, die juist stelt dat het de structurele relaties zijn tussen N's die de binding van anaforen conditioneren (Bennis en Hoekstra 1989: 213-237). De conclusie is dat de hypothese van de partitieve PP als binder, beter kan worden verlaten.

### 4.3. Lokaal versus kwantitatief *er* en niet-syntactische functies

In de vorige paragraaf zagen we dat de keus van het type binder van de zogenaamde lege N wordt geconditioneerd door niet-syntactische factoren. In deze paragraaf gaan we nog een stapje verder. We zullen laten zien dat het niet alleen niet-syntactische, maar soms zelfs niet-semantische factoren zijn die uitmaken of *er* binder is of niet. Laten we daartoe eens kijken naar (158), waar de N1-plaats wordt bezet door een kwantitatieve N:

(158) er - N1 - P - N2

Deze constructie heeft twee interpretaties, namelijk een partitieve met lokaal *er* en dus met de partitieve PP als binder, en een possessieve met kwantitatief *er* en dus met *er* als binder:

(159) Ik heb er vier van de leerlingen gezien

Onder de eerste interpretatie heeft de spreker van (159) op een niet nader gespecificeerde plaats vier leerlingen gezien. Onder de tweede interpretatie heeft de spreker vier entiteiten gezien die toebehoren aan de leerlingen. De vraag is nu welke factoren bepalen of *er* lokaal, dan wel kwantitatief geïnterpreteerd wordt, en dus of *er* al dan niet als binder beschouwd kan worden. Laten we ter beantwoording van deze vraag (159) eens vergelijken met (160) en (161):

(160) Ik heb er vier van de ballen gezien
(161) Ik heb er vier van de leerlingen gegeten

Uit (159) blijkt dat N2 (*leerlingen*) semantisch in staat is als de patiens van het voltooid deelwoord (*gezien*) te fungeren, of als 'bezitter' van de door N1 (*vier*) gekwantificeerde entiteiten. Dit heeft respectievelijk een partitieve interpretatie met lokaal *er* en een possessieve interpretatie met kwantitatief *er* tot gevolg. Uit (160) blijkt vervolgens dat N2 (*ballen*) semantisch in staat is als de patiens van het voltooid deelwoord (*gezien*) te fungeren, maar niet als 'bezitter' van de door N1 (*vier*) gekwantificeerde entiteiten. Hier is dan ook slechts een partitieve interpretatie met lokaal *er* mogelijk. Uit (161) blijkt tenslotte dat N2 (*leerlingen*) semantisch niet in staat is als de patiens van het voltooid deelwoord (*gegeten*) te fungeren, maar wel als 'bezitter' van de door N1 gekwantificeerde entiteiten. Hier is dan ook slechts een possessieve interpretatie met kwantitatief *er* mogelijk.

Concluderend kunnen we stellen dat er voor de interpretatie van (159) een beroep gedaan moet worden op de context en/of situatie (pragmatische functie), terwijl er voor de interpretatie van (160) en (161) slechts een beroep gedaan behoeft te worden op de betekenisrelatie tussen N2 en het voltooid deelwoord (semantische functie). Voor de hypothese van Blom (1977) betekent dit dat men er alleen op grond van niet-syntactische en soms zelfs niet-semantische factoren achter kan komen of *er* binder is of niet. Het is duidelijk dat deze implicatie moeilijk verzoenbaar is met de CG-gedachte dat het juist de structurele noties zijn die de binding van anaforen conditioneren (Bennis en Hoekstra 1989: 213-237).

### 4.4. Nogmaals de ongelukkige zuster van de partitieve PP

Een ander argument tegen Bloms hypothese hangt samen met de observatie dat een tweede PP in kwantitatieve PBNP's, in tegenstelling tot wat we zien in reguliere BNP's en kwalitatieve PBNP's, bij voorkeur wordt betrokken op N2. We hebben dit verschijnsel hierboven semantisch verklaard, vanuit de niet-syntactische functie van kwantitatief N1. We spraken in dit verband van de ongelukkige zuster van de partitieve PP, omdat er hoegenaamd geen enkele syntactische reden is waarom kwantitatief N1 niet een tweede PP als bepaling zou accepteren. Zoals we zagen, geldt echter zowel voor de kwantitatieve als voor de kwalitatieve PBNP dat een tweede, reguliere PP niet van plaats kan verwisselen met de partitieve PP. Zie (162)-(165), waar de niet-partitieve PP vet is:

(162) Ik heb vier van de ijsjes **van een gulden** gegeten
* (163) Ik heb (er*) vier **van een gulden** van de ijsjes gegeten

(164) Ik heb de lekkerste van de ijsjes **van een gulden** gegeten
* (165) Ik heb de lekkerste **van een gulden** van de ijsjes gegeten

Vergelijk de reguliere BNP's in (166)-(169) met een kwantitatieve en een kwalitatieve N op de N1-plaats, waar de PP's wel van plaats kunnen verwisselen:

(166) Ik heb er vier van mijn leerlingen van een gulden gegeten
(167) Ik heb er vier van een gulden van mijn leerlingen gegeten

(168) Ik heb de lekkerste van mijn leerlingen van een gulden gegeten
(169) Ik heb de lekkerste van een gulden van mijn leerlingen gegeten

Waar het ons in deze paragraaf om gaat is de observatie dat ook de eventuele invoeging van kwantitatief *er* in de gesplitste kwantitatieve PBNP in (163) niet tot grammaticaliteit leidt.[15] In dit opzicht verschilt deze constructie duidelijk van (170), waar *er* de functie van N2 overneemt:

(170) Ik heb er vier gegeten van de ijsjes van een gulden

Als men nu, zoals Blom, aanneemt dat *er* verschijnt om de lege N te binden als deze niet gebonden wordt door de partitieve PP, is de ongrammaticaliteit van (163) moeilijk te verklaren. In deze constructie wordt de lege N niet gebonden door de partitieve PP, omdat die te ver naar rechts staat. Toch kan ook *er* de lege N niet binden. De vraag die Blom zou moeten beantwoorden is dus waarom de lege N door *er* kan worden gebonden in de PBNP in (170) en in de reguliere BNP's in (166) en (167), maar niet in de PBNP in (163).

Op grond van onze analyse hierboven, kunnen wij deze vraag als volgt beantwoorden. Zowel binnen de kwantitatieve als de kwalitatieve PBNP, wordt de niet-syntactische functie van N2 ('geheel') gemarkeerd door de eerste N-positie rechts van N1. Als het 'geheel' entiteiten betreft waarvan een deel door N1 **gekwantificeerd** wordt, wordt dit daarenboven gemarkeerd door de onverplaatsbaarheid van N2 naar rechts. Als de eerste markering verkeerd plaatsvindt, zoals in (163), kan kwantitatief *er* de niet-syntactische functie van N2 niet overnemen. Dit hoeft geen verbazing te wekken, omdat de ongrammaticaliteit van deze constructie niet samenhangt met het kwantitatieve karakter van N1, maar met de tussen N1 en N2 bestaande partiële coreferentie. Zie ter vergelijking de kwalitatieve PBNP in (165) die ook ongrammaticaal is. Als de tweede markering verkeerd plaatsvindt, zoals in (170), is *er* wel in staat de functie van N2 over te nemen, omdat deze markering wel direct samenhangt met het kwantitatieve karakter van N1, getuige de grammaticaliteit van de gesplitste kwalitatieve PBNP in (171):

(171) Ik heb de lekkerste gegeten van de ijsjes van een gulden

## 4.5. Echte lege N's

Het volgende argument tegen de hypothese van een lege N in kwantitatieve PBNP's, is af te leiden uit het contrast tussen (172)-(173) en (174)-(175):

(172) Ik heb er vier $[\phi]_n$ gelezen van Wolkers
(173) Ik heb er vier $\phi$ gelezen van de boeken

(174) Ik heb vier boeken gelezen van Wolkers
* (175) Ik heb vier boeken gelezen van de boeken

We duiden $[\phi]_n$ in de reguliere BNP in (172) aan met de term 'lege N', omdat N naar believen kan worden ingevuld, zoals we zien in (174). De $\phi$ in de kwantitatieve PBNP in (173) staat voor de zogenaamde lege N van Blom (1977). Invulling van deze lege plaats leidt tot ongrammaticaliteit, zoals we zien in (175). De vraag is of het zin heeft van een lege N te spreken als deze in de gegeven context op geen enkele wijze fonologisch realiseerbaar is.[16] Maar er is meer. Zoals blijkt uit (176)-(178), heeft weglating van N in de reguliere BNP totaal andere gevolgen dan de zogenaamde lege N in de kwantitatieve PBNP, met name daar waar het gaat om de interpretatie van PP's:

(176) Ik heb er vier $[\phi]_n$ van driehonderd bladzijden over Indonesië gelezen
(177) Ik heb die mooie $[\phi]_n$ van Peugeot met dat gouden randje geprobeerd
(178) Ik heb die $[\phi]_n$ van de basisschool met haar blonde vlechten nooit meer gezien

In deze constructies wordt de tweede PP niet bij voorkeur betrokken op N2, zoals in de kwantitatieve PBNP. Bovendien blijken beide PP's, in tegenstelling tot de PP's in de kwantitatieve en kwalitatieve PBNP, met elkaar van plaats te kunnen verwisselen. Zie (179)-(181):

(179) Ik heb er vier $[\phi]_n$ over Indonesië van driehonderd bladzijden gelezen
(180) Ik heb die mooie $[\phi]_n$ met dat gouden randje van Peugeot geprobeerd
(181) Ik heb die $[\phi]_n$ met haar blonde vlechten van de basisschool nooit meer gezien

Op grond van (176)-(181) kunnen we stellen dat het weglaten van de N in de reguliere BNP, in tegenstelling tot de zogenaamde lege N in de kwantitatieve PBNP, niets verandert aan de mogelijke interpretaties van de PP's. In de reguliere BNP hebben we, met andere woorden, niet te maken met zogenaamde ongelukkige zusters. Deze verschillen tussen de echte lege N in (172) en de zogenaamde lege N in (173) vormen een reden te meer de hypothese van de lege N in de kwantitatieve PBNP los te laten.

### 4.6. De verplichte voorbepaling

De hypothese van een lege N als kern van de kwantitatieve PBNP heeft een ander in het oog springend nadeel, namelijk de verplichte aanwezigheid van N1 als voorbepaling. Zie (182) en (183):

(182) Ik heb drie $\phi$ van de leerlingen gezien
* (183) Ik heb $\phi$ van de leerlingen gezien

Een dergelijke verplichting lijkt binnen het CG-kader van Blom moeilijk te rechtvaardigen. Doorgaans neemt men immers aan dat vanuit een syntactisch oogpunt alleen de kern van een constructie verplicht aanwezig is (Jackendoff 1977: 57-133). De ongrammaticaliteit van (183) is dan ook niet structureel, maar alleen nog maar semantisch te verklaren. Dergelijke verklaringen worden binnen CG echter als onwenselijk beschouwd, gezien het reeds eerder aangestipte primaat van de structurele noties.

### 4.7. *Een paar*

Een van Bloms argumenten voor een lege plaats als kern van de kwantitatieve PBNP is dat het voornaamwoord *paar* in (184) niet de kern kan zijn van de PBNP, omdat het niet congrueert met *zijn*. Vergelijk (185):

* (184) Een **paar** ϕ van de leerlingen **is** ziek
(185) Een paar **ϕ** van de leerlingen **zijn** ziek

Door een onzichtbaar congruerende kern te poneren, tracht Blom uit dit dilemma te raken. Ons inziens wordt het probleem hiermee echter alleen maar verschoven, gezien de incongruentie tussen de lege kern, die in bovenstaande PBNP's meervoudig is, en de voorbepaling *een paar*. Deze incongruentie is in tegenspraak met het idee dat voorbepalingen congrueren met de kern waar ze bij horen (Selkirk 1977: 289).

De vraag rijst dan hoe de ogenschijnlijke incongruentie tussen N1 en de persoonsvorm in (185) is te verklaren. Het antwoord ligt voor de hand. We moeten aannemen dat *paar* meervoudig is, ondanks de aanwezigheid van het lidwoord *een*. Deze stelling is goed te verdedigen als we bedenken dat de meervoudigheid van *paar* niet gemarkeerd wordt door een lidwoord dan wel een nul-lidwoord, maar door de betekenis van *paar*, die te omschrijven is als: een beperkt, niet nader gespecificeerd aantal. Ter ondersteuning van deze stelling wijzen we erop dat *een* wel vaker voorafgaat aan meervoudige N's, zoals in (186):

(186) Ik heb er een twintig, dertig gezien

In plaats van een enkelvoud te markeren, markeert *een* in (185) en (186) het feit dat de gekwantificeerde entiteiten niet identificeerbaar zijn voor de hoorder van de uiting. De conclusie luidt dat het niet nodig is de ogenschijnlijke incongruentie in (185) te verantwoorden door middel van een lege N. Het is wel nodig in te zien dat *een* in het Nederlands niet perse een enkelvoud hoeft te markeren.

## 5. Balans Bennis, Klein en Blom

In de paragrafen 2 tot en met 4 hebben we laten zien dat het afwijkende lineaire gedrag van de PBNP niet noodzakelijkerwijs tot de conclusie hoeft te leiden dat deze constructie een elementaire syntactische structuur heeft die afwijkt van de elementaire syntactische structuur die doorgaans wordt aangenomen voor de reguliere BNP. Uitgaande van een strikt onderscheid tussen lineaire conventies en lineaire functies, hebben we kunnen vaststellen dat het afwijkende lineaire gedrag van zowel de kwantitatieve als de kwalitatieve PBNP vanuit een syntactisch oogpunt conventioneel is en dus slechts lineaire conventies betreft. Dat deze conventies wel functioneel zijn op het semantische of pragmatische vlak is in het bovenstaande, naar we hopen, voldoende aangetoond.

## 6. Onopgeloste problemen

Gezien de uitgangspunten die we in het eerste hoofdstuk hebben uiteengezet, ligt de elementaire syntactische structuur van de PBNP vast. Te meer daar we in het voorafgaande aannemelijk hebben gemaakt dat het afwijkende lexicale en lineaire gedrag van de PBNP volledig is terug te voeren op niet-syntactische factoren. De implicatie hiervan is dat er geen enkele reden is om aan te nemen dat N2 (vgl. Klein en Coppen), of een lege N (vgl. Bennis en Blom) de kern vormt van de kwantitatieve PBNP. Dit alles neemt echter niet weg dat een aantal problemen tot hiertoe onbesproken zijn gebleven. Waarom zou bij voorbeeld de partitieve PP niet de kern kunnen zijn (vgl. Paardekooper 1986: 492-493), of, als de partitieve PP is geëxtraponeerd of ontbreekt, het kwantitatieve *er* met kwantitatief N1 als nabepaling (vgl. Sturm 1986: 27)?

### 6.1. Het kwantitatieve *er* is geen kern

Sturm (1986: 27) is van mening dat het kwantitatieve *er* in constructies als (187) de kern vormt van de NP, met het hoofdtelwoord als bepaling:

(187) Ik heb [er vier]$_{np}$ gezien

Zijn argumentatie komt op het volgende neer: *er* helpt het hoofdtelwoord te refereren naar entiteiten, die doorgaans worden uitgedrukt door N. Zie (188):

(188) Ik heb [vier leerlingen]$_{np}$ gezien

Volgens Sturm heeft *er* in (187) de rol van de N *leerlingen* overgenomen en komt dientengevolge op de N-plaats te staan.[17] De conclusie is dat *er* pronominaal is. Hoewel de conclusie ons gerechtvaardigd lijkt dat het kwantitatieve *er* in zekere zin de niet-syntactische functie van N overneemt, kunnen we het niet eens zijn met de syntactische functie die Sturm het kwantitatieve *er* toebedenkt. In deze paragraaf zullen we laten zien dat er goede redenen zijn om het kwantitatieve *er* niet als de kern van de NP in (187) te beschouwen.

In de eerste plaats vestigen we de aandacht op het feit dat het kwantitatieve *er* in (187) slechts **in zekere zin** de niet-syntactische functie van N overneemt. De semantische functie van N is: het noemen van het geheel waarvan de door het telwoord gekwantificeerde entiteiten een deel vormen, terwijl de functie van *er* is te omschrijven als: het markeren van het feit dat de door het telwoord gekwantificeerde entiteiten afleidbaar zijn uit de context en/of situatie. Het resultaat is hetzelfde: de entiteiten waar het om gaat zijn terugvindbaar. De manier waarop ze teruggevonden worden verschilt echter. We kunnen dus niet stellen dat het kwantitatieve *er* en N exact dezelfde niet-syntactische functie vervullen.

In de tweede plaats dient erop gewezen te worden dat de overname van de niet-syntactische functie van N door het kwantitatieve *er* niet noodzakerlijkerwijs hoeft te betekenen dat *er* ook de syntactische functie van N overneemt. Het lijkt ons in dit specifieke geval zelfs onwaarschijnlijk dat dit het geval zou zijn. Doorgaans is het immers de voorbepaling van N die de syntactische functie van N overneemt, als de laatste is weggelaten. Zie (189)-(192):

(189) Ik heb [die leerlingen]$_{np}$ gezien
(190) Ik heb [die $\phi$]$_{np}$ gezien

(191) Ik heb tot nu toe altijd [blauwe auto's]$_{np}$ gehad
(192) Ik heb tot nu toe altijd [blauwe $\phi$]$_{np}$ gehad

Interessant in dit verband is (193), waaruit blijkt dat de zogenaamde kern *er* in (187) niet alleen kan optreden (vgl. Geerts e.a. 1984: 393-394):

* (193) Ik heb [er $\phi$]$_{np}$ gezien

In het voorafgaande zagen we dat het hoofdtelwoord in sommige gevallen wel alleen kan optreden. We herhalen hier de betreffende constructies:

(194) A. Hoeveel leerlingen hebben jullie uitgenodigd?
B. Tien

(195) Echt te veel is volgens mij tien
(196) Twee waren volgens mij echt te laat

We kunnen voorlopig concluderen dat de verschijning van *er* in (187) niet dwingend tot de conclusie leidt dat *er* daar de syntactische functie van kern bekleedt. De observatie dat het kwantitatieve *er*, in tegenstelling tot het hoofdtelwoord, niet alleen kan voorkomen wijst eerder op het tegendeel.

Een derde punt waar we de aandacht op willen vestigen naar aanleiding van (187) is de gesplitste en ongesplitste kwantitatieve PBNP. Zie (197) en (198):

(197) Ik heb er vier gezien van de leerlingen
(198) Ik heb vier van de leerlingen gezien

Voorzover wij kunnen zien, gaat Sturm niet in op de gevolgen van zijn analyse van (187) voor deze constructies. Desondanks ligt het voor de hand dat hij ook in (197) *er* als de kern van de NP beschouwt. Het probleem is dan dat hij naar analogie met (188) zal moeten aannemen dat *leerlingen* in (198) de kern vormt van de PBNP. Hij gaat er immers vanuit dat *er* de plaats inneemt van N. Dat dit problematisch is, behoeft weinig betoog. In onze behandeling van Klein (1981) hebben we uitgebreid laten zien dat er geen syntactische aanwijzingen zijn voor het kernschap van N2 in de kwantitatieve PBNP.

In de vierde en laatste plaats wijzen we nog eens op de reeds behandelde constructies in (199)-(204):

(199) Twee waren volgens mij echt te laat
(200) Twee worden volgens mij echt uitgenodigd

* (201) Echt te laat waren volgens mij twee
* (202) Echt uitgenodigd worden volgens mij twee

(203) Echt te laat waren er volgens mij twee
(204) Echt uitgenodigd worden er volgens mij twee

Als we met Sturm zouden aannemen dat *er* in (203) en (204) de kern is van *er twee*, dan zouden we het vreemde verschijnsel moeten verklaren dat de weglaatbaarheid van deze kern wordt geconditioneerd door de plaats van de zogenaamde bepaling *twee*. Een dergelijke verklaring lijkt nogal ad hoc, omdat de weglaatbaarheid van nominale kernen doorgaans niet geconditioneerd wordt door positionele factoren die samenhangen met de bepalingen bij die kernen. Zie (205)-(208):

(205) [Rode auto's]$_{np}$ hebben de minste aanrijdingen
(206) [Rode $\phi$]$_{np}$ hebben de minste aanrijdingen

(207) De minste aanrijdingen hebben [rode auto's]$_{np}$
(208) De minste aanrijdingen hebben [rode $\phi$]$_{np}$

Al met al is er weinig reden om aan te nemen dat *er* in (187) de syntactische functie van kern vervult. Het feit dat *er* in zekere zin de niet-syntachtische functie van N overneemt, wil niet zeggen dat *er* daarmee tevens de syntactische functie van N overneemt. Het is duidelijk dat ook hier een strikt onderscheid tussen niet-syntactische functies en syntactische functies zijn vruchten afwerpt.

### 6.2. De partitieve PP is geen kern

Paardekooper (1986: 492-493) merkt op dat de partitieve PP wel eens de kern zou kunnen zijn van de kwantitatieve PBNP, omdat deze PP in geen enkel opzicht is te beschouwen als een nabepaling. De partitieve PP is immers noch afsplitsbaar, noch weglaatbaar zonder dat het kwantitatieve *er* verplicht verschijnt. Door de verschijning van dit woordje ontstaat er volgens Paardekooper:

> "(...) een type (...) dat eerder aan *twee van een kwartje* doet denken (zonder daaraan gelijk te zijn!)." (1986: 492-493)

Naar aanleiding van de vraag wat eigenlijk een nabepaling is, merkt hij enkele bladzijden verder echter op dat het vooralsnog onmogelijk is een scherpe definitie te geven, maar dat in een voorlopige de volgende drie elementen kunnen staan:

> "1. Tegenover een tweede helft van een nevenschikking die "gelijksoortig" is aan de eerste onderscheidt de nabep. zich doordat die verplichte gelijksoortigheid daarbij ontbreekt. In *niemand behalve m'n vriend* zijn *niemand* en *vriend* wél per se gelijksoortig (...). Eigenlijk kunnen we hier dus beter niet van een nabep. spreken.
>
> 2. Dat nabep. meestal een afgesplitste variant naast zich hebben, hebben ze gemeen met een tweede helft van een nevenschikking (...). De variant met splitsing heeft de nabep. meestal in de uitloop, maar een enkele keer kan die ook op een andere plaats staan (...).
>
> 3. De weglaatbaarheid van een nabep. is noch tegenover elke voorbep. een onderscheid noch tegenover de tweede helft van de nevenschikking." (1986: 505)

We kunnen hieruit concluderen dat noch afsplitsbaarheid, noch weglaatbaarheid waterdichte criteria zijn voor de vaststelling of iets een nabepaling is of juist niet. We kunnen Paardekoopers uitspraak dat de partitieve PP mogelijk de kern vormt van de PBNP, dus meteen weer relativeren op grond van zijn eigen overwegingen.[18] Dat de verschijning van kwantitatief *er* bovendien helemaal geen belemmering hoeft te vormen voor de nabepalingsstatus van de partitieve PP, juist omdat dit *er* verschijnt als lexicale markeerder van een niet-syntactische functie, zullen we trachten te demonstreren in de volgende paragraaf.

## 7. N1 is de kern van de PBNP

Nu we, naar we hopen, aannemelijk hebben gemaakt dat naast N2 en de lege N ook het kwantitatieve *er* en de partitieve PP geen geschikte kandidaten zijn voor het kernschap van de kwantitatieve PBNP, zullen we een vijftal onafhankelijke argumenten presenteren die de gedachte ondersteunen dat N1 de kern is van deze constructie. Deze argumenten zijn in die zin onafhankelijk dat ze niet direct volgen uit de wijze waarop de syntactische functies binnen de PBNP worden gemarkeerd.[19]

### 7.1. Endocentriciteit

Zoals we reeds vermeldden in de inleiding, gaan we uit van het endocentrische principe ter bepaling van de kern van NP's (vgl. Bloomfield 1977: 194-196). Dit principe stelt dat een endocentrische constructie dezelfde distributie heeft als de kern van die constructie. Beschouw nu (209)-(218):

(209) Ik heb **vier van de leerlingen** gezien

* (210) Ik heb **er van de leerlingen** gezien
* (211) Ik heb **van de leerlingen** gezien
* (212) Ik heb **er de leerlingen** gezien
* (213) Ik heb **de leerlingen** gezien
* (214) Ik heb **er leerlingen** gezien
* (215) Ik heb **leerlingen** gezien
(216) Ik heb **er vier** gezien
* (217) Ik heb **vier** gezien
* (218) Ik heb **er** gezien

Het endocentrische principe wijst *vier* in (216) als de kern van de PBNP in (209) aan. De vetgedrukte delen in de andere constructies vallen af, omdat die in de gegeven context ongrammaticaal zijn onder een partitieve lezing (enkele zelfs onder elke lezing) en dus niet dezelfde distributie hebben als de PBNP in (209). Van der Lubbe wijst er terecht op dat (216) vanwege de verplichte verschijning van het kwantitatieve *er* problematisch lijkt in vergelijking met (225) hieronder. In (219) wijst het endocentrische principe **ouders** feilloos als de kern van de BNP aan. De andere constructies zijn ongrammaticaal onder de lezing van (219):[20]

(219) Ik heb **veel ouders van leerlingen** gezien

* (220) Ik heb **veel van leerlingen** gezien
* (221) Ik heb **veel leerlingen** gezien
* (222) Ik heb **van leerlingen** gezien
* (223) Ik heb **veel** gezien
* (224) Ik heb **leerlingen** gezien
(225) Ik heb **ouders** gezien

Voor Van der Lubbe is dit echter geen reden om te twijfelen aan het kernschap van het telwoord in (209). We kunnen hierin met hem meegaan, te meer daar het hier gaat om een veel algemener verschijnsel dat we ook aantreffen in reguliere BNP's. Vergelijk (226)-(228):[21]

(226) Ik heb **een leerling uit klas** zes gezien

(227) Ik heb **een leerling** gezien
* (228) Ik heb **leerling** gezien

In (226) is de N *leerling* de kern van de BNP. Ondanks het feit dat de bedoelde entiteit hier wordt genoemd, kan deze N niet verwijzen naar deze entiteit zonder de hulp van het lidwoord. Van den Toorn (1970) heeft uitgebreid aandacht geschonken aan deze ogenschijnlijke inbreuk op het endocentrische principe. Net zoals voor Van der Lubbe, is dit voor hem geen reden om dit principe overboord te gooien. Zijn conclusie luidt dat het endocentrische principe altijd een nader bepaald woord als de kern van een woordgroep aanwijst (1970: 14). De stelling dat dit principe *vier* in (209) als de kern van de PBNP aanwijst, kan dus worden gehandhaafd, op voorwaarde dat we *er* als nadere bepaling bij het telwoord opvatten. Gezien onze analyse van het kwantitatieve *er* hierboven, lijkt dit laatste niet onverdedigbaar.

We dienen er tenslotte nog op te wijzen dat bovenstaande voorstelling van zaken niet impliceert dat het kwantitatieve *er* in (216) dezelfde niet-syntactische functie bekleedt als het onbepaald lidwoord in (227). In de laatste constructie wordt de bedoelde entiteit door N genoemd, terwijl het telwoord in (216) de bedoelde entiteit niet noemt. De functie van het lidwoord in (227) is te omschrijven als het markeren van het feit dat de direct volgende N verwijst naar een entiteit die voor de hoorder van de uiting niet identificeerbaar is. Op grond van het voorafgaande is het duidelijk dat de functie van *er* in (216) een andere is, namelijk: het markeren van het feit dat de door *vier* gekwantificeerde entiteiten afleidbaar zijn uit de context en/of situatie. Dit betekent echter niet dat deze entiteiten identificeerbaar zijn voor de hoorder van de uiting. Ook in (216) zijn deze niet-identificeerbaar om de eenvoudige reden dat *vier* voorafgegaan wordt door een nul-lidwoord, en dus een onbepaald lidwoord.[22]

### 7.2. De nadere bepaling bij de kern

Van den Toorns conclusie dat de kern van een endocentrische woordgroep een nader bepaald woord betreft, speelt ons een nieuw argument in handen ter ondersteuning van het idee dat N1 de kern is van de PBNP. Gezien het verschijnsel dat een kern zijn distributie oplegt aan de woordgroep waarvan die deel uitmaakt, kunnen we er namelijk van uitgaan dat de verplichte nadere bepaling bij de kern ook van toepassing is op de constructie waarin die kern kern is. Zie (229)-(231):

(229) Ik heb **het** huis van een leerling gefotografeerd
(230) Ik heb **het** huis gefotografeerd
* (231) Ik heb **een** leerling gefotografeerd

Afgezien van de parallelle distributie van *het huis* en de BNP in zijn geheel, kunnen we op grond van de aanwezigheid van het bepaald lidwoord, dat zowel optreedt in (229) als in (230), reeds besluiten tot het kernschap van *huis*. Zowel *huis van een leerling* als *huis* zijn gemarkeerd voor **be**paaldheid en enkelvoud, terwijl *leerling* is gemarkeerd voor **on**bepaaldheid en enkelvoud.

Bij toepassing van dit principe op de PBNP in (209), valt *leerlingen* onmiddellijk af als kandidaat voor het kernschap, omdat deze N gemarkeerd is voor bepaaldheid, terwijl de PBNP in (209) gemarkeerd is voor onbepaaldheid. *Vier* daarentegen is wel gemarkeerd voor onbepaaldheid, dank zij het reeds genoemde nul-lidwoord, hetgeen er een geschikte kandidaat van maakt voor het kernschap van (209). Het is duidelijk dat het principe dat de nadere bepaling bij de kern ook van toepassing is op de constructie waarvan die kern deel uitmaakt, een noodzakelijke voorwaarde vormt voor kernschap en geen voldoende voorwaarde. Zie (232)-(234):

(232) Ik heb **een** huis van **een** leerling gefotografeerd
(233) Ik heb **een** huis gefotografeerd
* (234) Ik heb **een** leerling gefotografeerd

In BNP's met N's die vergezeld van dezelfde markeerders, duidt dit principe vanzelfsprekend beide N's aan.

### 7.3. Kern-bepaling-gedrag

Als we ervan uit zouden gaan dat *leerlingen* in (209) de kern is van de kwantitatieve PBNP, dan zou de ongrammaticaliteit van (235) moeilijker zijn te verantwoorden dan als we aannemen dat *vier* de kern is:

* (235) Ik heb vier van leerlingen gezien

Teneinde deze stelling te kunnen verdedigen, dienen we even terug te gaan naar Klein (1981: 296), die aanneemt dat N2 de kern is van de kwantitatieve PBNP. Uit de structuur die Klein voorstelt voor dergelijke PBNP's, blijkt dat N2 voorafgegaan wordt door drie bepalingen, namelijk een telwoord, een voorzetsel en een lidwoord. We herhalen Kleins boom hier als (236).

Nu vormt een N met drie voorbepalingen op zich geen probleem. Kernen kunnen worden voorafgegaan door een oneindig aantal voorbepalingen. Slechts pragmatische factoren weerhouden moedertaalsprekers ervan het aantal daarvan te ver op te voeren. Het probleem in (236) is daarentegen de wel erg buitenissige combinatie van voorbepalingen. Als (236) zou bestaan, zou het de eerste syntactische structuur in het Nederlands zijn waarin het lidwoord voorbepaling is zonder de andere voorbepalingen onder zijn bereik te hebben.[23] De interpretatieve gevolgen van een dergelijke structuur zijn niet minder opzienbarend. Doordat het bepaald lidwoord *de* in (236) een van de voorbepalingen is, is het een raadsel waarom de betreffende PBNP onbepaald is. Men zou natuurlijk kunnen aannemen dat er zich in (236) nog een andere voorbepaling bevindt, namelijk een nul-lidwoord, dat de onbepaaldheid van de PBNP markeert. Toch lost ook dat niets op, om de eenvoudige reden dat N's in principe niet voorafgegaan kunnen worden door twee elkaar uitsluitende markeerders. Men zou verder nog kunnen aannemen dat het de extravagante melange van voorbepalingen in (236) is die op een nog nader te bepalen wijze de markering voor onbepaaldheid voor zijn rekening neemt. Dit is echter de omgekeerde wereld, want dit zou betekenen dat (voor)bepalingen in staat zijn elkaar te selecteren. En dat druist regelrecht in tegen de aannemelijke gedachte dat het juist de kern is die zijn bepalingen selecteert.

(236)

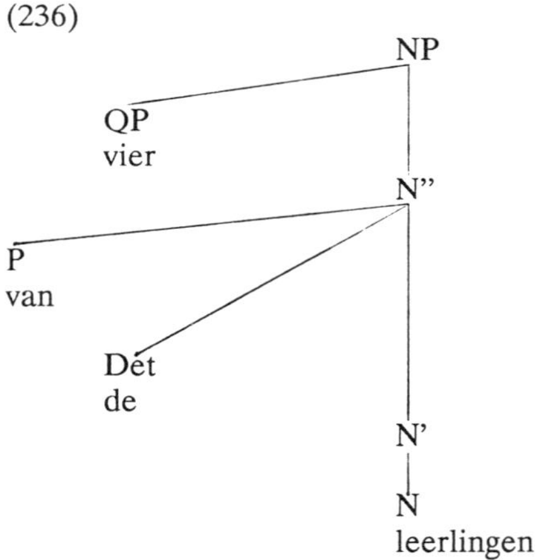


We zijn nu zover dat we kunnen terugkomen op de stelling dat de ongrammaticaliteit van (235) moeilijker is te verantwoorden als we aannemen dat *leerlingen* de kern is van (236), dan als we aannemen dat *vier* de kern is. Als we even afzien van allerlei betekenisverschillen en interpretatieve verschillen, is de N *leerlingen* (zonder het bepaald lidwoord) in (236) op dezelfde manier inzetbaar als de PBNP waar die deel van uitmaakt. De drie zogenaamde voorbepalingen van *leerlingen* zijn, zoals het voorbepalingen (meestal) betaamt, weglaatbaar. Tot zover lijkt er dus geen verschil te bestaan tussen (236) en de NP in (237). Vergelijk (238):

(237) Gisteren heb ik een bezoekje gebracht aan [mijn drie lieve, knappe en verschrikkelijk intelligente Nederlandse vriendinnen]$_{np}$
(238) Gisteren heb ik een bezoekje gebracht aan [vriendinnen]$_{n}$

We wijzen er echter op dat de zes voorbepalingen in (237), alweer zoals het voorbepalingen betaamt, zowel elk afzonderlijk als in elke denkbare combinatie inzetbaar zijn, uiteraard zolang bepaalde lineaire conventies geëerbiedigd worden (vgl. Roose 1956: 481). Zie ter illustratie respectievelijk (239)-(241) en (242)-(244):

(239) Gisteren heb ik een bezoekje gebracht aan mijn vriendinnen
(240) Gisteren heb ik een bezoekje gebracht aan drie vriendinnen
(241) Gisteren heb ik een bezoekje gebracht aan Nederlandse vriendinnen

(242) Gisteren heb ik een bezoekje gebracht aan mijn verschrikkelijk intelligente vriendinnen
(243) Gisteren heb ik een bezoekje gebracht aan drie knappe vriendinnen
(244) Gisteren heb ik een bezoekje gebracht aan lieve Nederlandse vriendinnen

Hoe anders liggen de zaken in constructies als (236). De zogenaamde voorbepalingen zijn in de eerste plaats niet in alle gevallen afzonderlijk van elkaar inzetbaar, terwijl ze in de tweede plaats **nooit** getweeën inzetbaar blijken te zijn. Zie respectievelijk (245)-(247) en (248)-(250):

(245) Ik heb **vier** leerlingen gezien
* (246) Ik heb **van** leerlingen gezien
(247) Ik heb **de** leerlingen gezien

* (248) Ik heb **vier de** leerlingen gezien
* (249) Ik heb **vier van** leerlingen gezien
* (250) Ik heb **van de** leerlingen gezien

Ons inziens vormt dit een duidelijke aanwijzing dat *vier*, *van* en *de* helemaal geen voorbepaling zijn bij *leerlingen* om de zojuist genoemde reden, namelijk dat kernen hun (voor)bepalingen selecteren en niet (voor)bepalingen zichzelf onderling. Het is duidelijk dat de ongrammaticaliteit van (235) een stuk gemakkelijker is te verklaren als we aannemen dat *vier* de kern is van de PBNP, omdat *vier*, zoals het kernen betaamt en zoals we in het vorige en dit hoofdstuk ten overvloede hebben laten zien, zelf zijn (voor)bepalingen selecteert.

## 7.4. De Specifier-Hypothese

Een ander argument voor het kernschap van N1 hangt samen met de syntactische status van het voorzetsel in de PBNP. Sturm (1986: 228-229) tracht aannemelijk te maken dat het Nederlands een zogenaamde specificator-taal is, dat wil zeggen een taal waarin kernen in de ongemarkeerde volgorde naar links vertakken. Een interessante claim is dat in constructies met een rechtsvertakkende kern een lexicale markeerder ingevoegd dient te worden om aan te geven dat ze niet in overeenstemming zijn met voornoemde hypothese.[24] Een van de manieren om bepalingen bij een rechtsvertakkende kern te markeren, is invoeging van een voorzetsel. Zie (251) en (252):

(251) Het houten huis
(252) Het huis van hout

De NP in (251) vertegenwoordigt de ongemarkeerde volgorde. De bepalingen *het* en *houten* staan beide links van de kern. De BNP in (252) vertegenwoordigt de gemarkeerde volgorde, omdat de bepaling *hout* rechts van de kern staat. Het voorzetsel *van* fungeert in (252) als de markeerder van deze afwijkende volgorde. De vraag is nu of er constructies zijn te bedenken waarin een N als bepaling optreedt bij N1, zonder dat de eerste gemarkeerd wordt door een voorzetsel. Als Sturms hypothese juist is, zou de volgorde van beide elementen N-N1 moeten zijn. Getuige (253) blijken dergelijke constructies inderdaad te bestaan:

(253) A: Hoeveel van de leerlingen van de hoogste drie klassen heb jij vorige week ondervraagd?
B: (Van) de vierde (klas) één, de vijfde (klas) drie en de zesde (klas) twee
*C: Eén (van) de vierde (klas), drie de vijfde (klas) en twee de zesde (klas)

Er bestaat geen twijfel over dat het door C gegeven antwoord op de door A gestelde vraag ongrammaticaal is. Het antwoord van B blijkt daarentegen grammaticaal te zijn.[25] C's antwoord is alleen grammaticaal te maken door invoeging van een markeerder, zoals in (254):

(254) Eén **van** de vierde (klas), drie **van** de vijfde (klas) en twee **van** de zesde (klas)

Op grond van (253) concluderen we dat ook Sturms hypothese N1 als de kern aanwijst, gezien de positie van deze N uiterst rechts.[26]

### 7.5. Congruentie

Het laatste en misschien wel meest voor de hand liggende argument voor het kernschap van N1 heeft te maken met de reeds eerder genoemde congruentieverschijnselen in kwantitatieve PBNP's. Zie (255)-(257):

(255) **Een** van de leerlingen **is/zijn*** ziek
(256) **Vier** van de leerlingen **is*/zijn** ziek
(257) **Een paar** van de leerlingen **is*/zijn** ziek

Over het algemeen neemt men aan dat de persoonsvorm verplicht congrueert met de kern van het onderwerp, zoals in (255) en (256), en niet met de bepaling(en) van het onderwerp (Selkirk 1977: 285-316). Wat (257) betreft, zagen we reeds dat *een* in *een paar* geen enkelvoudsmarkeerder is. *Paar* wordt door zijn betekenis voor meervoud gemarkeerd. De congruentie tussen *paar* en *zijn* is hiermee in overeenstemming.

## 8. De categoriale status van N1

Nu we ook op onafhankelijke gronden aannemelijk hebben gemaakt dat N1 de beste kandidaat is voor het kernschap van de kwantitatieve PBNP, dienen we ter afsluiting van dit hoofdstuk nog na te gaan tot welke syntactische klasse de kwantitatieve en kwalitatieve N1's behoren. Het betreffende N-etiket was tot hiertoe immers niet meer dan een werkhypothese.[27] Ons inziens moet de vaststelling dat er op de N1-plaats leden van zo verschillende syntactische klassen kunnen staan als de kwantitatieve zelfstandige naamwoorden, de hoofd- en rangtelwoorden, de overtreffende trap en de voornaamwoorden, enigszins worden genuanceerd. We gaan uit van de stelling dat deze woorden tot op zekere hoogte alle nominaal zijn, als ze zelfstandig worden gebruikt. In de volgende twee paragrafen zullen we deze stelling trachten te onderbouwen aan de hand van een vergelijking tussen de kwantitatieve zelfstandige naamwoorden en de voornaamwoorden, die vanzelfsprekend nominaal zijn, enerzijds en de hoofd- en rangtelwoorden en de overtreffende trap anderzijds.

### 8.1. Aanwijzingen van semantische aard

Zoals we reeds constateerden in het vorige hoofdstuk, is een van de meest typerende semantische overeenkomsten tussen de in PBNP's optredende N1's dat ze, ongeacht de woordsoort waartoe ze behoren, naar entiteiten verwijzen zonder die entiteiten zelf te noemen. Teneinde erachter te komen om wat voor soort entiteiten het gaat, is een beroep op de rest van de PBNP noodzakelijk. Deze N1's onderscheiden zich hierin van de niet-kwantitatieve zelfstandige naamwoorden, die de entiteiten waar ze naar verwijzen wel zelf noemen.

Een andere, reeds gesignaleerde overeenkomst tussen in PBNP optredende N1's is dat ze, ongeacht de woordsoort waartoe ze behoren, zijn in te delen volgens de kenmerken bepaald-onbepaald en kwantitatief-kwalitatief. Zie schema 6, waar znw voor zelfstandig naamwoord staat.

Dat het bij de in PBNP's optredende hoofd- en rangtelwoorden en de overtreffende trap tot op zekere hoogte om nomina gaat, wordt tevens bewezen door de vervangbaarheid van deze door een voornaamwoord in (258)-(262). Vergelijk de 'klassieke' N's in (263)-(267):

(258) Ik heb **er vier/ze** gezien
(259) Ik heb **er veel/ze** gezien
(260) Ik heb **de vierde/hem** gezien
(261) Ik heb **de laatste/hem** gezien
(262) Ik heb **de leukste/hem** gezien

(263) Ik heb **er een handvol/ze** gezien
(264) Ik heb **er enkele/ze** gezien
(265) Ik heb **er een paar/ze** gezien
(266) Ik heb **(er) sommige/ze** gezien
(267) Ik heb **de eerste de beste/hem** gezien

Schema 6: Woordsoorten op de N1-plaats van de PBNP

| | | N1 | WOORDSOORT |
|---|---|---|---|
| [+DEF] | [KWAN] | *sommige (?)* | voornaamwoord |
| | [KWAL] | *de vierde*<br>*de laatste*<br>*de leukste*<br>*de eerste de beste*<br>*sommige (?)* | rangtelwoord<br>rangtelwoord<br>overtreffende trap<br>voornaamwoord<br>voornaamwoord |
| [-DEF] | [KWAN] | *een handvol*<br>*ϕ vier*<br>*ϕ veel*<br>*ϕ enkele*<br>*een paar*<br>*sommige (?)* | kwantitatief znw<br>hoofdtelwoord<br>hoofdtelwoord<br>voornaamwoord<br>voornaamwoord<br>voornaamwoord |
| | [KWAL] | *een vierde*<br>*een laatste*<br>*sommige (?)* | rangtelwoord<br>rangtelwoord<br>voornaamwoord |

Dat de onderhavige telwoorden en de overtreffende trap, net zoals het kwantitatieve zelfstandige naamwoord en de voornaamwoorden, niet combineerbaar zijn met andere N's, spreekt nu vanzelf. Als we de schuine strepen in (258)-(267) weghalen, leidt dat in al de gevallen tot ongrammaticaliteit.

## 8.2. Aanwijzingen van syntactische aard

De telwoorden en de overtreffende trap blijken ook op het syntactische vlak een paar belangrijke overeenkomsten te vertonen met echte N's. Net zoals deze laatste kunnen ze zowel de syntactische functie van kern als van bepaling bekleden. Zie ter illustratie (268) en (269), waar *vier/de leuksten* en *de eerste de besten* beide functies vervullen. Ze zijn zowel bepaling bij *drie* als kern van *overkant*. Verder kunnen de telwoorden en de overtreffende trap zowel de syntactische functie van onderwerp als van lijdend voorwerp vervullen. Zie daarvoor (270)-(273):

(268) Ik ken [drie [van de vier/de leuksten [van de overkant]]]
(269) Ik ken [drie [van de eerste de besten [van de overkant]]]

(270) Vier/de leuksten waren volgens mij echt te laat
(271) De eerste de beste was weer eens te laat

(272) Ik heb er vier gefotografeerd
(273) Ik heb de eerste de beste gefotografeerd

Op grond van de genoemde semantische en syntactische overeenkomsten tussen de kwantitatieve zelfstandige naamwoorden en de voornaamwoorden enerzijds en de hoofd- en rangtelwoorden en de overtreffende trap anderzijds, kunnen we stellen dat de woorden die binnen de PBNP de N1-plaats bezetten, alle een aantal eigenschappen van nomina bezitten en dientengevolge beschouwd kunnen worden als virtuele N's.[28]

## 9. Conclusies

Er is in de literatuur heel wat aandacht besteed aan het lineaire gedrag van de kwantitatieve PBNP, voorzover dat afwijkt van het lineaire gedrag van de reguliere BNP. Het lineaire gedrag van de kwalitatieve PBNP dat ten opzichte van de reguliere BNP op sommige punten ook als afwijkend kan worden beschouwd, wordt daarbij vrijwel geheel buiten beschouwing gelaten. Het doel van dit hoofdstuk was aan te tonen dat het afwijkende lineaire gedrag van zowel de kwantitatieve PBNP als de kwalitatieve PBNP is terug te voeren op semantische en pragmatische functies die eigen zijn aan deze constructies. Dit lineaire gedrag betreft bijgevolg geen lineaire functies, maar lineaire conventies.

We hebben vastgesteld dat de niet-syntactische functies van N1 en N2 binnen de kwantitatieve PBNP verschillen van die binnen de kwalitatieve PBNP. Bij het eerste type gaat het om semantische functies, omdat deze PBNP los van de context en/of situatie maar op één manier is te interpreteren. Bij het tweede type gaat het daarentegen om pragmatische functies, omdat deze PBNP los van de context en/of situatie op verschillende manieren geïnterpreteerd kan worden. De kwalitatieve interpretatie kan met andere woorden slechts tot stand komen op grond van een bepaalde context en/of situatie.

Dit niet-syntactische verschil tussen de kwantitatieve en de kwalitatieve PBNP gaat gepaard met een verschil in lineaire markering. De semantische functie van de N2 van de kwantitatieve PBNP wordt gemarkeerd door de volgende lineaire conventie: eventueel tezamen met zijn voorbepaling(en), maar altijd tezamen met de lexicale functie *van*, bezet deze N de plaats onmiddellijk rechts van de lexicale N met de semantische functie 'deel'. Deze conventie heeft tot gevolg dat:

1. verplaatsing van de partitieve PP naar rechts over een reguliere PP uitgesloten is;
2. extrapositie van de partitieve PP uitgesloten is;
3. samentrekking met een tweede partitieve PP uitgesloten is.

De pragmatische functie van de N2 binnen de kwalitatieve PBNP wordt gemarkeerd door de volgende lineaire conventie: eventueel tezamen met zijn voorbepaling(en), maar altijd tezamen met de lexicale functie *van*, bezet deze N de eerste N-plaats rechts van de al dan niet lexicale N met de pragmatische functie 'deel'. In een context en/of situatie waarin N1 en N2 respectievelijk als 'bezit' en 'bezitter' worden geïnterpreteerd, treedt deze conventie niet op. Deze conventie heeft tot gevolg dat:

1. verplaatsing van de partitieve PP naar rechts over een reguliere PP uitgesloten is;
2. extrapositie van de partitieve PP **niet** uitgesloten is;
3. samentrekking met een tweede partitieve PP **niet** uitgesloten is.

In dit hoofdstuk hebben we verder geprobeerd aannemelijk te maken dat het gedrag van zowel de kwantitatieve als de kwalitatieve PBNP ten aanzien van pronominale coreferentie, voorzover dit gedrag afwijkt van dat van de reguliere BNP, samenhangt met het verschijnsel der partiële coreferentie. Door de partieel-coreferente relatie tussen N1 en N2 gedragen beide N's zich zowel tezamen als afzonderlijk op identieke wijze ten aanzien van coreferentieverschijnselen. De structurele relatie tussen N1 en N2 speelt hier met andere woorden geen rol. We hebben laten zien dat dit problematisch is voor de binnen CG aangehangen bindtheorie die slechts werkt op basis van structurele noties.

Ook het afwijkende gedrag van de kwantitatieve PBNP ten aanzien van predikaatsnomencoreferentie bleek veroorzaakt te worden door de partieel-coreferente relatie tussen N1 en N2. Verder bleek dat de kwalitatieve PBNP zowel de coreferentiemogelijkheden van de reguliere BNP in zich bergt als die van de kwantitatieve PBNP. We hebben dit verklaard door een beroep te doen op onze analyse uit hoofdstuk 3. In tegenstelling tot de N1 van de kwantitatieve PBNP, noemt de N1 van de kwalitatieve PBNP een 'eigenschap' die slechts van toepassing is op een deel van de door N2 aangeduide entiteiten. Ten aanzien van deze 'eigenschap' vormen de door N1 gekwalificeerde entiteiten geen echte deelverzameling van de entiteiten die N2 aanduidt. Deze observatie verklaart de overeenkomst met de reguliere BNP. Als we echter afzien van deze 'kwaliteit', vormen de door N1 gekwalificeerde entiteiten wel degelijk een deelverzameling van de door N2 aangeduide entiteiten, net zoals in de kwantitatieve PBNP de door N1 gekwantificeerde entiteiten een deelverzameling vormen van de entiteiten die N2 aanduidt. Deze observatie verklaart de overeenkomst met de kwantitatieve PBNP.

Onze analyse van het kwantitatieve *er* bleek de stipulatie van een lege kern voor de kwantitatieve PBNP overbodig te maken. Daar waar N's een kwantiteit noemen, is *er* noodzakelijk, of we nu te maken hebben met uiteengeplaatste kwantitatieve PBNP's of reguliere BNP's. De niet uiteengeplaatste kwantitatieve PBNP vormt een uitzondering, tezamen met de kwantitatieve N1 die alleen voorkomt, de kwantitatieve N1 die ingebed is in een predikaat dat een hoeveelheid uitdrukt en de vooropgeplaatste kwantitatieve N1. We hebben deze uitzonderingen geïnterpreteerd als verschillende markeringen van de referentie van N1.

Vervolgens hebben we een aantal verschijnselen gesignaleerd die voor onze analyse geen probleem vormen, maar die niet of moeilijk te verklaren zijn als men uitgaat van een lege N. Ten eerste is het dan onduidelijk waarom de reguliere PP in tegenstelling tot de partitieve PP nooit als binder van de lege N kan optreden. Ten tweede vormt het feit dat het type binder geselecteerd blijkt te worden op grond van semantische en pragmatische factoren een probleem voor de bindtheorie die, zoals reeds gezegd, slechts werkt met structurele noties. Ten derde blijft het een mysterie waarom noch *er* noch de partitieve PP als binder van de lege N optreedt als de partitieve PP over een reguliere PP naar rechts is verplaatst. Ten vierde blijkt de zogenaamde lege N zich geheel anders te gedragen dan N's die echt leeg zijn. Ten vijfde blijkt de voorbepaling bij de lege N een verplicht karakter te hebben. Ten aanzien van de ogenschijnlijke incongruentie tussen *paar* en het werkwoord tenslotte, hebben we laten zien dat hier geen sprake is van een enkelvoudsmarkering door *een*, maar van een meervoudsmarkering door de betekenis van *paar*.

Verder hebben we gezien dat er naast de in het eerste hoofdstuk geschetste uitgangspunten nog andere redenen zijn om ook het kwantitatieve *er* en de partitieve PP niet in aanmerking te nemen voor het kernschap van de PBNP. Het feit dat *er* in zekere zin de niet-syntactische functie van N2 overneemt, wil nog niet zeggen dat *er* daarmee ook de syntactische functie van N2 overneemt. Wat de partitieve PP betreft, stelden we vast dat de verschijning van *er* bij afsplitsing of weglating van deze constituent, geen argument hoeft te zijn tegen de bepalingsstatus van deze constituent.

De enig overblijvende kandidaat voor het kernschap van de PBNP is dan N1. De stelling dat N1 inderdaad de functie van kern vervult, wordt gestaafd door een vijftal argumenten:

1. het endocentrisch principe wijst de nader bepaalde N1 als kern aan;
2. de nadere bepaling bij de kern wijst erop dat N1 een mogelijke kern is;
3. zoals het kernen betaamt, selecteert N1 zijn bepalingen;
4. de Specifier-Hypothese wijst N1 als de kern aan;
5. de congruentieverschijnselen tussen N1 en de persoonsvorm wijzen N1 als de kern aan.

Tenslotte rees de vraag naar de categoriale status van N1. Er blijken zowel semantische als syntactische argumenten voorhanden te zijn die erop wijzen dat de N's die binnen de PBNP de N1-plaats bezetten tot op zekere hoogte alle nomina zijn. In de eerste plaats verwijzen ze alle naar entiteiten, zonder deze zelf te noemen. In de tweede plaats blijken ze indeelbaar te zijn in bepaalde en onbepaalde en in kwantitatieve en kwalitatieve N1's, ongeacht de woordsoort waartoe ze behoren. In de derde plaats blijken ze commuteerbaar, maar niet combineerbaar te zijn met 'klassieke' N's. In de vierde en laatste plaats kunnen ze alle zowel de syntactische functies van kern en bepaling bekleden als de syntactische functies van onderwerp en lijdend voorwerp.

Dit alles resulteert in de volgende algemene conclusie. Het lineaire gedrag van de PBNP is, voorzover dit afwijkt van dat van de reguliere BNP, terugvoerbaar op niet-syntactische factoren. De tussen N1 en N2 heersende partiële coreferentie en het semantische karakter van N1 blijken daarbij een centrale rol te spelen. We stellen vast dat de elementaire syntactische structuur van zowel de kwantitatieve als de kwalitatieve PBNP in alle opzichten gelijk is aan die van de reguliere BNP.

**Noten bij hoofdstuk 4**

1. Van der Lubbe (1982) laat de kwalitatieve PBNP's vrijwel geheel buiten beschouwing. Slechts zijdelings merkt hij op dat de kwantitatieve PBNP zich ten aanzien van extrapositie anders gedraagt dan de kwalitatieve PBNP. Hij wijst erop dat in het laatste type de partitieve PP extraponeerbaar is zonder de verplichte verschijning van het kwantitatieve *er* (1982: 371). We komen hierop terug.

2. De term 'onafhankelijk' dient hier als volgt te worden geïnterpreteerd. De te presenteren argumenten voor het kernschap van N1 zijn onafhankelijk van de door ons gebruikte en aan Martinet ontleende theorie van syntactische functiemarkering.

3. Voor de subjacentieconditie, zie hoofdstuk 1, § 3.4.

4. Bennis geeft wel voorbeelden met een *met*-PP als *zij heeft één van Jans broers, met hun blonde haren gezien* (1979: 213-214).

5. Partitieve PP's zijn volgens Klein basisgegenereerde NP's. De term 'los' verwijst hier naar het feit dat het voorzetsel na het herschrijfproces vanuit het lexicon geïnserteerd wordt, links van voornoemde NP.

6. Onze informanten zijn trouwens niet unaniem ten aanzien van de ongrammaticaliteit van samengetrokken partitieve PP's.

7. Zie Neyt (1979) voor samentrekking.

8. Op deze werkhypothese komen we terug in hoofdstuk 7.

9. We komen hier later in dit hoofdstuk nog op terug.

10. Men neemt men wel aan dat NP's met een deverbatief als kern een nul-onderwerp bevatten (PRO genoemd). Zie bij voorbeeld: *Jan heeft [die PRO uitspraken over hem/zichzelf]*$_{np}$ *onthouden* (Bennis en Hoekstra 1989: 258-262). In (121) en (123) zou dit nul-onderwerp beschouwd kunnen worden als de opaciteitsfactor van de bindende categorie N'. Dit is echter geen goede oplossing, omdat onder deze analyse (120) en (122) niet verantwoord kunnen worden. Daar moet immers de XP de bindende categorie zijn.

11. Het lege-categorie-beginsel houdt in dat een lege categorie $\alpha$ 'proper' geregeerd moet worden door een categorie $\beta$. Er is sprake van 'proper' regeren als $\beta$ $\alpha$ regeert en $\beta$ een lexicale categorie is, of als $\alpha$ is gecoïndexeerd met een lokaal antecedent $\beta$ (Bennis en Hoekstra 1989: 209).

12. Zoals duidelijk moge zijn, gaat Sturm ervan uit dat het kwantitatieve *er* een pronomen is.

13. De term 'N1' in het citaat van Sturm dient niet verward te worden met de kwantitatieve N1. Het cijfer verwijst bij Sturm naar het X-bar-niveau waarop de betreffende lege N zich bevindt.

14. Zoals we zagen in hoofdstuk 3, kan de referentie van de kwantitatieve N1 buiten de PBNP ook gemarkeerd worden door een bepaald lidwoord, of een aanwijzend voornaamwoord: *ik heb de/die drie gezien*.

15. We sluiten niet uit dat de gesplitste kwantitatieve PBNP in (163) grammaticaal is te maken door de partitieve PP rechts van het voltooid deelwoord te plaatsen, zoals in: *ik heb er vier van een gulden gegeten, van de ijsjes*. In dit geval fungeert de partitieve PP als een soort van 'afterthought'.

16. Van der Lubbe merkt op dat de zogenaamde zero-elementen in de structuralistische taalkunde altijd als een "zero onder een bepaalde grootheid" werden opgevat (1982: 375-376). Gezien de onmogelijkheid de lege N in (173) in de gegeven context in te vullen, is het duidelijk dat er daar geen sprake kan zijn van een dergelijk zero-element.

17. Sturm (1986: 27) gaat uit van clitica-verplaatsing. Zie voor deze verplaatsingsregel: Booij e.a. (1980: 49).

18. We willen hier zeker niet mee suggereren dat de genoemde 'tests' nutteloos zouden zijn. Ze dienen alleen met enige voorzichtigheid gehanteerd te worden.

19. Zie hoofdstuk 1, § 2 voor de theorie over syntactische functiemarkering.

20. Ook in (219) wijst het endocentrische principe in feite geen 'kale' kern aan. *Ouders* bevat immers de *-s*-markering voor het meervoud. Zonder deze *-s* is (219) ongrammaticaal onder de bedoelde lezing: *ik heb ouder gezien*.

21. We treffen hetzelfde verschijnsel aan als we de kern van de VP proberen te bepalen. Afgezien van de gebiedende wijs, gaat het werkwoord in het Nederlands verplicht vergezeld van een ander woord. Bovendien wordt het werkwoord gemarkeerd voor persoon, getal en tijd.

22. Zie hoofdstuk 3, schema 5.

23. De bekende uitzonderingen *beide de leerlingen* en *al de leerlingen* laten we hier buiten beschouwing.

24. Op de merites van de Specifier-Hypothese komen we terug in hoofdstuk 7.

25. Hoewel enkele van onze informanten enige moeite hadden met B's antwoord, was iedereen het erover eens dat dit antwoord absoluut grammaticaler is dan C's antwoord.

26. In hoofdstuk 7, § 5.2 zullen we zien dat er aanwijzingen zijn dat de Specifier-Hypothese er ook wel eens naast zit bij twee opeenvolgende N's.

27. Zie hoofdstuk 2, § 1.

28. Vergelijk Van Gestel (1986: 133 en 1989: 14-15) en Jackendoff (1977 128) die langs een enigszins andere weg tot een gelijksoortige conclusie komen.

# V

# DE METAFORISCHE BINOMINALE WOORDGROEP: LEXICALE CONVENTIES

## 1. Inleiding

In tegenstelling tot het afwijkende lexicale gedrag van de PBNP, dat, zoals we zagen, in de literatuur niet of nauwelijks wordt opgemerkt, mag het afwijkende lexicale gedrag van de MBNP als algemeen bekend worden verondersteld. Verschillende auteurs vestigen de aandacht op de lexicale conventies die optreden binnen de MBNP. In de meeste gevallen wordt er echter geen poging gedaan deze conventies te verklaren. Doorgaans volstaat men met opmerkingen in de trant van:

> "Uitdrukkingen als: *een boom van een vent*; *een toonbeeld van een vrouw* vertegenwoordigen een geheel eigenaardige betekenisverhouding die ten dele ook in de morfologie tot uiting komt." (Van der Lubbe 1978: 150)

Wat die morfologie betreft, wijst men vaak op het paradigmaloze karakter van *van*, de verplichte onbepaaldheid van N2, de verplichte getalscongruentie tussen N1 en N2 en de gewenste genuscongruentie tussen deze bij gebruik van een aanwijzend voornaamwoord (vgl. Paardekooper 1956: 94-98).[1]

Op grond van het onderscheid tussen lexicale conventies en lexicale functies dat we in de algemene inleiding hebben geïntroduceerd, kunnen we stellen dat het afwijkende lexicale gedrag van de MBNP conventioneel van aard is, omdat dit gedrag niet gepaard gaat met specifieke syntactische functies. In dit hoofdstuk zullen we trachten aan te tonen dat de in de MBNP optredende lexicale conventies, voorzover deze afwijken van die binnen de reguliere BNP, wel gepaard gaan met specifieke niet-syntactische functies. Onze stelling is met andere woorden dat het afwijkende lexicale gedrag van de MBNP niet-syntactische functies markeert die eigen zijn aan de MBNP.

Dit hoofdstuk is op de volgende manier gestructureerd. In paragraaf 2 gaan we kort in op de ambiguïteit van de MBNP. In paragraaf 3 beschrijven we het typische karakter van de MBNP. Enerzijds proberen we de relatie tussen N1 en N2 te karakteriseren op het niet-syntactische vlak, en anderzijds gaan we na aan welke niet-syntactische voorwaarden de N's dienen te voldoen die binnen de MBNP de N1- en de N2-plaats bezetten. In de paragrafen 4 en 5 gaan we verder in op N1 en N2. We maken aannemelijk dat deze N's dissymmetrisch zijn ten aanzien van de kenmerken specifiek-niet-specifiek (voortaan [±SPE]). Det1 blijkt N1 bij voorkeur te markeren voor [+SPE], terwijl Det2 N2 altijd voor [-SPE] markeert. In de paragrafen 6 en 7 wordt de stelling dat N1 en N2 dissymmetrisch zijn, onderbouwd aan de hand van pragmatische en prosodische verschijnselen. De paragrafen 4 tot en met 7 monden uit in een verantwoording van het desoriënterende karakter van de MBNP, in paragraaf 8. In de paragrafen 9 en 10, ten slotte, behandelen we de symmetrische eigenschappen van N1 en N2, ten aanzien van getalscongruentie en genuscongruentie.

## 2. De ambiguïteit van de MBNP

Zoals we in hoofdstuk 2 hebben vermeld, wordt de N1-plaats binnen de MBNP bezet door kwalitatieve N1's. Het gaat hier echter om andere kwalitatieve N1's dan in de kwalitatieve PBNP. In tegenstelling tot de laatste, noemt de N1 van de MBNP zelf de entiteit waar die naar verwijst. Dit neemt echter niet weg dat er ook een overeenkomst is tussen de kwalitatieve PBNP en de MBNP. Beide zijn slechts als zodanig te interpreteren afhankelijk van een bepaalde context en/of situatie. Onafhankelijk van de context en/of situatie zijn ze voor meer dan één interpretatie vatbaar. Net zoals de kwalitatieve PBNP, is de MBNP te interpreteren als een reguliere BNP. *Schat* en *kind* in (1) kunnen in plaats van de pragmatische functies van 'metafoor' en 'object van de metafoor' bij voorbeeld de pragmatische functies van 'bezit' en 'bezitter' vervullen:

(1) Ik heb een schat van een kind gezien

Uit dit hoofdstuk en uit hoofdstuk 6 zal blijken dat de meeste auteurs over de MBNP spreken in termen van semantische functies, ondanks de hierboven geconstateerde ambiguïteit (vgl. Van den Toorn 1973: 261). Wij zullen deze terminologie niet volgen. We duiden de niet-syntactische functie van N1 en N2 in de MBNP aan met de term 'pragmatisch'.

## 3. Het typische karakter van de MBNP

Van Caspel (1970: 281) beschrijft het typische karakter van de MBNP in termen van **gelijkstelling**. Hij is van mening dat *aap* in de MBNP in (2) wordt gelijkgesteld aan *jongen*, en niet omgekeerd, omdat N1 het "ruimere begrip" zou aanduiden en N2 het "nader bepaalde begrip". De juiste parafrase van (2) is volgens hem dan ook 'een aap die een jongen is' en niet 'een jongen die een aap is'. Deze MBNP zou in dit opzicht vergelijkbaar zijn met (3), waar *beest* het "ruimere begrip" aanduidt en *koe* het "nader bepaalde begrip", hetgeen de parafrase 'een beest van een koe' mogelijk maakt, maar niet 'een koe van een beest':[2]

(2) Een aap van een jongen
(3) Een koebeest

Ons inziens gaat deze vergelijking echter niet op. De woorden *aap* en *jongen* staan in een andere semantische verhouding tot elkaar dan de woorden *beest* en *koe*. De categorie 'jongen' is namelijk evenmin als een subsoort te beschouwen van de categorie 'aap' als de categorie 'aap' van de categorie 'jongen'. De categorie 'koe' is daarentegen als een subsoort te beschouwen van de categorie 'beest', en 'beest' dus niet van 'koe'. Hieruit volgt dat men onder bepaalde omstandigheden 'beest' wel gelijk kan stellen aan 'koe', door middel van de parafrase 'een beest dat een koe is', maar niet 'aap' aan 'jongen', door middel van de parafrase 'een aap die een jongen is'.

In tegenstelling tot Van Caspel beschrijven Van Es en Van Caspel (1973: 222) het typische karakter van de MBNP in termen van **vergelijking**. Volgens hen wordt *jongen* in (2) vergeleken met *aap*. De MBNP in (2) zou dan ook te parafraseren zijn als 'een jongen als een aap'. We zullen dadelijk zien dat er ook op deze vergelijkingshypothese wel iets valt af te dingen.

Een derde beschrijving van het typische karakter van de MBNP vinden we bij Van den Berg (1979: 248-249). Net zoals Van Caspel, gaat Van den Berg ervan uit dat er in de MBNP sprake is van een relatie tussen een subsoort en een hoofdsoort. Bij Van den Berg duidt N2 echter de hoofdsoort aan (bij Van Caspel N1) en N1 de subsoort (bij Van Caspel N2). Volgens hem is het paar *aap-jongen* in dit opzicht vergelijkbaar met paren als *pony-paard*, waar de categorie 'pony' als een subsoort is te beschouwen van de categorie 'paard'. De opmerking die we zojuist maakten naar aanleiding van Van Caspels subsoort-hoofdsoort-analyse, geldt ook voor die van Van den Berg en behoeft hier dus niet herhaald te worden. In tegenstelling tot Van Caspel en Van Es en Van Caspel, beschrijft Van den Berg de MBNP in termen van **kwalificatie**. Volgens hem zijn de:

> "(...) soortelijke eigenschappen van een jongen (naar de mening van mij: spreker of schrijver) (...) op dit moment van communicatie uitgebreid met soortelijke eigenschappen van een aap; en dat beoordeel ik (spreker of schrijver) als gunstig, leuk, wel leuk maar niet goed, enz." (1977: 249)

We zullen deze visie hier nu verder uitwerken. Voor wat N1 (hier *aap*) betreft, zullen we de term 'soortelijke eigenschappen' echter vervangen door de term 'toevallige kenmerken' (voortaan kenmerken). We komen hier straks op terug. De MBNP is dan te omschrijven als een constructie waarin N1 bepaalde kenmerken toekent aan N2. Als dit juist is, dan is de pragmatische functie van N1 vergelijkbaar met de **semantische** functie van het bijvoeglijk naamwoord. Zie (4), waar *schattige* bepaalde kenmerken toekent aan *jongen*:

> (4) Een schattige jongen

Dit voorbeeld laat duidelijk zien dat 'X kent kenmerken toe aan Y' niet hetzelfde is als 'X wordt gelijkgesteld aan Y', of 'X wordt vergeleken met Y'. Het concept 'schattig' wordt immers noch gelijkgesteld aan, noch vergeleken met de entiteit 'jongen'. Dezelfde redenering is te volgen voor (2). Het feit dat N1 bepaalde kenmerken toekent aan N2 betekent niet dat de entiteit 'aap' wordt gelijkgesteld aan (vgl. Van Caspel), of vergeleken met (vgl. Van Es en Van Caspel) de entiteit 'jongen'.

Onze analyse vertoont op het eerste gezicht overeenkomsten met Reichlings analyse van de metafoor (1965, 1967).[3] Hij merkt op dat:

> "(...) als ik een jongen een *aap* noem, dan gebruik ik b v. dat woord om van hem iets "aaps" uit te zeggen in een bepaalde context. Het woord *aap*

> "betekent" in dat gebruik nu volstrekt niet: "een jongen als een aap", doch het "noemt" de jongen onder bepaald opzicht; en onder dit opzicht wordt het woord *aap* hier tans gebruikt, om in de communicatie te fungeren als 'n soort geestelike zweepslag b.v. het woord *aap* noemt hier een bepaald "aaps" kenmerk van de jongen; maar in de geactueerde betekenis, in datgene wat het woord ook tans betekent, symboliseert het veel meer. Het woord betekent in dit geval wel degelik de "aap"; zonder dàt, was er aan dit gebruik niets biezonders, zonder dàt, was dit gebruik niet "metaphories." (1967: 232)

Reichling (1967: 328-329) gaat ervan uit dat de betekenis van een woord een uit verschillende betekenisonderscheidingen opgebouwde eenheid is. Bij niet-metaforische of conjuncte betekenishantering zijn al deze onderscheidingen in principe toepasselijk. Bij metaforische of disjuncte betekenishantering zijn één of meer van de betekenisonderscheidingen juist niet toepasselijk. Voor constructies als (2) betekent dit dat het metaforische gebruik van *aap* de disjuncte realisatie is van betekenisaspecten die *aap* en *jongen* in een bepaalde context gemeen hebben. Zie schema 1:

Schema 1: disjuncte betekenishantering

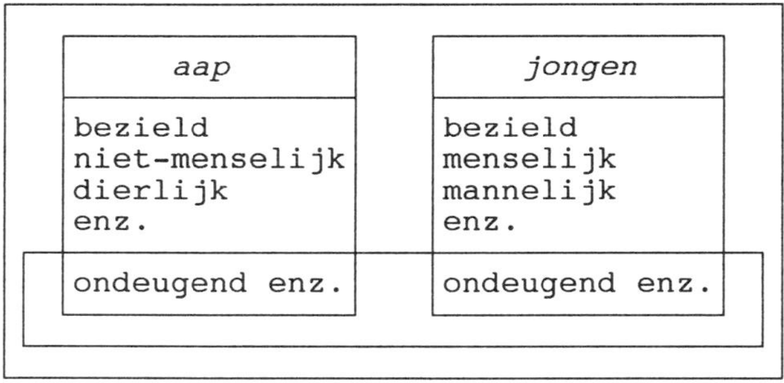


Dit schema is echter niet in overeenstemming met onze visie dat *aap* in (2) een kenmerk **toekent** aan *jongen*, op de manier zoals bijvoeglijke naamwoorden dat doen. We zijn het niet eens met Reichling dat dit kenmerk een gemeenschappelijk betekenisaspect van N1 en N2 vertegenwoordigt, in een bepaalde context. De reden daarvoor is dat wij de term 'betekenis' anders hanteren dan Reichling. Zoals we in de algemene inleiding hebben uiteengezet, gaan we ervan uit dat de betekenis van een woord of een woordgroep altijd is vast te stellen los van de context en/of situatie.

Als we kijken naar de MBNP in (2), dan constateren we dat het los van de context en/of situatie noch voor *aap*, noch voor *jongen* is uit te maken of het kenmerk 'ondeugend' van toepassing is. Opnieuw kunnen we een parallel trekken met (4). Net zoals in de MBNP, is er in deze NP sprake van de toekenning van een kenmerk. Ook hier betekent dat echter niet dat dit kenmerk tot de betekenis van *kind* behoort. Los van de context en/of situatie is immers niet uit te maken of het kenmerk 'schattig' van toepassing is op *kind*. De conclusie luidt dat *aap* in (2) niet de disjuncte realisatie is van betekenisaspecten die *aap* en *jongen* gemeen hebben, maar dat het kenmerk dat onder invloed van de context en/of situatie met N1 in verband wordt gebracht, geïnterpreteerd kan worden als een kenmerk van N2. Zie schema 2:

Schema 2: N1 kent een kenmerk toe aan N2

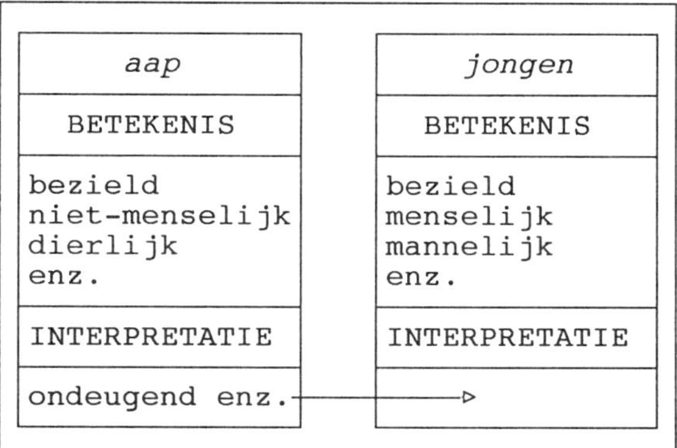


De toekenning van een kenmerk van N1 aan N2 vertegenwoordigt een typerende eigenschap van de MBNP.[4] Binnen de reguliere BNP kan N1 vaak verschillende pragmatische functies vervullen, maar niet de functie van metafoor. Zie (5):

(5) Het huis van de buurman

Daar waar de metaforische N1 van de MBNP zich beperkt tot het toekennen van een kenmerk aan N2 en daardoor, net zoals de bijvoeglijke naamwoorden, een soort van kwalificerende relatie aangaat met N2, zijn N1 en N2 binnen de reguliere BNP in staat verschillende niet-kwalificerende relaties met elkaar aan te gaan. Zie ter illustratie schema 3, waar N1 onder meer de pragmatische functies 'bezit' en 'produkt' kan vervullen en N2 de functies 'bezitter' en 'producent':

Schema 3: N1 kent geen kenmerk toe aan N2

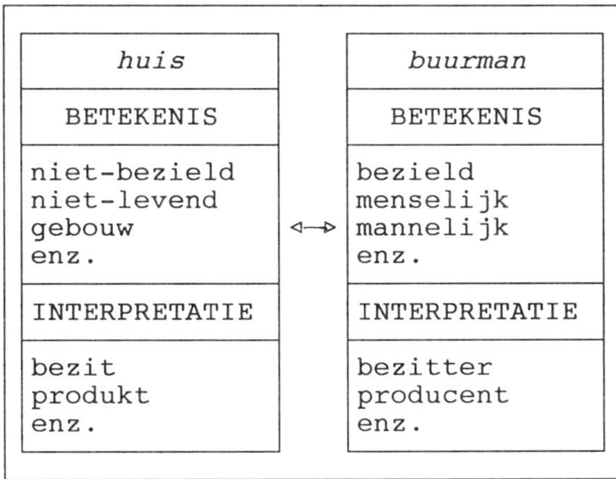

Een ander opmerkelijk verschil tussen de MBNP en de reguliere BNP is dat de toekenning van een kenmerk van N1 aan N2 gepaard gaat met een min of meer sterke emfatische markering van N1 en daardoor van de MBNP in zijn geheel. Dit verschijnsel treedt niet op in de reguliere BNP. Zie ter illustratie de volgende MBNP's (met tussen haakjes een indicatie van het door N1 toegekende kwalitatieve kenmerk):[5]

(6) Een boom van een jongen (± 'ontzag')
(7) Een hummel van een jongen (± 'vertedering')
(8) Een propje van een jongen (± 'spot')
(9) Een pracht van een jongen (± 'bewondering')
(10) Een monster van een jongen (± 'angst')

Het verschil in emfaze tussen de MBNP en de reguliere BNP is formeel aantoonbaar door middel van het exclamatieve en daardoor emfatisch gekleurde voornaamwoord *wat*:

(11) Wat een schat van een buurvrouw!
? (12) Wat een huis van een buurvrouw!

De MBNP in (11) is zonder meer grammaticaal, terwijl de reguliere BNP in (12) in het gunstigste geval twijfelachtig is.[6]

Nu we een poging hebben ondernomen de relatie tussen N1 en N2 binnen de MBNP te karakteriseren op het niet-syntactische vlak, gaan we na aan welke niet-syntactische voorwaarden de N's dienen te voldoen die binnen de MBNP de N1- en de N2-plaats bezetten. Paardekooper (1986: 612-613) wijst erop dat de linkerhelft van de MBNP subjectief en de rechterhelft objectief is gekleurd. In onze termen gesteld: N1 kent een kwalitatief kenmerk toe aan N2. Zoals we zagen, is dit laatste mogelijk dank zij het feit dat N1 de pragmatische functie van metafoor vervult. Op de N1-plaats dient dus een potentieel-metaforische N te staan. Zie (13) en (15) die grammaticaal zijn, omdat *schat* en *dot*, in tegenstelling tot *automonteur* en *hoedje* in (14) en (16), potentieel-metaforisch zijn:

(13) Een schat van een automonteur
[±MET] [-MET]

* (14) Een automonteur van een schat
[-MET] [±MET]

(15) Een dot van een hoedje
[±MET] [-MET]

* (16) Een hoedje van een dot
[-MET] [±MET]

(17) Een idioot van een schat
[±MET] [±MET]

(18) Een idioot van een idioot
[±MET] [±MET]

Het metaforische gebruik van N1 staat in contrast met het niet-metaforische gebruik van N2. Uit (13), (15), (17) en (18) blijkt dat de N2-positie zowel kan worden ingenomen door een N die niet potentieel-metaforisch is, als door een N die wel potentieel-metaforisch is. In het laatste geval kan N echter niet als metafoor worden geïnterpreteerd.[7] Zie (19) en (20) met het juiste subscript:

(19) Een idioot van een schat
[±MET] [-MET]

(20) Een idioot van een idioot
[±MET] [-MET]

In (19) en (20) dwingt de links-rechts-ordening van de N's in laatste instantie de juiste interpretatie af. De MBNP in (19) is te parafraseren als: 'zij/hij behoort tot de categorie 'schat' (niet-metaforisch) en zij/hij heeft kenmerken van een 'idioot' (metaforisch)'. Hoewel dat misschien wat vreemd overkomt, is (20) op dezelfde manier te parafraseren: 'zij/hij behoort tot de categorie 'idioot' (niet-metaforisch) en zij/hij heeft kenmerken van een 'idioot' (metaforisch)'.[8] Het buitengewone van (20) is dat het kenmerk dat N1 toekent aan N2 in feite al in de interpretatie van N2 aanwezig is. Dit kenmerk kan op zich dus moeilijk als een kwalificatie van N2 worden opgevat. Toch is de parafrase van (20) ons inziens adequaat. Door de toekenning van een dergelijk kenmerk wordt één van de kenmerken binnen de interpretatie van N2 nog eens onder de aandacht gebracht. De kwalificatie moet bijgevolg gezocht worden in het extra aanzetten van dit reeds aanwezige kenmerk. De MBNP in (20) kan in zekere zin beschouwd worden als een overtreffende trap.

De vraag rijst vervolgens of we op grond van het bovenstaande mogen concluderen dat alle N's in principe de N2-plaats kunnen bezetten. Het antwoord is ontkennend, gezien de ongrammaticaliteit, c.q. twijfelachtigheid van de volgende, aan Paardekooper ontleende constructies (1962: 63-64). De vraagtekens en asterisken zijn van hem:

? (21) Wat een pracht van een klei is dat
? (22) Wat een pracht van een hout is dat
* (23) Wat een pracht van een lood is dat
? (24) Wat een pracht van een deemoed
? (25) Wat een juweel van een Utrecht, dat van 1570
* (26) Wat een juwelen van een Balearen
* (27) Wat een bonken van een Pyreneeën

Paardekooper merkt op dat de ongrammaticaliteit, c.q. twijfelachtigheid van (21)-(27) waarschijnlijk is te wijten aan het feit dat de betreffende N2's niet individualiseerbaar zijn. Hoewel hij de term 'individualiseerbaar' niet nader toelicht, nemen we aan dat hij hier doelt op het verschijnsel dat deze N's noch naar vorm noch naar hoeveelheid gemakkelijk zijn af te bakenen, en dus niet of moeilijk telbaar zijn (vgl. Geerts e.a. 1984: 33-35). Zie ter illustratie (28)-(34):

* (28) Eén klei
* (29) Eén hout
* (30) Eén lood
* (31) Eén deemoed
* (32) Eén Utrecht
* (33) Eén Baleaar
* (34) Eén Pyrenee

De observatie dat *klei*, enzovoorts niet of moeilijk telbaar zijn, is op zich niet zo verwonderlijk, omdat dit meestal geldt voor stofnamen (*klei*, *hout* en *lood*), abstracte N's (*deemoed*) en geografische eigennamen (*Utrecht*, *Balearen* en *Pyreneeën*). Deze observatie werpt echter wel licht op de ongrammaticaliteit, c.q. twijfelachtigheid van bovenstaande constructies. Blijkbaar kan N1 slechts een kwalitatief kenmerk toekennen aan telbare entiteiten, dat wil zeggen entiteiten die de vorm aannemen van een voorwerpsnaam. Nu is het bekend dat sommige stofnamen, in tegenstelling tot abstracte N's en geografische eigennamen, in staat zijn om als voorwerpsnaam op te treden (vgl. Geerts e.a. 1984: 33-35). Zie (35)-(40):

(35) Wijn is lekker
(36) Een pracht van **een** wijn

(37) Bier is gezond
(38) Een droom van **een** bier

(39) Glas is breekbaar
(40) Een joekel van **een** glas

De stofnamen hierboven kunnen dat echter niet. Zie (41)-(46):

(41) Als ik 's morgens uit het raam kijk zie ik klei
* (42) Als ik 's morgens uit het raam kijk zie ik **een** klei

(43) Als ik 's morgens uit het raam kijk zie ik hout
* (44) Als ik 's morgens uit het raam kijk zie ik **een** hout

(45) Als ik 's morgens uit het raam kijk zie ik lood
* (46) Als ik 's morgens uit het raam kijk zie ik **een** lood

Vergelijk ook de abstracte N in (47) en (48) en de geografische eigennamen in (49)-(54):[9]

(47) Als ik hem 's morgens zie voel ik deemoed
* (48) Als ik hem 's morgens zie voel ik **een** deemoed

(49) Als ik 's morgens uit het raam kijk zie ik Utrecht
* (50) Als ik 's morgens uit het raam kijk zie ik **een** Utrecht

(51) Als ik 's morgens uit het raam kijk zie ik Balearen
* (52) Als ik 's morgens uit het raam kijk zie ik **een** Balearen

(53) Als ik 's morgens uit het raam kijk zie ik Pyreneeën
* (54) Als ik 's morgens uit het raam kijk zie ik **een** Pyreneeën

De conclusie van deze paragraaf luidt als volgt. Waarschijnlijk alle telbare N's zijn in staat binnen de MBNP de N2-plaats te bezetten. Een deel van deze N's is tevens in staat als metafoor op te treden, hetgeen de N1-positie mogelijk maakt. In MBNP's met een N1 en een N2 van dit laatste type, geeft de positie van deze N's de juiste interpretatie aan. De meest linkse van de twee vervult de functie van metafoor. In de volgende paragrafen zullen we zien dat het hierboven besproken typische karakter van de MBNP en de daarmee gepaard gaande emfatische markering, verantwoordelijk gesteld kunnen worden voor het afwijkende lexicale gedrag van deze constructie.

## 4. N1

Het is aannemelijk te maken dat de N die in de MBNP de N1-plaats bezet, bij voorkeur verwijst naar een specifieke entiteit. De MBNP wijkt hier duidelijk af van de reguliere BNP, waar N1 een dergelijke voorkeur niet blijkt te vertonen. Zie (55)-(60):

(55) Zij ontmoet elke dag [een zoon van een buurman]$_{bnp}$
? (56) Zij ontmoet elke dag [een schat van een buurman]$_{mbnp}$

(57) Zij krijgt 's avonds vaak bezoek van [een zoon van een buurman]$_{bnp}$
? (58) Zij krijgt 's avonds vaak bezoek van [een schat van een buurman]$_{mbnp}$

(59) Zij droomt al jaren van [een zoon van een buurman]$_{bnp}$
? (60) Zij droomt al jaren van [een schat van een buurman]$_{mbnp}$

De constructies met de BNP zijn zowel grammaticaal onder een specifieke als een niet-specifieke lezing van *zoon*. Dat wil zeggen: *zoon* kan in (55), (57) en (59) zowel naar verschillende leden van de categorie 'zoon' verwijzen, als steeds naar hetzelfde lid. De constructies met de MBNP lijken daarentegen wel grammaticaal te zijn onder een specifieke lezing van *schat*, maar (zeer) twijfelachtig onder een niet-specifieke lezing. Dat wil zeggen: in (56), (58) en (60) verwijst *schat* bij voorkeur steeds naar hetzelfde lid van de categorie 'buurman'.

De conclusie lijkt gerechtvaardigd dat Det1 de N1 van de MBNP bij voorkeur markeert voor [+SPE], terwijl Det1 de N1 van de BNP even gemakkelijk kan markeren voor [-SPE] als voor [+SPE]. Als we ervan uitgaan dat voor [+SPE] gemarkeerde N's sterkere verwijzers zijn dan voor [-SPE] gemarkeerde N's, kunnen we onze conclusie ook als volgt formuleren: binnen de MBNP is N1 bij voorkeur een sterke verwijzer, terwijl N1 binnen de reguliere BNP zowel een sterke als een zwakke verwijzer kan zijn (vgl. De Jong e.a. 1988: 103-145). Tenslotte wijzen we erop dat ook hier weer blijkt dat lexicale conventies, zoals Det1, geen syntactische functies markeren, maar niet-syntactische. Mede dank zij de niet-syntactische markering van deze conventie is de pragmatische functie van N1 in de MBNP, namelijk 'metafoor', herkenbaar.

**5. N2**

Het is aantoonbaar dat de verplichte aanwezigheid van een onbepaald lidwoord links van N2 samenhangt met het feit dat deze N verplicht verwijst naar een niet-specifieke entiteit. Zie (61)-(64):[10]

(61) Dat is [een fiets van een buurman]$_{bnp}$
bezit bezitter

(62) Dat is [een fiets van een buurman van Piet]$_{np}$
bezit bezitter

(63) Dat is [een droom van een buurman]$_{mbnp}$
metafoor object van de metafoor

? (64) Dat is [een droom van een buurman van Piet]$_{mnp}$
metafoor object van de metafoor

Constructie (64) wordt door onze informanten als twijfelachtig of ongrammaticaal aangemerkt. Dit betekent niet alleen dat het moeilijk is een tweede nabepaling bij N1 te plaatsen, maar tevens dat N2 moeilijk nader bepaalbaar is. Aangezien we ons in deze paragraaf beperken tot de behandeling van N2, luidt de onderzoeksvraag hier: waarom verdraagt de N2 in de MBNP in (64) zo moeilijk een nabepaling?[11] Deze vraag is op een bevredigende manier te beantwoorden als we ervan uitgaan dat *buurman* in (63) één van de verwijzingsmogelijkheden mist van *buurman* in (61). In (61) kan deze N zowel verwijzen naar een niet-specifiek lid van de categorie 'buurman', als naar een specifiek lid van deze categorie. Zoals we zien in (62), maakt dit laatste verwijzingstype een nadere specificering van *buurman* zonder meer mogelijk. Het feit dat N2 in (61), mits het meervoudig is, in staat is de semantische functie van 'geheel' te vervullen, wijst in dezelfde richting, gezien de conclusie in het derde hoofdstuk dat dergelijke N2's verplicht gemarkeerd worden voor [+SPE]:

(65) Dat is [een fiets van één van de buurmannen van Piet]$_{np}$

Vergelijk ook het gebruik van het specificerende *die*, *zo'n* en *twee* in (66)-(68):

(66) Dat is [een fiets van die buurman van Piet]$_{np}$
(67) Dat is [een fiets van zo'n buurman van Piet]$_{np}$
(68) Dat zijn [fietsen van twee buurmannen van Piet]$_{np}$

In (63) daarentegen verwijst N1 uitsluitend naar een niet-specifiek lid van de categorie 'buurman'. Zoals (64) aangeeft, maakt dit verwijzingstype een nadere specificering van *buurman* moeilijk. De onmogelijkheid van een partitieve constructie en van het specificerende *die*, *zo'n* en *twee* ondersteunen deze observatie. Zie (69)-(72):[12]

* (69) Dat is [een droom van één van de buurmannen van Piet]$_{mnp}$
* (70) Dat is [een droom van die buurman van Piet]$_{mnp}$

* (71) Dat is [een droom van zo'n buurman van Piet]$_{mnp}$
* (72) Dat zijn [dromen van twee buurmannen van Piet]$_{mnp}$

Deze analyse heeft verklarende waarde, omdat ze duidelijk maakt waarom Det2 alleen maar *een* kan zijn. In tegenstelling tot het lidwoord van bepaaldheid, het aanwijzend voornaamwoord *die*, het onbepaalde voornaamwoord *zo'n* en het telwoord *twee*, is het lidwoord *een* namelijk in staat te verwijzen naar een niet-specifiek lid van een categorie.[13]

De door Paardekooper (1956: 97) geconstateerde paradigmaloosheid van Det2 lijkt hiermee voldoende onderbouwd.[14] Tevens is het duidelijk dat de sterke eenheid tussen N1 en N2 die Paardekooper (1956: 95), Klein (1977: 35-39) en Van den Berg (1979: 250) op grond van het onvervangbare *een* constateren, niet, zoals zij suggereren, teruggevoerd hoeft te worden op een van de reguliere BNP afwijkende syntactische structuur, waarin Det1 als bepaling wordt beschouwd bij de rest van de MBNP.[15] Det2 vertegenwoordigt een lexicale conventie en is dus niet in staat syntactische functies te markeren. Zoals hierboven is gebleken, markeert deze conventie wel een pragmatische functie. Het onvervangbare *een* geeft aan dat N2 het object is van de door N1 uitgedrukte metafoor.

Ter afsluiting van deze paragraaf wijzen we erop dat de N2 van de MBNP beschouwd kan worden als een zwakke verwijzer, omdat die verwijst naar een niet-specifieke entiteit. De N2 van de reguliere BNP kan daarentegen optreden als zwakke of als sterke verwijzer, omdat die zowel kan verwijzen naar een specifieke als naar een niet-specifieke entiteit.

## 6. De MBNP als focus-topic-configuratie[16]

Nu we aannemelijk hebben gemaakt dat N1 binnen de MBNP bij voorkeur voor [+SPE] wordt gemarkeerd en N2 verplicht voor [-SPE], rijst de vraag waarom dit zo is. Voor wat de eerste markering betreft, ligt het antwoord voor de hand. N1 wordt bij voorkeur gemarkeerd voor [+SPE], omdat metaforen een kwalitatief **en dus specificerend kenmerk** toekennen aan entiteiten. Voor wat de verplichte [-SPE]-markering van N2 betreft, zullen we in deze paragraaf de stelling verdedigen dat deze samenhangt met de vastliggende focus-topic-configuratie binnen de MBNP.

Uitgaande van de terminologie van Dik (1979:19) is in de MBNP N1 de focus, omdat we mogen aannemen dat N1 de belangrijkste informatie bevat van de informatie die de MBNP in zijn geheel bevat, en N2 het topic omdat N2 verwijst naar een entiteit waarover N1 iets prediceert. We illustreren dit aan de hand van (73):

(73) Een droom van een buurman

Zoals inmiddels bekend, kent N1 in (73) een kenmerk toe aan N2 en, om met Dik te spreken, prediceert *droom* dus over *buurman*. Het omgekeerde is uitgesloten. N2 kan niet prediceren over N1, omdat de MBNP alleen maar is te parafraseren als 'een buurman die een bepaald kenmerk van een droom heeft' en niet als 'een droom die een bepaald kenmerk van een buurman heeft'. De belangrijkste informatie in (73) is bijgevolg 'droom' en niet 'buurman'.

Hoe anders liggen de zaken in de reguliere BNP. In (74) kan zowel N1 als N2, als focus en als topic fungeren. De bevraagbaarheid van deze N's bevestigt dit (de focus is steeds vet gedrukt):[17]

(74) Een roman van Vestdijk

1. bevraging van N1

(75) A: Van wie heb je een roman gelezen?
B: Ik heb een roman van **Vestdijk** gelezen

2. bevraging van N2

(76) A: Wat heb je van Vestdijk gelezen?
B: Ik heb een **roman** van Vestdijk gelezen

We constateren dat het volledig van de context en/of situatie afhangt welke N als focus en welke N als topic wordt geïnterpreteerd en bijgevolg wat de nieuwe informatie is. Zoals op grond van het bovenstaande is te verwachten, is het met de bevraagbaarheid van N1 en N2 in de MBNP duidelijk anders gesteld. Als de context en/of situatie eenmaal uitsluitsel heeft gegeven omtrent het metaforische karakter van de MBNP, kan alleen N1 de pragmatische functie van focus vervullen. Zie (77) en (78):

1. bevraging van N1:

* (77) A: Wat voor een droom heb je ontmoet?
B: Ik heb een droom van een **buurman** ontmoet

2. bevraging van N2:

(78) A: Wat voor een buurman heb je ontmoet?
B: Ik heb een **droom** van een buurman ontmoet

Uit deze data kunnen we de conclusie trekken dat binnen de MBNP alleen N2 bevraagbaar is, omdat alleen N2 topic kan zijn, terwijl N1 niet bevraagbaar is, omdat N1 alleen maar focus kan zijn. Deze conclusie stelt ons in staat de vraag naar de verplichte [-SPE]-markering van N2 te beantwoorden. De observatie namelijk dat N2 alleen topic kan zijn, sluit een [+SPE]-markering voor N2 uit, omdat voor [+SPE]-gemarkeerde N's in principe altijd in staat zijn de functie van focus te vervullen.

In de volgende paragraaf zullen we een extra argument presenteren ter ondersteuning van de stelling dat de focus-topic-configuratie binnen de MBNP vastligt, in tegenstelling tot wat we in de reguliere BNP hebben geconstateerd.[18]

## 7. Prosodische eigenaardigheden

Het is aantoonbaar dat het prosodische gedrag van de MBNP afwijkt van dat van de reguliere BNP. Zie ter illustratie het accentpatroon van de reguliere BNP en van de MBNP in respectievelijk (79) en (80), waar één streepje het secundaire accent aangeeft en twee streepjes het primaire accent:

(79) Het huìs van de buùrman
(80) Een bòòm van een vroùw

Zonder enige twijfel heeft N1 in (79) in de pragmatisch meest neutrale variant nooit het primaire accent. Het accent lijkt in dat geval links en rechts van *van* ongeveer van gelijke sterkte te zijn. In een pragmatisch meer gemarkeerde variant kan N2 hier zonder meer het primaire accent krijgen, terwijl N1 slechts het primaire accent kan krijgen in een pragmatisch zeer gemarkeerde variant. Zie respectievelijk (81) en (82):

(81) Dat is het huìs van Pìèt (nièt van...)
(82) Dat is het hùìs van Pièt (nièt het/de...)

In (80) daarentegen heeft N1 in de meest neutrale variant juist wel het primaire accent. In een meer gemarkeerde variant kan het accent gelijkelijk verdeeld worden over N1 en N2. De variant, tenslotte, waarin N2 het primaire accent zou krijgen, komt dusdanig gemarkeerd over dat het de vraag is of we nog met een correct accentpatroon te maken hebben. Zie respectievelijk (83) en (84):

(83) Een boòm van een vroùw
? (84) Een boòm van een vròùw

Een aanwijzing dat het accentpatroon van de reguliere BNP inderdaad verschilt van dat van de MBNP, wordt geleverd door de observatie dat (84) wel acceptabel is onder een enigszins gemarkeerde, possessieve lezing. We komen dan terecht in de situatie van (81):

(85) Dat is een boòm van een vròùw (nièt van een...)

Een andere aanwijzing vinden we in het contrast tussen (86) en (87):

(86) Wat een palèìs van een huìs!
? (87) Wat een hùìs van een bùurman!

Het exclamatieve en daardoor emfatisch gekleurde voornaamwoord *wat* kan niet of zeer moeilijk gevolgd worden door een reguliere BNP, omdat N1 moeilijk extra kan worden aangezet vanwege de voorkeur voor een evenredige accentverdeling over N1 en N2 of eventueel een primair accent op N2. Binnen de MBNP daarentegen draagt N1 het primaire accent en kan dus zonder problemen extra worden aangezet door middel van *wat*. Als de N2 binnen de reguliere BNP wegvalt, kan ook *huis* extra worden aangezet en dus worden voorafgegaan door *wat*. Het (primaire) accent kan immers alleen nog maar op de resterende N komen te liggen. Zie (88):

(88) Wat een huìs!

We kunnen nu de volgende conclusie trekken ten aanzien van de focus-topic-configuratie binnen de BNP en de MBNP. Daar waar zowel N1 als N2 focus en topic kunnen zijn, dat wil zeggen in de reguliere BNP, is in de pragmatisch meest ongemarkeerde variant sprake van een gelijkelijk verdeeld accent over beide N's. Daar echter waar N1 alleen maar focus en N2 alleen maar topic kan zijn, dat wil zeggen in de MBNP, is in de meest ongemarkeerde variant sprake van een primair accent op N1 en een secundair accent op N2.

## 8. Het desoriënterende karakter van de MBNP

Dat de MBNP een enigszins desoriënterend karakter heeft, blijkt genoegzaam uit de tot nu toe behandelde verschillen met de reguliere BNP. De Groot (1949) wees er al op dat in de MBNP sprake lijkt te zijn van een discrepantie tussen de interpretatie enerzijds (De Groot zegt 'betekenis') en de verwachte syntactische structuur anderzijds. Hij stelt:

> "Dit type van groep heeft (...) een eigen betekenis met een eigen betekenisstructuur, die - in bepaalde zin - niet correspondeert met de syntactische structuur. Er is hoegenaamd geen enkele reden om te zeggen, dat *van een jongen* syntactisch niet bepaling zou zijn [hier in *een kalf van een jongen*, JP] " (1949: 91)

Als we al de tot nu toe geconstateerde verschillen tussen de BNP en de MBNP op een rijtje zetten, dan krijgen we het volgende schema.[19]

Schema 4: De BNP versus de MBNP

| | N1 | N2 |
|---|---|---|
| BNP | ±sterke verwijzing<br>±focus<br>±specifiek<br>±predicerend<br>±primair accent<br>±nieuwe informatie | ±sterke verwijzing<br>±focus<br>±specifiek<br>±predicerend<br>±primair accent<br>±nieuwe informatie |
| MBNP | +sterke verwijzing<br>+focus<br>+specifiek<br>+predicerend<br>+primair accent<br>+nieuwe informatie | -sterke verwijzing<br>-focus<br>-specifiek<br>-predicerend<br>-primair accent<br>-nieuwe informatie |

Het in vergelijking met de BNP desoriënterende karakter van de MBNP en de daaruit voortvloeiende neiging, die we reeds eerder vermeldden, om N2 als de kern van de MBNP te beschouwen, kan nu verklaard worden als we aannemen dat de N2 van de reguliere BNP in de pragmatisch meest **gemarkeerde** variant dezelfde in schema 4 genoemde eigenschappen heeft als de N2 van de MBNP in de pragmatisch meest **ongemarkeerde** variant. Vergelijk (89) en (90):

(89) Ik heb [een ròmàn van Vestdijk]$_{bnp}$ gelezen
(90) Ik heb [een dròòm van een buurman]$_{mbnp}$ ontmoet

Onze stelling wordt ons inziens zeer duidelijk bevestigd door de BNP in (89) en de MBNP in (90). Hoewel de eerste constructie hier de meest gemarkeerde variant van de ongesplitste BNP vertegenwoordigt (vgl. (82)) en de MBNP de meest ongemarkeerde variant (vgl. (80)), hebben de N1's in beide constructies exact dezelfde eigenschappen. Ze zijn in beide gevallen sterke verwijzers, ze fungeren als focus, ze zijn gemarkeerd voor [+SPE], ze zijn predicerend, ze dragen het primaire accent en ze bevatten de nieuwe informatie.

Met deze opmerking komen we aan het eind van de behandeling van de dissymmetrische aspecten binnen de MBNP. Zoals reeds aangekondigd, bezit de MBNP naast deze dissymmetrische aspecten ook enkele symmetrische aspecten. Deze worden in de volgende twee paragrafen aan de orde gesteld.

## 9. De verplichte getalscongruentie tussen N1 en N2

Het is aantoonbaar dat de verplichte getalscongruentie tussen N1 en N2 voortvloeit uit het typische karakter van de MBNP. Onze stelling is dat N1 slechts een kenmerk kan toekennen aan N2 als beide N's overeenkomen in getal. Vergelijk (91) en (92):

(91) Moet je die ezel daar eens zien lopen!
(92) Moet je die ezels daar eens zien lopen!

Als we ervan uitgaan dat *ezel(s)* in (91) en (92) een kenmerk toekent aan 'man(nen)' in de context en/of situatie, zijn de parallelconstructies respectievelijk (93) en (94), en niet (95) en (96):

(93) Moet je die man daar eens zien lopen!
(94) Moet je die mannen daar eens zien lopen!

* (95) Moet je die mannen daar eens zien lopen!
* (96) Moet je die man daar eens zien lopen!

De eis die Lodewick (1973: 66-75) formuleert, dat een metafoor en het object van die metafoor elkaar moeten kunnen vervangen, komt op hetzelfde neer, want vervangbaarheid veronderstelt getalscongruentie.

## 10. De gewenste genuscongruentie tussen N1 en N2

Paardekooper (1956: 95) merkt op dat N1 en N2 meestal hetzelfde genus hebben als de MBNP wordt ingeleid door een genus-markeerder. Dat het desondanks in veel gevallen onduidelijk blijft aan welke regels de keuze van de genus-markeerder beantwoordt, blijkt onmiddellijk als we de successievelijke observaties en opmerkingen van Paardekooper (1956: 95, 1962: 56, 1986: 612-613) omtrent dit onderwerp onder elkaar zetten. We kijken eerst naar (97)-(104) (de vraagtekens en asterisken in (97)-(121) zijn van Paardekooper):

(97) Dat vod van een papier
(98) Die schat van een jongen

(99) Dat vod van een jurk
? (100) Die vod van een jurk

(101) Dat schaap van een jongen
? (102) Dat kalf van een jongen

* (103) Dat schat van een kind
* (104) Die schat van een kind

Op grond van deze MBNP's komt Paardekooper (1956: 95) tot de vaststelling dat als N1 een *het*-woord is en N2 een *de*-woord, de genus-markeerder *dat* kan zijn, maar soms ook *die*. Als N1 daarentegen en *de*-woord is en N2 een *het*-woord, dan zijn zowel *dat* als *die* uitgesloten.

Zie vervolgens (105)-(118):[20]

? (105) Dat schaap van een jongen
* (106) Die schaap van een jongen

(107) Dat kalf van een jongen
* (108) Die kalf van een jongen

* (109) Dat schat van een kind
* (110) Die schat van een kind

* (111) Die engel van een meisje
* (112) Dat engel van een meisje

* (113) Die deugniet van een kind
* (114) Dat deugniet van een kind

* (115) Die pracht van een jurkje
* (116) Dat pracht van een jurkje

* (117) Die schat van een dekentje
* (118) Dat schat van een dekentje

Naar aanleiding van deze MBNP's merkt Paardekooper (1962: 56) op:

> "Dat brengt ons op de gedachte dat nummer 8 [d.w.z. de genus-markeerder, JP] een bepaling is bij de twee zn's tegelijk (...). Toch is het zo te eenvoudig geformuleerd, want er is een ekstra-nauwe band tussen 8 en a [d.w.z. N1, JP] zoals blijkt uit de zojuist gegeven mogelijkheid [d.w.z. (107), JP] (...)." (1962: 56)

We kijken tenslotte naar (119)-(121):

(119) Die schat van een jongen
* (120) Dat kalf van een jongen
* (121) Die schat van een jongetje

Ten aanzien van deze MBNP's volstaat Paardekooper (1986: 612-613) met de opmerking dat N1 en N2 bij aanwezigheid van een genus-markeerder bij voorkeur hetzelfde genus hebben.

Op grond van Paardekooper (1956: 95, 1962: 56, 1986: 612-613) komen we tot de conclusie dat zijn grammaticaliteitsoordelen met betrekking tot de in MBNP's optredende genus-markeerders niet constant zijn. Beschouwde hij (101) aanvankelijk als grammaticaal, later wordt dezelfde constructie als twijfelachtig aangemerkt (namelijk (105)). Een andere verschuiving zien we in (102), (107) en (120). Hoewel het hier steeds om dezelfde constructie gaat, is (102) volgens Paardekooper twijfelachtig, (107) grammaticaal en (120) ongrammaticaal. De conclusie lijkt gerechtvaardigd dat het vooralsnog onduidelijk is aan welke regels de genusmarkering binnen de MBNP precies beantwoordt.

## 10.1. Tendensen in plaats van regels

Zoals Paardekooper (1956: 95) reeds vermoedde, is een grote hoeveelheid taalmateriaal onontbeerlijk voor de detail-onderzoeker. Teneinde meer zicht te krijgen op de in MBNP's optredende genuscongruentieverschijnselen, hebben we ons dan ook niet beperkt tot introspectieve data en informantendata, maar zijn overgegaan tot de samenstelling van een corpus van 479 MBNP's.[21] Van deze MBNP's bleken er 98 ingeleid te worden door een van de volgende genus-markeerders: *de*, *het*, *dat*, of *die*, en geen enkele door *dit* of *deze*.[22] Ervan uitgaande dat deze steekproef representatief is voor MBNP's die vergezeld gaan van een genus-markeerder, komen we tot de volgende observaties (we geven het genus van N1 en N2 weer door middel van hoofdletters:[23]

1. ten aanzien van de genus-markeerder:
- *deze* en *dit* zijn nooit genus-markeerder;
- *de* en *het* zijn zelden genus-markeerder;
- *dat* is vaak genus-markeerder;
- *die* is zeer vaak genus-markeerder.

2. ten aanzien van het genus van N1 en N2:
- DE-HET-MBNP's komen niet voor;
- HET-HET-MBNP's komen zelden voor en gaan altijd vergezeld van *dat*;
- HET-DE-MBNP's komen frequent voor en gaan bij voorkeur vergezeld van *dat*, soms vind men echter ook *het*;
- DE-DE-MBNP's komen zeer frequent voor en hebben een sterke voorkeur voor *die*. Soms vind men echter ook *de* en, zeer zelden, *dat*.

De volgende twee schema's geven de exacte percentages. In het eerste schema is rekening gehouden met het gehele corpus, terwijl in het tweede schema alleen de MBNP's met de voornoemde genus-markeerders zijn verwerkt.[24]

Schema 5: Genusmarkering in de MBNP (479 MBNP's)

| | | GENUS N1 - GENUS N2 | | | | + |
|---|---|---|---|---|---|---|
| | | DE-DE | HET-HET | HET-DE | DE-HET | |
| MARKERING | *de* | 1.3% | φ | φ | φ | 1.3% |
| | *het* | uniek | φ | 1% | φ | 1% |
| | *dat* | 0.6% | 1.3% | 3.5% | uniek | 5.4%% |
| | *dit* | φ | φ | uniek | φ | φ |
| | *die* | 11.7% | φ | uniek | uniek | 11.7% |
| | *deze* | φ | φ | φ | φ | φ |
| + | | 13.6% | 1.3% | 4.5% | φ | 19.4% |

Schema 6: Genusmarkering in de MBNP (98 MBNP's)

| | | GENUS N1 - GENUS N2 | | | | + |
|---|---|---|---|---|---|---|
| | | DE-DE | HET-HET | HET-DE | DE-HET | |
| MARKERING | *de* | 7% | φ | φ | φ | 7% |
| | *het* | uniek | φ | 5% | φ | 5% |
| | *dat* | 3% | 6% | 17% | uniek | 26% |
| | *dit* | φ | φ | uniek | φ | φ |
| | *die* | 57% | φ | uniek | uniek | 57% |
| | *deze* | φ | φ | φ | φ | φ |
| + | | 67% | 6% | 22% | φ | 95% |

Vergelijk vervolgens de schema's 7 en 8 met de percentages van de MBNP's die worden ingeleid door *een*, dat geen genus-markeerder is. In het eerste schema is rekening gehouden met het gehele corpus, terwijl in het tweede schema alleen de MBNP's met *een* zijn verwerkt (M staat voor markering).

Schema 7: N-genussen in de *een*-MBNP (479 MBNP's)

| | | GENUS N1 - GENUS N2 | | | | |
|---|---|---|---|---|---|---|
| | | DE-DE | HET-HET | HET-DE | DE-HET | + |
| M | *een* | 25% | 5% | 5% | 6% | 41% |

Schema 8: N-genussen in de *een*-MBNP (200 MBNP's)

| | | GENUS N1 - GENUS N2 | | | | |
|---|---|---|---|---|---|---|
| | | DE-DE | HET-HET | HET-DE | DE-HET | + |
| M | *een* | 61% | 12% | 12% | 15% | 100% |

Als we deze gegevens naast de opmerkingen van Paardekooper (1956: 95, 1962: 56, 1986: 612-613) leggen, dan lijkt zijn stelling bevestigd te worden dat N1 en N2 meestal hetzelfde genus hebben als er in de MBNP een genus-markeerder op de eerste plaats staat. In 70% van de gevallen hebben N1 en N2 hetzelfde genus als de genus-markeerder (zie schema 6: 7% + 57% + 6%). Het is echter opmerkelijk dat we ongeveer hetzelfde percentage vinden als de MBNP wordt ingeleid door *een*, dat geen genus-markeerder is: 73% (zie schema 8: 61% + 12%).[25] Dit wijst erop dat de tendens twee N's met hetzelfde genus te gebruiken niet noodzakelijkerwijs samenhangt met de aanwezigheid van een genus-markeerder. Paardekoopers stelling hierboven dient bijgevolg gewijzigd te worden in: onafhankelijk van het woord dat de MBNP inleidt, blijken N1 en N2 meestal hetzelfde genus te hebben.

Verder blijkt uit schema 6 dat Paardekoopers observatie wordt bevestigd dat *dat* en *die* zijn uitgesloten bij een DE-HET-MBNP (uniek). Tevens blijkt dat zijn observaties op één punt kunnen worden genuanceerd. De gegevens uit schema 6 wijzen erop dat de HET-DE-MBNP nooit wordt ingeleid door *die* (uniek).

Voorzover wij kunnen zien, wordt Paardekooper op twee punten in het ongelijk gesteld door onze gegevens. In de eerste plaats blijken er op het eerste gezicht geen aanwijzingen te zijn dat *het* en *dat* tevens bepaling zijn bij N2. In de HET-HET-MBNP en de DE-HET-MBNP komt de genus-markeerder *het* immers niet voor, terwijl de genus-markeerder *dat* duidelijk veel minder voorkomt in de HET-HET-MBNP dan in de HET-DE-MBNP, en bovendien helemaal niet voorkomt in de DE-HET-MBNP (uniek). Als de onderhavige genus-markeerders tevens bepaling bij N2 zouden zijn, dan zou men juist verwachten dat ze het meest frequent zouden zijn in de HET-HET-MBNP en tevens mogelijk in de DE-HET-MBNP. In de tweede plaats wijst vooralsnog niets erop dat *de* en *die* een "ekstra-nauwe band" (1962: 56) zouden hebben met N1. Beide genus-markeerders komen immers alleen voor in de DE-DE-MBNP. Als *de* en *die* een dergelijke band met N1 zouden hebben, dan zou men juist verwachten dat deze genus-markeerders ook voor zouden komen in de DE-HET-MBNP.

Onze voorlopige conclusie is tweeledig. Enerzijds lijkt er geen noodzakelijk verband te bestaan tussen het gebruik van een genus-markeerder en genuscongruentie tussen N1 en N2, en anderzijds lijken *de* en *die* zich ten aanzien van genuscongruentie binnen de MBNP anders te gedragen dan *het* en *dat*. In de volgende drie paragrafen zullen we deze conclusie verder uitwerken aan de hand van een bespreking van de verschillende genus-markeerders die in de MBNP optreden.

## 10.2. *Deze* en *dit* versus *die* en *dat*

Hoewel men over het algemeen aanneemt dat het verschil in deixis tussen *deze* en *dit* ('nabijheid') en *dat* en *die* ('afstand') tot de meest centrale eigenschappen van deze aanwijzende voornaamwoorden behoort, is het van belang erop te wijzen dat de verwijzende kracht van *die* en *dat* minder sterk is dan die van *deze* en *dit*. Vergelijk Geerts e.a. (1984: 216-221), die opmerken dat *dit* en *deze* in het algemeen nadrukkelijker verwijzen dan *dat* en *die*, als ze niet samen in de zin voorkomen.[26] Ze voegen daar het volgende aan toe:

> "De spreker geeft met *deze/dit* duidelijk aan dat het om de door hem bedoelde zelfstandigheid gaat en niet om een andere. In geschreven taal, waar geen gebruik gemaakt kan worden van middelen die de duidelijkheid bevorderen als intonatie, mimiek, gebaren en een beroep op de situatie, komt *deze/dit* dan ook veel vaker voor dan in gesproken taal." (1984: 216)

Ze merken verder op dat de verwijzende kracht van *die* en *dat* soms zò klein is dat ze vervangbaar zijn door *de* en *het*, zonder aan verwijzende kracht in te boeten. Zie ter illustratie (122):

(122) A: Iedereen zegt dat ie het slot zo goed vindt. Wat vond jij ervan?
B1: Ik heb **dat** boek niet gelezen
B2: Ik heb **het** boek niet gelezen

Volgens Geerts e.a. is het sterker verwijzende *dit* als antwoord van B hier onmogelijk. Zie (123):

* (123) Ik heb **dit** boek niet gelezen

Waar het ons hier om gaat is dat de zwakker verwijzende kracht van *die* en *dat* gepaard kan gaan met een min of meer sterke vorm van emfaze, terwijl de sterker verwijzende kracht van *deze* en *dit* emfatisch gebruik zo goed als uitsluit. Deze laatste bezitten dan weer een formeel betekenisaspect. Vergelijk (124)-(138) met (143)-(157) en (139)-(142) met (158)-(161):[27]

1. Met emfaze:

(124) Ha, die Jantje!
(125) Die Jantje toch!
(126) Die Jantje van jullie vind ik een vervelend kereltje
(127) Die Jan!
(128) O, die kinderen!
(129) Die meid is gek
(130) O, die daar trek ik me niets van aan
(131) Die is goed!
(132) Die vriend van je

(133) Dat zoontje van ons
(134) Dat zit hier maar de hele dag met zijn duimen te draaien alsof ie niks beters te doen heeft!
(135) (Nederlandse toneelspelers zijn waardeloos.) Dat kan niet praten, dat kan zich niet bewegen
(136) Hij bezit niet dàt
(137) Het is niet dàt
(138) Je dàt

2. Formeel:

(139) (Toen sprak de minister van Justitie.) Deze hield staande (...)
(140) De zaak is deze (: mijn assistent is plotseling ziek geworden)

(141) Het probleem is dit (: we hebben geen geld meer)
(142) (Ik wilde je nog één ding zeggen,) namelijk dit: (...)

3. Met emfaze:[28]

* (143) Ha, deze Jantje!
* (144) Deze Jantje toch!
* (145) Deze Jantje van jullie vind ik een vervelend kereltje
* (146) Deze Jan!
* (147) O, deze kinderen!
* (148) Deze meid is gek
* (149) O, deze daar trek ik me niets van aan
* (150) Deze is goed!
* (151) Deze vriend van je

* (152) Dit zoontje van ons
* (153) Dit zit hier maar de hele dag met zijn duimen alsof ie niks beters te doen heeft!
* (154) (Nederlandse toneelspelers zijn waardeloos.) Dit kan niet praten,
* dit kan zich niet bewegen
* (155) Hij bezit niet dìt

* (156) Het is niet dìt
* (157) Je dìt

4. Formeel:

* (158) (Toen sprak de minister van Justitie.) Die hield staande (...)
* (159) De zaak is die (: mijn assistent is plotseling ziek geworden)

* (160) Het probleem is dat (: we hebben geen geld meer)
* (161) (Ik wilde je nog één ding zeggen,) namelijk dat: (...)

Met betrekking tot de MBNP kunnen we nu het volgende concluderen. Dat het niet-emfatische *deze* en *dit*, in tegenstelling tot het emfatische *die* en *dat*, geen genus-markeerder kunnen zijn in de MBNP, volgt uit het typische karakter van deze constructie, die immers gekenmerkt wordt door een min of meer sterke vorm van emfaze.

### 10.3. *De* en *het* versus *die* en *dat*

Zoals we reeds vermeldden, is een belangrijke functie van *de* en *het* het markeren van de identificeerbaarheid van de op deze lidwoorden volgende N (vgl. Geerts e.a. 1984: 114). In (162) en (163) markeert het bepaald lidwoord het feit dat *man* en *meisje* identificeerbaar zijn met behulp van de context en/of situatie:

(162) Ik heb de man ontmoet
(163) Ik heb het meisje een snoepje gegeven

Een belangrijk verschil met *die* en *dat* is dat deze laatste, naast het markeren van de identificeerbaarheid van N, tevens extra de aandacht vestigen op de specificiteit van N. Zie ter illustratie (164)-(167) (vgl. Geerts e.a. 1984: 217-218):

(164) De jongen komt altijd te laat op school
(165) Die jongen komt altijd te laat op school

(166) Het meisje is al drie keer blijven zitten
(167) Dat meisje is al drie keer blijven zitten

In (164) en (166) dragen *jongen* en *meisje* bij voorkeur het primaire accent, en *de* en *het* een secundair accent. In (165) en (167) zijn er daarentegen drie mogelijkheden. Of het primaire accent is gelijkelijk verdeeld over *die* en *jongen*, en *dat* en *meisje*, òf *die* en *dat* dragen het primaire accent en *jongen* en *meisje* een secundair accent, òf *jongen* en *meisje* dragen het primaire accent en *die* en *dat* een secundair accent. Deze observaties bevestigen de stelling dat *de* en *het* in de eerste plaats de identificeerbaarheid markeren van de N waar ze voor staan, terwijl *die* en *dat* tevens in staat zijn de aandacht te bepalen bij de specificiteit van N. De constructies in (168) en (169) wijzen op hetzelfde verschijnsel:

(168) Ik fotografeer de jòngèn niet het mèìsje
(169) Ik fotografeer dèzè jongen niet dìè jongen

De voorkeur voor *die* en *dat* als genus-markeerder in de MBNP boven *de* en *het*, wordt nu duidelijker. Gezien de observatie aan het begin van dit hoofdstuk dat N1 een kwalitatief **en dus specificerend** kenmerk toekent aan N2 en daarom zelf bij voorkeur is gemarkeerd voor [+SPE], ligt het voor de hand dat N1 eerder wordt voorafgegaan door *die* en *dat* dan door *de* en *het*, omdat het eerste paar, in tegenstelling tot het laatste, sterker specificerend is.

In verband met het bovenstaande dienen we er nog op te wijzen dat *de* en *het* in bepaalde gevallen toch het primaire accent kunnen dragen. Expressief gebruikte bepaalde lidwoorden hebben echter een andere functie dan het emfatische *die* en *dat*. Zie (170)-(173), waar het vet voor het expressieve accent staat:

(170) Nederland is **het** land van de kaas
(171) Dat is **de** winkel voor zulk goed

(172) Die sukkel van een jongen
(173) Dat kind van een man

In de eerste twee constructies wordt de entiteit waar de betreffende N naar verwijst door middel van een impliciete vergelijking met andere, niet genoemde entiteiten voorgesteld als de zaak bij uitnemendheid, of als de beste in haar soort. Het gaat hier, met andere woorden, om de kwaliteit van de aangeduide entiteit. Deze kwalitatieve interpretatie kan worden verkregen door de betreffende entiteit met extra kracht te identificeren door middel van een primair accent op Det1. De zaken liggen geheel anders in de MBNP, omdat N2 daar een emfatisch gekleurd kenmerk ontvangt. Het gaat in de MBNP's in (172) en (173) niet om de kwaliteit van de door N1 genoemde entiteit, maar om de specificiteit van het aan N2 toe te kennen kwalitatieve kenmerk.

De conclusie van deze paragraaf luidt als volgt. Gezien de observatie dat *de* en *het* vooral de aandacht vestigen op de door N aangeduide entiteit, terwijl *die* en *dat* daarenboven extra de aandacht vestigen op de specificiteit van het kenmerk dat N1 toekent aan N2, hoeft het geen verwondering te wekken dat *de* en *het* binnen de MBNP minder frequent als genus-markeerder optreden dan *die* en *dat*.

### 10.4. *Die* versus *dat*

De laatste vraag die we dienen te onderzoeken luidt: hoe is het te verklaren dat *die* veel frequenter is dan *dat*? Deze vraag is te beantwoorden op grond van de volgende schema's, waar [±HUM] voor 'menselijk'-'niet-menselijk' staat en [±ANI] voor 'bezield'-'niet-bezield':

Schema 9: N2 en 'menselijk'-'niet-menselijk' (298 MBNP's)[29]

| | | MARKERING | | | | | + |
|---|---|---|---|---|---|---|---|
| | | *de* | *het* | *die* | *dat* | *een* | |
| N2 | [-HUM] | uniek | 1% | 1.5% | 1.5% | 21.5% | 25.5% |
| | [+HUM] | 1.5% | 1% | 18% | 7.5% | 46% | 74% |
| + | | 1.5% | 2% | 19.5% | 9% | 67.5% | 99.5% |

Schema 10: N1 en 'bezield'-'niet-bezield' (221 MBNP's)

| | | $N2_{[+hum]}$ |
|---|---|---|
| N1 | [+ANI] | 64% |

Schema 9 geeft aan dat het aantal MBNP's dat een voor [+HUM] gemarkeerde N2 bevat, veel hoger is dan het aantal MBNP's dat een voor [-HUM] gemarkeerde N2 bevat. Met uitzondering van de genus-markeerder *het* geldt zowel voor de genus-markeerders als voor *een* dat ze in grote meerderheid MBNP's inleiden die betrekking hebben op menselijke wezens.

Schema 10 betreft de MBNP's uit schema 9 die een voor [+HUM] gemarkeerde N2 bevatten. We zijn nagegaan waar de in deze MBNP's gebruikte N1's in eerste instantie naar verwijzen als ze los van de MBNP gebruikt worden. Bijna twee derde van deze N1's blijkt in dat geval te verwijzen naar een mens of een dier. Anders gezegd: daar waar N1 een kwalitatief kenmerk toekent aan een voor [+HUM] gemarkeerde N2, is N1 veel vaker gemarkeerd voor [+ANI] dan voor [-ANI].

Het feit dat *die* als genus-markeerder veel frequenter is dan *dat*, is nu vrij eenvoudig te verklaren, omdat voor [+ANI] gemarkeerde N's, en bijgevolg voor [+HUM] gemarkeerde N's, meestal een mannelijk dan wel een vrouwelijk genus hebben en slechts bij uitzondering een onzijdig genus (vgl. Geerts e.a. 1984: 43). Het wordt nu ook duidelijk waarom DE-HET-MBNP's nooit en HET-HET-MBNP's zelden voorkomen. N2 is in 74% van de gevallen gemarkeerd voor [+HUM] en dus meestal een *de*-woord. Dat HET-DE-MBNP's vrij frequent zijn, ligt voor de hand. Uit schema 10 kunnen we afleiden dat N1 in ongeveer een derde van de gevallen is gemarkeerd voor [-ANI], hetgeen een *het*-woord op de N1-plaats makkelijker mogelijk maakt. Dat DE-DE-MBNP's, tenslotte, zeer frequent zijn, volgt rechtstreeks uit de schema's 9 en 10: MBNP's bevatten in 74% van de gevallen een voor [+HUM] gemarkeerde N2, waarbij in 64% van de gevallen sprake is van een voor [+ANI] gemarkeerde N1.

Met betrekking tot genuscongruentieverschijnselen in de MBNP kunnen we het volgende concluderen. Enerzijds is er in MBNP's vaak sprake is van genuscongruentie tussen N1 en N2, omdat N2 in de meeste gevallen naar een entiteit verwijst die de eigenschap 'menselijk' bezit en omdat N1 vrij vaak verwijst naar een entiteit die de eigenschap 'menselijk' of 'dierlijk' bezit. Dergelijke N's zijn meestal *de*-woorden. De genuscongruentie tussen N1 en N2 hangt dus geenszins samen met de aanwezigheid van een genus-markeerder (vergelijk de schema's 7 en 8). Ons inziens is het dan ook niet juist om te spreken in termen van 'gewenste genuscongruentie', want dat zou kunnen suggereren dat de taalgebruiker het optreden van tegengestelde genussen zou vermijden. Gezien onze verklaring van genuscongruentieverschijnselen binnen de MBNP, kunnen we anderzijds concluderen dat de stelling van Van den Berg (1979: 250-251), Klein (1977: 35-39) en Paardekooper (1956: 95) dat de MBNP een andere syntactische structuur heeft dan de reguliere BNP, omdat de genus-markeerder van N1 tevens de genus-markeerder van de gehele constructie zou zijn, gefalsifieerd is. De genuscongruentie in de MBNP markeert, met andere woorden, geen syntactische functies. Gezien onze uitgangspunten in de algemene inleiding, hoeft dit geen verbazing te wekken. Lidwoorden en aanwijzende voornaamwoorden vertegenwoordigen immers lexicale conventies. Dat deze conventies wel in staat zijn niet-syntactische functies te markeren die eigen zijn aan de MBNP, is in deze paragraaf genoegzaam gebleken.

## 11. Conclusies

In dit hoofdstuk hebben we geprobeerd aan te tonen dat het lexicale gedrag van de MBNP teruggevoerd kan worden op het typische karakter van deze constructie. Dit typische karakter hebben we als volgt omschreven: N1 kent een kwalitatief kenmerk toe aan N2. Het resultaat van de toekenning van dit kenmerk is een emfatisch gekleurde woordgroep.

Zodra er op de N1-plaats een N staat die in staat is een kwalitatief kenmerk toe te kennen aan N2 (d.w.z. een potentiële metafoor) en N1 dus prediceert over N2, vervult N1 verplicht de rol van focus en N2 verplicht de rol van topic. De entiteit waar N2 naar verwijst kan bijgevolg niet worden beschouwd als een specifieke persoon of zaak, anders zou N2, net zoals in de reguliere BNP, in principe de focusrol kunnen vervullen. Daar waar N2 verplicht wordt gemarkeerd voor [-SPE], wordt N1 als focus bij voorkeur gemarkeerd voor [+SPE]. De conclusie is dat N1 en N2 tot op zekere hoogte in een dissymmetrische verhouding tot elkaar staan.

Naast deze dissymmetrische aspecten, vallen er in de MBNP ook symmetrische verschijnselen te signaleren. N1 en N2 zijn bij voorbeeld onderhevig aan getalscongruentie. Deze verplichte congruentie vloeit voort uit het typische karakter van de MBNP. Een metafoor heeft altijd hetzelfde getal als het object waaraan die een bepaald kwalitatief kenmerk toekent.

De frequent voorkomende genuscongruentie tussen N1 en N2 vertegenwoordigt een ander symmetrisch aspect van de MBNP. Deze congruentie hangt enerzijds samen met het feit dat de meeste MBNP's een N2 bevatten die gemarkeerd is voor [+HUM]. Dergelijke N2's hebben meestal een mannelijk of vrouwelijk genus en slechts zelden een onzijdig genus. Anderzijds is het zo dat de N's die de N1-plaats bezetten, juist omdat ze meestal een kwalitatief kenmerk toekennen aan 'menselijke'

N2's, frequent gemarkeerd zijn voor [+ANI]. Ook dergelijke N's hebben meestal een mannelijk of vrouwelijk genus en slechts zelden een onzijdig genus.

Wat de keuze van de genus-markeerder betreft, hebben we gezien dat *deze* en *dit* uitgesloten zijn, omdat ze moeilijk emfatisch gebruikt kunnen worden. *De* en *het* zijn niet uitgesloten, maar ook niet erg frequent. Enerzijds hangt dit samen met het feit dat *de* en *het* in de eerste plaats identificerend zijn en niet zozeer specificerend, en anderzijds met het feit dat ook deze woorden moeilijk emfatisch gebruikt kunnen worden. *Die*, tenslotte, is een stuk frequenter dan *dat*, omdat N1, zoals reeds opgemerkt, vaker een mannelijk of vrouwelijk dan een onzijdig genus heeft.

De conclusie van dit hoofdstuk luidt als volgt. Gezien het feit dat het afwijkende lexicale gedrag van de MBNP volledig is terug te voeren op niet-syntactische functies, mogen aan dit gedrag geen argumenten ontleend worden in de zin van Paardekooper, Klein en Van den Berg voor een van de reguliere BNP afwijkende syntactische structuur. Het afwijkende lexicale gedrag van de MBNP betreft met andere woorden uitsluitend lexicale conventies.

In het volgende hoofdstuk gaan we in op het lineaire gedrag van de MBNP, voorzover dit afwijkt van dat van de reguliere BNP. We zullen daar zien dat de vastliggende focus-topic-configuratie die zo kenmerkend bleek te zijn voor de MBNP, ook verklarende kracht heeft op het lineaire vlak.

## Noten bij hoofdstuk 5

1. Zoals we reeds constateerden in hoofdstuk 3, § 5, is er vooralsnog geen enkele reden om het voorzetsel *van* van de PBNP anders te behandelen dan het voorzetsel *van* van de niet-partitieve BNP. *Van* markeert in geen enkele BNP de semantische functie van N2. *Van* markeert slechts de syntactische functie van deze N. Dit betekent dat onze conclusie aldaar, namelijk dat er aan de paradigmaloosheid van *van* in de PBNP geen consequenties mogen worden verbonden voor de syntactische structuur van de PBNP, tevens van toepassing is op de MBNP. Onder verwijzing naar voornoemde paragraaf, laten we *van* in dit hoofdstuk dan ook verder buiten beschouwing.

2. Zonder expliciete vermelding bij de voorbeelden, gaan we voor constructies als (2) uit van de metaforische interpretatie.

3. Het is niet onze bedoeling de waarde van verschillende metafoortheorieën te toetsen aan de MBNP. Ons doel is daarentegen een inzichtelijke karakterisering te geven van het typische karakter van deze constructie (vgl. Van Santen (1977), die Reichlings theorie vergelijkt met enkele andere metafoortheorieën).

4. De vraag rijst of we het afwijkende lexicale gedrag van de MBNP kunnen onderzoeken zonder daar het afwijkende lexicale gedrag van BNP's bij te betrekken die de vorm aannemen van zogenaamde vaste of staande uitdrukkingen. Hoewel dergelijke vaste BNP's, net zoals de MBNP, zijn te herkennen aan hun geringe lexicale en lineaire produktiviteit, gaat het bij dergelijke BNP's ongetwijfeld om andere

types. In bij voorbeeld: *een meisje van de straat* en *een fluitje van een cent* is geen sprake van een N1 die een kenmerk toekent aan N2. Als we aannemen dat het afwijkende lexicale gedrag van de MBNP samenhangt met dit niet-syntactische verschijnsel, dan zijn de vaste BNP's voor het onderhavige onderzoek dus niet relevant. Gezien onze uitgangspunten uit hoofdstuk 1, neemt dit natuurlijk niet weg dat ook het afwijkende lexicale gedrag van de vaste BNP's in principe verklaard zou moeten kunnen worden vanuit één of meer niet-syntactische functies. Dat de vaste BNP ontegenzeggelijk een ander type vertegenwoordigt dan de MBNP, komt tevens tot uiting in de moeilijkheid, zo niet de onmogelijkheid N1 nader te bepalen: *?dat is een lief meisje van de straat* en **dat is een klein fluitje van een cent*. Zoals Royen (1953: 117-131) ten overvloede laat zien, zijn er daarentegen talloze MBNP's die een nader bepaalde N1 toelaten: *een deksels lastig kreng van een jongen* en *een ongelooflijk mooi en gemeen loeder van een wijf*. Dezelfde redenering gaat op voor de N2's binnen de vaste BNP en de MBNP. Zie respectievelijk: **het snoepje van de hele week* en *een schat van een blond bruidje*.

5. Baarslag (1952: 107) onderscheidt (9) van de rest, omdat er in deze constructie een genominaliseerd bijvoeglijk naamwoord op de N1-plaats staat. Lombard (1931: 162, 175) onderscheidt de zogenaamde laudativa van de depreciativa, respectievelijk (9) en (10). Vergelijk ook Lombard (1930: 170).

6. Twee constructies die op het eerste gezicht aan de MBNP verwant lijken te zijn, zijn de respectievelijk door Overdiep (1949) en Klein (1977) gegeven BNP's: *de bleke kegels van de tenten* en *de tempel van het lichaam*. Het is echter de vraag of N1 hier een kenmerk toekent aan N2. De relatie tussen N1 en N2 heeft hier meer weg van een **gelijkstelling** van N2 aan N1. Misschien is dat ook de reden dat deze BNP's, in tegenstelling tot de MBNP, niet emfatisch gekleurd zijn: **wat een bleke kegels van de tenten* en **wat een tempel van het lichaam*. Op het lexicale vlak valt er nog een ander opmerkelijk verschil te signaleren met de MBNP. In de laatste constructie kan Det2 nooit bepaald zijn: **een schat van het kind* en **een aap van de jongen*. Het gaat bij voornoemde BNP's dus duidelijk om een ander type dan de MBNP. We zullen deze dan ook verder buiten beschouwing laten.

7. Het is de vraag of dit betekent dat N's die als metafoor functioneren ook altijd een niet-metaforische interpretatie kunnen krijgen. Doorgaans neemt men aan dat als de link met het niet-metaforische equivalent verbroken is, zoals waarschijnlijk het geval is bij *voet* in *de voet van een berg*, de term 'metafoor' niet langer van toepassing is. Soms spreekt men in dit geval dan ook van een 'dode metafoor' (vgl. Van Santen 1977: 279). Dit is in overeenstemming met Reichlings metafoortheorie (1967: 232, 326-330). De zogenaamde metaforische betekenishantering veronderstelt volgens hem altijd de mogelijkheid van niet-metaforische betekenishantering. Een apart geval vormen MBNP's met een scheldwoord op de N1-plaats, zoals *loeder*, *sloerie* en *helleveeg*. Het is niet zonder meer duidelijk wat hier het niet-metaforische equivalent is en dus of we hier nog wel met metaforen hebben te maken. We signaleren het probleem zonder meteen met een oplossing voor de dag te kunnen komen. We zullen de N1 binnen de MBNP daarom vooralsnog blijven aanduiden met de term 'metaforische N'.

8. Vergelijk het voorbeeld van Royen (1953: 125): *een sloofje van een sloof*, en de voorbeelden van Paardekooper (1962: 64): *het was een hondje van een hondje* en *ze had er een beeld van een beeld staan*.

9. Met uitzondering van (50), zijn de even constructies onder (42)-(54) waarschijnlijk wel grammaticaal onder een emfatische, kwantificerende lezing: 'als ik uit mijn raam kijk zie ik een enorme hoeveelheid klei/hout/lood/ Balearen/Pyreneeën, niet te geloven!' en: 'als ik hem zie voel ik een enorme deemoed in mij opkomen, niet te geloven!'. Voor (50) is een dergelijke lezing uitgesloten, omdat *Utrecht* naar een unieke referent verwijst. In (52) en (54) ligt dat enigszins anders. Afhankelijk van de geografische plaats waar men zich bevindt, kan men steeds andere 'Balearen' of 'Pyreneeën' zien.

10. Teneinde termen als 'trinominale NP', 'quadrinominale NP', enzovoorts te vermijden, gebruiken we voor constructies met meer dan twee N's gewoon weer de term 'NP'. Metaforische NP's met meer dan twee N's duiden we aan met 'MNP'.

11. In hoofdstuk 6, § 2 komen we terug op de twijfelachtigheid van constructies als (64).

12. Het niet-specifieke karakter van N2 is tevens is af te leiden uit MBNP's met een eigennaam op de N2-plaats. De eigennaam wordt in dat geval verplicht voorafgegaan door de [-SPE]-markeerder *een*: **die kraai van Trinette* versus *die kraai van een Trinette*. Zodra *Trinette* wordt voorafgegaan door een onbepaald lidwoord, wordt deze eigennaam tot soortnaam. Vergelijk ook: *na lang zoeken vonden ze Emma* en *na lang zoeken vonden ze een Emma*. In de eerste constructie verwijst *Emma*, als eigennaam, naar een specifieke entiteit, namelijk de persoon die de naam 'Emma' draagt. In de tweede constructie verwijst *Emma* naar een niet nader bepaald lid van de categorie personen die de naam 'Emma' dragen.

13. Dit wil echter niet zeggen dat het lidwoord van bepaaldheid altijd als [+SPE]-markeerder optreedt. Het is genoegzaam bekend dat *de* in generieke uitingen als *de leeuw is een zoogdier* naar een 'soort' verwijst en niet naar een specifiek lid van een categorie. We hanteren de begrippen 'generiek' en 'niet-specifiek' met andere woorden niet als synoniemen. Zie onder andere Geerts (1984: 130-120), Kraak en Klooster (1968: 108-109) en Lyons (1978: 187-189), voor het begrip 'verwijzing'.

14. Zie hoofdstuk 2, schema 3.

15. In de hoofdstukken 6 en 7 komen we terug op de syntactische structuur van de MBNP.

16. Zie noot 7 van de algemene inleiding voor ons gebruik van de termen 'focus' en 'topic'.

17. Zoals blijkt uit (75) en (76), gaan we voor (74) uit van een 'product'-'producent'-interpretatie.

18. Volgens enkele informanten kan N2 in uitzonderlijke gevallen toch de functie van focus vervullen. Zie: *een schat van een kind is makkelijker te vinden dan een schat van een vrouw*, en: *Marjan is geen schat van een vrouw maar een droom van een vrouw*.

19. Terzijde wijzen we erop dat het reeds eerder geconstateerde emfatische karakter van de MBNP wel eens het gevolg zou kunnen zijn van de uit schema 4 blijkende dissymmetrie tussen N1 en N2.

20. In een noot geeft Paardekooper (1962: 56) tevens: *die schat van een Mientje*. Hij wijst erop dat deze MBNP geen uitzondering vormt op de regel dat bij het gebruik van een genus-markeerder beide N's bij voorkeur hetzelfde genus hebben. Ondanks het feit dat *Mientje* een verkleinwoord is, kan het namelijk voorafgegaan worden door *die*: *die Mientje*.

21. Van deze 479 MBNP's is het overgrote deel ontleend aan Royen (1953: 117-131), namelijk 450. De overige MBNP's zijn onleend aan De Groot (1949: 91), Overdiep (1949: 156-158), Den Hertog (1973: 235), Van den Toorn (1973: 261), Geerts e.a. (1984: 135-136) en Paardekooper (1956: 95, 1962: 56, 1986: 612-613).

22. In het corpus bevindt zich één MBNP die wordt ingeleid door *dit*. We beschouwen deze constructie als een idiosyncratisch geval. Zie verder noot 24.

23. We beperken ons onderzoek tot MBNP's die worden ingeleid door een van de genoemde genus-markeerders (zie de schema's 5 en 6) of door *een* (zie de schema's 7 en 8). In ons corpus bevinden zich echter nog andere MBNP's, die soms worden ingeleid door een genus-markeerder. Omdat het bij deze genus-markeerders altijd gaat om archaïsche vormen en/of unieke exemplaren, heeft het, ons inziens, weinig zin de betreffende MBNP's in ons onderzoek te betrekken. De niet behandelde constructies betreffen (de aangegeven percentages zijn afgerond op halve en hele procenten):
- enkelvoudige en meervoudige MBNP's die worden ingeleid door ϕ (10%);
- MBNP's die worden ingeleid door *wat een*, *zo'n*, *geen* en *een of andere* (10%);
- MBNP's die worden ingeleid door een archaïsche vorm (*den*, *dien*, *dezen*, *dezelfden*, *een of anderen*, *harer*, *onzen*, en *wier*) (10%);
- MBNP's die worden ingeleid door een bezittelijk voornaamwoord (*mijn*, *jouw*, *je*, *uw*, *zijn*, *haar*, *onze* en *hun*) (8%);
- MBNP's die worden ingeleid door een telwoord (*twee*) (0.5%).

24. De percentages in schema 5 zijn afgerond op tiende procenten. De percentages in de schema's 6-8 zijn afgerond op hele procenten. De term 'uniek' verwijst naar het feit dat het betreffende MBNP-type maar één keer voorkomt in het gehele corpus. Het percentage van deze zogenaamde idiosyncratische MBNP's bedraagt 1% in schema 5 en 5% in schema 6. Verderop zal, naar we hopen, duidelijk worden waarom dergelijke MBNP's 'uniek' zijn.

25. Hetzelfde geldt trouwens voor de MBNP's die we hebben vermeld in noot 23.

26. Als *dit* en *dat*, of *deze* en *die* wel samen in de zin voorkomen, verwijzen ze beide even sterk: *hebben we het nu over dit Jantje of over dat Jantje?*, en: *hebben we het nu over deze Tineke of over die Tineke?*

27. Geerts e.a. (1984: 218) merken op dat in regionaal taalgebruik in (124)-(126) naast *die* ook *dat* gebruikt wordt.

28. Onder een niet-emfatische interpretatie lijken sommige van de constructies onder (143)-(157) minder ongrammaticaal. Verder wijzen we erop dat *dit(je)* wel min of meer emfatisch gebruikt lijkt te kunnen worden in combinaties met *dat(je)*: *een ditje en een datje krijgt hij nog wel van mij*, *hij heeft altijd een ditje en een datje*, *loopt naar de dit en dat*, *bij dit en dat!* (*bij hoog en laag*) en *die dit-en-datse vent* ('die vervloekte kerel').

29. De percentages in schema 9 zijn afgerond op halve procenten. Het percentage idiosyncratische MBNP's (uniek) bedraagt 0.5%.

# VI

# DE METAFORISCHE BINOMINALE WOORDGROEP: LINEAIRE CONVENTIES

## 1. Inleiding

In dit hoofdstuk onderzoeken we het lineaire gedrag van de MBNP. Zoals we reeds in het eerste hoofdstuk vermeldden, gedraagt de MBNP zich in vergelijking met de reguliere BNP niet alleen op lexicaal gebied maar ook op lineair gebied afwijkend. Opvallend is dat de auteurs die aandacht hebben besteed aan de lineaire aspecten van deze constructie, bijna allen tot de conclusie komen dat het afwijkende lineaire gedrag van de MBNP terugvoerbaar is op een van de reguliere BNP afwijkende syntactische structuur.

In het eerste hoofdstuk noemden we reeds de generativist Klein (1977: 35-39). We zagen dat zijn eenzijdig deductieve aanpak leidt tot het poneren van de syntactische structuur in (1):

(1) [Een] [schat [van] [een kind]]

Deze structuur wijkt in zoverre af van de syntactische structuur die men doorgaans aanneemt voor de reguliere BNP, dat Det1 bepaling is bij de rest van de MBNP en *van* niet als kern beschouwd wordt van de metaforische PP, maar als 'los' voorzetsel.

Dat de MBNP ook buiten CG een afwijkende syntactische structuur krijgt toegewezen, zien we bij Van den Berg (1979: 251) en Paardekooper (1956: 95, 1962: 66, 1986: 612-613). Net zoals Klein, stelt Paardekooper (1956: 95) dat Det1 in (1) bepaling is bij de rest van de constructie. Hij stelt tevens dat in het bepaalde gedeelte, dat wil zeggen *schat van een kind*, niet alles in termen van kern en bepaling kan worden uitgedrukt (1956: 99). Later merkt hij echter op dat de metaforische PP in dergelijke constructies, gezien zijn onscheidbaarheid, zeker geen nabepaling is bij N1 en dat de "betekenis" en de "betekenisstructuur" van deze MBNP volledig corresponderen met de verhoudingen binnen de "betekenaar": *schat van een* vormt "een semantisch element" bij *kind* (1962: 44, 66). Het is duidelijk dat Paardekooper hier evolueert naar een analyse van de MBNP in termen van 'kern' en 'bepaling'. Weer later spreekt hij zich nog duidelijker uit (1986: 612-613). Op grond van de uit (2):

* (2) Ik heb toch *een schat* in de tuin gezien *van een kind*

blijkende onverplaatsbaarheid van de metaforische PP, merkt hij op:

> "In *een schat van een kind* is *schat* geen kern en *van een kind* geen nabep. (...). Eerder is *kind* kern en *schat van een* iets dat lijkt op een voorbep. als *schatt-ig* (Paardekooper 1986: 613)."

Paardekooper lijkt uiteindelijk dus te opteren voor een structuur als in (3):

(3) [Een] [[schat van een] kind]

De structuur die Van den Berg voorstelt, lijkt op die van Klein. Net zoals Klein neemt hij aan dat N1 de kern vormt van de MBNP. Er is echter één verschil. Van den Berg beschouwt *van* niet als een los voorzetsel. Met Klein en Paardekooper neemt hij verder aan dat het eerste *een* voorbepaling is bij de rest van de constructie. Dit resulteert in de structuur in (4):

(4) [Een] [schat [van een kind]]

Van den Berg rechtvaardigt deze structuur op grond van de observatie dat *schat van een kind* een zeer sterke syntactische eenheid vormt. Deze sterke eenheid zou blijken uit het verschijnsel dat Det2, in tegenstelling tot Det1, niet vervangbaar is en uit het verschijnsel dat N1 en de metaforische PP niet uiteenplaatsbaar zijn. Zoals we reeds eerder aanstipten, gaat het volgens Van den Berg in (4) om een relatie 'subsoort van hoofdsoort'. De MBNP zou hierin verschillen van de reguliere BNP, waar sprake is van een relatie tussen een kern en een bijvoeglijke bepaling (1979: 249). Zie ter illustratie de reguliere BNP in (5):

(5) Het huis [van de buurman]

Hij merkt vervolgens op dat men op grond van dit verschil geneigd zou kunnen zijn:

> "(...) de subsoort (*schatten*) als bepaling bij de hoofdsoort (*kinderen*) op te vatten [Van den Berg gaat hier uit van een MBNP in het meervoud, JP]. (...) maar het is grammaticaal beschouwd onbevredigend dit te doen, omdat een vorm - nl. *van kinderen* - die elders als bepalingsvorm gebruikt wordt, dan als kernvorm gebruikt zou worden, wat niet consistent is." (1979: 250)[1]

De conclusie luidt dat Van den Berg, ondanks de subsoort-hoofdsoort-analyse, de voorkeur geeft aan de structuur in (4).

Het is duidelijk dat noch de optie van Klein, noch die van Van den Berg en Paardekooper in overeenstemming is met de visie die we aan het begin van deze studie hebben uiteengezet. Det2 vertegenwoordigt een lexicale conventie. Aan de onvervangbaarheid van dit woord mogen bijgevolg geen conclusies worden verbonden met betrekking tot de syntactische structuur van de MBNP. In het vorige hoofdstuk hebben we aangetoond dat deze conventie wel een niet-syntactische functie markeert, namelijk die van N2. In dit hoofdstuk zullen we laten zien dat een strikt onderscheid tussen lineaire conventies en lineaire functies tot de conclusie leidt dat ook het lineaire gedrag van de MBNP, voorzover dit afwijkt van dat van de reguliere BNP, niet teruggevoerd dient te worden op een syntactische structuur die afwijkt van die van de reguliere BNP. Voortbouwend op de bespreking van de lineaire conventies binnen de PBNP, in het vierde hoofdstuk, voeren we lineaire verschijnselen die niet afleidbaar zijn uit de syntactische functies van de samenstellende delen van de MBNP, terug op niet-syntactische functies die eigen zijn aan de MBNP.

Ter afsluiting van deze inleiding, schetsen we kort de opzet van dit hoofdstuk. In paragraaf 2 gaan we na waarom N1 en N2 moeilijk bepaalbaar zijn door middel van een N3 als de Det1-plaats wordt ingenomen door een zwakke [+SPE]-markeerder als *een* of *de*. In paragraaf 3 behandelen we de uiteenplaatsbaarheid van de MBNP. We schenken daarbij aandacht aan verschillende vormen van verplaatsing van de metaforische PP, namelijk verplaatsing binnen de NP, extrapositie, topicalisatie en inversie.[2] Paragraaf 4 gaat over weglaatbaarheid. We zullen laten zien dat N1 binnen de MBNP nooit weglaatbaar is, terwijl de metaforische PP onder bepaalde voorwaarden wel weglaatbaar is.[3]

## 2. N3

In het vorige hoofdstuk hebben we vastgesteld dat de N2 van de MBNP moeilijk nader bepaalbaar is. Tevens hebben we erop gewezen dat N1 moeilijk een tweede nabepaling accepteert. Zie (6):

? (6) [Een sukkel van een jongen van de buurman]$_{mnp}$

De moeilijke bepaalbaarheid van N2 hebben we verklaard door aan te nemen dat N2 verplicht is gemarkeerd voor [-SPE], omdat deze N binnen de MBNP verplicht de pragmatische functie van topic vervult. Het geval wil nu dat er MBNP's bestaan waarin N2 wel wordt gevolgd door een PP. Zie (7) en (8):

(7) [Die sukkel van een jongen van de buurman]$_{mnp}$
(8) [Zo'n sukkel van een jongen van de buurman]$_{mnp}$

Uit (6), (7) en (8) kunnen we afleiden dat de mogelijkheid van een N3 als bepaling bij N1 of N2 samenhangt met de aard van Det1. In (6) is dat *een*, in (7) *die* en in (8) *zo'n*. Als we er met onze informanten van uitgaan dat (9) en (10) grammaticaal zijn, dan kunnen we op grond van de MBNP's in (7), (8), (11) en (12) stellen dat de oorzaak van de twijfelachtigheid van (6) niet gezocht moet worden in de onbepaaldheid van Det1, maar eerder in het verschijnsel dat N1 niet specifiek genoeg is. Vergelijk (9)-(12):

(9) [De sukkel van een jongen!]$_{mbnp}$
(10) [De ploert van een vent!]$_{mbnp}$

? (11) [De sukkel van een jongen van de buurman]$_{mnp}$
? (12) [De ploert van een vent van de overkant]$_{mnp}$

Anders gezegd: N1 en N2 kunnen binnen de MBNP moeilijk nader gespecificeerd worden door middel van een N3 als N1 wordt voorafgegaan door een relatief zwakke [+SPE]-markeerder als *een* of *de*, terwijl dat wel mogelijk is als N1 wordt voorafgegaan door een relatief sterke [+SPE]-markeerder als *die* of *zo'n*. We wijzen erop dat *buurman* in (6) en (11) noch gemakkelijk als bepaling bij N1, noch gemakkelijk als bepaling bij N2 kan worden opgevat, terwijl *buurman* in (7) en (8) zonder meer als bepaling kan worden opgevat bij beide N's. We hebben sterk de indruk dat we hier te maken hebben met een lineaire consequentie van de in het vorige hoofdstuk geconstateerde dissymmetrie tussen N1 en N2 ten aanzien van het kenmerk [±SPE]: er kan bij de MBNP pas sprake zijn van een N3 als N1 met extra kracht wordt gespecificeerd.

## 3. Uiteenplaatsbaarheid van de MBNP[4]

In tegenstelling tot reguliere PP's, blijken metaforische PP's niet of moeilijk verplaatst te kunnen worden. Klein (1977: 35) is van mening dat de MBNP na verplaatsing van de metaforische PP ophoudt te bestaan en alleen nog maar interpreteerbaar is als een reguliere BNP. Zie (13)-(16):

(13) Er ligt een beeld van een vrouw op het strand
metafoor object van de metafoor

(14) Er ligt een beeld van een vrouw op het strand
bezit bezitter

* (15) Er ligt een beeld op het strand van een vrouw
metafoor object van de metafoor

(16) Er ligt een beeld op het strand van een vrouw
bezit bezitter

Bij ons weten, wordt de stelling dat de metaforische PP onverplaatsbaar is, in de literatuur uitsluitend gebaseerd op extrapositie (vgl. Paardekooper 1956: 93-94, Klein 1977: 35 en Van den Berg 1979: 250). In deze paragraaf zullen we laten zien dat deze beperking tot één verplaatsingstype ten koste gaat van een helder inzicht in de uiteenplaatsbaarheid van de MBNP. Het is namelijk aantoonbaar dat de metaforische PP zich bij extrapositie anders gedraagt dan bij verplaatsing binnen de NP, topicalisatie en inversie. Extrapositie lijkt onder bepaalde voorwaarden wel degelijk mogelijk te zijn, terwijl toepassing van de andere drie verplaatsingstypes volledig uitgesloten is.

### 3.1. Verplaatsing binnen de metaforische NP

Volgens de visie die we in de algemene inleiding hebben gepresenteerd, zijn woorden waarvan de syntactische functie wordt gemarkeerd door een lexicale functie, voor hun syntactische functie niet afhankelijk van een vaste positie. Dit betekent onder meer dat eventuele verplaatsing van een PP binnen een NP niet van invloed is op de syntactische structuur van die NP. Zie ter illustratie (17) en (18), waar *architect De Bruin* en *overkant* in beide gevallen als bepaling bij *paleis* kunnen worden opgevat:[5]

(17) [Dat paleis van [architect De Bruin] van [de overkant]]$_{np}$
(18) [Dat paleis van [de overkant] van [architect De Bruin]]$_{np}$

Getuige (19) en (20) liggen de zaken in de metaforische NP geheel anders. Onder een metaforische lezing is de laatste constructie ongrammaticaal:

(19) [Die schat van [een vriendin] van [de overkant]]$_{mnp}$

* (20) [Die schat van [de overkant] van [een vriendin]]$_{mnp}$

In (19) kent *schat* een kwalitatief kenmerk toe aan *vriendin*. In (20) is *schat* daar niet toe in staat. Deze data wijzen erop dat N1 slechts een kenmerk kan toekennen aan een andere, voor [-SPE] gemarkeerde N als deze laatste de eerste N-plaats rechts van N1 bezet. Gezien de niet-syntactische functionaliteit van de positie van *vriendin*, kan de onverplaatsbaarheid van deze N niet als argument dienen voor een van de NP in (17) afwijkende syntactische structuur. Deze niet-syntactische functionaliteit is verder toe te lichten aan de hand van de twee interpretaties van (21) in (22) en (23):

(21) Die schat van een vriendin van de overkant

(22) [Die schat van [een vriendin] van [de overkant]]$_{mnp}$
(23) [Die schat van [een vriendin] van [de overkant]]$_{np}$

Ondanks het feit dat de syntactische functies van N2 en N3 in (21) op een ondubbelzinnige manier worden gemarkeerd door de lexicale functie *van*, is deze constructie slechts interpreteerbaar op grond van de context en/of situatie. In een context en/of situatie waarin *schat* een kenmerk toekent aan de entiteit 'vriendin', hebben we te maken met een MNP, zoals in (22). In een context en/of situatie waarin *schat* een kenmerk toekent aan een andere entiteit dan 'vriendin', hebben we echter te maken met een NP, zoals in (23). Alleen in het laatste geval is het mogelijk N2 en N3 in (21) om te wisselen, zoals in (24):

(24) [Die schat van [de overkant] van [een vriendin]]$_{np}$

Zie tevens (25)-(29) en (30)-(34), waarvoor hetzelfde geldt:

(25) Die hond van een buurman van de overkant

(26) [Die hond van [een buurman] van [de overkant]]$_{mnp}$
(27) [Die hond van [een buurman] van [de overkant]]$_{np}$

* (28) [Die hond van [de overkant] van [een buurman]]$_{mnp}$
(29) [Die hond van [de overkant] van [een buurman]]$_{np}$

(30) Dat beeld van een meisje van de overkant

(31) [Dat beeld van [een meisje] van [de overkant]]$_{mnp}$
(32) [Dat beeld van [een meisje] van [de overkant]]$_{np}$

* (33) [Dat beeld van [de overkant] van [een meisje]]$_{mnp}$
(34) [Dat beeld van [de overkant] van [een meisje]]$_{np}$

De conclusie is dat de pragmatische functie van N2 in de MBNP of de MNP, namelijk 'object van de metafoor', wordt gemarkeerd door een lineaire conventie. N2 dient de eerste N-plaats rechts van N1 te bezetten.

### 3.2. Extrapositie

De data in (35)-(39) brengen Paardekooper (1956: 93-94), Klein (1977: 35) en Van den Berg (1979: 250) tot de stelling dat de metaforische PP niet onderhevig is aan extrapositie. De asterisken weerspiegelen hier de oordelen van de betreffende auteurs:

* (35) Heb je dat niet altijd een schat **gevonden** van een kind?
* (36) Toen zag ik daar toch een boom **staan** van een matroos
* (37) We hebben een juweel **zien staan** van een kopje
* (38) We hebben een schat **zien staan** van een kind
* (39) Ze hebben een schat **gevonden** van een kind

De vraag rijst of deze observaties kloppen. We neigen tot enige twijfel, omdat een vergelijkbare constructie als (41) volgens een meerderheid van onze informanten grammaticaal is. Vergelijk (40):

(40) Ik heb een droom van een kind gezien
(41) Ik heb een dròòm **gezien** van een kind

Net zoals de reguliere PP, lijkt de metaforische PP dus van N1 gescheiden te kunnen worden door middel van een voltooid deelwoord, zeker als N1 wordt uitgesproken met een extra sterk accent. Dat extrapositie van de metaforische PP inderdaad niet mag worden uitgesloten, zien we bij Van den Toorn (1966: 32). Volgens hem is de constructie in (42) met een zogenaamde *infinitivus pro participio* tussen N1 en N2 grammaticaal:[6]

(42) Ik heb in de etalage een droom **zien staan** van een jurk

Voorzover wij kunnen zien, maken Paardekooper, Klein en Van den Berg ten aanzien van (35)-(39) geen onderscheid tussen invoegbare en niet-invoegbare constituenten. Ook spreken ze niet over de lengte van het te voegen stuk. N1 en de metaforische PP zijn in hun ogen zonder meer **niet** uiteenplaatsbaar.

We hebben zojuist gezien dat de pragmatische functie van N2 binnen de MBNP gemarkeerd wordt door middel van een vaste positie, namelijk de eerste N-positie rechts van N1. Omdat het hier om een N-positie gaat en niet om **de** positie meteen rechts van N1, is er vooralsnog geen enkele reden om andere constituenten dan N bij voorbaat van deze laatste positie uit te sluiten. De vraag is echter of we mogen stellen dat de MBNP zich onder extrapositie net zo gedraagt als de reguliere BNP in (43). Vergelijk (44):

(43) Ik heb een huis van de buurman gezien
(44) Ik heb een huis **gezien** van de buurman

We hebben niet de indruk, omdat het vrij gemakkelijk aantoonbaar is dat er tussen de metaforische N1 en N2 minder ingevoegd kan worden dan tussen de reguliere N1 en N2. Met het woord 'minder' doelen we zowel op de aard als op de lengte van het in te voegen stuk. Zie (45)-(56):

(45) Ik heb een huis **gezien** van de buurman
(46) Ik heb een dotje **gezien** van een poes

(47) Ik heb in de polder een huis **zien staan** van de buurman
(48) Ik heb in de etalage een dotje **zien liggen** van een poes

(49) Moet je dat huis **eens zien** van de buurman!
? (50) Moet je dat dotje **eens zien** van een poes!

(51) Moet je dat huis **daar nu eens zien** van de buurman!
* (52) Moet je dat dotje **daar nu eens zien** van een poes!

? (53) Moet je dat huis **daar nu eens zien met dat strooien dak** van de buurman!
* (54) Moet je dat dotje **daar nu eens zien met dat leuke snoetje** van een poes!

* (55) Dat huis is **erg prijzig** van hout[7]
* (56) Dat dotje is **erg lief** van een poes

De vergelijking met de reguliere BNP leert dat extrapositie noch in de reguliere BNP, noch in de MBNP gereduceerd kan worden tot een ja-nee-zaak. Op grond van onze data kunnen we slechts stellen dat er tussen de N1 en de N2 van de MBNP aanzienlijk minder kan staan dan tussen de N1 en de N2 van de reguliere BNP en dat in beide types zowel de aard als de lengte van het in te voegen stuk van invloed blijkt te zijn op de grammaticaliteit.

We concluderen dat de door Paardekooper (1986: 612-613), Klein (1977: 35) en Van den Berg (1979: 250) geconstateerde onscheidbaarheid van de metaforische PP enigszins dient te worden genuanceerd en daarmee de geconstateerde syntactische eenheid tussen N1 en de metaforische PP. Onder sommige omstandigheden is deze metaforische PP wel degelijk van N1 te scheiden. Invoeging van andere constituenten dan N is mogelijk, maar de beperkingen die er aan de aard en de lengte van het in te voegen stuk worden gesteld zijn stringenter dan bij de reguliere BNP. We kunnen hier dus niet spreken van waterdichte regels zoals bij verplaatsing binnen de metaforische en reguliere NP, maar alleen maar van tendensen. Het onderhavige verschil tussen de BNP en de MBNP hangt ongetwijfeld samen met de verschillende niet-syntactische karakters van deze constructies. In de MBNP kent N1 een kwalitatief kenmerk toe aan N2, terwijl N1 in de BNP een niet-kwalitatieve relatie aangaat met N2. Dat de afstand tussen de N die een kwalitatief kenmerk toekent en de N die een dergelijk kenmerk toegekend krijgt aan bepaalde beperkingen onderhevig is, hoeft geen verbazing te wekken. We zien namelijk hetzelfde bij het bijvoeglijk naamwoord, waar we N1 in het vorige hoofdstuk mee hebben vergeleken. Het bijvoeglijk naamwoord staat altijd zo dicht mogelijk bij het woord dat het kwalificeert.

Als bovenstaande analyse juist is, vervalt de redenering van Van den Berg (1979: 250) dat Det1 voorbepaling is bij de rest van de MBNP omdat N1 en N2 onscheidbaar zouden zijn. De hechte band tussen N1 en N2 is niet het gevolg van een afwijkende syntactische structuur, maar van de noodzaak metafoor en object van de metafoor zo dicht mogelijk bij elkaar te plaatsen. We besluiten dat er vooralsnog alle reden is om aan te nemen dat Det1 gewoon voorbepaling is bij N1, zoals in de reguliere BNP.

### 3.3. Topicalisatie en inversie

Is extrapositie, in tegenstelling tot wat Paardekooper (1956: 93-94), Klein (1977: 35) en Van den Berg (1979: 250) beweren, dus niet geheel uitgesloten, topicalisatie en inversie zijn dat zeer duidelijk wel. De metaforische relatie tussen N1 en N2 wordt bij toepassing van deze verplaatsingstypes onmiddellijk verbroken. Er blijft alleen een niet-metaforische interpretatie over. Topicalisatie en inversie van een metaforische PP hebben met andere woorden een desambiguïserend effect, hetgeen wijst op de niet-syntactische functionaliteit van deze verplaatsingstypes. Zie respectievelijk (57) en (58) met topicalisatie en (59) en (60) met inversie:

* (57) Van een kind heb ik een schat gezien
* (58) Van een kerel heb ik een boom zien staan

* (59) Ik heb van een kind een schat gezien
* (60) Ik heb van een kerel een boom zien staan

De ongrammaticaliteit van deze constructies ondersteunt de eerder geformuleerde stelling dat de pragmatische functie van N2, namelijk 'object van de metafoor, gemarkeerd wordt door een lineaire conventie. Deze constructies zijn ongrammaticaal onder een metaforische interpretatie, omdat de N die het kwalitatieve kenmerk toegekend krijgt niet de eerste N-positie rechts, maar de eerste of tweede N-positie links van N1 bezet. Aangezien vooropplaatsing van een constituent vaak gepaard gaat met de toekenning aan die constituent van de pragmatische functie van focus, kunnen we tevens stellen dat de vaste positie van N2 in de MBNP de observatie uit het vorige hoofdstuk bevestigt dat deze N alleen maar topic kan zijn.

Zoals we reeds verschillende keren hebben laten zien, zijn lineaire conventies syntactisch niet functioneel. Het feit dat de N2 van de MBNP niet verplaatsbaar is naar links kan dan ook niet als argument dienen voor een bepaalde syntactische structuur. Het feit dat de N2 van de reguliere BNP wel verplaatsbaar is naar links, zegt ook niets over een eventueel verschil in syntactische structuur tussen de reguliere BNP en de MBNP. Dat lineaire conventies wel functioneel kunnen zijn op het niet-syntactische vlak, blijkt genoegzaam uit het bovenstaande.

## 4. Weglaatbaarheid

Een andere lineaire eigenaardigheid van de MBNP is de onweglaatbaarheid van N1 en van sommige metaforische PP's. Dit is eigenaardig omdat binnen de reguliere BNP zowel N1 als de reguliere PP doorgaans zonder problemen weglaatbaar zijn.

### 4.1. De onweglaatbaarheid van N1

Het verschil tussen de MBNP en de reguliere BNP met betrekking tot de weglaatbaarheid van N1 is te illustreren aan de hand van (61)-(70):

(61) Die aap van een jongen en die aap van een meid
* (62) Die aap van een jongen en die $[\phi]_{n1}$ van een meid
* (63) Die aap van een jongen en $[\phi]_{np}$ van een meid

(64) Dat huis van De Bruin en dat huis van Zwart
(65) Dat huis van De Bruin en dat $[\phi]_{n1}$ van Zwart
(66) Dat huis van De Bruin en $[\phi]_{np}$ van Zwart

(67) Dat huis van Zwart
* (68) Dat $[\phi]_{n1}$ van Zwart

(69) Die aap van een meid
* (70) Die $[\phi]_{n1}$ van een meid

Deze data geven aan dat een toe te kennen kwalitatief kenmerk, in tegenstelling tot een entiteit, niet in de context en/of situatie gegeven kan zijn. Dit is geenszins verwonderlijk, gezien de vaststelling uit het vorige hoofdstuk dat N's die kwalitatieve kenmerken toekennen aan andere N's verplicht de functie van focus vervullen. Voor de reguliere BNP spreekt de weglaatbaarheid van N1 vanzelf. Zoals we zagen, kan deze N immers zowel de functie van focus als van topic vervullen.

### 4.2. De weglaatbaarheid van de metaforische PP

Een laatste lineaire eigenaardigheid van de MBNP is de onweglaatbaarheid van sommige metaforische PP's (vgl. Van Caspel 1970: 280). De MBNP wijkt hierin af van de reguliere PP, die doorgaans wel weglaatbaar is zonder ongrammaticaliteit te veroorzaken. Zie ter illustratie de reguliere BNP's in (71)-(78):

(71) Ik heb de berekeningen van de buurman gecontroleerd
(72) Ik heb de berekeningen gecontroleerd

(73) Ik heb de arrestatie van de buurman gefotografeerd
(74) Ik heb de arrestatie gefotografeerd

(75) Ik heb het huis van de buurman gefotografeerd
(76) Ik heb het huis gefotografeerd

(77) Ik heb het huisje van tropisch hout gefotografeerd
(78) Ik heb het huisje gefotografeerd

Vergelijk nu de MBNP's in (79)-(106)

(79) Wat een bonk van een man!
(80) Wat een bonk!
(81) Gerda heeft een bonk van een man op haar schoot
? (82) Gerda heeft een bonk op haar schoot

(83) Wat een boom van een man!
(84) Wat een boom!
(85) Gerda heeft een boom van een man op haar schoot
* (86) Gerda heeft een boom op haar schoot

(87) Wat een hummel van een man!
(88) Wat een hummel!
(89) Gerda heeft een hummel van een man op haar schoot
(90) Gerda heeft een hummel op haar schoot

(91) Wat een propje van een man!
(92) Wat een propje!
(93) Gerda heeft een propje van een man op haar schoot
* (94) Gerda heeft een propje op haar schoot

(95) Wat een wolk van een man!
(96) Wat een wolk!
(97) Gerda heeft een wolk van een man op haar schoot
* (98) Gerda heeft een wolk op haar schoot

(99) Wat een pracht van een man!
* (100) Wat een pracht!
(101) Gerda heeft een pracht van een man op haar schoot
* (102) Gerda heeft een pracht op haar schoot

(103) Wat een monster van een man!
(104) Wat een monster!
(105) Gerda heeft een monster van een man op haar schoot
(106) Gerda heeft een monster op haar schoot

Naar aanleiding van de weglaatbaarheid van de metaforische PP, merken Van Es en Van Caspel (1973: 221-223) het volgende op:

> "Hier spreekt de woordtraditie (ijking van beeldspraak) dus wel een woordje mee, maar ook de toepassing in de zin." (1973: 222)

Hoewel (79)-(106) deze uitspraak niet direct lijken tegen te spreken, zijn ze daarmee nog niet ten volle verklaard. Te meer daar Van Es en Van Caspel het begrip "de toepassing in de zin" niet uitwerken. Op grond van de bovenstaande data kunnen we stellen dat de weglaatbaarheid van de metaforische PP niets zegt over de toepasbaarheid van N1 in de zin.[8] Als deze PP wordt weggelaten is N1 immers:

1. ofwel toepasbaar, zoals in (90) en (106);
2. ofwel twijfelachtig toepasbaar, zoals in (82);
3. ofwel niet toepasbaar, zoals in (86), (94) en (98).

Verder kunnen we op grond van deze data stellen dat de onweglaatbaarheid van een metaforische PP er altijd op wijst dat:

4. N1 niet toepasbaar is in de zin, zoals in (102).

Wat dit laatste geval betreft, is het aannemelijk dat de ongrammaticaliteit van (100) en (102) onder de interpretatie van respectievelijk (99) en (101) is te wijten aan het feit dat *pracht* niet naar een concrete, telbare entiteit verwijst maar naar een abstracte entiteit als het niet-metaforisch wordt gebruikt. De geijktheid van de beeldspraak lijkt hier dus geen aantoonbare rol te spelen.[9] *Pracht* gedraagt zich in dit opzicht heel anders dan de andere N1's hierboven die, los van de MBNP, alle in staat zijn te verwijzen naar concrete, telbare entiteiten. Zoals de voorbeelden aangeven, zijn ze bovendien in staat een kenmerk toe te kennen aan een in de situatie gegeven entiteit die menselijk is, zelfs als ze onder niet-metaforisch gebruik niet naar een menselijke entiteit kunnen verwijzen, zoals *bonk*, *boom*, *propje*, en *wolk*.

De verschillen in toepasbaarheid in de zin van de onderhavige N1's zijn te verklaren als we er met Van Es en Van Caspel van uitgaan dat hier sprake is van verschillende graden van geijktheid van de beeldspraak. Gezien de grammaticaliteitsoordelen hierboven, moeten we aannemen dat de N's *boom*, *propje* en *wolk* een lagere graad van geijktheid hebben dan *bonk*, en dat *bonk* een lagere graad van geijktheid heeft dan *hummel* en *monster*. De vraag is echter op grond van welke criteria deze verschillende graden van geijktheid zijn vast te stellen. Het lijkt aannemelijk te veronderstellen dat een metafoor meer geijkt is naarmate de interpretatieve link met het niet-metaforische equivalent zwakker is. Op grond van een enquête onder onze informanten naar de graad van geijktheid van deze N's, hebben we kunnen constateren dat deze stelling in grote lijnen wordt bevestigd.[10]

Tenslotte rijst de vraag of, naast de graad van geijktheid van N1, de betekenis of de mogelijke interpretaties van N1 onder niet-metaforisch gebruik van invloed zijn op de toepasbaarheid van deze N in de zinnen hierboven. Als we de betekenis of de mogelijke interpretaties van de N1's uit (79)-(106) met elkaar vergelijken, dan blijkt dat de twee N1's die probleemloos toepasbaar zijn in de zin, te weten *hummel* en *monster*, tevens de enige N1's zijn die onder niet-metaforisch gebruik probleemloos naar menselijke entiteiten kunnen verwijzen. De N1 *bonk* daarentegen die twijfelachtig toepasbaar is in de zin, verwijst onder niet-metaforisch gebruik eerder naar niet-menselijke dan naar menselijke entiteiten, terwijl *boom*, *propje* en *wolk* die absoluut niet toepasbaar zijn in de zin, onder een dergelijk gebruik alleen maar naar niet-menselijke entiteiten verwijzen. We kunnen hieruit de conclusie trekken dat zowel de graad van geijktheid van de metafoor als de betekenis of mogelijke interpretaties van de onderhavige N1's onder niet-metaforisch gebruik van invloed zijn op de toepasbaarheid van deze N's in de zin.

## 5. Conclusies

In dit hoofdstuk hebben we geprobeerd aannemelijk te maken dat het lineaire gedrag van de MBNP, voorzover dit afwijkt van dat van de reguliere BNP, een direct gevolg is van het typische niet-syntactische karakter van de MBNP, dat wil zeggen het verschijnsel dat N1 een kwalitatief kenmerk toekent aan N2. Het afwijkende lineaire gedrag van de MBNP betreft bijgevolg slechts lineaire conventies. In dit hoofdstuk hebben we de volgende de revue laten passeren:

1. N1 en N2 zijn moeilijk bepaalbaar door middel van N3, als N1 wordt voorafgegaan door relatief zwakke [+SPE]-markeerders als *een* of *de*;

2. de metaforische PP is binnen de MNP niet verplaatsbaar naar rechts;

3. de N2 van de MBNP is moeilijker extraponeerbaar dan de N2 van de reguliere BNP;

4. N2 is niet onderhevig aan topicalisatie en inversie;

5. N1 is niet weglaatbaar;

6. de metaforische PP is weglaatbaar als de N1-plaats wordt ingenomen door een N met een geijkte beeldspraak, die onder niet-metaforisch gebruik kan verwijzen naar een menselijke entiteit.

Het verschijnsel dat N1 en N2 moeilijk bepaalbaar zijn door middel van een N3, hangt samen met de lexicale markering van de pragmatische functies van N1 en N2. N1 wordt bij voorkeur gemarkeerd voor [+SPE], omdat deze N een **specificerend** kenmerk toekent aan N2 en dus verplicht focus is, terwijl N2 verplicht wordt gemarkeerd voor [-SPE], omdat deze N verplicht topic is. N1 en N2 zijn herkenbaar in deze functies, zolang de [+SPE]-[-SPE]-dissymmetrie niet verbroken wordt. Toevoeging van een N3 is mogelijk als de winst aan specificiteit die door deze toevoeging wordt veroorzaakt, gepaard gaat met een winst aan specificiteit van N1 door op de Det1-plaats een relatief sterke [+SPE]-markeerder als *die* of *zo'n* te zetten.

De onverplaatsbaarheid van de metaforische PP naar rechts over een andere PP is verklaard door aan te nemen dat de pragmatische functie van N2, namelijk 'object van de metafoor', wordt gemarkeerd door de eerste N-plaats rechts van N1. Deze lineaire conventie staat de extrapositie van de metaforische PP in principe niet in de weg. Bij dit verplaatsingstype wordt immers slechts de afstand tussen N1 en N2 vergroot zonder dat er perse sprake is van een derde N tussen N1 en N2. Zowel voor de MBNP als de reguliere BNP geldt dat het resultaat van de verplaatsing van de PP twijfelachtiger is naarmate de gecreëerde afstand tussen N1 en N2 groter is. Dit neemt echter niet weg dat extrapositie van de metaforische PP in veel gevallen moeilijker is dan extrapositie van de reguliere PP. De observatie dat de afstand tussen N1 en N2 in de MBNP aan stengere beperkingen onderhevig is dan in de reguliere BNP, hebben we, onder verwijzing naar het bijvoeglijk naamwoord, verklaard door te stellen dat woorden die een kwalitatief kenmerk toekennen aan andere woorden zo dicht mogelijk bij elkaar dienen te staan. Tenslotte is gebleken dat ook de aard van het in te voegen stuk van invloed is op de verplaatsingsmogelijkheden van de PP, of we nu te maken hebben met de MBNP of met de reguliere BNP.

Zijn er voor de extrapositie van de metaforische PP dus geen sluitende regels te geven, voor de topicalisatie van deze PP en de inversie van deze PP en N1 is dat wel mogelijk. Ter verantwoording van deze verschijnselen is het voldoende te verwijzen naar voornoemde markering van de pragmatische functie van N2. Beide verplaatsingstypes zijn uitgesloten omdat N2 de eerste N-plaats rechts van N1 dient te bezetten. Gezien de in het vorige hoofdstuk geconstateerde vaste focus-topic-configuratie binnen de MBNP, is dit niet verwonderlijk. N2 kan binnen de MBNP niet de functie van focus vervullen en mag dus niet op de voor focussen geëigende plaats staan, namelijk links van het topic.

Ook de onweglaatbaarheid van N1 is verklaarbaar vanuit de pragmatische functie van N1. Focussen zijn namelijk nooit weglaatbaar. De weglaatbaarheid, tenslotte, van de metaforische PP en de toepasbaarheid van de overblijvende N1 in de zin hangt samen met de graad van geijktheid van de in N1 vervatte metafoor en het semantische of interpretatieve karakter van deze N1 onder niet-metaforisch gebruik.

Afsluitend komen we dan tot de volgende algemene conclusie. Gezien de observatie dat het afwijkende lineaire gedrag van de MBNP volledig is terug te voeren op het typische niet-syntactische karakter van deze constructie, mogen aan dit gedrag geen argumenten ontleend worden ter verdediging van een van de reguliere BNP afwijkende syntactische structuur, zoals Paardekooper, Van den Berg en Klein dat doen. Er is met andere woorden vooralsnog geen enkele formele reden voorhanden om aan de MBNP een andere syntactische structuur toe te kennen dan aan de reguliere BNP.

## Noten bij hoofdstuk 6

1. We wijzen erop dat Van den Berg een soortgelijke redenering had kunnen volgen voor Det1. Gezien de observatie dat Det1 in de reguliere BNP altijd alleen maar bepaling is bij N1, rijst immers de vraag of het bevredigend is aan te nemen dat Det1 in de MBNP bepaling is bij de rest van de constructie.

2. Onder 'verplaatsing binnen de NP' verstaan we verplaatsing van de metaforische PP naar rechts over een andere PP: *ik heb die schat van een meid van de overkant gezien* wordt **ik heb die schat van de overkant van een meid gezien*. Onder 'inversie' verstaan we de omwisseling van N1 en N2: *ik heb een schat van een kind gezien* wordt **ik heb van een kind een schat gezien*.

3. Er zijn een aantal andere auteurs die een enkele opmerking hebben gewijd aan de syntactische structuur van de MBNP. Buitenrust Hettema (1899: 313) meent dat de kwalitatieve of kwantitatieve bijstelling, d.w.z. N1, door middel van *van* is verbonden met het bepaalde. Zij beschouwt N2 dus als de kern. Lombard (1931: 200) die enkele regels aan het Nederlands wijdt, beschouwt N2 als "grammaticalement subordonné" aan N1. De Groot (1949: 91) is van mening dat de metaforische PP

bepaling is bij N1. Baarslag (1952) spreekt zich niet erg duidelijk uit ten aanzien van de interne structuur van de MBNP, al zou men uit onderstaand citaat kunnen afleiden dat ze N2 als de kern beschouwt. Ze merkt naar aanleiding van MBNP's met een genominaliseerd bijvoeglijk naamwoord op de N1-plaats op dat: "(...) le qualificatif est substantivé et mis en vedette: il n'y a pas inversion (...); dans les autres exemples [met een echte N, JP] le substantif préposé est logiquement le second terme d'une comparaison (...), ce qui constitue donc en effet une inversion expressive." (1952: 107). Royen (1953) is daarentegen zeer duidelijk. Hij merkt op dat het tweede lid van *een schat van een jongen*: "Grammatisch bekeken (...) zonder enige twijfel ondergeschikt is aan het eerste en voornaamste lid met z'n affektieve ontlading. (1953: 10) Dat N1 **syntactisch** de plaats van een bijvoeglijk naamwoord in zou nemen, noemt Royen vervolgens " (...) een bewering van enkel schijn, en geenszins een bevredigende oplossing (...)" (1953: 10). Van Caspel (1970: 284) beschouwt N1 als de kern van de MBNP en Van Es en Van Caspel (1973: 222) beschrijven de metaforische PP als een "voorzetsel**bepaling**" [vet, JP]. Van der Lubbe (1978: 150) merkt onder verwijzing naar Paardekooper (1956) op dat de "innerlijke structuur" van de MBNP moeilijk is weer te geven. Dit weerhoudt hem er echter niet van de MBNP te behandelen in de paragraaf over de zogenaamde "overige nabepalingen" bij N. Zie tenslotte Van den Toorn (1966), die het voorkomen van uiteenlopende analyses van de syntactische structuur van de BNP in het algemeen en de MBNP in het bijzonder tracht te verklaren aan de hand van het onderscheid 'locutorisch-auditorisch'. Zelf doet hij echter geen structuurvoorstel voor de MBNP.

4. We wijzen erop dat zogenaamde vaste BNP's als *een meisje van de straat*, *een fluitje van een cent* en *het snoepje van de week*, net zoals de MBNP, een van de reguliere BNP's afwijkend lineair gedrag vertonen. Zoals reeds opgemerkt in hoofdstuk 5, noot 4, gaat het bij de vaste BNP's echter niet om een relatie waarbij N1 een kenmerk toekent aan N2. Het afwijkende lineaire gedrag van deze constructies kan dus niet teruggevoerd worden op dit specifieke niet-syntactische verschijnsel. Ze vallen daarmee buiten het kader van ons onderzoek.

5. Uiteraard kan N3 in (17) en, in mindere mate, in (18) ook als bepaling bij N2 worden geïnterpreteerd. Deze lezingen laten we hier echter buiten beschouwing.

6. Zie Geerts e.a. (1984: 523) voor de *infinitivus pro participio*.

7. De vraag rijst hoe Klein de ongrammaticaliteit van (55) denkt te verantwoorden (vgl. Oehrle 1977: 319). Het zou toch echt te ver voeren om ook voor deze BNP een dusdanige syntactische structuur aan te nemen dat subjacentie wederom veilig wordt gesteld (vgl. hoofdstuk 1, § 3.7).

8. Het feit dat we hier voor het gemak de term 'zin' overnemen van Van Es en Van Caspel (1973: 221-223), neemt niet weg dat we (79)-(106) als uitingen beschouwen.

9. In ons corpus is *pracht* overigens de enige N1 van het beschreven type. Zelf konden we in de trein van Rotterdam naar Roosendaal wel de volgende MBNP optekenen: *een puik van een doelpunt*. Ook hier is N1 van adjectivische oorsprong en niet in staat te verwijzen naar een concrete, telbare entiteit. Vergelijk: **wat een puik*! en **hij maakte een puik tijdens de laatste wedstrijd*.

10. Deze enquête bevatte de N's *bonk*, *boom*, *hummel*, *propje*, *wolk* en *monster*. De informanten werd gevraagd te associëren en deze associaties chronologisch onder elkaar te zetten. We gingen ervan uit dat de interpretatieve link met het uitgangswoord sterker was naarmate een bepaalde associatie hoger op de lijst stond. Het bleek dat de metaforische associaties bij *boom*, *propje* en *wolk* onderaan stonden, of zelfs ontbraken, terwijl bij *hummel* en *monster* de niet-metaforische associaties onderaan stonden. Bij *bonk* overheersten de metaforische associaties.

# VII

# DE BINOMINALE WOORDGROEP EN DE SYNTACTISCHE THEORIE

## 1. Inleiding

De belangrijkste conclusie die we uit de beschrijving van de PBNP en de MBNP in de hoofdstukken 3 tot en met 6 kunnen trekken is dat de hypothese die we in de algemene inleiding hebben geformuleerd, namelijk dat de lexicale en lineaire conventies die eigen zijn aan deze constructies geen syntactische maar niet-syntactische functies markeren, is geverifieerd. Noch het afwijkende lexicale gedrag van de PBNP en de MBNP, noch het afwijkende lineaire gedrag waaraan N1 en N2 onderhevig blijken te zijn, is syntactisch functioneel. We konden dan ook vaststellen dat de syntactische structuur van de PBNP en MBNP identiek is aan die van de reguliere BNP. De implicatie hiervan is dat de syntactische theorie die de reguliere BNP, de PBNP en de MBNP verantwoordt (alle drie voortaan BNP), deze op gelijke wijze dient te behandelen.

De vraag rijst nu hoe de volledige syntactische structuur van de BNP eruit ziet. Tot hier toe hebben we ons immers slechts uitgelaten over de elementaire syntactische structuur van deze constructie, dat wil zeggen de verdeling in een kern en een of meer bepalingen. Een tweede vraag is of een syntactische structuur die tot stand komt op grond van een strikt onderscheid tussen conventies en functies, in overeenstemming is te brengen met de syntactische theorie. Deze vraag veronderstelt natuurlijk een derde vraag, namelijk welke theorie over syntactische structuren het best de syntactische structuur van de BNP verantwoordt. In dit hoofdstuk zullen we proberen voorstellen te doen voor de beantwoording van deze drie vragen.

Het hoofdstuk is als volgt ingedeeld. In paragraaf 2 komen we terug op CG. We geven aan welke inzichten uit deze school in combinatie met de inzichten die we in deze studie hebben ontwikkeld op basis van MF, als uitgangspunt kunnen dienen ter verantwoording van de syntactische structuur van de BNP. In de paragrafen 3 tot en met 5 gaan we na in hoeverre een op de tweedeling 'conventioneel-functioneel' gefundeerde beschrijving van de BNP in overeenstemming is te brengen met de principes van Sturms Minimum-Niveau-Hypothese (1986), die op veel punten als een verbeterde versie beschouwd kan worden van de binnen CG ontwikkelde Uniforme-Drie-Niveau-Hypothese van Jackendoff (1977). Na een beknopte presentatie van beide hypotheses in paragraaf 3, laten we in paragraaf 4 en 5 zien dat Sturms model op onderdelen aanvechtbaar is, met name daar waar het gaat om de exacte rol van het voorzetsel enerzijds en de zogenaamde Binaire Vertakkingshypothese, die zusterschap tussen bepalingen uitsluit, anderzijds. Verder laten we zien dat Sturms Specifier-Hypothese, die, zoals we reeds aanstipten, inhoudt dat het Nederlands een linksvertakkende taal is, zeer terecht juist die verschijnselen verantwoordt die Martinet met een beroep op zijn onderzoeksobject buiten de theorie houdt.

## 2. Conventies en functies

In het eerste hoofdstuk wezen we op een zekere complementariteit tussen CG en MF. CG houdt zich bezig met het taalsysteem, terwijl MF het taalgebruik centraal stelt. We wezen er tevens op dat deze complementariteit slechts gedeeltelijk is. CG maakt doorgaans geen onderscheid tussen lexicale en lineaire conventies enerzijds en lexicale en lineaire functies anderzijds, terwijl MF dat onderscheid wel maakt, maar vervolgens de lineaire conventies die geen semantische en pragmatische functies markeren buiten beschouwing laat.

Juist omdat MF dergelijke lineaire conventies buiten beschouwing laat, is deze theorie niet in staat de volledige lineaire vorm van de BNP te verantwoorden. Deze vorm is immers niet volledig terugvoerbaar op de werking van syntactische, semantische en pragmatische functies, maar tevens op de aanwezigheid van lineaire conventies van het zojuist genoemde type. We behoeven maar te denken aan de verplichte positie van de lidwoorden links van N1 en N2, en de verplichte positie van *van* links van N2. Wellicht ten overvloede wijzen we erop dat deze posities taalgebruiksmatig op geen enkele manier functioneel zijn. Ze markeren noch syntactische, noch semantische, noch pragmatische functies. MF kan hier dus geen diensten bewijzen. Zoals we in deze studie genoegzaam hebben geïllustreerd, kan MF wel diensten bewijzen als het gaat om het verantwoorden van de in de BNP werkzame syntactische functies, omdat MF beschikt over een beperkende theorie voor syntactische functiemarkering.

In tegenstelling tot MF, beschikt CG vanaf het prille begin over een herschrijfmodule (Chomsky 1957). Deze module heeft een min of meer hechte theoretische onderbouwing gekregen bij de introductie van de zogenaamde X-bar-conventie, die ten grondslag ligt aan een restrictieve theorie betreffende de vorm en aard van herschrijfregels (Chomsky 1970). De essentie van deze conventie is dat er door middel van het transcategoriale symbool X geabstraheerd wordt van de verschillende syntactische klassen die de kern kunnen vormen van een woordgroep en dus dat er generalisaties gemaakt worden met betrekking tot de interne structuur van woordgroepen als VP, NP en AP. Terzijde zij hier opgemerkt dat Nieuwborg (1968: 498) er reeds op wijst dat de structuur van de zin, gezien vanuit de verbale rest, vergelijkbaar is met die van de substantiefgroep. Later zou Jackendoff de X-bar-conventie uitwerken tot de zogenaamde X-bar-theorie (1973, 1974, 1977), waarbij hij zich niet beperkt tot generalisaties tussen voornoemde drie woordgroepen, maar tevens nagaat welke overeenkomsten er bestaan tussen deze en de PP.

Hoewel de meeste CG-ers nog steeds min of meer uitgaan van Jackendoffs theorie, is ze onderhand aan discussie onderhevig geweest (vgl. Stuurman 1985, Van Gestel 1986 en Sturm 1986). Bovendien dient er op gewezen te worden dat lang niet alle CG-ers dezelfde invulling geven aan Jackendoffs theorie, namelijk het genereren van alle dieptestructurele structuren van een taal. De laatste jaren worden bij voorbeeld veel structuren die vroeger door herschrijfregels werden gegenereerd, verantwoord door andere modules binnen de CG-theorie, zoals de theta-theorie en de naamvalstheorie. De eerste theorie stelt dat de eigenschappen van lexicale elementen vanuit het lexicon geprojecteerd worden op de syntaxis van de zin, terwijl de tweede theorie, zoals we reeds zagen, onder andere een verantwoording geeft van de distributie van NP's. Het is duidelijk dat de oorspronkelijke X-bar-theorie op deze manier danig wordt uitgehold. Aanhangers van de thetatheorie en de naamvalstheorie beschouwen de X-bar-theorie als een beperkte set van welgevormdheidscondities voor de dieptestructuur. Een bekend voorbeeld van zo'n conditie is dat elke woordgroep XP een kern van de categorie X moet hebben (Bennis en Hoekstra 1989: 34).[1]

Het is zeker niet onze bedoeling ons in de discussie over de taakverdeling tussen herschrijfmodule en andere modules te mengen. We hebben in deze studie ons inziens duidelijk genoeg laten zien dat de lineaire vorm van taaluitingen in onze visie voor een deel bepaald wordt door verschillende, duidelijk van elkaar te onderscheiden functies, namelijk syntactische, semantische en pragmatische functies. Zoals we reeds aanstipten, neemt dit niet weg dat een ander deel van de lineaire vorm van taaluitingen bepaald wordt door lineaire conventies die alleen maar zijn terug te voeren op formele principes die niets met het taalgebruik hebben uit te staan. Het interessante van een theorie over syntactische structuren, c.q. een welgevormdheidstheorie lijkt ons dan ook daarin gelegen dat het in staat is deze principes te verantwoorden.

Van de voornoemde drie auteurs is Sturm er ons inziens als enige op overtuigende wijze in geslaagd een theorie te ontwerpen die heel duidelijk in de buurt komt van een welgevormdheidstheorie in bovenstaande zin. Bennis (1990: 170) merkt in dit verband op dat alleen Sturm zich de opgave heeft gesteld een volledige theorie over de herschrijfcomponent te ontwikkelen. De wijzigingsvoorstellen van Stuurman noemt hij minimaal en die van Van Gestel onuitgewerkt. Ter introductie van Sturms model gaan we nu eerst na op welke belangrijke punten dit model een verbetering is ten opzichte van Jackendoff. Daarna geven we een beknopte presentatie van het model zelf.

## 3. De X-bar-theorie

De Uniforme-Drie-Niveau-Hypothese van Jackendoff stelt dat de VP, de NP, de AP en de PP syntactisch op dezelfde manier zijn gestructureerd. Dit zogenaamde principe van de uniformiteit heeft een belangrijke implicatie.[2] Het betekent dat er zowel ter linker- als ter rechterzijde van V, N, A en P een vast aantal posities (niveaus) zijn voorzien ter aanhechting van respectievelijk voor- en nabepalingen (bij Jackendoff drie niveaus). Er is met andere woorden sprake van een vastliggend maximum. Dit zogenaamde principe van de maximaliteit impliceert vervolgens dat kernen per niveau van aanhechting in staat moeten worden geacht zowel ter linker- als ter rechterzijde een ongelimiteerd aantal vertakkingen toe te laten om de eenvoudige reden dat de hoeveelheid voor- en nabepalingen niet geconditioneerd wordt door lineaire conventies, maar uitsluitend door niet-linguïstische factoren (geheugenbeperkingen e.d.).

Zoals Sturm (1986) aangeeft, kleven er nogal wat bezwaren aan de principes van uniformiteit en maximaliteit, juist omdat woordgroepen nu eenmaal niet allemaal hetzelfde aantal voor- en nabepalingen hebben. Zie (1) en (2):

(1) De buurman
(2) Die vervelende dikke rijke buurmannen

Ter verantwoording van (1) is er slechts één niveau van aanhechting nodig, namelijk links van de kern. Jackendoffs model genereert voor (1) dus duidelijk te veel structuur. Zie (3):

(3)

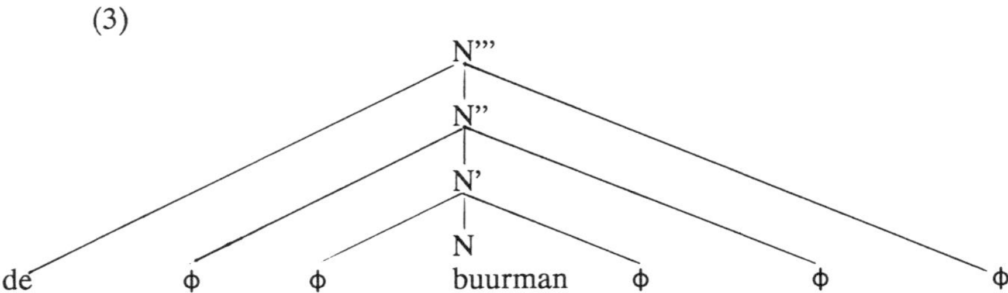


Voor (2) is er daarentegen, althans links van de kern, te weinig structuur voorhanden. Op het N"-niveau, het niveau dat Jackendoff reserveert voor de bijvoeglijke naamwoorden, zullen drie bepalingen aangehecht moeten worden. Zie (4):

(4)

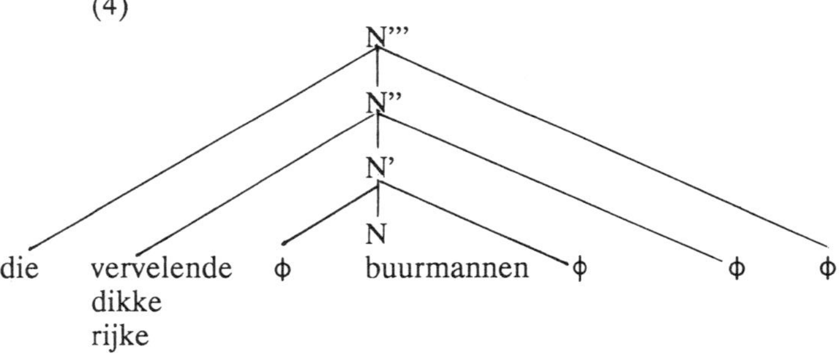


Een belangrijke implicatie van de principes van uniformiteit en maximaliteit is dat voor elk type potentiële voor- en nabepaling moet vastliggen op welk van de drie niveaus die aangehecht dienen te worden. Met andere woorden: elk niveau is omschreven in termen van de eventueel aan te hechten bepalingen. Bij Jackendoff correspondeert elk syntactisch niveau binnen de boomstructuur met een bepaalde semantische inhoud. X'-bepalingen zijn 'functional arguments' (niet weglaatbare bepalingen), X"-bepalingen 'restrictif modifiers' (beperkende weglaatbare bepalingen) en X'"-bepalingen 'non-restrictif modifiers' (niet beperkende weglaatbare bepalingen). Teneinde te bepalen tot welk niveau een bepaalde voor- of nabepaling behoort, gebruikt Jackendoff allerlei 'syntactische' tests waaraan, zoals Sturm (1986: 45-48) laat zien, maar al te vaak een semantisch geurtje zit. Dank zij enig kunst- en vliegwerk slaagt Jackendoff er voor de nabepalingen ('complements') uiteindelijk toch in, deze syntactische tests gelijk te laten lopen met bepaalde semantische inhouden. Hij concludeert:

"Thus we will be able to claim that there is a strong correlation between syntax and semantics in the complement system [het systeem van de nabepalingen, JP]." (1977: 57)

Idealiter zou hetzelfde moeten gelden voor de voorbepalingen ('specifiers') maar uit Jackendoff (1977) blijkt overduidelijk dat de zaken daar toch wel iets gecompliceerder liggen:

"(...) it appears much less possible to correlate semantic regularities with syntactic positions, as we did in complements." (1977: 103)

Het is duidelijk dat deze voorstelling van zaken niet in overeenstemming is met de visie die we aan het begin van deze studie hebben gepresenteerd en die we vervolgens hebben toegepast in de hoofdstukken 3 tot en met 6. We constateerden daar dat het lineaire gedrag van woordgroepen zeer vaak slechts functioneel is op het niet-syntactische vlak (lineaire conventies). Het is dus geen wonder dat Jackendoff een één-op-één-relatie meent te kunnen vaststellen tussen het syntactische niveau van aanhechting en de semantische inhoud van nabepalingen. Deze vaststelling is het directe gevolg van het feit dat hij alle lineaire verschijnselen als lineaire functies beschouwt. Jackendoffs volgorde- en weglaatbaarheidstests zijn, met andere woorden, niet gebaseerd op een strikt onderscheid tussen lineaire verschijnselen die syntactische functies markeren (lineaire functies) enerzijds en lineaire verschijnselen die niet-syntactische functies markeren (lineaire conventies) anderzijds. Dat Jackendoff veel meer moeite heeft een één-op-één-relatie vast te stellen tussen het syntactische niveau van aanhechting en de semantische inhoud van voorbepalingen, hoeft ook weinig verbazing te wekken. De positie van veel typische voorbepalingen, zoals lidwoorden, vragende en aanwijzende voornaamwoorden, is in het Engels immers, net zoals in het Nederlands, noch functioneel op het syntactische vlak, noch op het niet-syntactische vlak. Hier wreekt zich het feit dat Jackendoff geen onderscheid maakt tussen lineaire conventies die niet-syntactische functies markeren en lineaire conventies die niet dergelijke functies markeren. Net zoals bij de nabepalingen, beschouwt hij alle lineaire verschijnselen die samenhangen met voorbepalingen als lineaire functies.

Sturm (1986) stelt in de plaats van de Uniforme-Drie-Niveau-Hypothese de zogenaamde Minimum-Niveau-Hypothese. Deze rekent af met de principes van uniformiteit en maximaliteit.[3] Dit betekent dat er niet meer van uit wordt gegaan dat alle denkbare woordgroepen hetzelfde aantal niveaus hebben voor de aanhechting van voor- en nabepalingen, maar dat er a priori geen maximaal aantal niveaus is vast te stellen dat zou gelden voor alle woordgroepen of zelfs maar voor één type woordgroep. Een belangrijk gevolg van deze herziening is dat Sturms regels geen herschrijfregels zijn in de gebruikelijke zin des woords, maar uitbreidingsregels. Gezien het feit dat het maximale aantal niveaus niet bekend is, kan het beginsymbool immers onmogelijk $X^{max}$ (X''' bij Jackendoff) zijn, die in een herschrijfgrammatica als die van Jackendoff aan de top van de constructie staat. Sturms regels werken van beneden naar boven. Zoals weergegeven in (5)-(7), voegt elke regel weer iets toe aan de categorie die links van de pijl staat:

(5) $X^i$ ——> $[X^{max}\ X^i]_{X^{i+1}}$

(6) $X^{max}$ ——> - Y - $X^{max}$

(7) X ——> X X

Deze toevoeging kan op drie manieren plaatsvinden: door middel van endocentrische adjunctie zoals in (5), door middel van exocentrische adjunctie zoals in (6) en door middel van nevenschikking zoals in (7).[4] Een groot voordeel van uitbreidingsregels is dat ze geen overbodige structuur creëren, zoals dat het geval is bij Jackendoff. Een ander voordeel is dat structuur die niet uitgedrukt kan worden door middel van Jackendoffs herschrijfregels, zonder moeite verantwoord kan worden. Sturms regels houden gewoon op met uitbreiden op het moment dat de te genereren woordgroep is gevormd.

Een ander belangrijk verschil tussen de Uniforme-Drie-Niveau-Hypothese en de Minimum-Niveau-Hypothese is dat Sturm de syntaxis in zekere zin haar autonomie teruggeeft. Zoals we zagen, zijn Jackendoff's niveaus X', X" en X"' ten gevolge van de aanvaarding van de principes van uniformiteit en maximaliteit semantisch omschreven, in termen van de aan te hechten bepalingen. Doordat Sturm deze principes loslaat, behoeven de niveaus niet meer te worden gedefinieerd. Het idee dat elk niveau van aanhechting correspondeert met een bepaalde semantische inhoud valt bijgevolg weg. Een belangrijke consequentie hiervan is dat het in principe mogelijk wordt hiërarchische verhoudingen uit te drukken tussen voorbepalingen enerzijds en nabepalingen anderzijds. Een andere belangrijke consequentie is dat het mogelijk wordt de hiërarchie tussen voorbepalingen onderling en tussen nabepalingen onderling tot het uiterste door te voeren. Deze overwegingen brengen Sturm tot de zogenaamde Binaire Vertakkingshypothese:

> "Het is onmogelijk dat meer dan een specificator [d.w.z. voorbepaling, JP] en/of complement [d.w.z. nabepaling, JP] bij een X zonder hiërarchisch onderscheid als zusters in enige syntactische structuur voorkomen." (1986: 180)

Tenslotte gaat Sturm ervan uit dat de volgorde tussen voorbepalingen onderling en nabepalingen onderling in het Nederlands syntactisch gesproken vrij is. Eventuele restricties zijn volgens hem terug te voeren op "(...) semantische, functionele dan wel pragmatische factoren (...)." (1990: 285-286). Zijn uitbreidingsregels reproduceren daarom de volgorde zoals die voor elke taalgebuiker direct waarneembaar is. De consequentie van dit uitgangspunt is dat transformaties niet bestaan (1986: 127).[5] Sturm handhaaft op deze manier de hypothese dat de syntaxis een autonome module is, zij het één van bescheiden omvang. Van de door Sturm ter discussie gestelde punten zijn dit, ons inziens, de meest centrale. In de volgende paragrafen gaan we dieper in op die onderdelen van de Minimum-Niveau-Hypothese die van belang zijn voor de interne syntactische structuur van de BNP.

## 4. De behandeling van het voorzetsel

Een centrale hypothese van Sturm is dat voorzetsels niet de syntactische functie van kern kunnen vervullen en dus niet als een waarde van X kunnen worden beschouwd, zoals bij Jackendoff. Sturm (1986: 360, 368) laat zien dat deze hypothese rechtstreeks voortvloeit uit de Minimum-Niveau-Hypothese. Als het voorzetsel wel een waarde van X zou zijn, zou het in (5) links van de pijl moeten kunnen staan en dus alleen voor moeten kunnen komen, gezien de optionaliteit van (5). Zoals bekend, is dit bij voorzetsels uitgesloten.

### 4.1. Transitief en intransitief

Hoewel we het volledig eens zijn met Sturm dat het voorzetsel geen waarde is van X, lijkt het criterium op grond waarvan hij dit vaststelt ons niet geheel onproblematisch. Enerzijds zijn er immers onbetwistbare waarden van X die moeilijk of niet alleen kunnen voorkomen, zoals het finiete werkwoord dat, afgezien van de gebiedende wijs, verplicht vergezeld gaat van een ander woord, en N die doorgaans verplicht wordt voorafgegaan door een lid van de categorie Det.[6] Anderzijds stellen we vast dat een door Sturm aangenomen, maar ons inziens betwistbare waarde van X als het lidwoord (als onderdeel van Sturms syntactische klasse Det) nooit alleen kan voorkomen.

Wat N betreft, merkt Sturm op dat de leden van deze syntactische klasse eerder gekenmerkt worden door de afwezigheid dan door de aanwezigheid van een lidwoord (1986: 285). Voor de gevallen waar wel sprake is van een verplicht lidwoord, neemt hij aan dat dit het gevolg is van semantische en andere, niet nader gespecificeerde factoren. Op het verschijnsel dat het werkwoord moeilijk alleen kan optreden, gaat Sturm, althans in dit verband, bij ons weten niet in.[7] Het feit, tenslotte, dat het lidwoord, hoewel het een waarde is van X, nooit alleen kan voorkomen, schrijft Sturm toe aan semantische factoren. Lidwoorden "noemen niet en ze verwijzen niet" (1986: 291). We kunnen ons afvragen wat de waarde is van een argumentatie, die gebaseerd is op het door semantische factoren geconditioneerde al dan niet alleen-kunnen-voorkomen. Voor het voorzetsel, dat volgens Sturm juist **geen** waarde van X is, kunnen we namelijk een soortgelijke redenering volgen: het voorzetsel verwijst noch naar entiteiten of handelingen, noch naar kwaliteiten of kwantiteiten en kan dus niet alleen voorkomen.[8] Al met al kunnen we rustig stellen dat het alleen-kunnen-voorkomen een vrij discutabel criterium is teneinde te beslissen of iets een waarde van X is of niet.[9] Dit criterium is trouwens niet alleen discutabel, het is ook overbodig, omdat (5) heel duidelijk aangeeft wanneer een syntactische klasse als een waarde van X kan worden beschouwd. We kunnen namelijk stellen dat een syntactische klasse een waarde vormt van X, als de leden van die klasse tegelijkertijd zowel links als rechts van de pijl in (5) kunnen staan en dus uitbreidbaar zijn. Als we dit toepassen op het werkwoord en op N, dan zien we dat deze zonder meer uitbreidbaar zijn, zoals het waarden van X betaamt. Het voorzetsel daarentegen blijkt niet uitbreidbaar te zijn en kan dus ook niet als een waarde van X worden beschouwd. Wat het lidwoord betreft, is de conclusie gelijkluidend. Lidwoorden zijn nu eenmaal niet uitbreidbaar.[10]

De observatie dat het voorzetsel niet de kern kan vormen van een woordgroep is voor orthodoxe CG-ers absoluut onaanvaardbaar. Zoals Sturm (1990: 281-282) aangeeft, zijn verschillende fundamentele CG-stellingen immers op deze hypothese gebaseerd.[11] Binnen CG heeft men getracht empirische argumenten te vinden ter ondersteuning van het idee dat het voorzetsel wel degelijk uitbreidbaar is. Men verdedigt bij voorbeeld de stelling dat er intransitieve voorzetsels zouden bestaan (Van Riemsdijk 1978: 51). Als het bestaan van dergelijke voorzetsels (trouwens een vreemde term in dit verband) kan worden aangetoond, dan kunnen de voorzetsels die doorgaans naar rechts zijn verbonden met een woord als transitieve voorzetsels worden beschouwd, met dat woord als nabepaling. Als bewijsmateriaal voor het bestaan van intransitieve voorzetsels worden gewoonlijk woorden genoemd die in de traditionele grammatica bekend staan als bijwoorden van plaats en richting. Nu is het bekend dat veel voorzetsels, zoals Den Hertog (1973: 232) opmerkt, van oorsprong bijwoorden zijn, maar dan in bijzondere functie gebruikt, ondanks de gelijkenis in vorm. CG draait de zaken 180 graden om en stelt dat bijwoorden (intransitieve) voorzetsels zijn, die in dezelfde functie worden gebruikt.

Sturm ontkracht het idee dat er intransitieve voorzetsels zouden bestaan, onder meer door te laten zien dat de meeste bijwoorden van plaats en richting zich lineair anders gedragen dan de equivalente PP's, en dus het idee dat het bij bijwoorden en PP's om dezelfde categorie zou gaan (1986: 77). Hij stelt tegenover Van Riemsdijks voorbeelden in (8)-(11) onder meer de voorbeelden (12)-(15):

(8) Jan woont boven
(9) Jan woont boven de winkel

(10) De auto staat achter
(11) De auto staat achter het huis

* (12) De stoelen staan rond
(13) De stoelen staan rond de tafel

* (14) Het huis ligt aan
(15) Het huis ligt aan de gracht

Zoals uit de volgende twee paragrafen zal blijken, kunnen we het noch eens zijn met Van Riemsdijk, noch met Sturm. We zijn het niet eens met Van Riemsdijk omdat de hypothese dat er intransitieve voorzetsels bestaan, ons inziens, is gebaseerd is op een misverstand ten aanzien van het verschil tussen syntactische klasse en syntactische functie. De parallelle distributie van het bijwoord en de PP in (8)-(11) kan met andere woorden niet als argument dienen voor het bestaan van intransitieve voorzetsels. We zijn het niet eens met Sturm, omdat het aantoonbaar is dat de verschillende distributie van het bijwoord en de PP in (12)-(15) geen argument is tegen het bestaan van intransitieve voorzetsels.[12] We zullen laten zien dat het grammaticaliteitsverschil tussen (12) en (14) enerzijds en (13) en (15) anderzijds niet samenhangt met een verschil in syntactische functie tussen de bijwoorden en de in de PP's opgenomen N's. De syntactische functie van deze bijwoorden is gelijk aan de syntactische functie die de fonologisch equivalente voorzetsels markeren, en dus gelijk aan de functie van de betreffende N's. We zullen aantonen dat voornoemd grammaticaliteitsverschil wel is terug te voeren op het verschijnsel dat bijwoorden soms wel en soms niet dezelfde semantische functie bekleden als de semantische functie die de fonologisch equivalente voorzetsels markeren.

## 4.2. Syntactische klasse versus syntactische functie

Alvorens op zinvolle wijze over de eventuele verschillen in lineair gedrag tussen bijwoorden en PP's te kunnen nadenken, is het noodzakelijk dat we aan de hand van het voorzetsel en het bijwoord ingaan op het fundamentele onderscheid dat er bestaat tussen de begrippen 'syntactische klasse' en 'syntactische functie', een onderscheid waar binnen CG niet altijd even zorgvuldig mee wordt omgegaan.

Hoe is het verschil in syntactische klasse tussen het bijwoord en het voorzetsel te karakteriseren? Zoals we hierboven opmerkten, wijst Den Hertog erop dat een belangrijk aantal voorzetsels afkomstig zijn uit de klasse van de bijwoorden. Deze voorzetsels worden volgens hem, ondanks de gelijkenis in vorm, in bijzondere functie gebruikt. Den Hertog (1973) rangschikt de bijwoorden onder die woorden die een begrip aanduiden en dus een eigen betekenis hebben, terwijl hij de voorzetsels omschrijft als woorden die op zichzelf niets betekenen, maar die een betrekking aanduiden. Hij merkt in dit verband achtereenvolgens op:

> " (...) wat deze woorden [dat wil zeggen bijwoorden, JP.] van een heterogene oorsprong in de eerste plaats tot één categorie maakt, is het feit dat zij *op zichzelf* de betekenis van een predicaat of een attribuut kunnen bepalen (...)." (1973: 211).

> "Begrippen verhouden zich tot betrekkingen, zoals in de algebra de grootheden of hoeveelheden voorstellende lettersymbolen zich verhouden tot de tekens +, -, x, :, enz." (1973: 228)

Den Hertogs onderscheid tussen de syntactische klasse van de bijwoorden en die van de voorzetsels is dus gedeeltelijk gebaseerd op de betekenis. Dit heeft een paar nadelen. Er bestaan namelijk bijwoorden die slechts interpreteerbaar zijn op grond van de context en/of situatie. Zie ter illustratie het bijwoord *op* in (16) en (17):

(16) Jan is net op
(17) Jan is volledig op

In (16) is *op* dank zij *net* te interpreteren als 'opgestaan'. In (17) wijst *volledig* erop dat *op* hier geïnterpreteerd dient te worden als 'uitgeput'. Verder merkt Sassen (1990: 186) op dat het niet is vol te houden dat voorzetsels betekenisloos zijn. De BNP in (18) betekent iets geheel anders dan die in (19):

(18) Het huis aan het water
(19) Het huis in het water

Zoals we in het voorafgaande hebben gezien, is het desondanks niet uitgesloten dat bepaalde voorzetsels toch betekenisloos zijn.[13] Het is de vraag of we moeten aannemen dat dergelijke voorzetsels hun betekenis ontlenen aan de woorden die ze verbinden, zoals Den Hertog (1973: 232) lijkt te suggereren. Gezien onze hantering van het begrip 'betekenis' in deze studie, krijgt deze vraag een ontkennend antwoord. In onze visie is de betekenis van een woord, in tegenstelling tot de semantische functie, immers niet afhankelijk van de context.[14] We gaan er dus van uit dat betekenisloze voorzetsels betekenisloos blijven, ongeacht de betekenissen van de woorden die ze verbinden. Dergelijke voorzetsels zijn slechts in staat de syntactische en dus niet de semantische functie te markeren van het woord waaraan ze direct voorafgaan. Van der Lubbe (1978: 73-74) hanteert in dit verband zeer terecht de term 'vormwoord'.

Is betekenis dus niet zo'n betrouwbaar criterium ter onderscheiding van voornoemde twee syntactische klasses, de syntactische verbindbaarheden zijn dat wel.[15] Den Hertog merkt op dat bijwoorden een "predicaat of een attribuut" kunnen bepalen (1973: 211) en dat voorzetsels uitdrukking geven aan een bepaalde betrekking. De onvermijdelijke conclusie die hieruit volgt is dat het voorzetsel en het bijwoord twee verschillende syntactische klassen vertegenwoordigen.

Betekent verschil in syntactische klasse per definitie verschil in syntactische functie? In principe natuurlijk niet. We hoeven maar te denken aan het bijwoord en het bijvoeglijk naamwoord die, ondanks het verschil in syntactische klasse, beide zowel de syntactische functie van kern als van bepaling kunnen bekleden. We mogen daarbij echter niet uit het oog verliezen dat deze syntactische klasses behoren tot die klasses die begrippen aanduiden, terwijl het voorzetsel slechts betrekkingen tussen woorden, of tussen één woord en de context en/of situatie markeert. In het geval van het voorzetsel verwijst het type syntactische klasse dus rechtstreeks naar de markeerdersfunctie. Den Hertog omschrijft deze functie als volgt:

> "(...) een voorzetsel dient om een substantief of substantief gebruikt woord als bijvoeglijke of bijwoordelijke bepaling, of als omschreven voorwerp te gebruiken." (1973: 232)[16]

We wijzen er hier terzijde op dat Martinets visie hier wonderwel aansluit bij Den Hertog als hij voorzetsels syntactische functiemarkeerders noemt. Op grond van het citaat van Den Hertog is het mogelijk betrekkingswoorden op een formele manier van inhoudswoorden te onderscheiden. Juist omdat betrekkingswoorden **een relatie leggen** tussen twee woorden of tussen één woord en de context en/of situatie, zijn ze te karakteriseren als woorden die niet als kern of bepaling kunnen fungeren en **dus** als woorden die geen syntactische functie hebben. Zie (20) en (21) waarin het voorzetsel *boven* achtereenvolgens een relatie legt tussen *kamer* en *fruitwinkel*, en tussen *fruitwinkel* en de context:

(20) A. Waar is Jan?
B. In de kamer boven de fruitwinkel

(21) A. Waar is de kamer van Jan?
B. Boven de fruitwinkel

Woorden die een begrip aanduiden zijn daarentegen te karakteriseren als woorden die zelf in staat zijn als kern of als bepaling **een relatie aan te gaan** met andere woorden. Zie (22) waar het bijwoord *altijd* kern is bij *bijna* en (23) waar *altijd* bepaling is bij *ziek* (Adv staat hier voor bijwoord):

(22) Ik voel me $[\text{bijna altijd}]_{advp}$ ziek
(23) Ik voel me $[\text{altijd ziek}]_{ap}$

De conclusie is dat het voorzetsel en het bijwoord niet alleen verschillen in syntactische klasse, maar tevens in syntactische functie om de eenvoudige reden dat het voorzetsel zelf geen syntactische functie heeft. Verder is het, naar we hopen, duidelijk dat het niet onbelangrijk is een duidelijk onderscheid te maken tussen syntactische klasse en syntactische functie, al was het alleen maar omdat er geen één-op-één-relatie maar een veel-op-veel-relatie bestaat tussen klasses en functies. Syntactische klasses als werkwoord, zelfstandig naamwoord, bijvoeglijk naamwoord en bijwoord kunnen doorgaans verschillende syntactische functies bekleden, terwijl syntactische functies als kern, bepaling, onderwerp en lijdend voorwerp vervuld kunnen worden door verschillende syntactische klasses. De zogenaamde betrekkingswoorden vormen een uitzondering. Deze syntactische klasse is voorgeprogrammeerd voor één specifieke functie, namelijk het markeren van de functie van andere woorden.

Al met al betekent dit dat er vooralsnog geen argumenten lijken te zijn om, zoals Van Riemsdijk voorstelt, het voorzetsel en het bijwoord op te nemen in dezelfde syntactische klasse. Deze ten onrechte veronderstelde identiteit in syntactische klasse kan dus ook niet als verklaring dienen voor het verschijnsel dat bijwoorden soms dezelfde distributie blijken te hebben als PP's die een aan die bijwoorden fonologisch identiek voorzetsel bevatten. Door aan bepaalde distributionele overeenkomsten tussen de PP en het bijwoord een argument te onlenen voor de stelling dat het bij bijwoorden en voorzetsels om dezelfde syntactische klasse zou gaan, laat Van Riemsdijk duidelijk zien dat CG onzorgvuldig omgaat met het onderscheid waaraan deze paragraaf was gewijd. Zie ter afsluiting schema 1, waar F staat voor functie.

Schema 1: Het bijwoord is niet gelijk aan het voorzetsel

| | SYNTACTISCHE KLASSE | SYNTACTISCHE FUNCTIE | F-MARKEERDER |
|---|---|---|---|
| P | betrekking | φ | ja |
| Adv | begrip | kern/bepaling | nee |

### 4.3. Syntactische functie versus semantische functie

Het verschillende lineaire gedrag van de PP en het bijwoord, dat Sturm illustreert aan de hand van (12)-(15), kan, zoals we reeds aanstipten, niet als argument gehanteerd worden tegen intransitieve voorzetsels. De reden ligt voor de hand, gezien de drie manieren waarop syntactische functies gemarkeerd kunnen worden.

Het is alvast duidelijk dat volgorde in geen van deze gevallen een rol speelt. Noch de bepalingsfunctie van de op het voorzetsel volgende N, noch die van het bijwoord wordt gemarkeerd door een bepaalde positie. Bijwoorden zijn syntactische autonomen, omdat ze door hun eigen betekenis als bepaling worden gemarkeerd. De bepalingsfunctie van N's die op voorzetsels volgen wordt doorgaans gemarkeerd door die voorzetsels. Deze N's genieten tezamen met die voorzetsels syntactische autonomie.[17] De limieten van de verplaatsbaarheid van zowel het bijwoord als de PP zijn vanuit een lineair oogpunt bijgevolg conventioneel. Als deze voorstelling van zaken juist is, dan betekent dat dat er a priori geen enkele syntactische reden is waarom de distributie van PP's en bijwoorden niet dezelfde zou zijn. Zie (24)-(31):

(24) Jantje heeft urenlang **boven de winkel** gespeeld
(25) Jantje heeft urenlang **boven** gespeeld

(26) Jantje heeft urenlang gespeeld **boven de winkel**
(27) Jantje heeft urenlang gespeeld **boven**

? (28) Jantje heeft **boven de winkel** urenlang gespeeld
? (29) Jantje heeft **boven** urenlang gespeeld

(30) **Boven** de winkel heeft Jantje urenlang gespeeld
(31) **Boven** heeft Jantje urenlang gespeeld

We geven grif toe dat er voor sommige van bovenstaande constructies een beroep dient te worden gedaan op een bepaalde context en/of situatie, al dan niet vergezeld van een expressief accent, willen de betreffende constructies grammaticaal zijn. Waar het hier echter om gaat is dat de distributie van *boven de winkel* en *boven* volledig gelijkloopt. Als *boven de winkel* in een bepaalde positie aanleiding geeft tot twijfel, dan levert *boven* in dezelfde positie ook een twijfelachtig resultaat op. We kijken vervolgens naar (32), die door Sturm als ongrammaticaal wordt bestempeld:

* (32) (...), omdat hij al sinds de oorlog woont boven

Met een expressief accent op *woont* en als antwoord op de vraag in (33), is (32) volgens onze informanten eerder twijfelachtig dan ongrammaticaal:

(33) Waarom zit hij sinds de oorlog constant boven?

We krijgen een soortgelijk resultaat als we in plaats van het bijwoord de PP gebruiken. Dit wijst opnieuw op de parallelle distributie van het bijwoord en de PP. Zie (34):[18]

? (34) (...), omdat hij al sinds de oorlog woont boven de winkel

We wijzen er hier terzijde op dat Sturms grammaticaliteitsoordeel ons daarentegen wel juist lijkt als *boven* in (32) vergezeld zou gaan van een expressief accent. Van Riemsdijk aanhalend, geeft Sturm verder nog:

(35) (...), omdat hij niet erg op z'n gemak zit achter de stal

(36) (...), omdat hij niet erg op z'n gemak zit achter

Sturm (1986: 75) noemt dit voorbeeld "gelukkig gekozen". Daar heeft Sturm in zekere zin gelijk in, omdat 'op z'n gemak zitten' nu eenmaal min of meer gelexicaliseerd is. Waar het echter om gaat is dat het bijwoord en de PP ook hier weer getuigen van een parallelle distributie.

Ten laatste wijzen we erop dat ook de infinitief-constructies in (37) en (38) zonder meer grammaticaal zijn, ondanks het feit dat hier noch sprake hoeft te zijn van een expressief accent, zoals in (32) en (34), noch van lexicalisering, zoals in (35) en (36):

(37) (...), omdat Jantje urenlang zit te werken boven de winkel
(38) (...), omdat Jantje urenlang zit te werken boven

Wat nu te doen met (12)-(15), hier herhaald als (39)-(42)?:

(39) De stoelen staan rond de tafel
* (40) De stoelen staan rond

(41) Het huis ligt aan de gracht
* (42) Het huis ligt aan

(43) Die zaak is rond
(44) De kachel is aan

Als we de verschillen in interpretatie van *rond* en *aan* in (39)-(44) vergelijken met de interpretatie van *boven* in (24)-(31), dan valt meteen op dat de interpretaties van *rond* en *aan* gepaard gaan met een verschil in syntactische klasse, terwijl de interpretatie van *boven* constant is, ongeacht de syntactische klasse. In (39) en (41) markeren de voorzetsels *rond* en *aan* de semantische functie van N2 als zijnde een 'plaats', terwijl de bijwoorden *rond* en *aan* in (43) en (44) een perfectief of duratief aspect specificeren met betrekking tot de voorafgaande N (zie voor deze termen Geerts e.a. 1984: 456). We kunnen nu stellen dat (40) en (42) ongrammaticaal zijn, omdat het moeilijk, zo niet onmogelijk is de met de syntactische functie van de bijwoorden *rond* en *aan* gepaard gaande semantische functie, namelijk het markeren van een perfectief of duratief aspect, in de gegeven context toe te passen. Het kost met andere woorden enige moeite zich iets voor te stellen bij 'rondstaande stoelen' en 'aanliggende huizen'.[19] Hoe anders liggen de zaken in (24)-(31). In (24), (26), (28) en (30) markeert het voorzetsel *boven* N2 als zijnde een plaats, terwijl het bijwoord *boven* in (25), (27), (29) en (31) de plaats specificeert waar de door *gespeeld* uitgedrukte werking plaatsvindt. In tegenstelling tot de interpretatie van *rond* en *aan*, ligt die van het woord *boven* dus vast, ongeacht de syntactische klasse waartoe die behoort.

De conclusie luidt als volgt. De observatie dat bijwoorden die fonologisch identiek zijn aan in PP's optredende voorzetsels niet altijd dezelfde distributie hebben als die PP's, heeft niets te maken met het verschil in syntactische klasse of functie tussen het voorzetsel en het bijwoord. Het heeft evenmin iets te maken met een verschil in syntactische functie tussen de in de PP vervatte N en het bijwoord om de eenvoudige reden dat er geen verschil in syntactische functie is tussen deze twee woorden. In al de genoemde gevallen zijn beide bepaling bij hetzelfde woord. Eventuele verschillen in distributie tussen het bijwoord en de PP zijn daarentegen het gevolg van verschillen in semantische functie tussen het bijwoord en de in de PP vervatte N. Zie schema 2, waar P > N betekent: het voorzetsel markeert de semantische en syntactische functie van N, respectievelijk 'plaats' en 'bepaling'.

Schema 2: De PP en het bijwoord

| | SEMANTISCHE FUNCTIE | | SYNTACTISCHE FUNCTIE | |
|---|---|---|---|---|
| | BOVEN | ROND/AAN | BOVEN | ROND/AAN |
| Adv | plaats | aspect | bepaling | bepaling |
| P > N | plaats | plaats | bepaling | bepaling |

## 4.4. Syntactische functiemarkering

Als het voorzetsel geen waarde is van X, rijst natuurlijk de vraag wat het dan wel is. Sturm gaat ervan uit dat het Nederlands een zogenaamde specificator-taal is, dat wil zeggen bepalingen (specificatoren) staan altijd links van hun kern. Deze zogenaamde Specifier-Hypothese is een tekenend voorbeeld van het verantwoorden van convergerende lineaire conventies. Gezien de uitgangspunten die we in het eerste hoofdstuk hebben gepresenteerd, is het duidelijk dat we een dergelijke hypothese in principe welwillend tegemoet treden. Desondanks is het ook duidelijk dat deze hypothese gemakkelijk is te falsifiëren. In het Nederlands gaan bepalingen namelijk lang niet altijd vooraf aan hun kern. Volgens Sturm is de functie van betrekkingswoorden, zoals voorzetsels, het markeren van dergelijke divergerende structuren.

Het hoeft weinig betoog dat dit laatste enigszins afwijkt van het MF-idee van functiemarkering door middel van gespecialiseerde functiemarkeerders of lexicale functies. MF gaat ervan uit dat het voorzetsel de bepalingsfunctie markeert van het woord dat rechts staat. Door deze markering wordt het bepalingswoord geautonomiseerd. Zoals we zagen, betekent dit dat zowel de positie als de betekenis van een dergelijk woord vanuit een syntactisch oogpunt niet functioneel is. Het verschil met Sturms visie op het voorzetsel hangt samen met de verschillende appreciatie binnen MF en CG van lineaire conventies en functies. MF is slechts geïnteresseerd in lineaire verschijnselen voorzover deze het resultaat zijn van een taalgebruikskeus, dat wil zeggen voorzover deze een syntactische of niet-syntactische functie markeren. De observatie dat verschillende van deze keuzes eventueel uitmonden in een aantal convergerende structuren en dus, in laatste instantie, geconditioneerd worden door één of meer lineaire conventies die geen enkele syntactische of niet-syntactische functie markeren, is volgens MF niet relevant voor meer inzicht in het synchrone taal(gebruiks)systeem. Sturm benadert de zaken van de andere kant. Hij gaat uit van de convergerende structuren. Zonder een onderscheid te maken tussen lineaire verschijnselen die syntactische of niet-syntactische functies markeren enerzijds en lineaire verschijnselen die geen van deze functies markeren anderzijds, probeert hij de uitzonderingen op zijn hypothese, dat wil zeggen de niet-convergerende structuren, door middel van onafhankelijke principes te verklaren. Op zich lijkt hier niets op tegen. Hier is pas iets op tegen als de voorgestelde syntactische structuren door het voorbijgaan aan voornoemd onderscheid niet in overeenstemming zijn met de empirie.

In de volgende paragrafen zullen we aan de hand van de BNP laten zien dat dit laatste inderdaad het geval is. We bespreken de drie volgende, door Sturm voorgestelde syntactische verbindingen: de verbinding tussen N1 en N2, de verbinding tussen het voorzetsel en N1 en de verbinding tussen het voorzetsel en N2. Daarbij zal blijken dat er een relatie bestaat tussen het type syntactische verbinding, dat wil zeggen exo- dan wel endocentrisch, en syntactische functiemarkering door middel van lexicale functies als *van*.

## 4.5. Endocentriciteit versus exocentriciteit

Sturm gaat ervan uit dat *van* in (45) door middel van de regel in (46), dat wil zeggen door middel van exocentrische adjunctie, is ingevoegd tussen *weigering* en *brood*:

(45) Weigering van brood
(46) $X^{max}$ ———> - P - $X^{max}$

Zoals ook Bennis (1990: 177) suggereert, is dit principe van exocentrisch adjunctie niet volledig transparant. De volgende uitspraken van Sturm maken een en ander, ons inziens, niet veel duidelijker:

> "Wat het via exocentrische adjunctie toegevoegde voorzetsel in een structuur als (45) doet, is het via endocentrische adjunctie van *brood* aan *weigering* gelegde syntactische verband (en daarmee de objectieve betrekking tussen die twee) nog op een andere manier, syntactisch en klankvormelijk vastleggen (1986: 96)."

> "(...) exocentrische adjunctie van een voorzetsel behelst explicitering van een endocentrische adjunctie van een bepaling aan een waarde van X (...)' (1986: 96)

Op grond van deze citaten moeten we ervan uitgaan dat (45) een syntactische structuur heeft zoals weergegeven in schema 3.

Schema 3: *Weigering van brood*

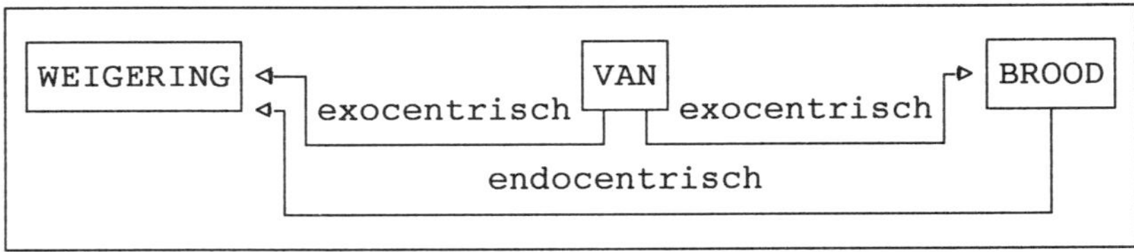


Zoals uit dit schema blijkt, is N2 op twee manieren verbonden met N1: een keer **indirect** door middel van exocentrische adjunctie via het voorzetsel en een keer **direct** door middel van endocentrische adjunctie. Dat dit tegen de gangbare opvattingen omtrent exo- en endocentriciteit indruist, behoeft weinig betoog. Sturm (1986: 119, 123, 361) wijst erop dat hij de term 'exocentrisch' op een andere manier hanteert dan Van der Lubbe (1978: 88-107). Volgens Sturm sluiten endocentriciteit en exocentriciteit elkaar niet uit, volgens Van der Lubbe wel. Van der Lubbe plaatst de exocentrische woordgroepen tegenover de endocentrische woordgroepen om vervolgens de laatste onder te verdelen in nevenschikkende en onderschikkende woordgroepen. Sturm plaatst de nevenschikkende woordgroepen tegenover de onderschikkende woordgroepen en verdeelt de laatste vervolgens onder in woordgroepen die zowel exo- als endocentrisch zijn, zoals (45), en woordgroepen die alleen endocentrisch zijn, zoals (47):[20]

(47) Jans weigering

Teneinde wat meer zicht te krijgen op Sturms exocentriciteitsbegrip, is het belangrijk te constateren dat (46), de regel voor exocentrische adjunctie, een direct gevolg is van (5), de regel voor endocentrische adjunctie. We herhalen (5) als (48):

(48) $X^i$ ——> $[X^{max}\ X^i]_{X^{i+1}}$

Zoals we zagen, is (48) de formalisering van de stelling dat het Nederlands een specificator-taal is, dat wil zeggen: bepalingen worden in principe links van de kern geplaatst waar ze bepaling bij zijn. De regel in (46) is nodig om de uitzonderingen op (48) te kunnen verantwoorden.[21] Deze regel kan niet de vorm hebben van (48), met het voorzetsel als endocentrisch verbonden voorbepaling ($X^{max}$) bij bij voorbeeld de N2 van de BNP in (45) ($X^i$), omdat het voorzetsel geen waarde van X is en altijd voor een maximale projectie dient te staan (in (49) is dat de N" *het warme brood*):[22]

(49) De weigering van [het warme brood]$_{n''}$
* (50) De weigering [het] van [warme brood]$_{n'}$
* (51) De weigering [het warme] van [brood]$_{n}$

Deze redenering leidt tot de stelling dat het voorzetsel exocentrisch is verbonden met N2. In schema 3 zien we echter dat het voorzetsel tevens exocentrisch is verbonden naar links. Zoals we reeds opmerkten, betekent dit dat N2 niet alleen endocentrisch is verbonden met N1, maar tevens exocentrisch, namelijk op indirecte wijze via het voorzetsel. Dit nu lijkt ons beschrijvend niet erg adequaat, omdat het bekend is dat N2 in een onderschikkende relatie staat tot N1 en niet in een relatie van interdependentie, dat wil zeggen een exocentrische relatie (vgl. Van der Lubbe 1978: 74).[23]

Uit de hierboven gegeven citaten is af te leiden dat Sturm veronderstelt dat deze onderschikkende relatie reeds is gevormd als (46) wordt toegepast. Hij spreekt immers over exocentrische adjunctie als het "nog op een andere manier" vastleggen van het endocentrische verband (1986: 96). Deze voorstelling van zaken lijkt ons niet geheel onproblematisch. Blijkbaar gaat Sturm er enerzijds van uit dat het syntactische verband tussen N1 en N2 al is vastgelegd, terwijl hij anderzijds lijkt aan te nemen dat deze vastlegging niet voldoende expliciet is. De vraag rijst nu welke regel binnen Sturms theorie verantwoordelijk is voor de endocentrische verbinding van N1 en N2 in schema 3. Gesteld dat zijn theorie over een dergelijke regel beschikt, dan zou die regelrecht indruisen tegen de Specifier-Hypothese. In schema 3 bevindt de bepaling zich immers rechts van de kern. Bij ons weten vermeldt Sturm voor het Nederlands nergens een dergelijke regel. Hij vermeldt slechts (48), met de bepaling links, en merkt op dat deze regel de ordening weerspiegelt van endocentrische groepen in het Nederlands (Sturm 1986: 229).

We zien trouwens niet in dat er in een BNP als in (52) syntactisch al iets zou zijn vastgelegd:

* (52) Ik heb [de vrienden de kinderen]$_{bnp}$ tot de orde geroepen

Zoals we zagen, legt (48) vast dat een waarde van X in het Nederlands alleen uitbreidbaar is naar links. In (52) zou *vrienden* dus bepaling moeten zijn bij *kinderen*. Dit kan echter niet, omdat *vrienden* pas als bepaling bij *kinderen* is te interpreteren als het voorzetsel *van* wordt ingevoegd, meteen links van *vrienden*. Zie (53):

(53) Ik heb [van de vrienden de kinderen]$_{bnp}$ tot de orde geroepen

Op het eerste gezicht lijkt dit problematisch voor Sturms theorie, omdat het voorzetsel volgens hem juist die woorden markeert die zich lineair niet gedragen in overeenstemming met de Specifier-Hypothese. We hebben sterk de indruk dat het daarom is dat Sturm (1986: 112-114) aanneemt dat *vrienden* in (53) niet als bepaling bij *kinderen* kan worden geïnterpreteerd. Hij verdedigt deze stelling aan de hand van (54):

(54) Ik heb van Vestdijk een roman gelezen

*Van Vestdijk* zou in de context en/of situatie verbonden zijn met zoiets als 'de romans die Vestdijk heeft geschreven'. In zekere zin geeft Sturm aan (54) dus een soort van partitieve interpretatie. We wijzen er echter op dat onbepaalde BNP's altijd een dergelijke interpretatie kunnen krijgen.[24] Ook (55), waarin *van Vestdijk* volgens Sturm wel als bepaling bij *roman* kan worden opgevat, is namelijk te interpreteren als 'van de romans die Vestdijk heeft geschreven heb ik een roman gelezen':

(55) Ik heb [een roman van Vestdijk]$_{bnp}$ gelezen

Het is van belang in te zien dat Sturms stelling (1986: 107) dat PP's die voorafgaan aan de N waar ze betrekking op hebben, geïnterpreteerd worden als verbonden zijnde met de context en/of situatie, rechtstreeks volgt uit zijn visie op het voorzetsel. Zoals we zagen, komt deze erop neer dat het voorzetsel een van de Specifier-Hypothese afwijkende volgorde markeert. Sturm kan, met andere woorden, moeilijk aannemen dat *vrienden* en *Vestdijk* in (53) en (54) bepaling zijn bij de voorafgaande N en dus, qua positie ten opzichte van de kern, in overeenstemming zijn met de Specifier-Hypothese, omdat het dan niet is te verklaren waarom het voorzetsel, als markeerder van 'afwijkende' volgordes, verplicht verschijnt.[25]

Dat naast (48) ook (46), de regel voor exocentrische adjunctie, niet verantwoordelijk gesteld kan worden voor de BNP in (52), ligt voor de hand. De reden is dat exocentrische conjunctie binnen Sturms theorie alleen van toepassing is op woorden die zelf geen waarde van X zijn, zoals onderschikkende en nevenschikkende voegwoorden, en voorzetsels (1986: 361). Verder kan er in de BNP in (52) geen sprake zijn van exocentrische adjunctie om de eenvoudige reden dat er geen sprake is van interdependentie tussen beide N's. Als een van beide N's wordt weggelaten, is (52) grammaticaal.

Ook de regel in (7), hier herhaald als (56), kan niet van toepassing geweest zijn op de BNP in (52):

(56) X ——> X X

Toepassing van deze regel leidt immers òf onmiddellijk tot een grammaticaal resultaat, zoals in (57), òf tot de toepassing van de onder (46) genoemde regel, dat wil zeggen de exocentrische adjunctie van een nevenschikkend voegwoord, zoals in (58):

(57) Koffie, broodjes, bier, limonadèèèèèè...[26]
(58) Koffie en broodjes

De conclusie lijkt gewettigd dat het, vanuit Sturms theorie geredeneerd, onduidelijk is welke regel de endocentrische adjunctie vastlegt die ten grondslag ligt aan de BNP in (52).

We wijzen er verder nog op dat onvolledige BNP's als in (52) ook niet zijn te verantwoorden door te stellen dat de bepaling rechts van zijn kern staat en dat dus de invoeging van *van* vereist is. Omdat er syntactisch **niets** is vastgelegd in (52), is het a priori immers onduidelijk wat de syntactische relatie is tussen deze twee N's. Is de eerste bepaling bij de tweede of is het juist andersom? Vergelijk (59)-(61):

* (59) Ik heb [de vrienden de kinderen]$_{bnp}$ gezien
* (60) Ik heb [Vestdijk een roman]$_{bnp}$ gelezen
* (61) Ik heb [het hoofdstuk het proefschrift]$_{bnp}$ gelezen

In (59) kan zowel de eerste als de tweede N kern of bepaling zijn. In (60) kan alleen de eerste N bepaling zijn en de tweede N kern. In (61) is het precies omgekeerd. Daar kan alleen de tweede N bepaling zijn en de eerste N kern. Zie (62)-(67):

(62) Ik heb [**van** de vrienden de kinderen]$_{bnp}$ gezien
(63) Ik heb [de vrienden **van** de kinderen]$_{bnp}$ gezien

(64) Ik heb [**van** Vestdijk een roman]$_{bnp}$ gelezen
* (65) Ik heb [Vestdijk **van** een roman]$_{bnp}$ gelezen

* (66) Ik heb [**van** het hoofdstuk het proefschrift]$_{bnp}$ gelezen
(67) Ik heb [het hoofdstuk **van** het proefschrift]$_{bnp}$ gelezen

Zijn deze data nu te verantwoorden door te stellen, zoals Sturm doet, dat de aanwezigheid van het voorzetsel, afgezien van voorzetselvoorwerpen waar het werkwoord de bepalende factor is, geconditioneerd wordt door semantische en pragmatische factoren (1986: 102)?[27] Ja en nee. Ja, omdat het inderdaad pragmatische factoren zijn die bepalen waar in (59) het voorzetsel terechtkomt, links van N1, of links van N2. Ja, omdat woorden als *roman*, en *hoofdstuk* om semantische redenen niet als bepaling kunnen fungeren bij respectievelijk *Vestdijk* en *proefschrift*. Nee, omdat er in (59)-(61) een voorzetsel **moet** staan. Bepalingen die noch door hun betekenis, noch door hun positie als zodanig gemarkeerd worden, worden nu eenmaal verplicht gemarkeerd door een gespecialiseerde functiemarkeerder, en dat is in het onderhavige geval een lid van de syntactische klasse van de voorzetsels. Het voorzetsel kan bijgevolg niet gezien worden als de explicitering van een reeds aanwezig endocentrisch verband, zoals Sturm stelt, maar als **de** markering van een onderschikkende, endocentrische relatie.

De conclusie van deze paragraaf luidt als volgt. De **primaire** functie van het voorzetsel *van* binnen de BNP is het markeren van de syntactische functie van N2 ten opzichte van N1 en niet het aanduiden van een niet aan de Specifier-Hypothese beantwoordende volgorde. Dit neemt echter niet weg dat dit voorzetsel in een aantal gevallen tevens de laatste functie uitoefent.

## 4.6. De syntactische verbinding van het voorzetsel

De vraag rijst vervolgens hoe het verband is te omschrijven tussen N1 en het voorzetsel en tussen het voorzetsel en N2. Zoals we zagen, gaat het volgens Sturm in beide gevallen om een exocentrische verbinding. We kunnen ons desondanks niet aan de indruk onttrekken dat het voorzetsel in een geheel andere verhouding tot N1 staat dan tot N2. Dit is Sturm uiteraard niet ontgaan. Aan (46) kunnen we zien dat N1 niet verplicht aanwezig is, maar in de context en/of situatie gegeven kan zijn.[28] Gezien het ontbreken van interdependentie tussen het voorzetsel en N1, verdient het, ons inziens, de voorkeur niet te spreken van een exocentrische relatie. Ook onder een enigszins afwijkende interpretatie van het begrip 'exocentriciteit' echter lijkt het ons moeilijk te verdedigen dat het voorzetsel links en rechts hetzelfde type syntactische relatie zou hebben om de eenvoudige reden dat het voorzetsel en N2 wel interdependent zijn. Vergelijk daartoe de constructies in (68)-(72):

(68) Gisteren heeft Jan het boek van de buurman gezien
(69) Gisteren heeft Jan het boek gezien

* (70) Gisteren heeft Jan het boek van gezien
* (71) Gisteren heeft Jan het boek de buurman gezien
* (72) Gisteren heeft Jan van de buurman gezien

Uit de grammaticaliteit van (69) blijkt dat er geen sprake is van een verplichting de N *boek* naar rechts te verbinden met een ander woord. Het lijkt ons dan ook niet juist de relatie tussen dezelfde N in (68) en het voorzetsel te karakteriseren als exocentrisch. Uit (70) en (71) blijkt achtereenvolgens dat het voorzetsel wel verplicht wordt verbonden naar rechts en de N *buurman* naar links. Het voorzetsel en de N *buurman* dienen dus beschouwd te worden als interdependent. De verplichte aanwezigheid van *van* vloeit rechtstreeks voort uit de functie van het voorzetsel, namelijk het markeren van de bepalingsfunctie van woorden die noch door hun betekenis, noch door hun positie als zodanig gemarkeerd worden. Er blijkt dus een duidelijk verband te bestaan tussen interdependentie en syntactische functiemarkering door middel van lexicale functies als *van*. De conclusie is dat de relatie tussen het voorzetsel en N1 aantoonbaar verschilt van de relatie tussen het voorzetsel en N2.

Kijken we tenslotte naar (72). De ongrammaticaliteit van deze constructie wijst erop dat het woord waarbij het voorzetsel *buurman* als bepaling markeert, niet voorhanden is. Semantische factoren verhinderen de interpretatie van *buurman* als bepaling bij *gezien* (vgl. Sturm 1986: 123). Zie (73), waar *buurman* wel als bepaling bij *gekocht* is te interpreteren, zij het met enige moeite:

(73) Gisteren heeft Jan van de buurman gekocht

Als we *van* vervolgens vervangen door *bij*, is *buurman* moeiteloos als bepaling bij *gekocht* te interpreteren. Zie (74):

(74) Gisteren heeft Jan bij de buurman gekocht

Waar het ons hier om gaat is dat *buurman* als bepaling geïnterpreteerd **moet** worden, gezien de aanwezigheid van de lexicale functies *van*, in (73), en *bij*, in (74). Als deze voorzetsels worden weggelaten, verandert meteen ook de syntactische functie van *buurman*. Zie (75):

(75) Gisteren heeft Jan de buurman gekocht

Hoewel (75) semantisch natuurlijk vreemd is, is het duidelijk dat *buurman* de syntactische functie van lijdend voorwerp bekleedt. Zoals we al enkele keren hebben laten zien, wordt deze functie hier niet gemarkeerd door een lexicale functie, maar door een lineaire functie: het lijdend voorwerp staat rechts van het onderwerp.

Al met al betekent dit dat we het niet eens kunnen zijn met Sturm als hij stelt dat de toevoeging van een voorzetsel aan een woord er helemaal niet toe leidt dat dat woord tot een "andere gebruiksklasse gaat behoren" (1986: 119).[29] Een aantal onvermijdelijke verschillen tussen een N met en zonder voorzetsel kunnen volgens Sturm slechts teruggevoerd worden op factoren van semantische en/of pragmatische aard. Als bewijsvoering voor deze stelling noemt Sturm constructies als (76), waar de *van*-groep als lijdend voorwerp bij *tekent* fungeert:

(76) Hij tekent altijd van die eigenaardige stripfiguren

De functie van het voorzetsel *van* in (76) is echter onvergelijkbaar met de functie van *van* in de BNP. In de BNP vertegenwoordigt *van* een lexicale functie, omdat het de syntactische functie van N2 markeert. In (76) daarentegen vertegenwoordigt *van* een lexicale conventie, omdat het op geen enkele manier de syntactische functie van *stripfiguren* markeert. *Van* markeert hier wel een niet-syntactische functie, namelijk de onbepaaldheid van *die eigenaardige stripfiguren*. Omdat *stripfiguren* daarnaast door *die* voor bepaaldheid wordt gemarkeerd, is *van* zonder meer weglaatbaar. De stelling dat *van* in (76) slechts een lexicale conventie vertegenwoordigt, wordt bevestigd door de observatie dat weglating van *van* niets verandert aan de syntactische functie van *stripfiguren*. Zowel in (76) als in (77) bekleedt *stripfiguren* de functie van lijdend voorwerp. Zie (77):

(77) Hij tekent altijd die eigenaardige stripfiguren

Met betrekking tot de markeerdersfunctie van *van* in (76), wijzen we er nog op dat Geerts e.a. (1984: 228) *van die* vergelijken met *zulk(e)*, dat bekend staat als markeerder van onbepaaldheid. Dat *van* in (76) onbepaaldheid markeert, blijkt tevens uit het contrast tussen (78)-(80) en (81):[30]

(78) Er liggen van die vervelende kinderen op de afdeling
(79) Er liggen zulke vervelende kinderen op de afdeling
(80) Er liggen vervelende kinderen op de afdeling
* (81) Er liggen die vervelende kinderen op de afdeling

Gezien de weglaatbaarheid van *van* in (76), is het aannemelijk dat de syntactische relatie tussen dit voorzetsel en *stripfiguren* niet exocentrisch van aard is. We zijn het dan ook niet eens met Sturm (1989: 552) dat de PP hier dezelfde syntactische structuur heeft als de PP van de BNP. Zoals we zagen, staat het voorzetsel in de laatste constructie immers in een interdependente en dus exocentrische relatie tot het woord dat het markeert. We zijn het ook niet eens met Sturm dat voorzetsels die, in tegenstelling tot de lexicale conventie *van* in (76), **wel** als lexicale functie optreden, niets veranderen aan de bruikbaarheid van het gemarkeerde woord.

Als bewijsvoering voor deze stelling geeft Sturm verder nog constructies als (82) en (83), waar *over Groningen* volgens hem de syntactische functie van onderwerp vervult en *met pindasaus* de syntactische functie van lijdend voorwerp:

(82) Over Groningen is korter
(83) Geef mij maar met pindasaus

Doch ook hier vertegenwoordigt noch *over*, noch *met* een lexicale functie. Dit is opnieuw te illustreren aan de weglaatbaarheid van deze voorzetsels. De syntactische functies van *Groningen* en *pindasaus* worden bij weglating niet aangetast. Zie (84) en (85):

(84) Groningen is korter
(85) Geef mij maar pindasaus

De syntactische markeerdersfunctie van de voorzetsels *over* en *met* is in (82) en (83) dus gelijk aan nul. Ze vertegenwoordigen lexicale conventies en markeren uitsluitend de **semantische** functie van *Groningen* en *pindasaus*. We zijn het eens met Sturm dat *over Groningen* en *met pindasaus* in (82) en (83) als onderwerp of lijdend voorwerp fungeren, maar we moeten daar dan wel bij bedenken dat deze N's deze functies in zekere zin overnemen van een woord dat in deze constructies niet genoemd wordt, maar dat onderdeel is van de context en/of situatie. Zie (86)-(88):

(86) [ϕ [over Groningen]] is korter
(87) Over Groningen is [ϕ] korter
(88) Geef mij maar [ϕ [met pindasaus]

Dat het voorzetsel als lexicale functie, in weerwil van wat Sturm beweert, wel degelijk de gebruiksklasse bepaalt van het woord waarmee het interdependent is, blijkt uit (89)-(94). In tegenstelling tot wat we zagen in (82)-(85), is het voorzetsel hier verplicht aanwezig. De reden daarvoor is dat *Groningen* en *pindasaus* in deze constructies gewoon weer de syntactische functie van bepaling vervullen, omdat de lege plaatsen uit (86)-(88) zijn opgevuld:

(89) [**De reis** [over Groningen]] is korter
(90) Over Groningen is [**de reis**] korter
(91) Geef mij maar [**frites** [met pindasaus]]

* (92) De reis Groningen is korter
* (93) Groningen is de reis korter
? (94) Geef mij maar frites pindasaus[31]

De conclusie luidt dat Sturms stelling dat voorzetsels niets veranderen aan de bruikbaarheid van het woord dat ze markeren alleen geldt voor voorzetsels die geen syntactische functie markeren (lexicale conventies). Zodra we echter voorzetsels in de beschouwing betrekken die interdependent zijn met het woord dat ze markeren (lexicale functies), blijkt deze stelling gefalsifieerd te worden.

We keren nu terug naar de relatie tussen het voorzetsel enerzijds en N1 en N2 anderzijds. Hierboven constateerden we reeds dat er in het eerste geval geen sprake is van een exocentrische relatie en in het tweede geval wel. De vraag is nu hoe de relatie tussen N1 en het voorzetsel is te karakteriseren. Laten we daarvoor eens kijken naar de mogelijkheid zoals we die hebben weergegeven in schema 4. Als we aannemen dat dit schema de juiste syntactische verhoudingen binnen de BNP weerspiegelt, dan ontstaat er een probleem, gezien onze uitgangspunten omtrent syntactische functiemarkering. Als de PP in zijn geheel endocentrisch verbonden is met N1, dan rijst de vraag op welke wijze deze onderschikkende relatie is gemarkeerd.

Schema 4: *Weigering van brood*

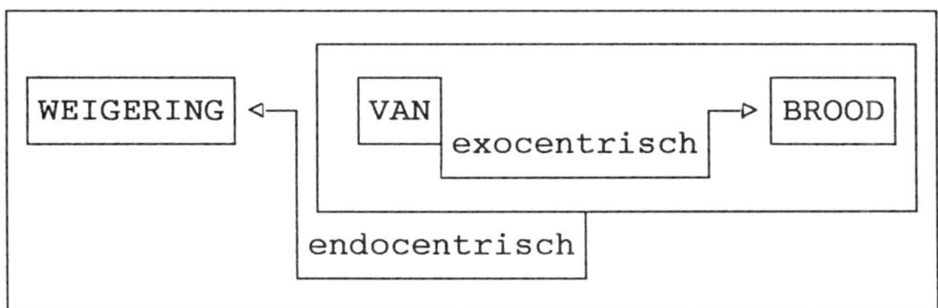


Het is duidelijk dat we niet kunnen aannemen dat de rechtsperifere positie van deze PP syntactisch functioneel is. Het is immers niet deze positie die ons informeert over het eventuele bepalingsschap van de PP. Ook binnen Sturms model moet de structuur van schema 4 als uitgesloten worden beschouwd. Endocentrische adjunctie ter rechterzijde van de kern druist immers in tegen de Specifier-Hypothese. Een voordeel van deze structuur boven de in schema 3 gegeven structuur is echter dat de onafhankelijkheid van N1 duidelijk wordt verantwoord. N1 onderhoudt geen indirecte, exocentrische, relatie met N2. Bovendien vermijden we met deze structuur een verwarrend, tegelijkertijd optreden van een exo- en endocentrische verbinding, zoals in schema 3. Een belangrijk tekort van de in schema 4 weergegeven structuur is dan weer dat het niet duidelijk wordt **waarom** het voorzetsel en N2 in een exocentrische en dus interdependente relatie tot elkaar staan. De conclusie luidt dat een structuur waarin de gehele PP wordt voorgesteld als een endocentrisch verbonden bepaling bij N1, vanuit een beschrijvend oogpunt niet adequaat is. Kijken we tenslotte naar schema 5.

Schema 5: *Weigering van brood*

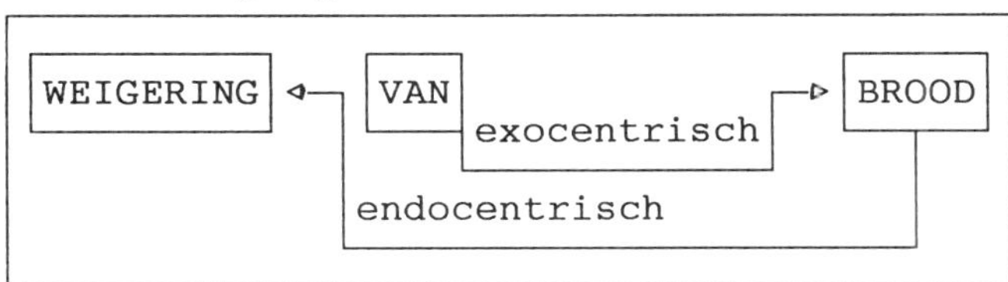


De structuur in schema 5 lijkt ons vooralsnog de beste oplossing, omdat die de voordelen heeft van de structuren in de schema's 3 en 4, maar niet de nadelen. In de eerste plaats verantwoordt deze structuur, net zoals schema 4, maar in tegenstelling tot schema 3, dat *weigering* onafhankelijk is van *brood*. In de tweede plaats geeft deze structuur, net zoals de structuren in de schema's 3 en 4, aan dat het voorzetsel en N2 interdependent zijn. Er is immers sprake van een exocentrische relatie. In de derde plaats maakt deze structuur, in tegenstelling tot de structuren in de schema's 3 en 4, duidelijk **waarom** het voorzetsel en N2 interdependent zijn. De enige functie van het voorzetsel *van* is het markeren van het bepalingsschap van N2 (er moet dus een N2 voorhanden zijn), terwijl N2 voorafgegaan **moet** worden door een gespecialiseerde syntactische functiemarkeerder, omdat deze N noch door zijn eigen betekenis, noch door zijn positie als bepaling wordt gemarkeerd (er moet dus een voorzetsel voorhanden zijn). In tegenstelling tot wat we zien in schema 3, overlappen de exo- en endocentrische verbinding elkaar hier niet, maar volgen ze uit elkaar. De exocentrische verbinding tussen het voorzetsel en N2, markeert N2 als endocentrisch verbonden bepaling bij N1. Dit betekent echter wel dat het voorzetsel zelf op geen enkele wijze syntactisch is verbonden naar links. Hier is met andere woorden sprake van parataxis.[32] Slechts N2 is syntactisch verbonden naar links.

We hebben de indruk dat deze voorstelling van zaken in wezen niet in strijd is met de principes van Sturms model. Hier is geen sprake meer van een exocentrische verbinding die een endocentrische verbinding expliciteert, maar van een endocentrische verbinding die volgt uit een exocentrische verbinding. Er behoeft, zoals in Sturms model, dus niet eerst sprake te zijn geweest van een endocentrische verbinding naar rechts. Een oplossing die, zoals we hebben laten zien, niet onproblematisch is voor dat model.

Ter afsluiting van deze paragrafen over de rol van het voorzetsel, wijzen we erop dat de hier uiteengezette visie ons inziens niets afdoet aan de Specifier-Hypothese. Het komt ons voor dat de Specifier-Hypothese zelfs nog aan belang kan winnen als we, zoals Sturm (1986: 361) suggereert, aannemen dat er een link is tussen de door deze hypothese veronderstelde links-rechts-ordening van bepaling(en) en kern en de links-rechts-ordening tussen een markeerder en het woord dat die markeert. We mogen daarbij dan echter niet uit het oog verliezen dat we het hebben over lineaire conventies en niet over syntactische functies, want de laatste worden, zoals we genoegzaam hebben aangetoond, in de onderhavige gevallen niet op dezelfde wijze gemarkeerd. Als beide links-rechts-ordeningen inderdaad de reflectie zijn van hetzelfde principe, dan is er een belangrijk stuk conventionele taal(gebruiks)systematiek blootgelegd en speelt ons dat een argument te meer in handen om niet alleen een onderscheid te maken tussen lineaire conventies en lineaire functies, zoals Martinet dat doet, maar tevens na te gaan in hoeverre er generaliserende uitspraken te doen zijn met betrekking tot die lineaire verschijnselen die noch syntactische, noch niet-syntactische functies markeren.

## 5. Zusterschap

We wezen er reeds op dat Sturm (1986: 180) de stelling verdedigt dat bepalingen nooit zusters kunnen zijn. Deze stelling impliceert dat bepalingen bij dezelfde kern ten opzichte van elkaar altijd hiërarchisch zijn geordend. Zoals Verhagen (1990: 338) opmerkt, correspondeert binnen Sturms model elk niveau met een vertakking en elke vertakking met een niveau. Sturms bomen bevatten slechts knopen die, afgezien van hun eigen projectie, verplicht één en niet meer dan één andere tak bezitten voor de aanhechting van een voor- of nabepaling. Sturm gaat met andere woorden uit van de zogenaamde Binaire Vertakkingshypothese.

In tegenstelling tot wat Sturm betoogt, zullen we in de volgende paragrafen de stelling verdedigen dat er geen syntactische redenen zijn om te twijfelen aan het bestaan van zusterschap tussen bepalingen. We zullen daartoe achtereenvolgens aandacht besteden aan het zusterschap tussen voor- en nabepalingen, het zusterschap tussen voorbepalingen onderling en, tenslotte, het zusterschap tussen nabepalingen onderling.

### 5.1. Zusterschap tussen voor- en nabepalingen

De visie dat een voor- en een nabepaling nooit zusters kunnen zijn, licht Sturm toe aan de hand van:

(95) Jans weigering van brood

Sturms Binaire Vertakkingshypothese voorspelt voor (95) de structuren in (96) en (97):

(96)

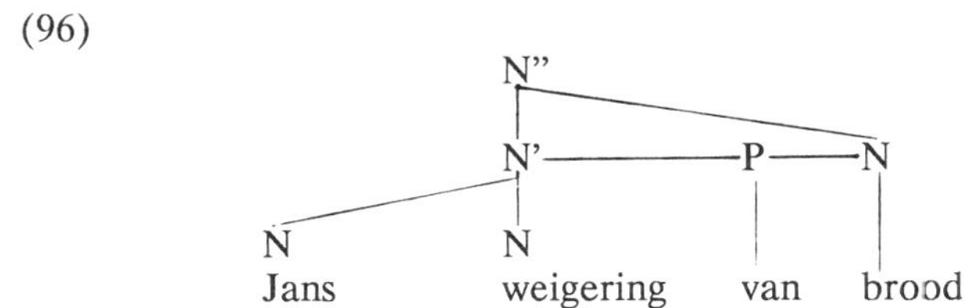


(97)

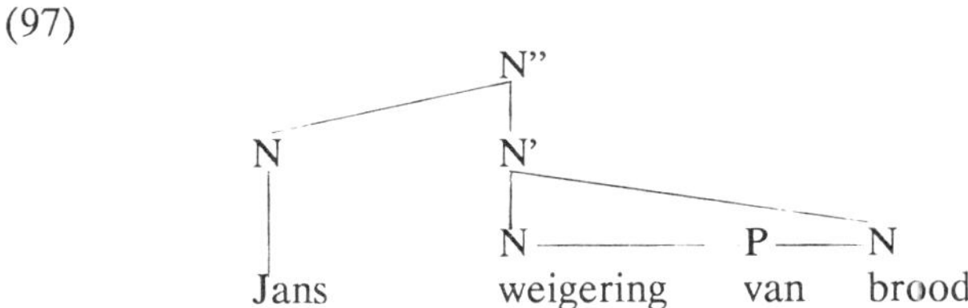


Deze structuren zijn mogelijk, omdat alle knopen, dat wil zeggen N' en N", hier twee en niet meer dan twee takken hebben. Voornoemde hypothese sluit (98) echter uit, omdat we daar met een drietaksknoop hebben te maken, namelijk N':

(98)

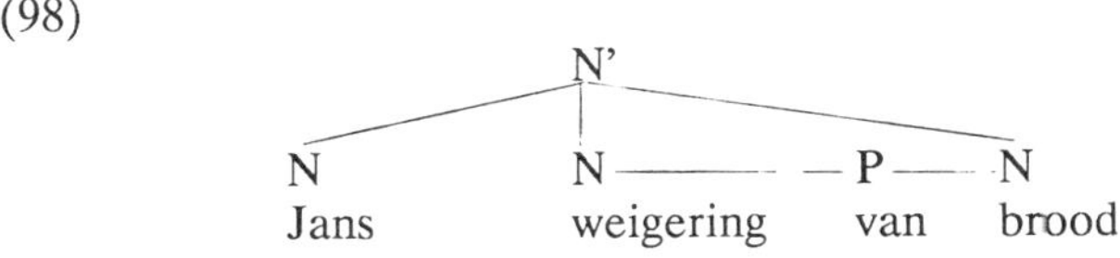


Sturm wijst erop dat de verschillende syntactische structuren in (96) en (97) gepaard gaan met verschillende semantische interpretaties.[33] Gezien de hypothese van de syntactische autonomie, betekent dit volgens hem echter niet dat semantische interpretaties als empirische ondersteuning kunnen dienen ter bepaling van syntactische structuren (1986: 217-218). De twee syntactische structuren in (96) en (97) moeten daarentegen worden gezien als een direct gevolg van de Binaire-Vertakkingshypothese.

Ondanks het feit dat semantische interpretaties dus geen empirische waarde hebben met betrekking tot syntactische structuren, kan Sturm het niet laten om telkenmale na te gaan of verschillende syntactische structuren daadwerkelijk "aangewend worden" (1986: 217) ter uitdrukking van verschillende semantische interpretaties, omdat dit volgens hem meestal wel het geval blijkt te zijn. Voor (96) en (97) illustreert Sturm dit aan de hand van respectievelijk (99) en (100):

(99) (Jans weigering) van brood en die van beleg
(100) Jans (weigering van brood) en die van Piet

Een aanwijzing dat *brood* in (99) als bepaling geïnterpreteerd kan worden bij *Jans weigering* is dat het voornaamwoord *die* in staat is te verwijzen naar *Jans weigering*. Een aanwijzing dat *Jan* in (100) als bepaling geïnterpreteerd kan worden bij *weigering van brood* is dat dit voornaamwoord in staat is te verwijzen naar *weigering van brood*.

Opvallend is dat Sturm de interpretatie waaronder zowel *Jan* als *brood* als bepaling worden geïnterpreteerd bij *weigering*, niet noemt. Zie daarvoor (101):

(101) Jans (weigering) van brood en die van Piet van beleg

We kunnen voor (101) dezelfde redenering volgen als voor (99) en (100). Een aanwijzing dat *Jan* en *brood* beide als bepaling geïnterpreteerd kunnen worden bij *weigering* is dat het voornaamwoord *die* in staat is te verwijzen naar *weigering*. Zie ook (102):[34]

(102) De (weigering) van Jan van brood en die van Piet van beleg

Mocht men twijfelen aan de drie gegeven interpretaties van (95), dan wijzen we erop dat Van der Lubbe iets soortgelijks constateert naar aanleiding van de BNP in (103):

(103) Christelijke waardering van de tijd

Van der Lubbe (1978) zegt over deze constructie:

> "Het eerste voorbeeld [hier (103), JP] (...) brengt ons al aanstonds in verlegenheid. Wat wil de schrijver [Van der Lubbe werkt met een geschreven corpus, JP] feitelijk gaan behandelen? In hoeverre *waardering van de tijd* ook een specifiek *christelijk* karakter kan dragen? Of veeleer: hoe *christelijke waardering* zich ook op *de tijd* en *het tijdelijke* kan richten? Als derde mogelijkheid blijft nog, dat de auteur over een zekere *waardering* wil schrijven, waarvan hij constateert, dat ze *christelijk* is en op de *tijd* gericht." (1978: 163)

Naar analogie met (99)-(101) zijn de drie door Van der Lubbe gegeven interpretaties weer te geven als in (104)-(106):

(104) (Christelijke waardering) van de tijd
(105) Christelijke (waardering van de tijd)
(106) Christelijke (waardering) van de tijd

Van der Lubbe komt tot de conclusie dat men zich los van de context en/of situatie niet kan uitspreken over de rangorde tussen de bepalingen en dat er in deze BNP bijgevolg geen sprake kan zijn van een **absolute**, maar slechts van een **relatieve** rangorde. Absolute rangordes zijn volgens Van der Lubbe nooit afleidbaar is uit het taalgebruik. Dit impliceert volgens hem echter niet dat relatieve rangordes niet tot het taal**systeem** zouden behoren (1978: 163-164). We kunnen het volmondig met deze laatste opmerking eens zijn als Van der Lubbe hier met de term 'taalsysteem' maar doelt op het niet-syntactische deel van het systeem. Het komt ons namelijk voor dat het onderscheid tussen absolute rangorde en relatieve rangorde uitgesproken semantisch en pragmatisch van aard is. Van der Lubbe (1978: 141-146) noemt een rangorde absoluut als bij voorbeeld een onderscheidende bepaling, ongeacht de context en/of situatie, altijd zou volgen op een beschrijvende bepaling. In zo'n geval geven wij er de voorkeur aan te spreken van een semantisch verschijnsel. Het is immers de semantische functie van de bepalingen die de onderlinge volgorde bepaalt. In die gevallen waarin de volgorde van een beschrijvende en een onderscheidende bepaling bepaald zou worden door de context en/of situatie en dus niet door hun semantische functie, spreekt Van der Lubbe van relatieve rangorde. Hier zouden wij liever spreken van een pragmatisch verschijnsel, juist omdat het de context en/of situatie is die de volgorde tussen de bepalingen bepaalt.

Alvorens de consequenties van deze analyse na te gaan voor de syntactische structuur van (95) en (103), wijzen we erop dat de drie mogelijke interpretaties van deze BNP's in principe geen probleem vormen voor Sturms Binaire Vertakkingshypothese. Zoals we reeds aanstipten, zijn feiten over (semantische) interpretaties volgens Sturm niet van invloed op de houdbaarheid of onhoudbaarheid van syntactische structuren (1986: 218). Het is volgens hem geheel toevallig dat syntactische, dat wil zeggen structurele verschillen gepaard gaan met semantische verschillen, hoe vaak dat in de praktijk ook het geval moge zijn (1986: 216-217). Dat dit standpunt niet in overeenstemming is met het onze, is duidelijk. Uit de algemene inleiding aan het begin van deze studie bleek reeds dat we ervan uitgaan dat de uiteindelijke interpretatie van een uiting de som is van de werking van syntactische, semantische en pragmatische functies. Dit betekent dat de interpretatie van uitingen voor een niet onaanzienlijk deel, maar niet volledig, is terug te voeren op niet-syntactische functies.

De verschillende interpretaties van (95) in (99)-(101) en van (103) in (104)-(106) zijn niet terug te voeren op verschillen in syntactische functie. Zowel *Jans* als *christelijke* worden in al deze constructies als bepaling gemarkeerd door middel van hun betekenis, terwijl *brood* en *tijd* telkens als bepaling worden gemarkeerd door middel van het voorzetsel. De verschillende, door Sturm en Van der Lubbe gesignaleerde verbindbaarheden kunnen bijgevolg niet beschouwd worden als het resultaat van verschillende syntactische taalgebruikskeuzes. De vraag rijst natuurlijk met wat voor taalgebruikskeuzes we bij de drie interpretaties van (95) en (103) dan wel hebben te maken.

Het is verleidelijk voetstoots aan te nemen dat we in het onderhavige geval te maken hebben met semantische taalgebruikskeuzes. Gesteld dat hier inderdaad sprake is van dergelijke taalgebruikskeuzes, dan moet het mogelijk zijn die keuzes aan de oppervlakte te brengen. Welnu, dat is onmogelijk, omdat het aantoonbaar is dat de semantische functies van de voor- en nabepalingen in (95) en (103) onder de drie interpretaties identiek zijn. We illustreren dit ten eerste aan de nabepalingen *brood* en *tijd*. Onder de drie interpretaties vervullen zowel *brood* als *tijd* de semantische functie van wat we voor het gemak 'patiens', zullen noemen. Met andere woorden: in de drie gevallen vormen beide nabepalingen het 'object' van de door N1 uitgedrukte werking.

Wat de voorbepalingen betreft, komen we tot een gelijksoortige conclusie. De semantische functie van *Jans* en *christelijke* is onder de drie interpretaties constant. Dat wil zeggen dat de mogelijke semantische relaties tussen deze voorbepalingen en N1 onder de drie interpretaties identiek zijn. Voor *christelijke* is dit eenvoudig te illustreren. We kunnen stellen dat dit bijvoeglijk naamwoord in de drie gevallen de specifieke invalshoek markeert van waaruit de door N1 uitgedrukte werking plaatsvindt. Voor *Jans* is de constante semantische functie wat moeilijker te illustreren, omdat de semantische functie van dit soort voorbepalingen zeer vaag is. Het enige dat we op grond van de betekenis van *Jans* kunnen zeggen is dat er onder de drie interpretaties een mannelijke persoon is die op de een of andere manier iets te maken heeft met de door N1 uitgedrukte werking. Zoals we al eerder zagen bij dergelijke vage semantische functies, komt hier de context en/of situatie te hulp, teneinde te bepalen wat de precieze relatie is tussen *Jans* en de rest van de BNP. De meest voor de hand liggende interpretatie is dat *Jans* de 'agens' aanduidt van de door N1 uitgedrukte werking, maar er zijn meer mogelijkheden. We noemen er slechts één. In een situatie waarin *Jan*, *Piet* en *Klaas* de opdracht krijgen een opstel te schrijven over het verschijnsel, of met de titel 'weigering van brood', duidt *Jans* in (95) de auteur van het opstel aan. Het is duidelijk dat we hier te maken hebben met pragmatische functies, omdat het los van de context en/of situatie niet is uit te maken of *Jans* 'agens', 'auteur', of nog iets anders is. Zijn het nu deze verschillende interpretaties van *Jans* die sporen met de in (99)-(101) weergegeven interpretaties van (95)? We hebben niet de indruk, omdat het duidelijk is dat *Jans* onder de drie interpretaties zowel de agens als de auteur van het opstel kan aanduiden, en we mogen ervan uitgaan dat dit evenzeer geldt voor de andere mogelijke interpretaties van *Jans*. De conclusie is dat niet alleen de semantische functies van de voor- en nabepalingen in de drie genoemde interpretaties van (95) en (103) constant zijn, maar tevens de genoemde pragmatische functies van *Jans* in (95). De drie interpretaties van (95) en (103) kunnen dus niet beschouwd worden als het resultaat van een semantische taalgebruikskeus en, voor wat de genoemde pragmatische functies van *Jans* betreft, ook niet als het resultaat van een pragmatische taalgebruikskeus.

Deze conclusie doet nogmaals de vraag rijzen hoe de taalgebruikskeuzes die ten grondslag liggen aan de interpretaties van (95) en (103) dan wel zijn te karakteriseren. Het is aannemelijk dat het hier gaat om pragmatische taalgebruikskeuzes, maar dan wel om andere dan die we zojuist noemden in verband met *Jans*, namelijk focus-topic-keuzes. In principe zijn er voor de BNP's in (95) en (103) zes mogelijkheden:[35]

1. *brood* en *tijd* zijn focus, de rest is topic;
2. *Jans* en *christelijke* zijn focus, de rest is topic;
3. *weigering* en *waardering* zijn focus, de rest is topic;

4. *Jans weigering* en *Christelijke waardering* zijn focus, de rest is topic;
5. *weigering van brood* en *waardering van de tijd* zijn focus, de rest is topic;
6. *Jans*, *brood* en *Christelijke*, *tijd* zijn focus, de rest is topic.

De interpretatie van (99) en (104) correspondeert met de pragmatische taalgebruikskeus onder 1 of 4, de interpretatie van (100) en (105) met die onder onder 2 of 5 en de interpretatie van (101) en (106) met die onder 3 of 6.

We kunnen nu de conclusie trekken dat slechts pragmatische functies in staat zijn de drie interpretaties van (95) en (103) op een aannemelijke manier te verantwoorden. Vanuit een syntactisch oogpunt betekent dit dat er geen enkele reden is om voor de onderhavige constructies meer dan één syntactische structuur te poneren. We gaan er dan ook van uit dat de syntactische structuur van (95) en (103) die structuur is die direct afleidbaar is uit de syntactische functies van de samenstellende delen van deze BNP's, en dat is, zoals ondertussen duidelijke moge zijn, de structuur in schema 6.

Schema 6: *Jans weigering van brood*

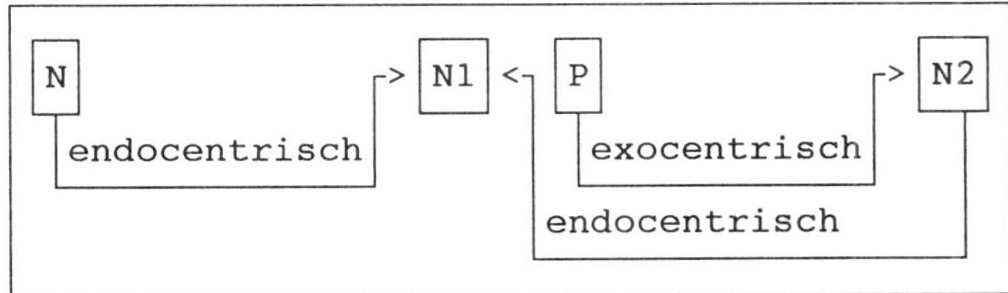


Uit dit schema is de onvermijdelijke consequentie en **de** conclusie van onze analyse direct afleidbaar, namelijk dat voor- en nabepalingen wel degelijk als zusters kunnen worden beschouwd. Ons inziens verdient deze voorstelling van zaken de voorkeur boven Sturms analyse. Onze analyse is gebaseerd op een duidelijk onderscheid tussen syntactische, semantische en pragmatische functies. Een dergelijk onderscheid draagt bij tot een helderder inzicht in de specifieke rol die deze functies spelen in de interpretatie van uitingen. Het parallelle optreden van deze functies verklaart op een aannemelijke manier de verschillende interpretaties van (95) en (103). Dit laatste kan in mindere mate gezegd worden van Sturms analyse, zolang hij de vraag in het midden laat waarom bepaalde interpretaties volgens hem wel sporen met een specifieke syntactische structuur, zoals in (99), (100), (104) en (105), terwijl andere interpretaties niet sporen met een specifieke syntactische structuur, zoals in (101) en (106). Te meer daar, zoals hij zelf opmerkt, de praktijk uitwijst dat verschillen in syntactische structuur in zeer veel gevallen corresponderen met verschillen in (semantische) interpretatie (1986: 217).

## 5.2. Zusterschap tussen voorbepalingen

Sturm (1986: 185-188) illustreert de stelling dat voorbepalingen nooit zusters kunnen zijn onder andere aan de hand van de NP in (107):

(107) Mooie decoratieve kistjes

De Binaire Vertakkingshypothese voorspelt voor (107) de twee structuren in (108) en (109), waar A staat voor bijvoeglijk naamwoord:

(108)

(109)

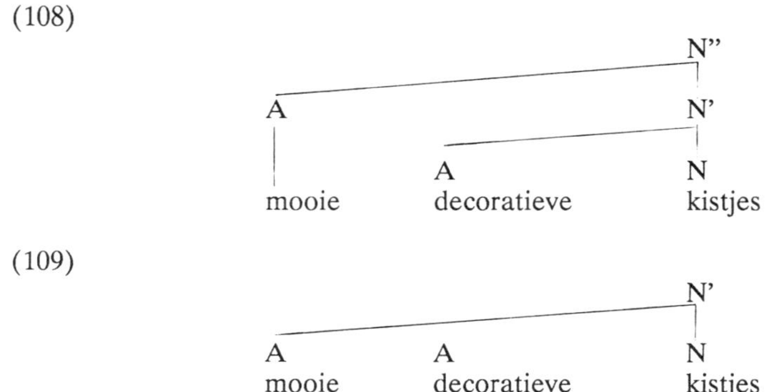


In beide gevallen gaat het om onderschikkende woordgroepen. Het verschil is echter dat de bijvoeglijke naamwoorden in (108) ten opzichte van elkaar hiërarchisch zijn geordend, terwijl ze in (109) nevengeschikt zijn. Sturm merkt op dat de twee bomen met twee verschillende semantische interpretaties corresponderen.[36] In het eerste geval heeft *mooie* betrekking op de rest, namelijk *decoratieve kistjes*, en in het tweede geval hebben *mooie* en *decoratieve* elk afzonderlijk betrekking op *kistjes*. Zie respectievelijk (110) en (111):

(110) Mooie ((decoratieve) kistjes)
(111) (Mooie) (decoratieve) kistjes

Sturm constateert hier dus opnieuw een één-op-één-verhouding tussen semantische interpretatie en syntactische structuur, zoals hij een één-op-één-verhouding constateerde tussen de twee voorgestelde syntactische structuren en semantische interpretaties van (112):

(112) Jans weigering van brood

Voor (112) bleek deze één-op-één-verhouding niet te bestaan en hebben we geopteerd voor een één-op-veel-verhouding tussen syntactische structuur en interpretatie. De vraag rijst nu of de één-op-één-verhouding houdbaar is voor (107).

Net zoals bij (112) zijn de mogelijke interpretaties van (107) niet uitputtend beschreven. In een situatie waarin iemand op zoek is naar kistjes die in de eerste plaats decoratief moeten zijn en in de tweede plaats mooi, en een verkoper biedt hem kistjes aan die hij zelf mooi vindt, bij voorbeeld omdat ze sober zijn uitgevoerd, dan kan de klant ons inziens heel adequaat antwoorden door middel van (113) (vet is emfatisch accent):

(113) Nee, ik zoek geen mooie **sobere** kistjes, ik zoek mooie **decoratieve** kistjes

De interpretatie van de twee NP's in (113) is weer te geven door middel van (114) en (115):

(114) (Mooie (sobere) kistjes)
(115) (Mooie (decoratieve) kistjes)

In deze constructies worden *sober* en *decoratief* dus betrokken op *mooie kistjes*. De volgorde in (116) is in dit specifieke geval ook goed mogelijk:

(116) Nee, ik zoek geen sobere mooie kistjes, ik zoek decoratieve mooie kistjes

Zie de betreffende interpretaties in (117) en (118):

(117) Sobere (mooie kistjes)
(118) Decoratieve (mooie kistjes)

We wijzen er echter op dat het, zoals bekend, om semantische redenen lang niet altijd mogelijk is de volgorde tussen bijvoeglijke naamwoorden te veranderen (vgl. Roose 1956: 481, Sturm 1990: 286). De enige mogelijkheid om het rechtse bijvoeglijke naamwoord dan te betrekken op het linkse bijvoeglijke naamwoord en N is het rechtse bijvoeglijke naamwoord te voorzien van een expressief accent, zoals in (113). Zie ter illustratie (119) en (120), waar we *decoratieve* hebben vervangen door *houten*:

(119) Nee, ik zoek geen mooie **sobere** kistjes, ik zoek mooie **houten** kistjes
* (120) Nee, ik zoek geen sobere mooie kistjes, ik zoek houten mooie kistjes

Zie de betreffende interpretaties in (121) en (122):

(121) (Mooie (houten) kistjes)
* (122) Houten (mooie kistjes)

Het is duidelijk dat de woordgroepen in (114), (115) en (121) onder de aangegeven interpretatie syntactisch niet verantwoord kunnen worden door middel van een uitbreidgrammatica à la Sturm. Het komt ons zelfs voor dat deze constructies door geen enkele uitbreidgrammatica zijn te verantwoorden, of het moet er een zijn die beschikt over verplaatsingsregels. Het punt is nu dat het ook helemaal niet wenselijk is deze NP's onder de aangegeven verhoudingen syntactisch te verantwoorden. Het is evenmin wenselijk (110) syntactisch te verantwoorden onder de aangegeven verhoudingen. Want wat is hier in feite aan de hand? De taalgebruiker die deze constructies uit, wil op de een of andere manier duidelijk maken dat de ene door een bijvoeglijk naamwoord uitgedrukte kwalificatie voor hem van groter belang is dan de andere. Hij wil deze met andere woorden in de focus plaatsen. Zoals bekend, bestaan er in het Nederlands verschillende middelen om woorden de pragmatische functie van focus te doen vervullen. Een van die middelen is de betreffende woorden te voorzien van een expressief accent. Een ander middel is vooropplaatsing. Als we onze informanten moeten geloven, geven taalgebruikers in sommige gevallen duidelijk de voorkeur aan het expressieve accent, zoals in (121). Het is niet uitgesloten dat er in andere gevallen eerder een voorkeur bestaat voor vooropplaatsing.[37] Vergelijk (110) en (124) (we herhalen (110) hier als (123)):

(123) Mooie ((decoratieve) kistjes)
? (124) (Decoratieve (mooie) kistjes)

Wat (107) betreft, zijn hiermee nog niet alle mogelijkheden van plaatsing in de focus behandeld. Naast de reeds behandelde mogelijkheden onder nummer 1 en 2, zijn er nog de mogelijkheden onder nummer 3 tot en met 6:

1. *mooie* is focus en *decoratieve kistjes* topic;
2. *decoratieve* is focus en *mooie-kistjes* topic;

3. *kistjes* is focus en *mooie* en *decoratieve* topic;
4. *mooie* en *decoratieve* zijn focus en *kistjes* topic;
5. *decoratieve kistjes* is focus en *mooie* topic;
6. *mooie-kistjes* is focus en *decoratieve* topic.

De interpretaties onder nummer 3 en 4 corresponderen met (111), waar de bijvoeglijke naamwoorden volgens Sturm nevengeschikt zijn, terwijl de interpretatie onder nummer 5 correpondeert met (123) of (124) en die onder nummer 6 met (115) of (118).

De conclusie luidt dat de verschillende interpretaties van (107), net zoals die van (112), het gevolg zijn van verschillende pragmatische taalgebruikskeuzes. Dit veronderstelt dat zowel de syntactische als de semantische functie van de bijvoeglijke naamwoorden in (107) onder de verschillende interpretaties constant is, en dat betekent dat we aan die verschillende interpretaties geen conclusies mogen verbinden ten aanzien van de syntactische structuur van (107). We constateren dat er hier opnieuw geen sprake is van een één-op-één-verhouding tussen de door Sturm voorgestelde syntactische structuren en de mogelijke interpretaties.

De vraag rijst nu wat de syntactische structuur is van (107). Laten we ter vaststelling van deze structuur eens nagaan wat er over deze NP valt te zeggen vanuit een functioneel-syntactisch oogpunt. Een eerste constatering die we in dit verband dienen te doen is dat de syntactische functie van bijvoeglijke naamwoorden niet wordt gemarkeerd door een lineaire functie.[38] Een duidelijk bewijs voor deze stelling vormt het reeds eerder genoemde contrast tussen het aan Van der Lubbe (1978: 282) ontleende voorbeeld in (125) en de variant in (126):

(125) (...) en er kwam een aardbeving, kort, ontzettend
(126) (...) en er kwam een korte, ontzettende aardbeving

Ondanks het verschil in syntactische positie, bekleden de bijvoeglijke naamwoorden in (125) dezelfde syntactische functie als in (126), namelijk die van bepaling bij *aardbeving*. De twee verschillende posities links en rechts van de N *aardbeving* vertegenwoordigen dus geen lineaire functies, maar lineaire conventies.[39] Dat de syntactische functie van de bijvoeglijke naamwoorden in (107) ook niet gemarkeerd wordt door een gespecialiseerde syntactische functiemarkeerder, behoeft geen betoog. De enige, overblijvende mogelijkheid is dat de syntactische functie wordt gemarkeerd door de betekenis van de bijvoeglijke naamwoorden. De onderkenning van het feit dat de positie van in NP's optredende bijvoeglijke naamwoorden een lineaire conventie vertegenwoordigt en geen lineaire functie, is van essentieel belang voor de bepaling van de syntactische structuur van (107). Als de syntactische functie van het bijvoeglijk naamwoord niet gemarkeerd wordt door een positie, dan impliceert dat namelijk dat er bij het optreden van twee naast elkaar geplaatste bijvoeglijke naamwoorden, zoals in (107), geen enkele noodzaak is voor nevenschikking. Vanuit een functioneel-syntactisch oogpunt is nevenschikking immers niets meer en niets minder dan de markering van het feit dat een woord dezelfde syntactische functie heeft als een ander woord dat voor zijn syntactische functie afhankelijk is van een bepaalde positie (vgl. Martinet 1985: 110-111). Anders gezegd: nevenschikking zorgt ervoor dat twee of meer woorden met identieke positie-afhankelijke syntactische functies in plaats van twee of meer, slechts één positie innemen, namelijk die positie die de betreffende syntactische functie markeert. Een belangrijke implicatie van deze redenering is dat er in de NP in (127), met de lexicale functie *en* als nevenschikkingsmarkeerder, geen sprake is van nevengeschikte bijvoeglijke naamwoorden, maar van nevengeschikte N's omdat die wel in staat zijn identieke positie-afhankelijke syntactische functies te bekleden. Volgens deze visie wordt het eerste bijvoeglijke naamwoord dus gevolgd door een lege N. Zie (127):

(127) Mooie $[\phi]_n$ en decoratieve $[\text{kistjes}]_n$

We geven de syntactische structuur van deze NP weer in schema 7, waar C staat voor voegwoord.

Schema 7: *Mooie en decoratieve kistjes*

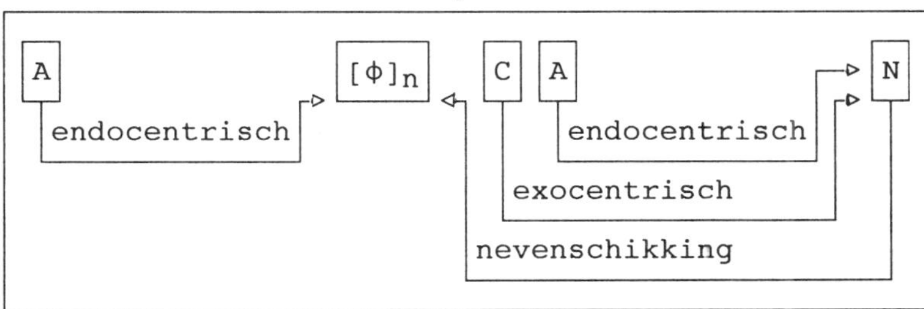


Als we aannemen dat (127) een syntactische structuur heeft zoals in schema 7, dan is daarmee meteen de ambiguïteit van deze constructie verklaard. Zoals Geerts e.a. (1984: 1088-1089) opmerken, kunnen NP's als (127) zowel een distributieve als een collectieve interpretatie krijgen. Onder de eerste interpretatie verwijst *mooie* naar andere leden van de categorie 'kistjes' dan *decoratieve*, terwijl *mooie* en *decoratieve* onder de tweede interpretatie naar dezelfde leden van deze categorie verwijzen. Als we, zoals Sturm, aannemen dat (127) equivalent is met de zogenaamde nevenschikkende lezing in (111), dan staan we voor het probleem dat (111) slechts de collectieve interpretatie kan krijgen. Een analyse daarentegen die stelt dat er alleen nevenschikking is tussen woorden met positie-afhankelijke syntactische functies, verantwoordt de enig mogelijke, namelijk collectieve interpretatie van (111), omdat er in deze NP geen sprake is van een lege N, rechts van het eerste bijvoeglijke naamwoord, en dus niet van een woord met een positie-afhankelijke syntactische functie, dat nevenschikkend verbonden zou moeten worden met een andere N. In (111) worden beide bijvoeglijke naamwoorden rechtstreeks betrokken op de N *kistjes* en dus op dezelfde leden van de categorie 'kistjes'. Vergelijk (111) en (129) (we herhalen (111) hier als (128)):

(128) Mooie decoratieve $[\text{kistjes}]_n$
* (129) Mooie $[\phi]_n$ decoratieve $[\text{kistjes}]_n$

Deze analyse leidt tot de conclusie dat we voor de bijvoeglijke naamwoorden in (128) afzien van de term 'nevenschikking' om daarvoor in de plaats de term 'zusterschap' te gebruiken. We reserveren de term 'zusters', met andere woorden, voor twee of meer woorden die identieke, positie-**on**afhankelijke syntactische functies bekleden. Als deze analyse juist is, dan zouden woorden met identieke positie-**af**hankelijke syntactische functies, nooit zusters kunnen zijn. Deze stelling is te illustreren aan de hand van leden van de syntactische klasse N. Uit (130)-(133) blijkt dat twee op elkaar volgende N's, in tegenstelling tot de bijvoeglijke naamwoorden in (128) die alleen maar twee identieke syntactische functies kunnen bekleden, òf een identieke syntactische functie bekleden, òf twee verschillende syntactische functies bekleden. In het eerste geval is nevenschikking verplicht, zoals tussen de lijdende voorwerpen *leraren* en *leerlingen* in (130). In het tweede geval is onderschikking verplicht, waarbij we vervolgens drie mogelijkheden hebben:

1. de syntactische functies van de N's worden gemarkeerd door hun positie (lineaire functie). Zie het meewerkend voorwerp *leraren* en het lijdend voorwerp *leerlingen* in (131);

2. de syntactische functie van één van de twee N's wordt gemarkeerd door een syntactische functiemarkeerder (lexicale functie). Zie de bepaling *leerlingen* in (132);

3. de syntactische functie van één van de twee N's wordt gemarkeerd door de eigen betekenis (lexicale functie). Zie de bepaling *bier* in (133):[40]

(130) Rijke ouders leveren **efficiënte $[\textbf{leraren}]_n$ en snelle $[\textbf{leerlingen}]_n$**
(131) Rijke ouders leveren **efficiënte $[\textbf{leraren}]_n$ snelle $[\textbf{leerlingen}]_n$**
(132) Jan geeft de voorkeur aan **efficiënte $[\textbf{leraren}]_n$ van snelle $[\textbf{leerlingen}]_n$**
(133) Geef mij maar **een lekker $[\textbf{glas}]_n$ $[\textbf{bier}]_n$**[41]

Tenslotte wijzen we erop dat onze analyse van nevenschikking een verklaring biedt voor het contrast tussen (134) en (135) enerzijds en (136) en (137) anderzijds:

(134) Ik zag Jan en Piet
(135) Ik zag mooie en decoratieve kistjes
* (136) Ik zag Jan Piet
(137) Ik zag mooie decoratieve kistjes

Woorden die identieke positie-**af**hankelijke syntactische functies bekleden, worden verplicht nevengeschikt (vgl. (134) en (136)). Woorden die identieke positie-**on**afhankelijke syntactische functies bekleden, niet (vgl. (135) en (137)). De conclusie van deze paragraaf luidt als volgt. De bijvoeglijke naamwoorden in (107) zijn zusters, dat wil zeggen paratactisch op elkaar volgende woorden. Dit betekent dat er maar één syntactische structuur bestaat voor (107). De relatie tussen de bijvoeglijke naamwoorden in deze NP is dezelfde als die tussen de voor -en de nabepaling in (112). Zie schema 8.

Schema 8: *Mooie decoratieve kistjes*

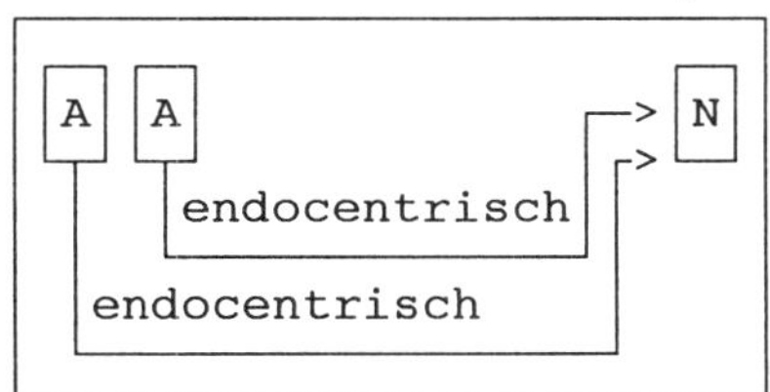


**5.3. Zusterschap tussen nabepalingen**

Voorzover wij kunnen zien, licht Sturm zijn stelling tegen zusterschap niet toe aan de hand van in BNP's optredende nabepalingen. In deze paragraaf zullen we laten zien dat er argumenten zijn om ook dergelijke nabepalingen niet te beschouwen als nevengeschikte constituenten, maar als zusters. Zie (138):

(138) [Het paleis van [de koningin] van [architect De Bruin]$_{np}$

Dezelfde redenering volgend als voor (112) en (107), kunnen we stellen dat de N's *koningin* en *architect* onder de aangegeven syntactische verhoudingen in (138) zusters zijn, omdat deze N's door middel van een voorzetsel als bepaling worden gemarkeerd en voor de markering van hun syntactische functie dus niet afhankelijk zijn van een bepaalde positie. Laten we ter illustratie van deze stelling de NP in (138) eens vergelijken met de NP in (139) die de nevenschikkingsmarkeerder *en* bevat:

(139) Het paleis van de koningin en van architect De Bruin

Net zoals bij de hierboven behandelde voorbepalingen, heeft de NP met *en* een interpretatie die de NP zonder *en* mist, namelijk de distributieve interpretatie waaronder *architect* verbonden wordt met een ander lid van de categorie 'paleizen', dan *koningin*. Verder constateren we dat (138) en (139), net zoals bij de voorbepalingen, beide een collectieve interpretatie hebben. In beide NP's kunnen *koningin* en *architect* betrekking hebben op hetzelfde lid van de categorie 'paleizen'. Hiermee is echter niet alles gezegd. Er valt namelijk een opmerkelijk verschil te constateren tussen de collectieve interpretatie van (138) en (139) enerzijds en van (107) en (127) anderzijds. We herhalen de laatste twee NP's hier als (140) en (141):

(140) Mooie decoratieve kistjes
(141) Mooie en decoratieve kistjes

De collectieve interpretaties van deze NP's zijn equivalent. Die van (138) en (139) daarentegen niet volledig. Het geval wil namelijk dat (139), in tegenstelling tot (138), twee verschillende collectieve interpretaties kan hebben. Onder de eerste interpretatie staan *architect* en *koningin* in dezelfde relatie tot *paleis*. In (139) ligt een possessieve relatie het meest voor de hand. Onder de tweede interpretatie staan *architect* en *koningin* in twee verschillende relaties tot *paleis*. De meest waarschijnlijke zijn in dit geval een relatie waarbij *koningin* 'bezitter' is en een relatie waarbij '*architect*' 'producent' is.[42] Deze laatste interpretatie die misschien niet zo voor de hand ligt, is te verduidelijken aan de hand van het dialoogje in (142):

(142) A. Wie is nu eigenlijk de eigenaar van paleis Noordeinde?
B. Nou, ik dacht dat dat de koningin was.
A. Weet je toevallig ook wie de architect was?
B. Ja, dat was De Bruin
A. Je zou dus kunnen zeggen dat Paleis Noordeinde in zekere zin het paleis is van de koningin en van architect De Bruin

Het feit dat (139) twee interpretaties meer heeft dan (138), vormt ons inziens een bijkomend argument tegen de stelling dat de N's in de laatste NP nevengeschikt zouden zijn. Als we aannemen dat er in (138) geen sprake is van nevenschikking maar van zusterschap, dan verantwoorden we daarmee het verschijnsel dat *koningin* en *architect* in deze NP alleen maar in verschillende relaties kunnen staan tot *paleis*, omdat *koningin* en *architect* betrekking hebben op hetzelfde lid van de categorie 'paleizen' en iets niet tegelijkertijd het **afzonderlijke** bezit of produkt van twee personen kan zijn. Gezien onze analyse van nevenschikking hierboven, wordt het tweede *van* in (139) daarentegen voorafgegaan door een lege N en dienen *koningin* en *architect* dus opgevat te worden als bepaling bij twee nevengeschikte N's. *Koningin* en *architect* kunnen hier zowel in dezelfde relatie als in verschillende relaties staan tot *paleis*, omdat de nevengeschikte N's niet noodzakelijkerwijs worden verbonden met hetzelfde lid van de categorie 'paleizen'. Zie (143):

(143) Het $[\text{paleis}]_n$ van de koningin en $[\phi]_n$ van architect De Bruin

De syntactische structuur van deze NP geven we weer in schema 9.

Schema 9: (*Het*) *paleis van* (*de*) *koningin en van architect De Bruin*[43]

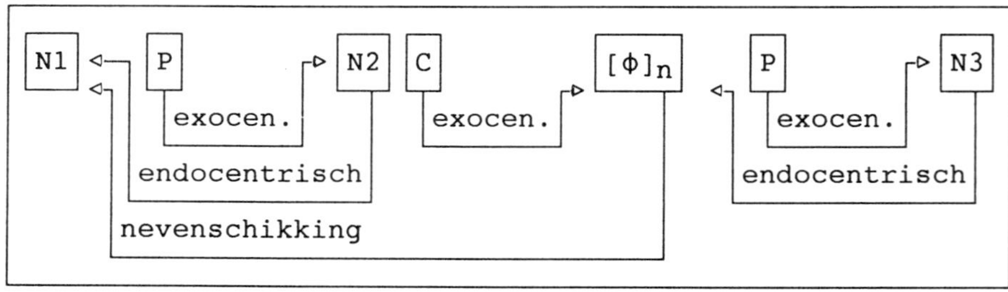

Rest nog de vraag waarom (140) en (141) niet een interpretatie hebben waarbij *mooie* en *decoratieve* in een verschillende relatie staan tot *kistjes*, zoals *koningin* en *architect* ten opzichte van *paleis* in (138) en (139). Het is aantoonbaar dat dit verschil is terug te voeren op de verschillende manier waarop de syntactische functie van bijvoeglijke naamwoorden en N's wordt gemarkeerd. Zoals we reeds een aantal malen opmerkten, wordt de syntactische functie van bijvoeglijke naamwoorden gemarkeerd door hun eigen betekenis. Deze wijze van syntactische functiemarkering is mogelijk bij de gratie van het feit dat de betekenis van de betreffende woorden stringente beperkingen oplegt aan de mogelijke interpretaties. Als we kijken naar de betekenis van de leden van de onderhavige syntactische klasse, dan constateren we dat deze leden, ongeacht de context en/of situatie, altijd zijn te beschouwen als kwalificeerders of kwantificeerders en dus als woorden die maar in één soort relatie kunnen staan tot hun kern, zoals in (140) en (141).[44]

De zaken liggen heel anders bij N. De syntactische functie van *koningin* en *architect* in (138) en (139) wordt gemarkeerd door *van* en dus niet door de eigen betekenis. Dit zou ook niet kunnen omdat de betekenis van veel N's, in tegenstelling tot die van bijvoeglijke naamwoorden, weinig beperkingen oplegt aan de mogelijke interpretaties van deze N's. Afhankelijk van de context en/of situatie, laten de leden van de syntactische klasse N vaak een welhaast onbeperkte waaier aan interpretaties toe. Een N als *architect*, bij voorbeeld, kan 'agens' zijn, 'patiens', 'bezitter', 'producent', enzovoorts. Voor de BNP met het voorzetsel *van* heeft dit tot gevolg dat die in de regel ambigu is (vgl. Jansen 1974). Zoals we reeds lieten zien, is de markeerdersfunctie van *van* vanuit een semantisch oogpunt immers gelijk aan nul. De semantische functie van N2 kan dus niet gemarkeerd worden door het voorzetsel, dat zich beperkt tot het markeren van de syntactische functie van deze N.[45] De markering van de semantische functie wordt volledig overgelaten aan de betekenis van N1 en N2. Afhankelijk van de context en/of situatie zijn er tussen N1 en N2 bijgevolg verschillende relaties mogelijk, zoals in (138) en (139).

Terzijde wijzen we er nog op dat nevenschikkingen als in (139) aan bepaalde beperkingen onderhevig zijn. Als er op de N3-plaats namelijk een N staat waarvan de betekenis wel stringente beperkingen oplegt aan de mogelijke interpretaties, zoals bij de bijvoeglijke naamwoorden, en deze betekenis is niet gelijk aan één van de mogelijke interpretaties van N2, dan is nevenschikking tussen N2 en N3 moeilijk, zo niet onmogelijk. We denken hier met name aan N's die een geografische plaats of een tijdstip aanduiden, en aan zogenaamde stof-N's. Zie respectievelijk *Pisa*, *drie uur* en *steen* in (144)-(149):

(144) De $[\text{toren}]_{n1}$ van $[\text{Jan}]_{n2}$ van $[\text{Pisa}]_{n3}$
? (145) De toren van Jan en van Pisa
(146) De $[\text{trein}]_{n1}$ van $[\text{Jan}]_{n2}$ van $[\text{drie uur}]_{n3}$
? (147) De trein van Jan en van drie uur
(148) Het $[\text{huis}]_{n1}$ van $[\text{Jan}]_{n2}$ van $[\text{steen}]_{n3}$
* (149) Het huis van Jan en van steen

We zien hetzelfde verschijnsel nog veel sterker als we voorzetsels nemen die, in tegenstelling tot *van*, wel optreden als semantische functiemarkeerder. Zie achtereenvolgens *door*, de agens-markeerder bij uitstek, *aan*, dat doorgaans plaatsen markeert, en *uit*, dat vaak herkomst of richting markeert, in (150)-(155) (vgl. Weijnen 1964[a], 1964[b]):

  (150) De [arrestatie]$_{n1}$ van [Jan]$_{n2}$ door de [agent]$_{n3}$
* (151) De arrestatie van Jan en door de agent
  (152) Het [huis]$_{n1}$ van [Jan]$_{n2}$ aan het [water]$_{n3}$
* (153) Het huis van Jan en aan het water
  (154) Het [huis]$_{n1}$ van [Jan]$_{n2}$ uit de [17$^{e}$ eeuw]$_{n3}$
* (155) Het huis van Jan en uit de 17$^{e}$ eeuw

Als we zouden aannemen dat er in (144), (146), (148), (150), (152) en (154) sprake is van nevenschikking, dan is het niet te verklaren waarom de parallelle constructies met de nevenschikkingsmarkeerder *en* ongrammaticaal zijn. Als we voor de even genummerde constructies daarentegen uitgaan van zusterschap, dan is de ongrammaticaliteit van hun oneven genummerde tegenhangers als volgt te verantwoorden. Als er tussen twee paratactisch op elkaar volgende woorden een markeerder voor nevengeschikking wordt geplaatst, dan geeft dat alleen een grammaticaal resultaat als de semantische functies van die woorden gelijk zijn, zoals in (141), of als de interpretaties van die woorden gelijk kunnen zijn, zoals in (139). Aangezien deze voorwaarde niet geldt voor zusters, zoals in (138) en (140), is daarmee het bewijs geleverd dat er niet alleen, zoals we reeds zagen, op syntactische gronden, maar tevens op semantische en pragmatische gronden een duidelijk onderscheid gemaakt dient te worden tussen syntactisch verbonden woorden enerzijds (d.w.z. endocentrische verbindingen (onderschikking en nevenschikking) en exocentrische verbindingen) en paratactisch op elkaar volgende woorden anderzijds (d.w.z. zusterschap) (vgl. Geerts e.a. (1984: 1080-1081) voor nevenschikking). Zie tenslotte schema 10 voor de syntactische structuur van (138).[46]

Schema 10: *(Het) paleis van (de) koningin van architect De Bruin*

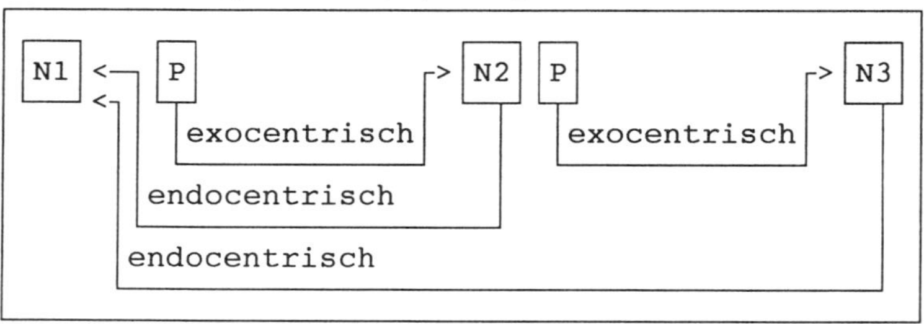


Ter afsluiting van deze paragrafen over zusterschap, constateren we dat de hier ontwikkelde visie niet in overeenstemming is met Sturms Binaire Vertakkingshypothese. Als we immers aannemen dat voor- en nabepalingen, voorbepalingen onderling en nabepalingen onderling zusters zijn binnen de BNP, dan resulteert dat in zogenaamde 'platte' één-niveau-structuren, waarbij er in principe geen limiet geldt voor het aantal vertakkingen per knoop. Dat deze in zekere zin nogal rudimentaire syntactische structuren kunnen leiden tot verschillende, soms zeer verfijnde interpretaties, wijst erop dat syntactische functies bij de interpretatie van de lineaire en lexicale vorm van BNP's en NP's een relatief bescheiden rol spelen in vergelijking met de semantische en pragmatische functies. We zijn het dan ook volkomen eens met Mignot (1989) als hij opmerkt dat:

> "(...) la composante syntaxique d'une langue ne dispose jamais de procédés formels en nombre comparable aux distinctions multiples qu'on est amené à faire sémantiquement (...). Il faudrait peut-être renoncer à son caractère binaire, autrement dit admettre que les branchements puissent être au moins triples, ce qui n'est pas en soi très grave (...)." (1989: 294)[47]

## 6. Conclusies

In dit hoofdstuk hebben we een poging ondernomen de precieze syntactische structuur van de BNP te achterhalen. Dit was nodig omdat we ons in de voorafgaande hoofdstukken slechts hebben uitgelaten over de elementaire syntactische structuur van de BNP, met N1 als kern en N2 als een door een voorzetsel gemarkeerde bepaling daarbij. Tevens zijn we nagegaan in hoeverre een op de tweedeling 'lexicale en lineaire conventies-lexicale en lineaire functies' gefundeerde beschrijving van de BNP in overeenstemming is te brengen met de principes van Sturms Minimum-Niveau-Hypothese (1986), die op veel punten als een verbeterde versie kan worden beschouwd van Jackendoffs X-bar-theorie (1977).

Ten aanzien van de interne syntactische structuur van de BNP concluderen we dat N2 endocentrisch is verbonden met N1. Deze endocentrische relatie wordt formeel gemarkeerd door het voorzetsel dat exocentrisch is verbonden met N2. Tussen het voorzetsel en N1 is geen syntactische verbinding. Ze zijn paratactisch naast elkaar geplaatst. Verder concluderen we dat eventuele voorbepalingen bij N1 als zusters van N2 beschouwd dienen te worden en dat ook voorbepalingen onderling en nabepalingen onderling in een relatie van zusterschap tot elkaar staan.

Deze voorstelling van zaken leidt tot de volgende conclusies ten aanzien van de Minimum-Niveau-Hypothese. In de eerste plaats is de primaire functie van het voorzetsel *van* binnen de BNP niet het aanduiden van een niet aan de Specifier-Hypothese beantwoordende volgorde, maar het markeren van de syntactische functie van N2 ten opzichte van N1. Dit neemt echter niet weg dat het voorzetsel in een aantal gevallen wel lineaire vormen markeert die niet in overeenstemming zijn met deze hypothese. In de tweede plaats dient het voorzetsel als markeerder van een syntactische functie strikt onderscheiden te worden van het voorzetsel als markeerder van een semantische functie. In de derde plaats lijkt er geen reden te zijn te twijfelen aan de Specifier-Hypothese als verklaringsmodel voor convergerende lineaire conventies. In de vierde en laatste plaats zijn er syntactische, semantische en pragmatische redenen om nevenschikking als syntactisch verschijnsel te onderscheiden van zusterschap als paratactisch verschijnsel. De Binaire Vertakkingshypothese wordt daarmee minder waarschijnlijk.[48] De rol die de door deze hypothese veronderstelde syntactische structuren in Sturms model spelen bij de interpretatie van BNP's, wordt in onze visie gespeeld door verschillende niet-syntactische functies.

**Noten bij hoofdstuk 7**

1. Vergelijk Bennis (1990: 169-170), die opmerkt dat, hoewel er verschillende pogingen zijn ondernomen de herschrijfcomponent uit te hollen, geen enkele CG-er nog zover is gegaan deze component geheel af te schaffen. Volgens hem bevinden de meeste generatieve taalkundigen zich ergens tussen de volgende twee uitersten: verantwoording van syntactische structuur door middel van herschijfregels enerzijds (vgl. Aarts 1991) en door onafhankelijke syntactische of formeel semantische principes anderzijds (vgl. Hoekstra 1984).

2. Vergelijk Kornai en Pullum (1990), die verschillende principes bespreken waaraan X-bar-theorieën onderhevig zijn of volgens deze auteurs zouden moeten zijn.

3. We wijzen er hier terzijde op dat Van Gestel (1986), net zoals Sturm, het principe van de uniformiteit laat vallen, maar niet het principe van maximaliteit. Hij gaat er namelijk van uit dat het maximale niveau X (voor het woord), X' (voor gesubcategoriseerde bepalingen), X" (voor niet-gesubcategoriseerde bepalingen) of X"' (voor het onderwerp) is. Zijn niveaus zijn dus ten dele semantisch gedefinieerd. Stuurman (1986) houdt daarentegen vast aan een uniform en maximaal niveau, namelijk het X'-niveau.

4. De vraag is of we (7) een **syntactische** regel kunnen noemen, gezien het feit dat Sturm nevenschikking als parataxis beschouwt (1986: 191).

5. De enige transformatie die Sturm toelaat is clitica-verplaatsing. Een voorbeeld daarvan zagen we in hoofdstuk 4, § 6.1. (zie ook noot 17 aldaar).

6. Verder wijzen we erop dat V vergezeld gaat van de markeerders voor tijd, persoon en getal. Sturm maakt trouwens dankbaar gebruik van deze verplichte markering ter verklaring van het voorkomen in het Nederlands van zogenaamde links- en rechtsperifere V's. In tegenstelling tot de andere waarden van X, kan V zowel linksperifeer (in de zelfstandige taaluiting, d.w.z. de hoofdzin) als rechtsperifeer zijn (in de niet-zelfstandige taaluiting, d.w.z. de bijzin), omdat V dankzij voornoemde verplichte markering altijd herkenbaar is als kern (1986: 337).

7. Sturm (1986: 331-358) gaat ervan uit dat zinnen syntactisch gezien niet bestaan. Dit betekent dat er in zijn visie geen sprake is van een syntactisch verband tussen het woord dat als onderwerp fungeert en V, of tussen het woord dat V minimaal vergezeld en V, zoals *daar* in: *daar [wordt gewerkt]*$_V$. Ze worden volgens Sturm daarentegen pragmatisch op elkaar betrokken als focus en topic. Sassen (1990: 195) wijst erop dat constructies als *je [liegt]*$_V$ problematisch zijn voor deze analyse. Het onbeklemtoonde voornaamwoord is immers nooit focus. Vergelijk ook: *er [wordt gewerkt]*$_V$, waar *er* moeilijk als focus kan worden beschouwd.

8. Het voorbeeld dat Sturm (1986: 291) geeft ter ondersteuning van de stelling dat het lidwoord (als lid van de syntactische klasse Det) een waarde van X is, is ons inziens weinig overtuigend: *A: welke Lubbers bedoel je, die van hiernaast of dé Lubbers? B: de!* Het kost namelijk weinig moeite een soortgelijk voorbeeld construeren voor het voorzetsel, dat volgens Sturm juist geen waarde van X is: *A: woont een mol nu onder de grond of boven de grond? B: onder!*

9. Zoals we in hoofdstuk 4, § 7.1. bij de bespreking van het endocentriciteitsbegrip zagen, zijn BNP-kernen **nader bepaalde** N's (vgl. Van den Toorn 1970: 14). Het criterium van het alleen-kunnen-voorkomen gaat hier dus niet op.

10. We laten deze zaak hier verder rusten. Wel wijzen we er nog op dat het, gezien het principe van de recursiviteit (vgl. Bennis en Hoekstra 1984: 20-21), aannemelijk lijkt dat syntactische klassen waarvan de leden de syntactische functie van kern kunnen vervullen, ook altijd in staat zijn de syntactische functie van bepaling te bekleden (vergelijk V, N, A en AdvP). Met andere woorden: als men aanneemt dat P een waarde is van X, dan zou men moeten kunnen aantonen dat P als bepaling kan fungeren. Als men echter aanneemt dat P geen waarde is van X, zou aannemelijk gemaakt moeten worden dat P niet als bepaling kan fungeren. Als deze redenering klopt, dan kunnen we rustig stellen dat P geen waarde is van X, niet alleen omdat het geen kern kan zijn maar ook omdat het niet de syntactische functie van bepaling kan bekleden. Vanuit een syntactisch oogpunt heeft P slechts een markeerdersfunctie. De implicatie van deze analyse is dat ook het lidwoord niet als bepaling kan worden beschouwd en dus geen syntactische functie heeft. Uit deze studie blijkt genoegzaam dat we lidwoorden als lexicale conventies beschouwen, die in staat zijn allerhande niet-syntactische functies te markeren.

11. Toch mag men niet vergeten dat P ook binnen CG aanvankelijk niet als een waarde van X werd beschouwd. Bij ons weten, is Jackendoff (1973) de eerste CG-er die geprobeerd heeft aannemelijk te maken dat P wel een waarde is van X.

12. We laten het scheidbare deel van scheidbaar samengestelde werkwoorden buiten beschouwing, omdat we het eens zijn met Sturm (1986: 76-77) dat dat element op syntactische gronden onderscheiden dient te worden van het voorzetsel. In onze terminologie gesteld is het voorzetsel een lexicale functie (het markeert doorgaans syntactische functies), terwijl het scheidbare deel een lexicale conventie is (het markeert geen syntactische functies). Vergelijk de lexicale conventie *aan*$_1$ met de lexicale functie *aan*$_2$ in de beroemde uitingen van Toon Hermans: *ik [zit aan*$_1$*] aan*$_2$ *het banket*, *ik [zit] aan*$_2$ *het banket* en **ik [zit aan*$_1$*] het banket*.

13. Zie hoofdstuk 3, § 5.

14. Zie de algemene inleiding, § 3 voor de termen 'betekenis' en 'semantische functie'.

15. Het is een bekend verschijnsel dat betekenis vaker een onbetrouwbaar dan een betrouwbaar criterium is ter onderscheiding van verschillende syntactische klasses (vgl. Martinet 1985: 109).

16. Dit is niet in overeenstemming met Sturm (1986: 119), die stelt dat toevoeging van een voorzetsel aan een $X^{max}$ er helemaal niet toe leidt dat die projectie geheel tot een andere gebruiksklasse gaat behoren. Vergelijk Van der Lubbe (1978: 74) die stelt dat een van de functies van het voorzetsel is het scheppen van een nieuwe gebruiksmogelijkheid. Verderop komen we hierop terug.

17. Zie hoofdstuk 1, § 2.4. voor de term 'syntactische autonomie'.

18. Als we aannemen dat zogenaamde 'noodzakelijke aanvullingen' bij voorkeur links staan van hun kern, dan is het grammaticaliteitsverschil tussen de constructies met het werkwoord *spelen* (zie (26) en (27)) en de constructies met het werkwoord *wonen* ((32) en (34)) verklaarbaar. *Wonen* krijgt doorgaans namelijk een dergelijke aanvulling, maar *spelen* niet. Vergelijk: *?Jantje woont* en *Jantje woont boven* (*de winkel*) met *Jantje speelt* en *Jantje speelt boven* (*de winkel*) (zie Nieuwborg (1968: 45) voor de term 'noodzakelijke aanvulling').

19. Met enige moeite is het niet uitgesloten voor (40) een passende context te creëren (te forceren ?) waarin stoelen kunnen rondstaan. We denken aan de volgende: *door de verzengende hitte staan onze plastic tuinstoelen helemaal rond.* Het moge duidelijk zijn dat hier, mocht het om een grammaticale constructie gaan, geen sprake kan zijn van de markering van een plaats, maar alleen maar van de markering van een aspect, namelijk van de 'stoelen' (vgl. noot 12).

20. Net zoals De Groot (1949: 59), gaat Sturm er dus van uit dat woordgroepen ofwel onderschikkend zijn, ofwel nevenschikkend.

21. In (46) kunnen op de plaats van het voorzetsel ook andere betrekkingswoorden staan, zoals voegwoorden en betrekkelijke voornaamwoorden. Volgens Sturm (1986: 361) markeren voegwoorden en betrekkelijke voornaamwoorden, net zoals voorzetsels, een van de Specifier-Hypothese afwijkende volgorde.

22. Binnen CG wordt de term 'maximale projectie' als volgt gedefinieerd: de X met het maximale, door de regelschema's toegestane aantal strepen (bij ons ', " enz.) (vgl. Booij e.a. 1980: 221). Omdat Sturms regelschema in principe een ongelimiteerd aantal strepen toelaat, moet deze definitie als volgt worden gewijzigd: de X met de meeste strepen, ofwel de hoogste X in een XP.

23. Zie hoofdstuk 1, noot 4 voor de term 'interdependentie'.

24. Zie ook hoofdstuk 3, § 8.3.

25. Hier zij aan toegevoegd dat onze informanten zonder meer in staat bleken te zijn *vrienden* en *Vestdijk* in (53) en (54) als bepaling bij de voorafgaande N te interpreteren.

26. Deze uiting is sinds jaar en dag regelmatig te horen op het NS-station te Roosendaal (Nederland).

27. Op pagina 104 van zijn proefschrift zwakt Sturm deze stelling iets af. Hij merkt op dat de distributie van voorzetsels **mede** bepaald wordt door semantische en/of pragmatische factoren. Op pagina 106 merkt hij dan weer op dat het in constructies als *de kat in de tuin*, waar de PP als bepaling wordt geïnterpreteerd bij de voorafgaande N, gaat om "een geval van **syntactische** noodzaak van de aanwezigheid van een voorzetsel".

28. Sassen (1990: 185) spreekt trouwens van een "nogal absurde aanduiding" als Sturm (1986: 108) het heeft over voorzetsels die **naar links** zijn verbonden met de context en/of situatie.

29. Vergelijk het tweede deel van noot 16.

30. Een extra argument dat *van* in (76) een andere functie heeft dan de lexicale functie *van*, is af te leiden uit de observatie dat *van* hier niet gevolgd kan worden door een enkelvoudige N. Zie het volgende contrast: *hij tekent altijd van die mooie studentes* en **hij tekent altijd van die mooie studente.* Vergelijk vervolgens *van* als lexicale functie in: *hij maakt altijd tekeningen van die mooie studentes* en *hij maakt altijd tekeningen van die mooie studente.*

31. Volgens onze informanten is de constructie in (94) twijfelachtig. Waarschijnlijk is dit te wijten aan de gedeeltelijke lexicalisering van de uiting *frites pindasaus.*

32. Onder 'parataxis' verstaan we de lineaire opeenvolging van twee woorden zonder dat er sprake is van een syntactische verbinding.

33. Sturm heeft het steeds over 'semantische interpretaties'. Het is niet altijd duidelijk of hij daarmee op de betekenis van de betreffende woordgroep doelt, of op een mogelijke interpretatie. Gezien onze opmerkingen in de algemene inleiding, is het duidelijk dat wij een onderscheid maken tussen de begrippen 'betekenis' en 'interpretatie'. De betekenis van een woordgroep is los van de context en/of situatie afleidbaar, terwijl de interpretatie van een woordgroep slechts afleidbaar is uit de context en/of situatie. Voor het aangeven van interpretaties gebruiken we in deze paragraaf (...), zoals bij voorbeeld in (99) en (100). Deze ronde haakjes moeten goed worden onderscheiden van [...], de vierkante haken, die syntactische verhoudingen weergeven.

34. Volgens onze informanten is het (zeer) twijfelachtig of tevens *?Jans (weigering) van brood en Piets van beleg* mogelijk is.

35. Voor ons gebruik van de termen 'focus' en 'topic', zie de algemene inleiding, noot 7.

36. Zie noot 33.

37. Dit neemt natuurlijk niet weg dat vooropplaatsing kan plaatsvinden in combinatie met een expressief accent.

38. Sturm (1986: 239) gaat ervan uit dat de syntactische functie van bijvoeglijke naamwoorden wordt gemarkeerd door hun positie ten opzichte van N. Dit wijst erop dat Sturms interpretatie van het begrip 'syntaxis' duidelijk afwijkt van de onze. Daar waar in zijn interpretatie ontegenzeggelijk een lineair aspect zit, is onze definitie van syntaxis zuiver structureel. Hiermee is echter niet gezegd dat lineaire conventies niet als niet-functioneel hulpmiddel kunnen bijdragen aan de decodering van syntactische functies. Zie daarvoor hoofdstuk 1, § 2.5.

39. Zoals we reeds eerder zagen, zijn deze posities wel functioneel op het semantische vlak. In (125) kunnen de bijvoeglijke naamwoorden, ongeacht context en/of situatie, immers alleen maar als uitbreidende bepalingen geïnterpreteerd worden bij *aardbeving*, terwijl ze in (126), afhankelijk van de context en/of situatie, zowel een uitbreidende als een beperkende interpretatie kunnen krijgen (vgl. Paardekooper (1986: 511-512), die opmerkt dat de **semantische** tweedeling 'uitbreidend-beperkend' syntactisch niet relevant is).

40. Het is de vraag of de syntactische functie van de N *bier* hier niet eerder door zijn semantische functie wordt gemarkeerd dan door zijn eigen betekenis. Als we deze vraag bevestigend beantwoorden, heeft dat consequenties voor de beperkende theorie voor syntactische functiemarkering van Martinet. Naast de markering van de syntactische functie van woorden door middel van een bepaalde positie, een gespecialiseerde functiemarkeerder, of lexicale betekenis, zou er sprake zijn van een vierde syntactisch procédé. Verder onderzoek zal moeten uitwijzen in hoeverre de uitbreiding van Martinets theorie tot vier procédés is te rechtvaardigen.

41. We gaan er dus van uit dat *bier* in (133) bepaling is bij *glas*. Dit druist in tegen de Specifier-Hypothese die stelt dat niet gemarkeerde bepalingen altijd voorafgaan aan hun kern (vgl. Sturm 1986: 238-242). Het verschil tussen Sturms gedeeltelijk lineaire invulling van het begrip 'syntaxis' en onze puur structurele invulling, is te illustreren aan de hand van het volgende contrast: *een bierglas* versus *een glas bier*. Syntactisch gezien vervult *bier* in beide gevallen dezelfde functie, namelijk die van bepaling bij *glas*.

Het interpretatieve verschil tussen beide NP's kan dus niet het gevolg zijn van een syntactische taalgebruikskeus. Er is hier echter wel sprake van een semantische taalgebruikskeus. De verschillende volgordes markeren een verschil in semantische functie van de bepaling *bier*. In prenominale positie is de semantische functie van *bier*: het markeren van de specifieke gebruiksfunctie van *glas*, terwijl de semantische functie van *bier* in postnominale positie is: het aanduiden van de inhoud van *glas*. We zitten hiermee, althans syntactisch, op dezelfde lijn als De Groot (1949: 82) en Van der Lubbe (1978: 134-137), die *bier* in *een glas bier* respectievelijk als **bepaling** van specificatie en als primaire na**bepaling** bestempelen (vgl. ook Bennis (1990: 187-188) die op grond van andere argumenten op de onhoudbaarheid van Sturms analyse in dezen wijst en De Vooijs (1947: 163) die laat zien dat hetzelfde **semantische** verschil in het Frans door twee verschillende voorzetsels wordt gemarkeerd: *un verre* **à** *bière* (= 'een bierglas') versus *un verre* **de** *bière* (= 'een glas bier'). Met andere woorden: daar waar het Nederlands voor de markering van de onderhavige semantische functies een beroep doet op lineaire conventies, doet het Frans een beroep op lexicale functies).

42. Het is duidelijk dat er onder een distributieve interpretatie van (139) sprake is van dezelfde twee mogelijkheden.

43. We laten de syntactische relatie tussen de lidwoorden en N hier buiten beschouwing, omdat die hier niet terzake doet (vgl. noot 10).

44. We laten de pragmatische functies 'focus' en 'topic' buiten beschouwing, omdat die hier niet ter zake doen.

45. *Van* onderscheidt zich hierin duidelijk van de andere voorzetsels, omdat deze meestal wel in staat zijn semantische functies te markeren. Van der Lubbe (1978) aanhalend, merkt Uhlenbeck (1982: 176) trouwens op dat *van* te midden van de Nederlandse voorzetsels een bijzondere positie inneemt (zie ook hoofdstuk 3, § 5).

46. Zie noot 43.

47. Mignot (1989) hanteert de term 'semantiek' op een andere manier dan wij dat tot hiertoe hebben gedaan. In dit citaat dekt de term 'sémantiquement' tevens de interpretatie onder invloed van de context en/of situatie.

48. Dit zou dan weer gevolgen hebben voor het zogenaamde leerbaarheidsprobleem, dat volgens Sturm (1986: 369) **de** "centrale vraagstelling" is voor de generatieve syntaxis. Zie echter Florijn (1992: 203-206) die dat leerbaarheidsprobleem flink relativeert.

# ALGEMENE CONCLUSIES

## 1. Doel van het onderzoek

Het doel van deze studie was aan te tonen dat een strikt onderscheid tussen lexicale en lineaire **conventies** enerzijds en lexicale en lineaire **functies** anderzijds tot meer inzicht leidt in de verschillende rollen die syntactische en niet-syntactische functies spelen in de interpretatie van binominale NP's in het hedendaagse Nederlands. De kwantitatieve PBNP, de kwalitatieve PBNP en de MBNP bleken een uitermate geschikt onderzoeksobject te vormen om dit doel te bereiken, omdat deze constructies gekenmerkt worden door een aantal lexicale en lineaire conventies die niet optreden in de reguliere BNP. Deze conventies hebben binnen CG geleid tot het poneren van syntactische structuren voor met name de kwantitatieve PBNP en de MBNP die op belangrijke punten afwijken van de syntactische structuur die doorgaans wordt aangenomen voor de reguliere BNP en de kwalitatieve PBNP. De lexicale en lineaire conventies die de laatste constructie deelt met de kwantitatieve PBNP, maar niet met de reguliere BNP, werden daarbij meestal buiten beschouwing gelaten.

## 2. Geen onderscheid tussen conventies en functies

De structuren die binnen CG worden voorgesteld voor de kwantitatieve PBNP en de MBNP schieten te kort in beschrijvende adequaatheid. Ze laten enerzijds geen optimale formulering van verwantschappen toe, terwijl ze anderzijds niet altijd aanleiding geven tot een correcte interpretatie (vgl. Bennis en Hoekstra 1989: 6-7). De generativisten Klein (1981) en Coppen (1988) gaan ervan uit dat N2 de kern vormt van de kwantitatieve PBNP, terwijl Blom (1977), Wiers (1978) en Bennis (1979) aannemen dat een zogenaamde lege N, onmiddellijk rechts van N1, kern is. Wat de MBNP betreft, gaat Klein (1981) ervan uit dat het voorzetsel *van* een 'los' voorzetsel is, dat wil zeggen dat er geen syntactische relatie is tussen dit voorzetsel en N1 of N2. Tevens neemt hij aan dat Det1 voorbepaling is bij de rest van de MBNP. Zowel de kwantitatieve PBNP als de MBNP krijgen dus duidelijk een structuur toegekend die afwijkt van de structuur die men, ook binnen CG, doorgaans aanneemt voor de kwalitatieve PBNP en de reguliere BNP. In deze constructies wordt N1 als de kern beschouwd. De structuren van de vijf voornoemde auteurs zijn vooral gebaseerd op het afwijkende lineaire gedrag van de betreffende constructies, maar soms ook op het afwijkende lexicale gedrag. Het onderscheid waarop deze studie is gebaseerd, wordt door hen niet toegepast. CG gaat ervan uit dat het afwijkende lineaire en lexicale gedrag van de kwantitatieve PBNP en de MBNP in principe functioneel is op het syntactische, dat wil zeggen structurele vlak. Dat Wiers er in een noot voor waarschuwt dat "(...) het riskant kan zijn een strukturele konfiguratie alleen aan de hand van extrapositieverschijnselen te beargumenteren." (1978: 71) doet daar niets aan af. Deze eenzijdige interpretatie van het betreffende lineaire en lexicale gedrag is overigens niet eigen aan CG. Ook de structuralisten Paardekooper en Van den Berg komen tot de conclusie dat de MBNP een andere syntactische structuur heeft dan de andere BNP's. Verder lijkt Paardekooper ook aan de kwantitatieve PBNP een structuur toe te kennen die afwijkt van die van de reguliere BNP.

De consequenties van de hierboven geschetste CG-aanpak zijn duidelijk. De structuren die men voorstelt voor de kwalitatieve PBNP en de MBNP zijn projecties van lineaire en lexicale conventies die eigen zijn aan deze constructies en die geen syntactische maar semantische en pragmatische functies markeren. Dit is beschrijvend niet adequaat, omdat op deze manier de structurele verwantschap met de kwalitatieve PBNP en de reguliere BNP op geen enkele wijze wordt verantwoord. Een strikt onderscheid tussen lineaire en lexicale verschijnselen die syntactische functies markeren (d.w.z. lineaire en lexicale **functies**), en lineaire en lexicale verschijnselen die geen syntactische functies markeren (d.w.z. lineaire en lexicale **conventies**) leidt immers ontegenzeggelijk tot de conclusie dat de syntactische functies in de twee types PBNP's, de MBNP en de reguliere BNP op exact dezelfde wijze gemarkeerd worden.

Het tekort aan beschrijvende adequaatheid van de door CG voorgestelde structuren blijkt verder uit het verschijnsel dat deze niet altijd aanleiding geven tot een correcte interpretatie. Een mooi voorbeeld vormt de zogenaamde lege kern van de kwantitatieve PBNP. We zijn er met Van der Lubbe (1982: 375-376) van uitgegaan dat een kern pas echt leeg is als die opgevuld kan worden. In de kwantitatieve PBNP leidt opvulling van de lege plaats echter tot ongrammaticaliteit en dus tot een incorrecte interpretatie. We hebben dan ook aangenomen dat er geen lege kern is in de kwantitatieve PBNP. Een ander voorbeeld van incorrecte interpretatie zien we in de structuur die Klein (1981) voorstelt voor de MBNP. Als *van* een 'los' voorzetsel is, is het niet duidelijk hoe dit *van* de syntactische functie van N2 kan markeren. We zagen immers dat lexicale functies als *van* in een interdependente relatie staan tot het woord dat ze markeren. Als *van* in de MBNP echt 'los' zou zijn, zou het weglaatbaar moeten zijn, en dat is nu juist niet het geval.

## 3. Wel een onderscheid tussen conventies en functies

Tegenover de CG-aanpak hebben wij een andere gesteld. Deze gaat uit van een strikt onderscheid tussen syntactische, semantische en pragmatische functies. Het is duidelijk dat dit onderscheid relevant is op voorwaarde dat men er een duidelijk idee van heeft hoe dergelijke functies zijn te herkennen, dat wil zeggen hoe dergelijke functies gemarkeerd worden. We hebben hiervoor in eerste instantie een beroep gedaan op de theorie voor syntactische functiemarkering van de functionalist Martinet (1985). Hij gaat ervan uit dat syntactische functies van woorden op drie manieren gemarkeerd kunnen worden, namelijk door de eigen betekenis, door een gespecialiseerde syntactische functiemarkeerder of door de positie. De eerste twee markeringen hebben wij lexicale functies genoemd, de laatste een lineaire functie. In het eerste hoofdstuk hebben we geconstateerd dat MF vooralsnog maar ten dele in staat is uitingen op de drie genoemde niveaus van analyse te verantwoorden. De reden daarvoor is dat er binnen deze school nauwelijks sprake is van een semantische en pragmatische component. Dit heeft tot gevolg dat de niet-syntactische functies vaak toch weer verantwoord worden binnen de syntactische component. Een fundamenteel probleem binnen MF dat hier in zekere zin los van staat, is dat de lineaire conventies die niet in staat zijn niet-syntactische functies te markeren, buiten het onderzoeksobject worden gehouden. De positie van de lidwoorden, aanwijzende voornaamwoorden en dergelijke, links van N, is volgens MF vanuit een synchroon oogpunt niet relevant. Deze verschijnselen worden doorgeschoven naar de zogenaamde morfologische component, die onder meer al die verschijnelen bevat die slechts zijn te verklaren met een beroep op de diachronie.

We hebben laten zien dat het terzijde schuiven van dergelijke lineaire conventies, ten koste gaat van inzicht in het taal(gebruiks)systeem. Indien aangetoond kan worden dat een taal of zelfs verschillende talen onderling gekenmerkt worden door een serie convergerende lineaire conventies, dan kunnen deze als functioneel beschouwd worden op het niet-linguïstische vlak. We hebben in dit verband de term 'taaleconomische functionaliteit' gebruikt. Een belangrijk voordeel van CG boven MF is dat men binnen deze school wel altijd interesse heeft gehad voor conventies die geen niet-syntactische functies markeren. Dit neemt echter niet weg dat men ook deze vaak weer als functioneel beschouwt op het syntactische of niet-syntactische vlak (Jackendoff 1978). Een vrij recent voorbeeld van het verantwoorden van dergelijke convergerende lineaire conventies waarbij wel geabstraheerd wordt van syntactische en niet-syntactische functionaliteit, is de Specifier-Hypothese van Sturm (1986), die daarom alleen al alle aandacht verdient. Zoals we constateerden, lijkt bovendien niets een eventuele verantwoording door deze hypothese van de links-rechts-volgorde tussen een markeerder en het door die markeerder gemarkeerde woord in de weg te staan.

Ons baserend op de theorie voor syntactische functiemarkering van Martinet, hebben we een analyse-model voorgesteld, waaraan we vervolgens de PBNP en de MBNP hebben onderworpen. Dit model definieert de werking van elk van de drie types functies (syntactische, semantische en pragmatische). De syntactische functies leiden tot de syntactische structuur van de woordgroep, de semantische tot de betekenis en de pragmatische tot de uiteindelijke interpretatie. De toepassing van dit model op de kwantitatieve PBNP en de MBNP, leidt tot de conclusie dat het niet nodig is aan deze constructies een syntactische structuur toe te kennen die afwijkt van die van de andere BNP's.

## 4. Structuur, vorm, betekenis en interpretatie

We beëindigen deze studie met een korte overweging met betrekking tot de begrippen 'structuur', 'vorm', 'betekenis' en 'interpretatie'. Het volgende, aan Bennis en Hoekstra (1989) ontleende citaat is tekenend voor de wijze waarmee men binnen CG met deze begrippen omgaat (het vet in dit citaat is van ons):

> "In het begin hebben we gezegd dat we een grammatica kunnen opvatten als een specificatie van de relatie tussen **vorm** en betekenis. Nu we aan het eind van dit boek gekomen zijn, is het hoog tijd dat we iets zeggen over wat betekenis dan wel is. (...) We begeven ons hier op gevaarlijk terrein, omdat er allerminst overeenstemming bestaat over de vraag wat onder betekenis dient te worden verstaan. Zo heeft het woord 'fiets' behalve de **vorm** *fiets* ook een betekenis. Wat is echter die betekenis ? Is dat "rijwiel", of een

bepaalde entiteit in de werkelijkheid, of een concept dat alle voor een spreker relevante kennis van fietsobjecten in de werkelijkheid bevat ? We blijven als syntactici liever buiten dergelijke vragen en volstaan hier met een bespreking van enkele **structurele** aspecten van betekenis waarvan in de grammatica wel een verantwoording kan worden afgelegd." (1989: 316)

De beperking die men zich binnen CG oplegt door alleen de zogenaamde structurele aspecten van betekenis in het onderzoek te betrekken, komt er in feite op neer dat men lineaire conventies die niet-syntactische functies markeren, promoveert tot lineaire functies, die syntactische functies markeren. Verder zij er op gewezen dat men binnen CG vaak geen onderscheid maakt tussen betekenis en interpretatie, ondanks het uitgangspunt dat men zinnen bestudeert. Hierdoor is de nogal al eens gehanteerde term 'semantische interpretatie' vaak verre van eenduidig. Als er in deze studie één ding duidelijk is geworden, dan is het wel dat het nuttig is de syntactische functies te onderscheiden van de niet-syntactische, en binnen deze laatste groep de semantische functies te onderscheiden van de pragmatische. Deze drie types functies kunnen echter niet van elkaar gescheiden worden, omdat ze elk een specifieke rol spelen in de uiteindelijke interpretatie van taaluitingen. Een belangrijk thema van deze studie was de relatie tussen deze functies en de vorm en de structuur van taaluitingen. De begrippen 'vorm' en 'structuur' vertegenwoordigen tot op zekere hoogte echter ongelijke grootheden. De syntactische **structuur** van een uiting kan eventueel beschouwd worden als 'vorm'. Het is echter beter deze term in dit verband te vermijden, omdat 'vorm' ook verwijst naar de lexicale en de lineaire **vorm** van taaluitingen. Deze 'vorm' kan niet gelijk gesteld worden aan 'structuur', omdat deze slechts in bepaalde gevallen indicaties geeft met betrekking tot de syntactische structuur, namelijk als het gaat om lineaire en lexicale functies. In het citaat hierboven is het niet duidelijk of het eerste woord 'vorm', in de tweede regel, verwijst naar 'structuur' of naar 'lexicale of lineaire vorm'. Het is wel duidelijk dat het tweede woord 'vorm', in regel zeven, verwijst naar de lexicale vorm. We zien vaak dezelfde verwarring bij het gebruik van de term 'syntactisch'. Soms verwijst die naar de lineaire vorm van uitingen, soms echter ook naar de structuur van uitingen. In deze studie hebben wij er de voorkeur aan gegeven de term 'vorm' te reserveren voor de lexicale en lineaire vorm, en de term 'syntactisch' voor de syntactische structuur van taaluitingen.

We hebben kunnen vaststellen dat de structuur van taaluitingen ten dele beïnvloed wordt door de betekenis, namelijk daar waar het gaat om woorden waarvan de syntactische functie gemarkeerd wordt door de eigen betekenis, zoals bijvoeglijke naamwoorden en bijwoorden. Dat betekenis, maar ook interpretatie bovendien allerhande lineaire consequenties kunnen hebben en dus in staat zijn de vorm van taaluitingen te beïnvloeden, vormt een reden te meer de termen 'structuur', 'vorm', 'betekenis' en 'interpretatie' op een duidelijke manier van elkaar te onderscheiden, zonder ze evenwel van elkaar te scheiden.

# BIBLIOGRAFIE

Al, B.P.F. (1975), 'Compétence et intuitions linguistiques'. In: A. Kraak (ed.), *Linguistics in the Netherlands 1972-1973*, 7-11. Assen-Amsterdam: Van Gorcum.

Baarslag, M.N. (1952), *Etude comparative de quelques besoins linguistiques du français et du néerlandais*. Leiden: Luctor et Emergo.

Bart, P. van en A. Sturm (1987), *Zinsanalyse en de termen die daarbij gebruikt worden*. Leiden: Martinus Nijhoff.

Beheydt, L. (1993), 'Corpus, introspectie en intersubjectieve gegevens in de hedendaagse taalkunde'. In: *Neerlandica extra muros*, nr. 31, 14-25.

Bennis, H. (1979), 'Appositie en de interne structuur van de NP'. In: *Spektator* 8, nr. 5, 209-228.

Bennis, H. (1980), 'Er-deletion in a modular grammar'. In: S. Daalder en M. Gerritsen (eds.), *Linguistics in the Netherlands 1980*, 58-68. Amsterdam, Oxford, New-York: North-Holland Publishing Company.

Bennis, H. (1986), *Gaps and dummies*. Dordrecht: Foris Publications.

Bennis, H. (1990), 'Herschrijfregels herschreven'. In: *Spektator* 18, nr. 3, 169-190.

Bennis, H. en T. Hoekstra (1983), *De syntaxis van het Nederlands. Een inleiding in de regeer- en bindtheorie*. Dordrecht: Foris Publications.

Bennis, H. en T. Hoekstra (1989), *Generatieve grammatica*. Dordrecht-Providence: Foris Publications.

Bentolila, A. (1977), 'Temps, aspect en modalisation dans un acte de communication'. In: *Langue française*, nr. 35, 58-70.

Berg, B. van den (1979), 'Nog eens *een schat van een kind*'. In: *De nieuwe taalgids* 72, nr. 3, 247-251.

Berrendonner, A. (1983), *Principes de grammaire polylectale*. Lyon: Presses Universitaires.

Blom, A. (1977), 'Het kwantitatieve *er*'. In: *Spektator* 6, nr. 7-8, 387-395.

Blom, A. en S. Daalder (1977), *Syntaktische theorie en taalbeschrijving*. Muiderberg: Coutinho.

Booij, G.E. e.a. (1980), *Lexicon van de taalwetenschap*. Tweede, geheel herziene, druk van de uitgave van 1975. Utrecht-Antwerpen: Het spectrum.

Botha, R.P. (1978), *Inleiding tot generatief taalonderzoek. Een methodologisch handboek.* Nederlandse bewerking van G.J. de Haan. Groningen: Wolters-Noordhoff.

Buitenrust-Hettema, F. (1899), 'Kleinigheden uit de spraakleer'. In: Buitenrust-Hettema, F. e.a. (ed.), *Taal en Letteren.* Negende jaargang, 311-315. Den Haag: Haagsche boekhandel- en uitgeversmaatschappij.

Carlson, G.N. (1978), *Reference to kinds in English.* IULC-dissertation.

Caspel, P.P.J. van (1970), 'Een schat van een (niet meer zo jong) kind'. In: *De nieuwe taalgids* 63, nr. 4, 280-287.

Chomsky, N. (1957), *Syntactic structures.* Den Haag: Mouton en Co.

Chomsky, N. (1970), 'Remarks on Nominalization'. In: R.A. Jacobs en P.S. Rosenbaum (eds.), *Readings in English transformational grammar.* Massachusetts: Ginn Waltham, 184-221.

Chomsky, N. (1976), *Aspects of the theory of syntax.* Elfde druk van de uitgave van 1965. Cambridge, Massachusetts: M.I.T. press.

Chomsky, N. (1981), *Lectures on government and binding.* Dordrecht: Foris Publications.

Coppen, P.A. (1981), 'De verplaatsing van het kwantitatieve *er*'. In: *Gramma* 5, nr. 2, 167-176).

Coppen, P.A. (1985), 'De aard van het quantitatieve *er*'. In: *De nieuwe taalgids* 78, nr. 2, 149-163.

Coppen, P.A. (1988), 'Een casustheorie binnen NP'. In: *Gramma, tijdschrift voor taalkunde* 12, nr. 2, 133-161.

Dik, S.C. (1968), *Coordination. Its implications for the theory of general linguistics.* Amsterdam: North-Holland Publishing Company.

Dik, S.C. (1979), *Functional grammar.* Tweede druk van de uitgave van 1978. Amsterdam-New York-Oxford: North-Holland Publishing Company.

Dik, S.C. (1989), *The theory of functional grammar. Part I: The structure of the clause.* Dordrecht-Providence RI: Foris Publications.

Es, G.A. van en P.P.J. van Caspel (1973), 'De groepsvorming in de zin V'. In: G.A. van Es en P.P.J. van Caspel (red.), *Publicaties van het archief voor de Nederlandse syntaxis. Reeks I. Syntaxis van het moderne Nederlands*, nr. 29, 206-248.

Florijn, A., (1992), *Beregeling van Nederlandse woordvolgorde.* Amsterdam: Thesis Publishers.

François, F. (1968), 'La description linguistique'. In: A. Martinet (ed.), *Le langage*, 171-282. Paris: Editions Gallimard.

François, F. (1977), 'Le fonctionnalisme en syntaxe'. In: *Langue française*, nr. 35, 6-25.

Geerts, G. e.a. (1984), *Algemene Nederlandse spraakkunst*. Groningen-Leuven: Wolters-Noordhoff-Wolters.

Gestel, F.C. van (1986), *X-bar grammar: attribution and predication in Dutch*. Dordrecht: Foris Publications.

Gestel, F.C. van (1989), 'Je mag niet mopperen'. In: *Glot* 12, nr. 1, 1-18.

Goujon, P. (1975), *Mathématiques de base pour les linguistes*. Paris: Hermann.

Greenberg, J.H. (1978), 'Some universals of grammar with particular reference to the order of meaningful elements'. In: J.H. Greenberg (ed.), *Universals of language*. Second edition. Zesde druk van de uitgave van 1966. Cambridge-London: M.I.T. press.

Groot, A.W. de (1949), *Structurele syntaxis*. Den Haag: Servire.

Grosu, A. (1972), 'The strategic content of island constraints'. In: *Working papers in linguistics* 13, Ohio State University.

De Haan, G.J. e.a. (1974), *Basiscursus algemene taalwetenschap*. Assen: Van Gorcum.

De Haan, G.J. (1991), 'Leidse voorlichting over generatieve grammatica'. In: *De nieuwe taalgids* 84, nr. 3, 193-208.

Hagège, C. (1976), *La grammare générative. Réflexions critiques*. Paris: Presses universitaires de France.

Hankamer, J. (1973), 'Unacceptable ambiguity'. In: *Linguistic inquiry* 4, 17-68.

Heeroma, K. (1967), 'De telwoorden'. In: J. Berits (ed.), *Woorden over woorden*, 84-95. Groningen: Wolters.

Hertog, C.H. den (1973), *Nederlandse spraakkunst*. Deel 3. Ingeleid en bewerkt door H. Hulshof. Amsterdam: W. Versluys Uitgeversmaatschappij b.v.

Hoekstra, T. (1984), *Transitivity; grammatical relations in GB-Theory*. Dordrecht: Foris Publications.

Jackendoff, R. (1973), 'The base rules for prepositional phrases'. In: S. Anderson en P. Kiparsky (eds.), *A festschrift for Morris Halle*, 345-356. New-York: Holt, Rinehart and Winston.

Jackendoff, R. (1974), 'Introduction to the X-bar convention'. IULC-paper, Bloomington.

Jackendoff, R. (1977), *X' syntax: a study of phrase structure*. Cambridge, Massachusetts-London: MIT press.

Jansen, F. (1984), 'Nieuws uit het vakgebied: taalkunde'. In: *Levende talen*, nr. 391, 221-223.

Jansen, Th. (1974), 'Possessieve konstrukties'. In: *De nieuwe taalgids* 68, nr. 1, 1-13.

Jong, F. de e.a. (1988), *Betekenis en taalstructuur. Inleiding in de formele semantiek*. Dordrecht: Foris Publications.

Klein, M. (1977), *Appositionele constructies in het Nederlands*. Nijmegen: uitgave in eigen beheer.

Klein, M. (1981), 'De interne structuur van partitieve constructies'. In: *Spektator* 10, nr. 5, 295-309.

Kooij, J.G. en E. Wiers (1978), 'Vooropplaatsing, verplaatsingsregels en de interne struktuur van nominale groepen'. In: J.G. Kooij (ed.), *Aspekten van woordvolgorde in het Nederlands*, 105-143. Leiden: Vakgroep Nederlandse taal- en letterkunde.

Kornai A. en G.K. Pullum (1990), 'The X-bar theory of phrase structure'. In: *Language* 66, nr. 1, 24-50.

Koster, J. (1975), 'Dutch as a SOV language'. In: A. Kraak (ed.), *Linguistics in the Netherlands 1972-1973*, 165-177. Assen-Amsterdam: Van Gorcum.

Koster, J. (1981), *Locality principles in syntax*. Tweede druk van de uitgave van 1978. Dordrecht: Foris Publications.

Koster, J. (1983), 'Taalkunde: van common sense naar wetenschap'. In: *Interdisciplinair Tijdschrift voor Taal- & Tekstwetenschap* 3, nr. 3/4, 198-213.

Koster, J. (1988), *Doelloze structuren*. Inaugurele rede Groningen. Dordrecht: Foris Publications.

Kuno, S. (1978), 'Japanese. A characteristic OV language'. In: W.P. Lehman (ed.), *Syntactic typology*, 57-138.

Lakof, G. (1970), 'Global rules'. In: *Language* 46, nr. 3, 627-639.

Lavency, M. (1985), *Vsus. Grammaire latine. Description du latin classique en vue de la lecture des auteurs.* Paris-Gembloux: Duculot.

Levelt, W.J.M. (1973), *Formele grammatica's in linguïstiek en taalpsychologie*. Deel III. Deventer: Van Loghum Slaterus.

Lodewick, H.J.M.F. (1973), *Literaire kunst*. Den Bosch: Malmberg.

Lombard, A. (1930), *Les constructions nominales dans le français moderne. Etude syntaxique et stylistique*. Uppsala en Stockholm: Almqvist & Wiksells Boktryckeri-A.-B.

Lombard, A. (1931), ' "Li fel d'anemis", "ce fripon de valet". Une étude sur les expressions de ce type en français et sur certaines expressions semblables dans les langues romanes et germaniques'. In: *Studier i modern Språkvetenskap*, 149-215, Uppsala.

Lubbe, H.F.A. van der (1978), *Woordvolgorde in het Nederlands. Een synchrone structurele beschouwing*. Vierde druk van de uitgave van 1958. Assen: Van Gorcum.

Lubbe, H.F.A. van der (1980), 'De waarden van vrijwillige armoede'. In: *De nieuwe taalgids* 72, nr. 3, 234-238.

Lubbe, H.F.A. van der (1982), 'Over echte en schijnbare partitieve woordgroepen'. In: *Spektator* 11, nr. 5, 367-378.

Lyons, J. (1968), *Introduction to theoretical linguistics*. London en New York: Cambridge university press.

Lyons, J. (1978), *Semantics*. Volume 1. Tweede druk van de uitgave van 1977. London, New York en Melbourne: Cambridge university press.

Mahmoudian, M. (1974), 'Syntaxe et linéarité'. In: J. Martinet (ed.), *De la théorie linguistique à l'enseignement de la langue*, 23-40. Paris: Presses universitaires de France.

Martinet, A. (1980), *Eléments de linguistique générale*. Geheel herziene druk van de uitgave van 1970. Paris: Armand Colin.

Martinet, A. (1985), *Syntaxe générale*. Paris: Armand Colin.

Mignot, X. (1989), 'Système X-barre et description du syntagme nominal latin'. In: *Cahiers de l'Institut de Linguistique de Louvain* 15.1-4, 285-296.

Nespor, M. (1983), 'Formele eigenschappen in fonologie en syntaxis'. In: *Interdisciplinair Tijdschrift voor Taal- & Tekstwetenschap* 3, nr. 3/4, 260-276.

Neyt, A. (1979), *Gapping: a contribution to sentence grammar*. Dordrecht: Foris Publications.

Nieuwborg, E. (1968), *De distributie van het onderwerp en het lijdend voorwerp in het huidige geschreven Nederlands in zijn A.B.-vorm*. Antwerpen: Plantijn.

Nieuwborg, E. (1971), 'Les pronoms, adjectifs et numéraux indéfinis dans la grammaire néerlandaise'. In: E. Nieuwborg (ed.), *Melanges offerts au Professeur J.L. Pauwels à l'occasion de son éméritat*, 1-32. Louvain: Bibliothèque de l'Université de Louvain.

Nieuwborg, E. (1978), 'Waar PP niet over kan'. In: *De nieuwe taalgids* 71, nr. 6, 556-564.

Nuchelmans, G. (1974), *Overzicht van de analytische wijsbegeerte*. Derde druk van de uitgave van 1969. Utrecht-Antwerpen: Het Spectrum.

Oehrle, R.T. (1977), 'Comments on the paper by Selkirk'. In: P.W. Cullicover e.a. (eds.), *Formal syntax*, 317-325. New York- San Francisco-London: Academic press.

Overdiep, G.S. (1949), *Stilistische grammatica van het moderne Nederlandsch*. Geheel herziene druk van de uitgave van 1937. Verzorgd door G.A. van Es. Zwolle: Tjeenk Willink.

Paardekooper, P.C. (1956), 'Een schat van een kind'. In: *De nieuwe taalgids* 49, 93-99.

Paardekooper, P.C. (1962), *ABN Spraakkunst. Voorstudies, vierde deel*. Den Bosch: Malmberg.

Paardekooper, P.C. (1986), *Beknopte ABN-syntaksis*. Eindhoven: uitgave in eigen beheer.

Pollmann, T. en A. Sturm (1985), *Over zinnen gesproken. Termen en begrippen van de traditionele grammatica*. Leiden: Martinus Nijhoff.

Reichling, A. (1965), *Verzamelde studies. Over hedendaagse problemen der taalwetenschap*. Derde herziene en uitgebreide druk. Zwolle: W.E.J. Tjeenk Willink.

Reichling, A. (1967), *Het woord. Een studie omtrent de grondslag van taal en taalgebruik*. Tweede druk van de uitgave van 1935. Zwolle: W.E.J. Tjeenk Willink

Riemsdijk, H. van (1978), *A case study in syntactic markedness; the binding nature of prepositional phrases*. Lisse: The Peter de Ridder press.

Riemsdijk, H. van (1983), 'Inleiding: generatieve grammatica'. In: *Interdisciplinair Tijdschrift voor Taal- & Tekstwetenschap* 3, nr. 3/4, 193-197.

Rijpma, E. en F.G. Schuringa (1969), *Nederlandse spraakkunst*. Bewerkt door J. van Bakel. Derde druk van de uitgave van 1967. Groningen: Wolters-Noordhoff nv.

Roose, H. (1956), 'Categorieën van voorgeplaatste bepalingen bij substantieven'. In: *Levende Talen*, nr. 186, 474-483.

Rouveret, A. en J.-R. Vergnaud (1980), 'Specifying reference to the subject. French causatives and conditions on representation'. In: *Linguistic Inquiry* 11, nr. 1, 97-202.

Royen, G. (1953), *Buigingsverschijnselen in het Nederlands*. Deel III, tweede stuk. Amsterdam: North-Holland Publishing Company.

Santen, A. van (1977), 'Monistische en dualistische metafoortheorieën?'. In: *Forum der Letteren* 18, nr. 4, 270-283.

Sassen, A. (1990), 'Revolutie in de Nederlandse syntaxis'. In: *Tijdschrift voor Nederlandse taal- en letterkunde* 106, 183-198.

Scholten, T. e.a. (1981), *Inleiding in de transformationeel-generatieve taaltheorie*. Groningen: Wolters-Noordhoff.

Schutter, G. de en P. van Hauwermeiren (1983), *De structuur van het Nederlands. Een taalbeschouwelijke grammatica*. Malle: De Sikkel.

Selkirk, E. (1977), 'Some remarks on noun phrase structure'. In: P.W. Cullicover e.a. (eds.), *Formal syntax*, 285-316. New York- San Francisco-London: Academic press.

Stuurman, F. (1985), *Phrase structure theory in generative grammar*. Dordrecht: Foris Publications.

Sturm, A. (1986), *Primaire syntactische structuren in het Nederlands*. Leiden: Martinus Nijhoff.

Sturm, A. (1989), 'Vorm en functie van woordgroepen: de constructie met paradigmaloos *van*'. In: *De nieuwe taalgids* 82, nr. 6, 529-553.

Sturm, A. (1990), 'Herschrijven'. In: *Forum der Letteren* 31, nr. 4, 271-290.

Sturm, A. (1992), 'Het onnut van intersubjectieve gegevens in taalkundige beschrijvingen van het Nederlands'. In: *Neerlandica extra muros*, nr. 30, 18-26.

Tinbergen D.C. (1967), *Nederlandse spraakkunst*. Opnieuw bewerkt door F. Lulofs en W.W.F. Voskuilen. Zwolle: Tjeenk Willink.

Toorn, M.C. van den (1966), 'Bedoelen en verstaan; de aard van het syntactisch verband'. In: *De nieuwe taalgids* 49, nr. 1, 29-35.

Toorn, M.C. van den (1970), 'Wat is een endocentrische woordgroep?' In: *Studia neerlandica*, nr. 3, 1-19.

Toorn, M.C. van den (1973), *Nederlandse grammatica*. Groningen: H.D. Tjeenk Willink bv.

Uhlenbeck, E.M. (1977), 'Nederlandse voorlichting over generatieve grammatica'. In: *Forum der Letteren* 18, nr. 3, 167-210.

Uhlenbeck, E.M. (1982), 'Enige beschouwingen over verleden, heden en toekomst van de taalwetenschap in Nederland'. In: *Forum der Letteren* 23, nr. 3, 163-183.

Verhagen, A. (1990), 'Om de helderheid van de syntaxis', in: *De nieuwe taalgids* 83, nr. 4, 337-348.

Verkuyl, H.J. (1972), 'Aspecten als kompositionele kategorieën'. In: S.C. Dik (ed.), *Taalwetenschap in Nederland 1971*, 9-16, Amsterdam.

Verkuyl, H.J. e.a. (1974), *Transformationele taalkunde*. Utrecht-Antwerpen: Het spectrum.

Vooys, C.G.N. de (1947), *Nederlandse spraakkunst*. Met medewerking van M. Schönfeld. Groningen-Batavia: J.B. Wolters' uitgeversmaatschappij n.v.

Weijnen, A. (1964[a]), 'Structuren van Nederlandse voorzetsels'. In: *Tijdschrift voor Nederlandse Taal- en Letterkunde* 80, 116-132.

Weijnen, A. (1964[b]), 'De structuur van de temporele laag van de voorzetselbetekenissen'. In: *Tijdschrift voor Nederlandse Taal- en Letterkunde* 80, 133-150.

Weijnen, A. (1965), 'De niet-dimensionele betekenislaag van de voorzetsels'. In: *Tijdschrift voor Nederlandse Taal- en Letterkunde* 81, 103-145.

Wiers, E. (1978), 'Kleins 'Appositionele constructies'. In: *Spektator* 8, nr. 1-2, 62-80.

# RÉSUMÉ


Cette étude entend démontrer qu'une distinction nette entre les conventions lexicales et linéaires d'une part, et les fonctions lexicales et linéaires d'autre part, permet une meilleure compréhension du poids respectif des fonctions syntaxiques et non-syntaxiques dans l'interprétation des syntagmes binominaux en néerlandais moderne. Par 'syntagme binominal' (dorénavant BNP), nous entendons un énoncé comportant deux noms (dorénavant N1 et N2), reliés par une préposition (P), comme dans la construction (1):

(1) N1 - P - N2

L'extrême diversité sémantique et interprétative de la construction (1) nous a amené à limiter notre recherche aux BNP ayant comme élément de liaison la préposition *van* (traduit principalement par *de* en français).

Afin d'atteindre notre objectif, nous avons opposé les BNP dits réguliers comme (2), aux BNP dits partitifs comme (3) et aux BNP dits métaphoriques comme (4):

(2) Het huis van de buurman
la maison de le voisin

'La maison du voisin'

(3) Een handvol van de leerlingen
une poignée de les élèves

'Quelques-uns des élèves'

(4) Een schat van een kind
un amour de un enfant

'Un amour d'enfant'

Nous avons constaté que la forme lexicale des BNP n'est syntaxiquement pertinente que dans la mesure où la préposition *van* marque la fonction syntaxique de N2. Dans (2) à (4) *buurman*, *leerlingen* et *kind* remplissent la fonction de complément de N1, c'est-à-dire de *huis*, *handvol* et *schat*. La préposition *van* représente dès lors une **fonction** lexicale, les autres mots dans (2) à (4) ne représentant que des **conventions** lexicales.

La forme linéaire des BNP n'est syntaxiquement pertinente en aucun cas. La position des deux articles à gauche de N1 et de N2, la position de la préposition à gauche du second article et la position de *van*-N2 à droite de N1 ne marquent pas de fonctions syntaxiques. Ces positions représentent dès lors des **conventions** linéaires.

L'opposition des BNP réguliers aux BNP partitifs et métaphoriques provient du fait qu'en grammaire générative on admet généralement que (3) et (4) possèdent chacun une structure syntaxique qui diffère de celle généralement admise pour (2), où N1 forme le noyau et N2 le complément. Klein (1981) et Coppen (1988) supposent que N2 forme le noyau de (3), tandis que Blom (1977), Wiers (1978) en Bennis (1979) supposent qu'un N 'vide', immédiatement à droite de N1, forme le noyau de ce syntagme. Quant à (4), Klein (1977) admet que la préposition *van* est une préposition 'isolée', c'est-à-dire une préposition qui ne se rattache syntaxiquement ni a N1, ni à N2. De plus, il affirme que l'article à gauche de N1 est lié syntaxiquement aussi bien à N1 qu'à N2. Les générativistes justifient les structures de (3) et (4) tantôt à partir de la forme linéaire de celles-ci (Klein, Blom, Wiers et Bennis), tantôt à partir de leur forme lexicale (Coppen et Klein), les deux étant manifestement différentes de la forme linéaire et lexicale de (2).

Nous avons démontré dans cette étude qu'aucun indice purement syntaxique, voire aucune fonction lexicale ou linéaire, ne permet de distinguer ces trois constructions sur le plan structural. Par contre, les formes lexicales et linéaires différentes de (3) et (4) marquent des fonctions non-syntaxiques, soit sémantiques, soit pragmatiques, qui sont propres aux BNP partitifs et métaphoriques.

Après cette mise au point sur la répartition des fonctions syntaxiques et non-syntaxiques qui sont à l'oeuvre dans (3) et (4), nous avons défendu la thèse selon laquelle les conventions linéaires qui ne marquent aucune fonction, qu'elle soit syntaxique ou non-syntaxique, permettent quand même une meilleure compréhension du système du néerlandais. Il est probable que la préférence de l'ordre gauche-droite des séquences complément(s)-noyau relève de fonctions économiques, c'est-à-dire de fonctions non-linguistiques susceptibles de faciliter l'emploi de l'outil de communication que représente le néerlandais. Cette thèse corrobore l'hypothèse du spécificateur de Sturm (1986), qui stipule qu'en néerlandais, les compléments précèdent leurs noyaux lorsqu'aucune marque, c'est-à-dire aucune fonction lexicale, n'apparaît. Nous restons toutefois sceptique quant à la façon dont Sturm essaye de rendre compte des exceptions à cette hypothèse.

Nous avons conclu cette étude en nous demandant de quelle façon les compléments du BNP sont rattachés au noyau nominal. Nous avons écarté l'hypothèse du branchement binaire de Sturm (1986), qui stipule que les compléments d'un seul noyau ne peuvent entretenir que des relations hiérarchiques entre eux. Nous avons démontré que les rapports de dépendance entre les compléments du même noyau n'ont pas un caractère structural. Ils sont à associer, par contre, à des phénomènes de mise en évidence, c'est-à-dire à des fonctions non-syntaxiques.

# INHOUDSOPGAVE

## Algemene inleiding



## I Conventies en functies

**IV De partitieve binominale woordgroep: lineaire conventies**

**VII De binominale woordgroep en de syntactische theorie**

BCILL 6: **HANART M.**, *Les littératures dialectales de la Belgique romane: Guide bibliographique*, 96 pp., 1976 (2e tirage, corrigé de CD 12). Prix: 340,- FB.
En ce moment où les littératures connexes suscitent un regain d'intérêt indéniable, ce livre rassemble une somme d'informations sur les productions littéraires wallonnes, mais aussi picardes et lorraines. Y sont également considérés des domaines annexes comme la linguistique dialectale et l'ethnographie.

BCILL 7: *Hethitica II,* **éd. JUCQUOIS G. et LEBRUN R.,** avec la collaboration de DEVLAMMINCK B., II-159 pp., 1977, Prix: 480,- FB.
Cinq ans après *Hethitica I* publié à la Faculté de Philosophie et Lettres de l'Université de Louvain, quelques hittitologues belges et étrangers fournissent une dizaine de contributions dans les domaines de la linguistique anatolienne et des cultures qui s'y rattachent.

BCILL 8: **JUCQUOIS G. et DEVLAMMINCK B.,** *Compléments aux dictionnaires étymologiques du grec.* Tome I: A-K, II-121 pp., 1977. Prix: 380,- FB.
Le *Dictionnaire étymologique de la langue grecque* du regretté CHANTRAINE P. est déjà devenu, avant la fin de sa parution, un classique indispensable pour les hellénistes. Il a fait l'objet de nombreux comptes rendus, dont il a semblé intéressant de regrouper l'essentiel en un volume. C'est le but que poursuivent ces *Compléments aux dictionnaires étymologiques du grec.*

BCILL 9: **DEVLAMMINCK B. et JUCQUOIS G.,** *Compléments aux dictionnaires étymologiques du gothique.* Tome I: A-F, II-123 pp., 1977. Prix: 380,- FB.
Le principal dictionnaire étymologique du gothique, celui de Feist, date dans ses dernières éditions de près de 40 ans. En attendant une refonte de l'œuvre qui incorporerait les données récentes, ces compléments donnent l'essentiel de la littérature publiée sur ce sujet.

BCILL 10: **VERDOODT A.,** *Les problèmes des groupes linguistiques en Belgique: Introduction à la bibliographie et guide pour la recherche*, 235 pp., 1977 (réédition de CD 1). Prix: 590,- FB.
Un «trend-report» de 2.000 livres et articles relatifs aux problèmes socio-linguistiques belges. L'auteur, qui a obtenu l'aide de nombreux spécialistes, a notamment dépouillé les catalogues par matière des bibliothèques universitaires, les principales revues belges et les périodiques sociologiques et linguistiques de classe internationale.

BCILL 11: **RAISON J. et POPE M.,** *Index transnuméré du linéaire A,* 333 pp., 1977. Prix: 840,- FB.
Cet ouvrage est la suite, antérieurement promise, de RAISON-POPE, Index du linéaire A, Rome 1971. A l'introduction près (et aux dessins des «mots»), il en reprend entièrement le contenu et constitue de ce fait une édition nouvelle, corrigée sur les originaux en 1974-76 et augmentée des textes récemment publiés d'Arkhanès, Knossos, La Canée, Zakro, etc., également autopsiés et rephotographiés par les auteurs.

BCILL 12: **BAL W. et GERMAIN J.,** *Guide bibliographique de linguistique romane,* VI-267 pp., 1978. Prix 685,- FB., ISBN 2-87077-097-9, 1982, ISBN 2-8017-099-1.
Conçu principalement en fonction de l'enseignement, cet ouvrage, sélectif, non exhaustif, tâche d'être à jour pour les travaux importants jusqu'à la fin de 1977. La bibliographie de linguistique romane proprement dite s'y trouve complétée par un bref aperçu de bibliographie générale et par une introduction bibliographique à la linguistique générale.

BCILL 13: **ALMEIDA I.,** *L'opérativité sémantique des récits-paraboles. Sémiotique narrative et textuelle. Herméneutique du discours religieux.* Préface de Jean LADRIÈRE, XIII-484 pp., 1978. Prix: 1.250,- FB.
Prenant comme champ d'application une analyse sémiotique fouillée des récitsparaboles de l'Évangile de Marc, ce volume débouche sur une réflexion herméneutique concernant le monde religieux de ces récits. Il se fonde sur une investigation épistémologique contrôlant les démarches suivies et situant la sémiotique au sein de la question générale du sens et de la comprehension.

BCILL 14: *Études Minoennes I: le linéaire A,* **éd. Y. DUHOUX,** 191 pp., 1978. Prix: 480,- FB.
Trois questions relatives à l'une des plus anciennes écritures d'Europe sont traitées dans ce recueil; évolution passée et état présent des recherches; analyse linguistique de la langue du linéaire A; lecture phonétique de toutes les séquences de signes éditées à ce jour.

BCILL 15: *Hethitica III,* 165 pp., 1979. Prix: 490,- FB.
Ce volume rassemble quatre études consacrées à la titulature royal hittite, la femme dans la société hittite, l'onomastique lycienne et gréco-asianique, les rituels CTH 472 contre une impureté.

BCILL 16: **GODIN P.,** *Aspecten van de woordvolgorde in het Nederlands. Een syntaktische, semantische en functionele benadering,* VI + 338 pp., 1980. Prix: 1.000,- FB., ISBN 2-87077-241-6.
In dit werk wordt de stelling verdedigd dat de woordvolgorde in het Nederlands beregeld wordt door drie hoofdfaktoren, nl. de syntaxis (in de engere betekenis van dat woord), de semantiek (in de zin van distributie van de dieptekasussen in de oppervlaktestruktuur) en het zgn. functionele zinsperspektief (d.i. de distributie van de constituenten naargelang van hun graad van communicatief dynamisme).

BCILL 17: **BOHL S.,** *Ausdrucksmittel für ein Besitzverhältnis im Vedischen und griechischen,* III + 108 pp., 1980. Prix: 360,- FB., ISBN 2-87077-170-3.
This study examines the linguistic means used for expressing possession in Vedic Indian and Homeric Greek. The comparison, based on a select corpus of texts, reveals that these languages use essentially inherited devices but with differing frequency ratios, in addition Greek has developed a verb "to have", the result of a different rhythm in cultural development.

BCILL 18: **RAISON J. et POPE M.,** *Corpus transnuméré du linéaire A,* 350 pp., 1980. Prix: 1.100,- FB.
Cet ouvrage est, d'une part, la clé à l'Index transnuméré du linéaire A des mêmes auteurs, BCILL 11: de l'autre, il ajoute aux recueils d'inscriptions déjà publiés de plusieurs côtés des compléments indispensables; descriptions, transnumérations, apparat critique, localisation précise et chronologie détaillée des textes, nouveautés diverses, etc.

BCILL 19: **FRANCARD M.,** *Le parler de Tenneville. Introduction à l'étude linguistique des parlers wallo-lorrains,* 312 pp., 1981. Prix: 780,- FB., ISBN 2-87077-000-6.
Dialectologues, romanistes et linguistes tireront profit de cette étude qui leur fournit une riche documentation sur le domaine wallo-lorrain, un aperçu général de la segmentation dialectale en Wallonie, et de nouveaux matériaux pour l'étude du changement linguistique dans le domaine gallo-roman. Ce livre intéressera aussi tous ceux qui sont attachés au patrimoine culturel du Luxembourg belge en particulier, et de la Wallonie en général.

BCILL 20: **DESCAMPS A. et al.,** *Genèse et structure d'un texte du Nouveau Testament. Étude interdisciplinaire du chapitre 11 de l'Évangile de Jean*, 292 pp., 1981. Prix: 895,- FB.
Comment se pose le problème de l'intégration des multiples approches d'un texte biblique? Comment articuler les unes aux autres les perspectives développées par l'exégèse historicocritique et les approches structuralistes? C'est à ces questions que tentent de répondre les auteurs à partir de l'étude du récit de la résurrection de Lazare. Ce volume a paru simultanément dans la collection «Lectio divina» sous le n° 104, au Cerf à Paris, ISBN 2-204-01658-6.

BCILL 21: *Hethitica IV*, 155 pp., 1981. Prix: 390,- FB., ISBN 2-87077-026.
Six contributions d'E. Laroche, F. Bader, H. Gonnet, R. Lebrun et P. Crepon sur: les noms des Hittites; hitt. zinna-; un geste du roi hittite lors des affaires agraires; vœux de la reine à Istar de Lawazantiya; pauvres et démunis dans la société hittite; le thème du cerf dans l'iconographie anatolienne.

BCILL 22: **J.-J. GAZIAUX,** *L'élevage des bovidés à Jauchelette en roman pays de Brabant. Étude dialectologique et ethnographique,* XVIII + 372 pp., 1 encart, 45 illustr., 1982. Prix: 1.170,- FB., ISBN 2-87077-137-1.
Tout en proposant une étude ethnographique particulièrement fouillée des divers aspects de l'élevage des bovidés, avec une grande sensibilité au facteur humain, cet ouvrage recueille le vocabulaire wallon des paysans d'un petit village de l'est du Brabant, contrée peu explorée jusqu'à présent sur le plan dialectal.

BCILL 23: *Hethitica V*, 131 pp., 1983. Prix: 330,- FB., ISBN 2-87077-155-X.
Onze articles de H. Berman, M. Forlanini, H. Gonnet, R. Haase, E. Laroche, R. Lebrun, S. de Martino, L.M. Mascheroni, H. Nowicki, K. Shields.

BCILL 24: **L. BEHEYDT,** *Kindertaalonderzoek. Een methodologisch handboek*, 252 pp., 1983. Prix: 620,- FB., ISBN 2-87077-171-1.
Dit werk begint met een overzicht van de trends in het kindertaalonderzoek. Er wordt vooral aandacht besteed aan de methodes die gebruikt worden om de taalontwikkeling te onderzoeken en te bestuderen. Het biedt een gedetailleerd analyserooster voor het onderzoek van de receptieve en de produktieve taalwaardigheid zowel door middel van tests als door middel van bandopnamen. Zowel onderzoek van de woordenschat als onderzoek van de grammatica komen uitvoerig aan bod.

BCILL 25: **J.-P. SONNET,** *La parole consacrée. Théorie des actes de langage, linguistique de l'énonciation et parole de la foi,* VI-197 pp., 1984. Prix: 520,- FB. ISBN 2-87077-239-4.
D'où vient que la parole de la foi ait une telle force?
Ce volume tente de répondre à cette question en décrivant la «parole consacrée», en cernant la puissance spirituelle et en définissant la relation qu'elle instaure entre l'homme qui la prononce et le Dieu dont il parle.

BCILL 26: **A. MORPURGO DAVIES - Y. DUHOUX (ed.),** *Linear B: A 1984 Survey, Proceedings of the Mycenaean Colloquium of the VIIIth Congress of the International Federation of the Societies of Classical Studies (Dublin, 27 August-1st September 1984),* 310 pp., 1985. Price: 850 FB., ISBN 2-87077-289-0.
Six papers by well known Mycenaean specialists examine the results of Linear B studies more than 30 years after the decipherment of script. Writing, language, religion and economy are all considered with constant reference to the Greek evidence of the First Millennium B.C. Two additional articles introduce a discussion of archaeological data which bear on the study of Mycenaean religion.

BCILL 27: *Hethitica VI*, 204 pp., 1985. Prix: 550 FB. ISBN 2-87077-290-4.
Dix articles de J. Boley, M. Forlanini, H. Gonnet, E. Laroche, R. Lebrun, E. Neu, M. Paroussis, M. Poetto, W.R. Schmalstieg, P. Swiggers.

BCILL 28: **R. DASCOTTE,** *Trois suppléments au dictionnaire du wallon du Centre,* 359 pp., 1 encart, 1985. Prix: 950 FB. ISBN 2-87077-303-X.
Ce travail comprend 5.200 termes qui apportent un complément substantiel au *Dictionnaire du wallon du Centre* (8.100 termes). Il est le fruit de 25 ans d'enquête sur le terrain et du dépouillement de nombreux travaux dont la plupart sont inédits, tels des mémoires universitaires. Nul doute que ces *Trois suppléments au dictionnaire du wallon du Centre* intéresseront le spécialiste et l'amateur.

BCILL 29: **B. HENRY,** *Les enfants d'immigrés italiens en Belgique francophone, Seconde génération et comportement linguistique*, 360 pp., 1985. Prix: 950 FB. ISBN 2-87077-306-4.
L'ouvrage se veut un constat de la situation linguistique de la seconde génération immigrée italienne en Belgique francophone en 1976. Il est basé sur une étude statistique du comportement linguistique de 333 jeunes issus de milieux immigrés socio-économiques modestes. Des chiffres préoccupants qui parlent et qui donnent à réfléchir...

BCILL 30: **H. VAN HOOF,** *Petite histoire de la traduction en Occident*, 105 pp., 1986. Prix: 380 FB. ISBN 2-87077-343-9.
L'histoire de notre civilisation occidentale vue par la lorgnette de la traduction. De l'Antiquité à nos jours, le rôle de la traduction dans la transmission du patrimoine gréco-latin, dans la christianisation et la Réforme, dans le façonnage des langues, dans le développement des littératures, dans la diffusion des idées et du savoir. De la traduction orale des premiers temps à la traduction automatique moderne, un voyage fascinant.

BCILL 31: **G. JUCQUOIS,** *De l'egocentrisme à l'ethnocentrisme*, 421 pp., 1986. Prix: 1.100 FB. ISBN 2-87077-352-8.
La rencontre de l'Autre est au centre des préoccupations comparatistes. Elle constitue toujours un événement qui suscite une interpellation du sujet: les manières d'être, d'agir et de penser de l'Autre sont autant de questions sur nos propres attitudes.

BCILL 32: **G. JUCQUOIS,** *Analyse du langage et perception culturelle du changement,* 240 p., 1986. Prix: 640 FB. ISBN 2-87077-353-6.
La communication suppose la mise en jeu de différences dans un système perçu comme permanent. La perception du changement ets liée aux données culturelles: le concept de différentiel, issu très lentement des mathématiques, peut être appliqué aux sciences du vivant et aux sciences de l'homme.

BCILL 33-35: **L. DUBOIS,** *Recherches sur le dialecte arcadien*, 3 vol., 236, 324, 134 pp., 1986. Prix: 1.975 FB. ISBN 2-87077-370-6.
Cet ouvrage présente aux antiquisants et aux linguistes un corpus mis à jour des inscriptions arcadiennes ainsi qu'une description synchronique et historique du dialecte. Le commentaire des inscriptions est envisagé sous l'angle avant tout philologique; l'objectif de la description de ce dialecte grec est la mise en évidence de nombreux archaïsmes linguistiques.

BCILL 36: *Hethitica VII*, 267 pp., 1987. Prix: 800 FB.
Neuf articles de P. Cornil, M. Forlanini, G. Gonnet, R. Haase, G. Kellerman, R. Lebrun, K. Shields, O. Soysal, Th. Urbin Choffray.

BCILL 37: *Hethitica VIII. Acta Anatolica E. Laroche oblata*, 426 pp., 1987. Prix: 1.300 FB.
Ce volume constitue les *Actes* du Colloque anatolien de Paris (1-5 juillet 1985): articles de D. Arnaud, D. Beyer, Cl. Brixhe, A.M. et B. Dinçol, F. Echevarria, M. Forlanini, J. Freu, H. Gonnet, F. Imparati, D. Kassab, G. Kellerman, E. Laroche, R. Lebrun, C. Le Roy, A. Morpurgo Davies et J.D. Hawkins, P. Neve, D. Parayre, F. Pecchioli-Daddi, O. Pelon, M. Salvini, I. Singer, C. Watkins.

BCILL 38: **J.-J. GAZIAUX**, *Parler wallon et vie rurale au pays de Jodoigne à partir de Jauchelette*. Avant-propos de Willy Bal, 368 pp., 1987. Prix: 790 FB.
Après avoir caractérisé le parler wallon de la région de Jodoigne, l'auteur de ce livre abondamment illustré s'attache à en décrire le cadre villageois, à partir de Jauchelette. Il s'intéresse surtout à l'évolution de la population et à divers aspects de la vie quotidienne (habitat, alimentation, distractions, vie religieuse), dont il recueille le vocabulaire wallon, en alliant donc dialectologie et ethnographie.

BCILL 39: **G. SERBAT,** *Linguistique latine et Linguistique générale*, 74 pp., 1988. Prix: 280 FB. ISBN 90-6831-103-4.
Huit conférences faites dans le cadre de la Chaire Francqui, d'octobre à décembre 1987, sur: le temps; deixis et anaphore; les complétives; la relative; nominatif; génitif partitif; principes de la dérivation nominale.

BCILL 40: *Anthropo-logiques*, éd. D. Huvelle, J. Giot, R. Jongen, P. Marchal, R. Pirard (Centre interdisciplinaire de Glossologie et d'Anthropologie Clinique), 202 pp., 1988. Prix: 600 FB. ISBN 90-6831-108-5.
En un moment où l'on ne peut plus ignorer le malaise épistémologique où se trouvent les sciences de l'humain, cette série nouvelle publie des travaux situés dans une perspective anthropo-logique unifiée mais déconstruite, épistémologiquement et expérimentalement fondée. Domaines abordés dans ce premier numéro: présentation générale de l'anthropologie clinique; épistémologie; linguistique saussurienne et glossologie; méthodologie de la description de la grammaticalité langagière (syntaxe); anthropologie de la personne (l'image spéculaire).

BCILL 41: **M. FROMENT,** *Temps et dramatisations dans les récits écrits d'élèves de 5ème*, 268 pp., 1988. Prix: 850 FB.
Les récits soumis à l'étude ont été analysés selon les principes d'une linguistique qui intègre la notion de circulation discursive, telle que l'a développée M. Bakhtine.
La comparaison des textes a fait apparaître que le temps était un principe différenciateur, un révélateur du type d'histoire racontée.
La réflexion sur la temporalité a également conduit à constituer une typologie des textes intermédiaire entre la langue et la diversité des productions, en fonction de leur homogénéité.

BCILL 42: **Y.L. ARBEITMAN** (ed.), *A Linguistic Happening in Memory of Ben Schwartz. Studies in Anatolian, Italic and Other Indo-European Languages,* 598 pp., 1988. Prix: 1800,- FB.
36 articles dédiés à la mémoire de B. Schwartz traitent de questions de linguistique anatolienne, italique et indo-européenne.

BCILL 43: *Hethitica IX,* 179 pp., 1988. Prix: 540 FB. ISBN. Cinq articles de St. de Martino, J.-P. Grélois, R. Lebrun, E. Neu, A.-M. Polvani.

BCILL 44: **M. SEGALEN** (éd.), *Anthropologie sociale et Ethnologie de la France*, 873 pp., 1989. Prix: 2.620 FB. ISBN 90-6831-157-3 (2 vol.).
Cet ouvrage rassemble les 88 communications présentées au Colloque International «Anthropologie sociale et Ethnologie de la France» organisé en 1987 pour célébrer le cinquantième anniversaire du Musée national des Arts et Traditions populaires (Paris), une des institutions fondatrices de la discipline. Ces textes montrent le dynamisme et la diversité de l'ethnologie chez soi. Ils sont organisés autour de plusieurs thèmes: le regard sur le nouvel «Autre», la diversité des cultures et des identités, la réévaluation des thèmes classiques du symbolique, de la parenté ou du politique, et le rôle de l'ethnologue dans sa société.

BCILL 45: **J.-P. COLSON,** *Krashens monitortheorie: een experimentele studie van het Nederlands als vreemde taal. La théorie du moniteur de Krashen: une étude expérimentale du néerlandais, langue étrangère,* 226 pp., 1989. Prix: 680 FB. ISBN 90-6831-148-4.
Doel van dit onderzoek is het testen van de monitortheorie van S.D. Krashen in verband met de verwerving van het Nederlands als vreemde taal. Tevens wordt uiteengezet welke plaats deze theorie inneemt in de discussie die momenteel binnen de toegepaste taalwetenschap gaande is.

BCILL 46: *Anthropo-logiques* 2 (1989), 324 pp., 1989. Prix: 970 FB. ISBN 90-6831-156-5.
Ce numéro constitue les Actes du Colloque organisé par le CIGAC du 5 au 9 octobre 1987. Les nombreuses interventions et discussions permettent de dégager la spécificité épistémologique et méthodologique de l'anthropologie clinique: approches (théorique ou clinique) de la rationalité humaine, sur le plan du signe, de l'outil, de la personne ou de la norme.

BCILL 47: **G. JUCQUOIS,** *Le comparatisme*, t. 1: *Généalogie d'une méthode*, 206 pp., 1989. Prix: 750 FB. ISBN 90-6831-171-9.
Le comparatisme, en tant que méthode scientifique, n'apparaît qu'au XIXe siècle. En tant que manière d'aborder les problèmes, il est beaucoup plus ancien. Depuis les premières manifestations d'un esprit comparatiste, à l'époque des Sophistes de l'Antiquité, jusqu'aux luttes théoriques qui préparent, vers la fin du XVIIIe siècle, l'avènement d'une méthode comparative, l'histoire des mentalités permet de préciser ce qui, dans une société, favorise l'émergence contemporaine de cette méthode.

BCILL 48: **G. JUCQUOIS,** *La méthode comparative dans les sciences de l'homme*, 138 pp., 1989. Prix: 560 FB. ISBN 90-6831-169-7.
La méthode comparative semble bien être spécifique aux sciences de l'homme. En huit chapitres, reprenant les textes de conférences faites à Namur en 1989, sont présentés les principaux moments d'une histoire du comparatisme, les grands traits de la méthode et quelques applications interdisciplinaires.

BCILL 49: *Problems in Decipherment*, edited by **Yves DUHOUX, Thomas G. PALAIMA and John BENNET**, 1989, 216 pp. Price: 650 BF. ISBN 90-6831-177-8.
Five scripts of the ancient Mediterranean area are presented here. Three of them are still undeciphered — "Pictographic" Cretan; Linear A; Cypro-Minoan. Two papers deal with Linear B, a successfully deciphered Bronze Age script. The last study is concerned with Etruscan.

BCILL 50: **B. JACQUINOD,** *Le double accusatif en grec d'Homère à la fin du Ve siècle avant J.-C.* (publié avec le concours du Centre National de la Recherche Scientifique), 1989, 305 pp. Prix: 900 FB. ISBN 90-6831-194-8.
Le double accusatif est une des particularités du grec ancien: c'est dans cette langue qu'il est le mieux représenté, et de beaucoup. Ce tour, loin d'être un archaïsme en voie de disparition, se développe entre Homère et l'époque classique. Les types de double accusatif sont variés et chacun conduit à approfondir un fait de linguistique générale: expression de la sphère de la personne, locution, objet interne, transitivité, causativité, etc. Un livre qui intéressera linguistes, hellénistes et comparatistes.

BCILL 51: **Michel LEJEUNE,** *Méfitis d'après les dédicaces lucaniennes de Rossano di Vaglio*, 103 pp., 1990. Prix: 400,- FB. ISBN 90-6831-204-3.
D'après l'épigraphie, récemment venue au jour, d'un sanctuaire lucanien (-IVe/-Ier s.), vues nouvelles sur la langue osque et sur le culte de la déesse Méfitis.

BCILL 52: *Hethitica* X, 211 pp., 1990. Prix: 680 FB. Sept articles de P. Cornil, M. Forlanini, H. Gonnet, J. Klinger et E. Neu, R. Lebrun, P. Taracha, J. Vanschoonwinkel. ISBN 90-6831-288-X.

BCILL 53: **Albert MANIET**, *Phonologie quantitative comparée du latin ancien*, 1990, 362 pp. Prix: 1150 FB. ISBN 90-6831-225-1.
Cet ouvrage présente une statistique comparative, accompagnée de remarques d'ordre linguistique, des éléments et des séquences phoniques figurant dans un corpus latin de 2000 lignes, de même que dans un état plus ancien de ce corpus, reconstruit sur base de la phonétique historique des langues indo-européennes.

BCILL 54-55: **Charles de LAMBERTERIE**, *Les adjectifs grecs en -υς. Sémantique et comparaison* (publié avec le concours de l'Académie des Inscriptions et Belles-Lettres, du Centre National de la Recherche Scientifique et de la Fondation Calouste Gulbenkian), 1.035 pp., 1990. Prix: 1980 FB. ISBN tome I: 90-6831-251-0; tome II: 90-6831-252-9.
Cet ouvrage étudie une classe d'adjectifs grecs assez peu nombreuse (une quarantaine d'unités), mais remarquable par la cohérence de son fonctionnement, notamment l'aptitude à former des couples antonymiques. On y montre en outre que ces adjectifs, hérités pour la plupart, fournissent une riche matière à la recherche étymologique et jouent un rôle important dans la reconstruction du lexique indo-européen.

BCILL 56: **A. SZULMAJSTER-CELNIKIER,** *Le yidich à travers la chanson populaire. Les éléments non germaniques du yidich*, 276 pp., 22 photos, 1991. Prix: 1490 FB. ISBN 90-6831-333-9.

BCILL 57: *Anthropo-logiques 3* (1991), 204 pp., 1991. Prix: 695 FB. ISBN 90-6831-345-2.
Les textes de ce troisième numéro d'*Anthropo-logiques* ont en commun de chercher épistémologiquement à déconstruire les phénomènes pour en cerner le fondement. Ils abordent dans leur spécificité humaine le langage, l'expression numérale, la relation clinique, le corps, l'autisme et les psychoses infantiles.

BCILL 58: **G. JUCQUOIS - P. SWIGGERS** (éd.), *Comparatisme 3: Le comparatisme devant le miroir*, 155 pp., 1991. Prix: 540 FB. ISBN 90-6831-363-0.
Dix articles de E. Gilissen, G.-G. Granger, C. Hagège, G. Jucquois, H.G. Moreira Freire de Morais Barroco, P. Swiggers, M. Van Overbeke.

BCILL 59: *Hethitica XI,* 136 pp., 1992. Prix: 440 FB. ISBN 90-6831-394-0.
Six articles de T.R. Bryce, S. de Martino, J. Freu, R. Lebrun, M. Mazoyer et E. Neu.

BCILL 60: **A. GOOSSE,** *Mélanges de grammaire et de lexicologie françaises*, XXVIII-450 pp., 1991. Prix: 1.600 FB. ISBN 90-6831-373-8.
Ce volume réunit un choix d'études de grammaire et de lexicologie françaises d'A. Goosse. Il est publié par ses collègues et collaborateurs à l'Université Catholique de Louvain à l'occasion de son accession à l'éméritat.

BCILL 61: **Y. DUHOUX,** *Le verbe grec ancien. Éléments de morphologie et de syntaxe historiques,* 549 pp., 1992. Prix: 1650 FB. ISBN 90-6831-387-8.
Ce livre étudie la structure et l'histoire du système verbal grec ancien. Menées dans une optique structuraliste, les descriptions morphologiques et syntaxiques sont toujours associées, de manière à s'éclairer mutuellement. Une attention particulière a été consacrée à la délicate question de l'aspect verbal. Les données quantitatives ont été systématiquement traitées, grâce à un *corpus* de plus de 100.000 formes verbales s'échelonnant depuis Homère jusqu'au IV^e^ siècle avant J.-C.

BCILL 62: **D. da CUNHA,** *Discours rapporté et circulation de la parole,* 1992, 231 pp., Prix: 740 FB. ISBN 90-6831-401-7.
L'analyse pragmatique de la circulation de la parole entre un discours source, six rapporteurs et un interlocuteur montre que le discours rapporté ne peut se réduire aux styles direct, indirect et indirect libre. Par sa façon de reprendre les propos qu'il cite, chaque rapporteur privilégie une variante personnelle dans laquelle il leur prête sa voix, allant jusqu'à forger des citations pour mieux justifier son propre discours.

BCILL 63: **A. OUZOUNIAN,** *Le discours rapporté en arménien classique*, 1992, 300 pp., Prix: 990 FB. ISBN 90-6831-456-4.

BCILL 64: **B. PEETERS,** *Diachronie, Phonologie et Linguistique fonctionnelle,* 1992, 194 pp., Prix: 785 FB. ISBN 90-6831-402-5.

BCILL 65: **A. PIETTE,** *Le mode mineur de la réalité. Paradoxes et photographies en anthropologie*, 1992, 117 pp., Prix: 672 FB. ISBN 90-6831-442-4.

BCILL 66: **Ph. BLANCHET** (éd.), *Nos langues et l'unité de l'Europe. Actes des Colloques de Fleury (Normandie) et Maiano (Prouvènço)*, 1992, 113 pp., Prix: 400 FB. ISBN 90-6831-439-4.
Ce volume envisage les problèmes posés par la prise en compte de la diversité linguistique dans la constitution de l'Europe. Universitaires, enseignants, écrivains, hommes politiques, responsables de structures éducatives, économistes, animateurs d'associations de promotion des cultures régionales présentent ici un vaste panorama des langues d'Europe et de leur gestion socio-politique.

BCILL 67: *Anthropo-logiques* 4 1992, 155 pp. Prix: 540 FB. ISBN 90-6831-464-5.
Une fois encore, l'unité du propos de ce numéro d'*Anthropo-logiques* ne tient pas tant à l'objet — bien qu'il soit relativement circonscrit: l'humain (on étudie ici la faculté de concevoir, la servitude du vouloir, la dépendance de l'infantile et la parenté) — qu'à la méthode, dont les deux caractères principaux sont justement les plus malaisés à conjoindre: une approche dialectique et analytique.

BCILL 68: **L. BEHEYDT (red.),** *Taal en leren. Een bundel artikelen aangeboden aan prof. dr. E. Nieuwborg*, X-211 pp., 1993. Prix: 795 FB. ISBN 90-6831-476-9.
Deze bundel, die helemaal gewijd is aan toegepaste taalkunde en vreemde-talen-onderwijs, bestaat uit vijf delen. Een eerste deel gaat over evaluatie in het v.t.-onderwijs. Een tweede deel betreft taalkundige analyses in functie van het v.t.-onderwijs. Een derde deel bevat contrastieve studies terwijl een vierde deel over methodiek gaat. Het laatste deel, ten slotte, is gericht op het verband taal en cultuur.

BCILL 69: **G. JUCQUOIS,** *Le comparatisme, t. 2: Émergence d'une méthode*, 208 pp., 1993. Prix: 730 FB. ISBN 90-6831-482-3, ISBN 2-87723-053-0.
Les modifications majeures qui caractérisent le passage de l'Ancien Régime à l'époque contemporaine se produisent initialement dans les sciences du vivant. Celles-ci s'élaborent, du XVIII$^{e}$ au XX$^{e}$ siècle, par la progressive prise en compte du changement et du mouvement. Les sciences biologiques deviendront ainsi la matrice constitutive des sciences de l'homme par le moyen d'une méthodologie, comparative pour ces dernières et génétique pour les premières.

BCILL 70: *DE VSV, Études de syntaxe latine offertes en hommage à Marius Lavency, édité par* **D. LONGRÉE**, préface de G. SERBAT, 468 pp., 1993. Prix: 795 FB. ISBN 90-6831-481-5, ISBN 2-87723-054-6.
Ce volume, offert en hommage à Marius Lavency, professeur émérite à l'Université Catholique de Louvain, réunit vingt-six contributions illustrant les principales tendances des recherches récentes en syntaxe latine. Partageant un objectif commun avec les travaux de Marius Lavency, ces études tendent à décrire «l'usage» des auteurs dans ses multiples aspects: emplois des cas et des tournures prépositionnelles, oppositions modales et fonctionnements des propositions subordonnées, mécanismes diaphoriques et processus de référence au sujet, structures des phrases complexes... Elles soulignent la complémentarité des descriptions syntaxiques et des recherches lexicologiques, sémantiques, pragmatiques ou stylistiques. Elles mettent à nouveau en évidence les nombreuses interactions de la linguistique latine et de la linguistique générale.

BCILL 71: **J. PEKELDER,** *Conventies en Functies. Aspecten van binominale woordgroepen in het hedendaagse Nederlands*, 245 pp., 1993. Prix: 860 FB. ISBN 90-6831-500-5.
In deze studie wordt aangetoond dat een strikt onderscheid tussen lexicale en lineaire **conventies** enerzijds en lexicale en lineaire **functies** anderzijds tot meer inzicht leidt in de verschillende rollen die syntactische en niet-syntactische functies spelen bij de interpretatie van binominale woordgroepen met *van* in het hedendaagse Nederlands.

## SÉRIE PÉDAGOGIQUE DE L'INSTITUT DE LINGUISTIQUE DE LOUVAIN (SPILL).

SPILL 1: **G. JUCQUOIS,** avec la collaboration de **J. LEUSE**, *Conventions pour la présentation d'un texte scientifique*, 1978, 54 pp. (épuisé).

SPILL 2: **G. JUCQUOIS**, *Projet pour un traité de linguistique différentielle*, 1978, 67 pp. Prix: 170,- FB.
Exposé succinct destiné à de régulières mises à jour de l'ensemble des projets et des travaux en cours dans une perspective différentielle au sein de l'Institut de Linguistique de Louvain.

SPILL 3: **G. JUCQUOIS,** *Additions 1978 au «Projet pour un traité de linguistique différentielle»,* 1978, 25 pp. Prix: 70,- FB.

SPILL 4: **G. JUCQUOIS,** *Paradigmes du vieux-slave*, 1979, 33 pp. (épuisé).

SPILL 5: **W. BAL - J. GERMAIN**, *Guide de linguistique*, 1979, 108 pp. Prix: 275,- FB.
Destiné à tous ceux qui désirent s'initier à la linguistique moderne, ce guide joint à un exposé des notions fondamentales et des connexions interdisciplinaires de cette science une substantielle documentation bibliographique sélective, à jour, classée systématiquement et dont la consultation est encore facilitée par un index détaillé.

SPILL 6: **G. JUCQUOIS - J. LEUSE,** *Ouvrages encyclopédiques et terminologiques en sciences humaines*, 1980, 66 pp. Prix: 165,- FB.
Brochure destinée à permettre une première orientation dans le domaine des diverses sciences de l'homme. Trois sortes de travaux y sont signalés: ouvrages de terminologie, ouvrages d'introduction, et ouvrages de type encyclopédique.

SPILL 7: **D. DONNET**, *Paradigmes et résumé de grammaire sanskrite,* 64 pp., 1980. Prix: 160,- FB.
Dans cette brochure, qui sert de support à un cours d'initiation, sont envisagés les règles du sandhi externe et interne, les paradigmes nominaux et verbaux, les principes et les classifications de la composition nominale.

SPILL 8-9: **L. DEROY,** *Padaśas. Manuel pour commencer l'étude du sanskrit même sans maître*, 2 vol., 203 + 160 pp., 2e éd., 1984. Epuisé.
Méthode progressive apte à donner une connaissance élémentaire et passive du sanskrit (en transcription). Chaque leçon de grammaire est illustrée par des textes simples (proverbes, maximes et contes). Le second volume contient un copieux lexique, une traduction des textes (pour contrôle) et les éléments pour étudier, éventuellement, à la fin, l'écriture nâgarî.

SPILL 10: *Langage ordinaire et philosophie chez le second WITTGENSTEIN. Séminaire de philosophie du langage 1979-1980,* **édité par J.F. MALHERBE,** 139 pp., 1980. Prix: 350,- FB. ISBN 2-87077-014-6.
Si, comme le soutenait Wittgenstein, **la signification c'est l'usage**, c'est en étudiant l'usage d'un certain nombre de termes clés de la langue du philosophe que l'on pourra, par-delà le découpage de sa pensée en aphorismes, tenter une synthèse de quelques thèmes majeurs des **investigations philosophiques.**

SPILL 11: **J.M. PIERRET,** *Phonétique du français. Notions de phonétique générale et phonétique du français,* V-245 pp. + 4 pp. hors texte, 1985. Prix: 550,- FB. ISBN 2-87077-018-9.
Ouvrage d'initiation aux principaux problèmes de la phonétique générale et de la phonétique du français. Il étudie, en outre, dans une section de phonétique historique, l'évolution des sons, du latin au français moderne.

SPILL 12: **Y. DUHOUX,** *Introduction aux dialectes grecs anciens. Problèmes et méthodes. Recueil de textes traduits,* 111 pp., 1983. Prix: 280,- FB. ISBN 2-87077-177-0.
Ce petit livre est destiné aux étudiants, professeurs de grec et lecteurs cultivés désireux de s'initier à la dialectologie grecque ancienne: description des parlers; classification dialectale; reconstitution de la préhistoire du grec. Quatorze cartes et tableaux illustrent l'exposé, qui est complété par une bibliographie succincte. La deuxième partie de l'ouvrage rassemble soixante-huit courtes inscriptions dialectales traduites et accompagnées de leur bibliographie.

SPILL 13: **G. JUCQUOIS,** *Le travail de fin d'études. Buts, méthode, présentation,* 82 pp., 1984. (épuisé).

SPILL 14: **J. VAN ROEY,** *French-English Contrastive Lexicology. An Introduction,* 145 pp., 1990. Prix: 460,- FB. ISBN 90-6831-269-3.
This textbook covers more than its title suggests. While it is essentially devoted to the comparative study of the French and English vocabularies, with special emphasis on the deceptiveness of alleged transformational equivalence, the first part of the book familiarizes the student with the basic problems of lexical semantics.

SPILL 15: **Ph. BLANCHET,** *Le provençal. Essai de description sociolinguistique et différentielle,* 224 pp., 1992. Prix: 740,- FB. ISBN 90-6831-428-9.
Ce volume propose aux spécialistes une description scientifique interdisciplinaire cherchant à être consciente de sa démarche et à tous, grand public compris, pour la première fois, un ensemble d'informations permettant de se faire une idée de ce qu'est la langue de la Provence.

SPILL 16: **T. AKAMATSU,** *Essentials of Functional Phonology*, with a Foreword by André MARTINET, XI-193 pp., 1992. Prix: 680 FB. ISBN 90-6831-413-0.
This book is intended to provide a panorama of *synchronic functional phonology* as currently practised by the author who is closely associated with André Martinet, the most distinguished leader of functional linguistics of our day. Functional phonology studies the phonic substance of languages in terms of the various functions it fulfils in the process of language communication.

SPILL 17: **C.M. FAÏK-NZUJI,** *Éléments de phonologie et de morphophonologie des langues bantu*, 163 pp., 1992. Prix: 550 FB. ISBN 90-6831-440-8.
En cinq brefs chapitres, cet ouvrage présente, de façon claire et systématique, les notions élémentaires de la phonologie et de la morphophonologie des langues de la famille linguistique bantu. Une de ses originalités réside dans ses *Annexes et Documents*, où sont réunis quelques systèmes africains d'écriture ainsi que quelques principes concrets pour une orthographe fonctionnelle des langues bantu du Zaïre.